Gesellschafts- und Umwandlungsrecht in der Bewährung
ZGR-Sonderheft 14

Zeitschrift für Unternehmens- und Gesellschaftsrecht

herausgegeben von

Peter Hommelhoff, Klaus J. Hopt, Marcus Lutter,
Walter Odersky, Herbert Wiedemann

Sonderheft 14

Walter de Gruyter · Berlin · New York

Gesellschafts- und Umwandlungsrecht in der Bewährung

Brandenburger ZGR-Symposion vom 20. und 21. Juni 1997 in Brandenburg/Havel

herausgegeben von

Peter Hommelhoff, Horst Hagen und Volker Röhricht

W DE G

Walter de Gruyter · Berlin · New York · 1998

⊚ Gedruckt auf säurefreiem Papier, das die US-ANSI-Norm über Haltbarkeit erfüllt

Die Deutsche Bibliothek – CIP-Einheitsaufnahme

Zeitschrift für Unternehmens- und Gesellschaftsrecht. ZGR-Sonderheft
Berlin; New York: de Gruyter
Reihe Sonderheft zu: Zeitschrift für Unternehmens- und Gesellschaftsrecht

Gesellschafts- und Umwandlungsrecht in der Bewährung: Brandenburger ZGR-Symposion vom 20. und 21. Juni 1997 in Brandenburg/Havel/hrsg. von Peter Hommelhoff ... – Berlin; New York: de Gruyter, 1998

(Zeitschrift für Unternehmens- und Gesellschaftsrecht: ZGR-Sonderheft; 14)
ISBN 3-11-015888-4

Printed in Germany
Satz: Satz-Rechen-Zentrum Berlin
Druck- und Bindearbeiten: Kösel, Kempten

Vorwort

Am 20. und 21. Juni 1997 hat die Zeitschrift für Unternehmens- und Gesellschaftsrecht in Brandenburg an der Havel ein Symposion "Gesellschafts- und Umwandlungsrecht in der Bewährung" veranstaltet; der vorliegende Band enthält die Referate und Diskussionsberichte.

Nicht von ungefähr fand zum erstenmal eine Veranstaltung der ZGR in einem neuen Bundesland statt: Gegenstand des Symposions war die Überleitung ehemaliger DDR-Genossenschaften in Landwirtschaft und Handwerk. Es konzentrierte sich damit auf Probleme, die für Bewohner der neuen Bundesländer, insbesondere ihrer ländlichen Gebiete fern von Karlsruhe oder Heidelberg erhebliche, zuweilen sogar existentielle Bedeutung besitzen; an ihrer befriedigenden Bewältigung wird dort weit verbreitet der Rechtsstaat insgesamt gemessen. Anliegen des Symposions war es daher, den Gedankenaustausch zwischen Richtern des Bundesgerichtshofs und der zuständigen Oberlandesgerichte, Rechtsanwälten und Hochschullehrern zu fördern, um auf diesem Wege einen Beitrag zu Rechtssicherheit und Rechtsfriede zu leisten.

Darüber hinaus und durchaus gleichgewichtig zielte das Symposion darauf ab, das breit gefächerte Fallmaterial, das die Umstrukturierung der ehemaligen DDR-Wirtschaft hervorgebracht hat, für die rechtswissenschaftliche Diskussion im allgemeinen Gesellschafts- und Umwandlungsrecht zu erschließen. Die jüngste Rechtsprechung des Bundesgerichtshofs nach dem Symposion hat bereits die Fruchtbarkeit dieses Vorhabens erwiesen.

Das Bundesministerium der Justiz und die DG-Bank, Frankfurt/M., haben die Durchführung des Symposions finanziell unterstützt; hierfür wiederholen wir gern unseren Dank.

Heidelberg und Karlsruhe, im Dezember 1997

Peter Hommelhoff
Horst Hagen
Volker Röhricht

Inhaltsverzeichnis

IV. Beschlußmängel und Heilung

V. Rechtsprobleme kooperativer Einrichtungen

Umwandlung sozialistischer Wirtschaftseinheiten im Systemumbruch

Umwandlung volkseigener und genossenschaftlicher Unternehmen bis zur Wirtschafts-, Währungs- und Sozialunion

von

Professor Dr. Dietrich Maskow, Berlin

Inhaltsübersicht

I. Die Unternehmensstruktur vor der Wende

Die Unternehmensstruktur der DDR, wie sie bis zur Wende bestand, hat sich in ihren Grundzügen in den 70er Jahren herausgebildet. Diese Zeit nach Honeckers Machtantritt war durch eine verschärfte Sozialisierung gekennzeichnet. Halbstaatliche und private Betriebe wurden weitestgehend eliminiert. Lediglich kleine Handwerksbetriebe verblieben. Teilweise wurden auch Produktionsgenossenschaften des Handwerks zu volkseigenen Betrieben (VEB) gemacht. VEB wurden zu Kombinaten zusammengefaßt. Die Tendenz bestand also darin, von privaten zu halbstaatlichen Betrieben zu kommen und von diesen zu volkseigenen, von genossenschaftlichen zu volkseigenen und von kleinen und mittleren zu großen Betrieben, d. h. Kombinaten.

Das hatte einerseits ideologische Gründe, indem das Volkseigentum als die höchste Form des Eigentums angesehen wurde. Andererseits sollte auf diese Weise das zentrale Management der gesamten Volkswirtschaft ermöglicht werden. Haupteinpeitscher dieser Tendenz war der Wirtschaftssekretär im Politbüro der SED, Günter Mittag. Über den Ministerrat, aber praktisch über das Büro Mittag und dann die Industrieministerien, die Kombinate und Kombinatsbetriebe sollte die gesamte Wirtschaft einheitlich geleitet werden. Das erfolgte generell durch die Planung und im einzelnen durch operative Weisungen und viele andere Steuerungsmittel, wie etwa die Zuweisung von finanziellen und materiellen Fonds, die zweckgebunden erfolgte. Markterfordernisse waren nur eine Nebenbedingung. In voluntaristischer Selbstüberschätzung glaubte die Parteiführung, die Wirtschaft nach ihren eigenen Wünschen gestalten zu können. Da die internationalen Märkte davon auf keinen Fall beeinflußt wurden, erfolgte eine zunehmende Abschottung der Volkswirtschaft der DDR von den internationalen Märkten.

Entsprechend diesem Wirtschaftsleitungssystem war auch die interne Organisationsstruktur der Unternehmen gestaltet. Auf betrieblicher Ebene erfolgte keine kollektive Ausarbeitung der Unternehmenspolitik, sondern die Durchsetzung der zentralen Weisungen bei schwach ausgestalteten Rechten der unteren Einheiten, wie etwa Vorschlagsrechten. Das geeignete Instrument zur Durchsetzung der zentralen Weisungen im Unternehmen war das Prinzip der Einzelleitung, die durch den Generaldirektor des Kombinates bzw. den Direktor des volkseigenen Betriebes verwirklicht wurde.

Auf diese Weise war also in der DDR folgende Unternehmensstruktur entstanden. Im Mittelpunkt standen die volkseigenen Wirtschaftseinheiten, vor allem die volkseigenen Kombinate,[1] die zunächst vielfach eine eigenständige Kombinatsleitung hatten, die aus den Vereinigungen volkseigener Betriebe (VVB) hervorgegangen war, aber dann zunehmend durch den sogenannten Stammbetrieb geleitet werden sollten, so daß die Leitung des Stammbetriebes zugleich die Kombinatsleitung war. Den Kombinaten unterstanden die volkseigenen Kombinatsbetriebe, die ihrerseits gegebenenfalls in rechtlich unselbständige Betriebsteile gegliedert waren. Außer den zentral durch die Ministerien geleiteten Kombinaten gab es auch Kombinate, die den Räten der Bezirke, speziell den Bezirkswirtschaftsräten unterstanden.

Daneben bestanden die sogenannten eigenständigen volkseigenen Betriebe (eVEB)[2], die dem Wirtschaftssekretär Mittag an sich ein Dorn im Auge waren, aber sich nicht vermeiden ließen, zumal sich bald herausgestellt hatte, daß die forcierte Kombinatsbildung der Wirtschaft schweren Schaden zugefügt hatte. Zahlreiche Produkte wurden nicht mehr hergestellt, und die Integration vieler Betriebe in die Kombinate, noch dazu unter die Leitung eines Stammbetriebes, die natürlich vor allem die Interessen ihres Betriebes sah, führte dazu, daß viele Betriebe ihre Wirtschaftlichkeit verloren, indem sie auf die Produktionsstruktur des Kombinates ausgerichtet wurden.

Die zweite Säule der Unternehmensstruktur bildeten die sozialistischen Genossenschaften.

Das Handwerk war zu einem erheblichen Teil in Produktionsgenossenschaften des Handwerks[3] organisiert. Eine weitere Genossenschaftsform von beachtlicher wirtschaftlicher Bedeutung waren die Arbeiterwohnungsbaugenossenschaften.[4]

1 Verordnung über die volkseigenen Kombinate, Kombinatsbetriebe und volkseigenen Betriebe vom 8. 11. 1979, GBl. I Nr. 38 S. 355, im folgenden Kombinats-VO.

2 So Görner, in: Heuer u. a., Wirtschaftsrecht, 1985, S. 141 ff.

3 Verordnung über das Musterstatut der Produktionsgenossenschaften des Handwerks vom 21. 2. 1973, GBl. I Nr. 14, S. 121 mit nachfolgenden Änderungen.

4 Bekanntmachung der Neufassung der Verordnung über die Arbeiterwohnungsbaugenossenschaften vom 23. 2. 1973, GBl. I Nr. 12, S. 109.

In der Landwirtschaft dominierten die Landwirtschaftlichen Produktionsgenossenschaften,[5] neben denen es die volkseigenen Güter gab. Außerdem gab es Gärtnerische[6] und Fischereiproduktionsgenossenschaften.[7]

Als besondere Kategorie wurden die organisationseigenen Betriebe angesehen, die den Parteien und gesellschaftlichen Organisationen gehörten.[8]

Neben diesen hauptsächlichen bestand eine Reihe für die DDR untypischer Formen, wofür die handelsrechtlichen Vorschriften (GmbHG, AktienG, HGB) benutzt wurden, die in Kraft geblieben waren. So war die Deutsche Außenhandelsbank als Aktiengesellschaft organisiert. Einige Außenhandelsbetriebe waren als GmbH gestaltet. Das war vor allen Dingen im Bereich der sogenannten Kommerziellen Koordinierung, also im Bereich Schalck-Golodkowski, der Fall. Die SDAG Wismut galt als Aktiengesellschaft.

Die handelsrechtlichen Formen wurden also vor allen Dingen in Bereichen benutzt, die mit dem Ausland zu tun hatten, weil hier die im westlichen Ausland gewohnten gesellschaftsrechtlichen Formen dargestellt werden sollten. Allerdings wurden die aktien- und GmbH-rechtlichen Regelungen nicht ernsthaft praktiziert, so daß die Anwendung dieser Formen im wesentlichen formeller Natur war. Gesellschafterversammlungen oder Hauptversammlungen fanden beispielsweise nicht statt. Leitung und Kontrolle wurden im Rahmen der Leitungshierarchien ausgeübt und nicht durch die festgelegten Anteilseigner.

Allerdings haben diese handelsrechtlichen Formen auch im Außenhandel der DDR, von einer kurzen Periode in der Frühzeit abgesehen, keine dominierende oder auch nur wichtige Rolle gespielt, sondern der Außenhandel wurde überwiegend durch die VEAHB, die Volkseigenen Außenhandelsbetriebe,[9] durchgeführt, für die jeweils ein spezielles Statut, in der Regel vom Minister für Außen-

5 Gesetz über die landwirtschaftlichen Produktionsgenossenschaften – LPG-Gesetz – vom 2. 7. 1982 sowie Beschluß über die Musterstatuten und Musterbetriebsordnungen der LPG Planzenproduktion und LPG Tierproduktion. Die Statuten selbst wurden in Sonderdruck Nr. 937 des Gesetzblattes veröffentlicht.

6 Bekanntmachung des Musterstatuts und der Betriebsordnung der GPG sowie eines Anhangs zum Musterstatut der LPG Typ III, GBl. I Nr 47, S. 536.

7 Beschluß über das Musterstatut der Fischereiproduktionsgenossenschaften der See- und Küstenfischer, GBl. I 1978 Nr. 3, S. 49 und GBl. Sonderdruck Nr. 944; Beschluß über das Musterstatut der Produktionsgenossenschaften der Binnenfischer, GBl. I Nr. 30, S. 349 und GBl. Sonderdruck Nr. 1075.

8 Vgl. Hochbaum, in: Heuer u. a.,Wirtschaftsrecht, 1985, S. 75.

9 Zuletzt galt die Verordnung über die volkseigenen Außenhandelsbetriebe – AHB-Verordnung – vom 29. 6. 1989, GBl. I Nr. 14, S. 183. Zur Wirtschaftsorganisation auf dem Gebiet des Außenhandels im einzelnen vgl. Maskow, in: Kemper/Maskow u. a., Internationales Wirtschaftsrecht der DDR – Außenwirtschaftsrecht, 2. Aufl., 1987, S. 47 ff.

handel, erlassen und in der Fachpresse veröffentlicht wurde.[10] Diese Statuten unterschieden sich vor allen Dingen auch im Hinblick auf das Ausland in einigen Punkten von den für die volkseigenen Kombinate und Betriebe geltenden Regelungen, worauf noch beispielhaft zurückzukommen sein wird.

Eine Sonderstellung nahmen die Banken, die wirtschaftsleitende Tätigkeit (insbesondere Anleitung und Kontrolle) mit wirtschaftlicher Tätigkeit verbanden, die Deutsche Reichsbahn und die Deutsche Post ein.[11]

Das Recht der DDR sah verschiedene Formen von Gemeinschaftseinrichtungen vor. Das Vertragsgesetz[12] von 1982 enthielt dafür in den §§ 73 bis 77 VertragsG eine Rahmenregelung, die aber nur für die nicht rechtsfähigen Wirtschaftseinheiten galt und für die rechtsfähigen auf Spezialvorschriften verwies (§ 73 Abs. 4 VertragsG). Es sollte jeweils eine der beteiligten Wirtschaftseinheiten mit der Geschäftsführung beauftragt werden (§ 73 Abs. 3 VertragsG), die dann auch gegenüber ihrem übergeordneten Organ Rechenschaft über die Tätigkeit der Gemeinschaft zu legen hatte (§ 74 Abs. 3 VertragsG), womit dann die Einbindung in die Leitungshierarchie wieder gewährleistet war. Die Bildung gemeinschaftlicher Fonds wurde für unzulässig erklärt, vielmehr sollte die Fondsinhaberschaft einer der beteiligten Wirtschaftseinheiten übertragen werden (§ 77 Abs. 2 VertragsG). Auch diese Regelung wirkte der Entstehung von Vermögenswerten entgegen, die nicht in die Leitungsstrukturen eingebettet sind. An dem Verbot der Bildung gemeinschaftlicher Fonds wurde schon in der rechtswissenschaftlichen Literatur der DDR vorsichtig Kritik geübt.[13]

Solche nicht rechtsfähigen sogenannten kooperativen Organisationen waren beispielsweise die Erzeugnis- und Versorgungsgruppen und Gemeinschaften, wie sie etwa auf dem Gebiet der Forschung und Entwicklung bei der Aus- und Weiterbildung, als Werkfahrgemeinschaften usw. entstanden.[14]

Rechtsfähige Gemeinschaften außerhalb des Bereiches der Landwirtschaft waren vor allem die Warenzeichenverbände.[15]

10 Vgl. z. B. Statut des Volkseigenen Außenhandelsbetriebes der Deutschen Demokratischen Republik Kohle-Energie Export/Import vom 31. 12. 1986, veröffentlicht in AW-Dokumente, in: AW Recht im Außenhandel Nr. 92 (1987), S. III; sowie Statut des Volkseigenen Außenhandelsbetriebes der Deutschen Demokratischen Republik Metallurgiehandel, ebenda.

11 Vgl. Hochbaum, aaO (Fn. 8), S. 76 f.

12 Gesetz über das Vertragssystem in der sozialistischen Wirtschaft – Vertragsgesetz – vom 25. März 1982 (GBl. I Nr. 14, S. 293)

13 Schüsseler, in: Heuer u. a., Wirtschaftsrecht, 1985, S. 255 f.

14 Vgl. Görner, aaO (Fn. 2), S. 154 ff.

15 Dritte Durchführungsbestimmung zum Warenzeichengesetz – Bildung und Tätigkeit von Warenzeichenverbänden – vom 1. 3. 1971, GBl. II Nr. 33, S. 269, siehe auch § 21 Warenzeichengesetz in der Fassung des § 12 Nr. 3 des Einführungsgesetzes zum Zivilgesetzbuch der Deutschen Demokratischen Republik vom 19. 6. 1975, GBl. I Nr. 27, S. 517 – EGZGB – sowie § 10 EGZGB.

In der Landwirtschaft gab es die kooperativen Einrichtungen nach § 13 LPGG beispielsweise zur Lösung von Produktionsaufgaben und zur Verbesserung der Arbeits- und Lebensbedingungen, die Kooperationsverbände nach § 14 LPGG, wodurch die nachteiligen Folgen der Trennung von Pflanzen- und Tierproduktion gemildert werden sollten, und schließlich die Vereinigungen nach § 15 LPGG. Alle diese Kooperationsformen konnten auch juristische Personen werden. Für die Gemeinschaftseinrichtungen waren ebenfalls Musterstatuten bzw. Vereinbarungen erlassen worden.[16]

An solchen Zusammenschlüssen konnten Volkseigentum und genossenschaftliches Eigentum beteiligt sein. Im Bereich der Landwirtschaft war die Bildung gemeinsamer Fonds möglich. Es bestand aber große Zurückhaltung, auf dieses gemeinschaftliche Eigentum die einschlägigen Vorschriften des ZGB[17] anzuwenden (§§ 34 ff ZGB). Orientiert wurde vielmehr auf die Sonderregelungen im Zusammenhang mit der Normierung der jeweiligen Gemeinschaftsform oder auf vertragliche Vereinbarungen der Partner. Insgesamt wurde diese Problematik bis zuletzt als wenig geklärt angesehen.[18]

In der DDR bestanden zahlreiche kleine Handwerks- und Gewerbebetriebe,[19] die jedoch wegen der extremen Steuerprogression mit prohibitivem Charakter oft nur zwei Drittel der Woche arbeiteten und im übrigen Schwarzarbeit leisteten oder gar nichts taten. Wengleich sie für die Versorgung der Bevölkerung sehr wichtig waren, spielten sie gesamtvolkswirtschaftlich eine untergeordnete Rolle.

II. Veränderungen innerhalb der Vorwende-Unternehmensstruktur

Die Vornahme von Veränderungen innerhalb dieser Strukturen zu DDR-Zeiten möchte ich vor allen Dingen am Beispiel der Kombinate verdeutlichen.

16 Z. B. Beschluß über das Musterstatut für für kooperative Einrichtungen der LPG, VEG, GPG sowie der sozialistischen Betriebe der Nahrungsgüterwirtschaft und des Handels vom 23. 5. 1973, GBl. I Nr. 27, S. 268.

17 Zivilgesetzbuch der Deutschen Demokratischen Republik vom 19. 6. 1975, GBl. I Nr. 27, S. 465.

18 Vgl. Schüsseler, aaO (Fn. 13), S. 255 f. Die Kommentierung aus zivilrechtlicher Sicht geht zwar von der grundsätzlichen Anwendbarkeit der Regelungen über das gemeinschaftliche Eigentum auf Betriebe aus, weist aber auf die Priorität der wirtschaftsrechtlichen Regelungen hin (Kommentar zum Zivilgesetzbuch und zum Einführungsgesetz zum Zivilgesetzbuch, 1983, S. 67).

19 Vgl. insbesondere Gesetz zur Förderung des Handwerks vom 9. 8. 1950, GBl. Nr. 91, S. 827 mit nachfolgenden Änderungen; Verordnung über die Förderung des Handwerks bei Dienst- und Reparaturleistungen und die Regelung der privaten Gewerbetätigkeit vom 12. 7. 1972, GBl. II Nr. 47, S. 451 mit nachfolgenden Änderungen.

Im Mittelpunkt der unternehmensrechtlichen Regelungen der DDR standen Aufgabenzuweisungen. Die Kombinats-VO sollte den Prozeß der Kombinatsbildung juristisch konsolidieren. Weite Teile sind ideologische Aussagen ohne greifbare juristische Wirkungen. In Abschnitt II werden in 15 Paragraphen die Aufgaben des volkseigenen Kombinats und Kombinatsbetriebes auf dem Gebiet der Planung, Finanzierung, Wissenschaft und Technik, Grundfondswirtschaft, Rationalisierung usw. behandelt. Auch in diesen Regeln findet sich wenig juristische Substanz. Diese Aufgabennormen hatten schon in der Rechtswissenschaft der DDR wenig Freunde gefunden, aber die politische Führung glaubte damit offensichtlich, ideologische Inhalte vermitteln zu können.

Die eigentlichen juristischen, also organisationsrechlichen Probleme spielten im Unternehmensrecht der DDR, jedenfalls in den gesetzlichen Regelungen, eine eher untergeordnete Rolle. In der Kombinats-VO mit 43 Paragraphen sind den Fragen der Gründung sechs Paragraphen gewidmet. Unter diesen Abschnitt fällt aber auch die Strukturveränderung von Unternehmen, also die Umwandlung und die Beendigung der Rechtsfähigkeit. Mit sechs Paragraphen wird ein Regelungsbereich abgedeckt, für den im Recht der Bundesrepublik Hunderte von Paragraphen benötigt werden. Man muß nur an das Umwandlungsgesetz denken.

Gründung, Umstrukturierung und Beendigung von Kombinaten usw. sind dadurch charakterisiert, daß die Entscheidungen darüber durch die übergeordneten Organe getroffen werden. Die Entscheidungen betrafen dann auch die Ausstattung mit Fonds und deren Umverteilung, d. h. Betriebsteile, maschinelle Ausstattung und dazugehörige Grundstücke wurden umgesetzt bzw. es erfolgten Rechtsträgerwechsel. Eine Aufteilung des Vermögens des Kombinates in Geschäftsanteile, Aktien oder ähnliches war nicht erforderlich, weil in den wichtigsten Fällen eine direkte Zuordnung in natura erfolgte. Das war möglich, da davon ausgegangen wurde, daß lediglich Bestandteile des einheitlichen Volkseigentums neu zugeordnet wurden.

Die Gründung eines Kombinats erfolgte in zwei Etappen, nämlich einmal die Entscheidung über die Gründung als solche und zum anderen die Gründungsanweisung. Die Entscheidung über die Gründung wurde durch ein Organ getroffen, das in der Leitungshierarchie um zwei Stufen über dem zu gründenden Kombinat stand. Über die Gründung von einem dem Ministerium direkt unterstellten Kombinat entschied der Ministerrat (§ 36 Abs. 1 Kombinats-VO). Das betraf also die wichtigsten Kombinate, die den größten Teil des Sozialprodukts erbrachten.

Die eigentliche Gründung erfolgte dann durch die Gründungsanweisung. Sie wurde durch den Leiter des Organs erlassen, dem das Kombinat unterstellt werden sollte (§ 37 Abs. 1 Kombinats-VO). Das Kombinat erlangte Rechtsfähigkeit mit dem in der Anweisung genannten Zeitpunkt (§ 37 Abs. 4 Kombinats-VO). Die Gründungsanweisung mußte nach § 38 Abs. 1 Kombinats-VO enthalten: Namen und Sitz des Kombinats; Festlegung des übergeordneten Organs; Festlegungen über die materiellen und finanziellen Fonds, die dem Kombinat zugeordnet wurden; Termin der Gründung und Angabe des anzuwendenden Rahmenkollektivvertrages.

Die Gründung eines Kombinates war theoretisch als Neugründung möglich. Praktisch wurden Kombinate jedoch aus bestehenden Betrieben, Betriebsteilen oder auch Kombinaten gebildet. Hierbei gab es die verschiedensten Formen. Bei der Zusammenlegung wurden mehrere früher selbständige Wirtschaftseinheiten zu einem, um bei dem Beispiel zu bleiben, Kombinat zusammengelegt. Bei der Angliederung wurde eine früher selbständige Wirtschaftseinheit an ein bestehendes Kombinat angegliedert. Bei der Ausgliederung wurde aus einer selbständigen Wirtschaftseinheit, z. B. einem Kombinat, eine neue wirtschaftlich selbständige Einheit, z. B. ein Kombinatsbetrieb, ausgegliedert. Häufig waren diese Formen kombiniert, indem ausgegliederte Betriebsteile zusammengelegt wurden oder ein Betriebsteil aus einer Einheit ausgegliedert und an eine andere angegliedert wurde.

Generell war vorgesehen, daß die neue Wirtschaftseinheit Rechtsnachfolger der früheren wird. Im Falle der Zusammenlegung läßt sich das einfach bewirken, weil die neue Einheit Rechtsnachfolger aller zusammengelegten wird (§ 37 Abs. 5 Kombinats-VO). Schwieriger ist das, wenn lediglich ein Teil einer Wirtschaftseinheit ausgegliedert wird, sei es, um selbständig zu werden, sei es, um woanders angegliedert zu werden. Für diesen Fall sah § 37 Abs. 6 der Kombinats-VO vor, daß in der Gründungsanweisung nicht nur die Fondsausstattung der auszugliedernden Einheit festgelegt wird, sondern auch, welche Rechte und Pflichten von ihr übernommen werden. Jedenfalls sollte das in der Gründungsanweisung im Grundsatz geschehen, während Einzelheiten durch die beteiligten übergeordneten Organe geregelt werden sollten.

Wenn bei Umstrukturierungsprozessen Bereiche unterschiedlicher übergeordneter Organe beteiligt waren, war die Gründungsanweisung in Übereinstimmung mit den anderen beteiligten Organen zu erlassen. Die Gründungsanweisung ging, wie gesagt, auf die Gründungsentscheidung eines noch höheren Organs zurück, beispielsweise des Ministerrates, der dann festlegte, im Bereich welches Ministeriums das neue Kombinat entstehen sollte. Dieses Ministerium hatte dann mit den anderen Ministerien, aus deren Leitungsbereich Wirtschaftseinheiten oder Teileinheiten in das neue Kombinat integriert werden sollten, Übereinstimmung herbeizuführen. Obgleich Umstrukturierungen häufig waren und die Übertragung von insbesondere materiellen Fonds und Rechten und Pflichten oft nur sehr pauschal vorgenommen wurde, traten hinsichtlich der Rechtsnachfolge im Inland erstaunlich wenig Probleme auf. Abgesehen von Festlegungen über die Rechtsnachfolge und einer Orientierung auf die Erfüllung der bestehenden materiellen Verpflichtungen (§ 35 Abs. 1 Satz 2 Kombinats-VO), wurde für den Gläubigerschutz sehr wenig getan. Es gab beispielsweise keine Regelungen, daß eine bestehenbleibende Wirtschaftseinheit für Verpflichtungen der ausgegliederten Wirtschaftseinheit mithaftet oder ähnliches. Das war insofern unproblematisch, als die Liquidität auch nicht rentabler Unternehmen durch die staatliche Mittelzuführung gesichert war, so daß sich die Gläubiger finanzieller Ansprüche hinsichtlich der Person ihres Schuldners nicht so sehr große Sorgen zu machen brauchten.

Problematischer war allerdings die Sicherung der gebrauchswertmäßigen Verpflichtungen, worauf die Regelung auch abhebt, weil mit Umstrukturierungen häufig auch Produktionsumprofilierungen verbunden waren, so daß bestimmte Waren oder Leistungen von der bisherigen Wirtschaftseinheit nicht mehr angeboten wurden. Die Kombinats-VO hat dafür keine effektive Lösung gebracht. Das Problem sollte im Rahmen der Material-, Ausrüstungs- und Konsumgüterbilanzierung gelöst werden, indem dem jeweiligen Bedarfsträger ein Aufkommensträger zugewiesen werden sollte. Das gelang aber häufig nicht, weil die Bilanzen nicht ausgeglichen waren und damit Versorgungsengpässe auftraten.

Bloße Änderungen der Unterstellung von Wirtschaftseinheiten wurden durch das Organ entschieden, das auch für die Gründungsentscheidung zuständig war, während die Änderung von Namen oder Sitz durch das Organ erfolgte, das auch für die Gründungsanweisung zuständig war (§ 40 Kombinats-VO).

Hinsichtlich der Beendigung der Rechtsfähigkeit waren nach § 39 der Kombinats-VO zwei Möglichkeiten vorgesehen, nämlich die Beendigung mit oder die ohne Abwicklungsverfahren (§ 39 Kombinats-VO).

Im Zusammenhang mit Strukturveränderungen in der Volkswirtschaft konnte es dazu kommen, daß Wirtschaftseinheiten ihre Tätigkeit einstellen. Auch insofern waren wieder eine Grundsatzentscheidung und eine Ausführungsentscheidung vorgeschrieben. Für die Zuständigkeit gilt das zur Gründung gesagte. Die Einstellungsanweisung war also durch das unmittelbar übergeordnete Organ zu erlassen. Darin war der Zeitpunkt der Beendigung der Rechtsfähigkeit festzulegen, sofern kein Abwicklungsverfahren durchgeführt wurde. Die materiellen Fonds und Rechte und Pflichten gingen auf den Rechtsnachfolger über. Diese Form kam also dann in Betracht, wenn ein oder mehrere Rechtsnachfolger gegeben waren. Das war bei den innerstaatlich agierenden Wirtschaftseinheiten der Regelfall. Die Einstellungsanweisung regelte also in diesem Fall die Rechtsnachfolge.

Wenn die bestehende Wirtschaftseinheit ersatzlos aufgelöst werden sollte bzw. es für zweckmäßig gehalten wurde, die bestehenden Rechte bei ihr zu belassen, konnte in der Einstellungsanweisung die Eröffnung eines Abwicklungsverfahrens vorgesehen werden, wozu dann ein Abwicklungsbevollmächtigter eingesetzt wurde. In diesem und nur in diesem Fall wurde dann also eine Unterscheidung zwischen Beendigung und Vollbeendigung vorgenommen, wie sie aus dem Gesellschaftsrecht bekannt ist.

Der eingesetzte Abwicklungsbevollmächtigte war berechtigt, alle zur Erfüllung der Ziele des Abwicklungsverfahrens notwendigen Rechtshandlungen vorzunehmen, also insbesondere bestehende Verbindlichkeiten zu befriedigen und ausstehende Forderungen zu realisieren. Er hatte zum Beginn und zum Abschluß des Abwicklungsverfahrens eine Bilanz aufzustellen. Verbleibende Mittel, Forderungen und Verbindlichkeiten, von denen die arbeitsrechtlichen Ansprüche der Werktätigen und Garantieforderungen besonders erwähnt wurden, gingen an das übergeordnete Organ über, soweit von diesem nichts anderes festgelegt wurde (§ 39 Abs. 5 Kombinats-VO). Durch dieses Verfahren, insbesondere durch den Übergang auch der Verbindlichkeiten auf das übergeordnete Organ, war gewährleistet, daß auch im Falle der Liquidation grundsätzlich alle offenen Forderungen befriedigt wurden.

Die eben skizzierte Regelung galt nicht für VEAHB, die einer bereits erwähnten Spezialvorschrift, der noch 1989 novellierten AHB-VO unterlagen. Die betrieblichen Aufgabenstellungen sind in dieser Regelung selbstverständlich auf den Außenhandel ausgerichtet.

Eine Besonderheit besteht darin, daß die VEAHB nach dieser Verordnung doppelt unterstellt waren, nämlich dem Minister für Außenhandel und dem Generaldirektor des Kombinats, für dessen Waren der VEAHB Absatzorgan war. Wenn der VEAHB Absatzorgan für mehrere Kombinate war, war das andere übergeordnete Organ ein zentrales Staatsorgan, dem der VEAHB zugeordnet war, also insbesondere das Ministerium, dem die über den betreffenden VEAHB exportierenden Kombinate unterstellt waren.

Außerdem wurden mit der novellierten Verordnung bereits vorher entstandene sogenannte Außenhandelsfirmen rechtlich geregelt. Diese stellten rechtlich unselbständige Teile vom AHB dar, die als Exporteur für jeweils ein Kombinat oder eine Wirtschaftseinheit zuständig waren. Durch diese Maßnahmen sollte die Zusammenarbeit zwischen Außenhandel und Industrie gestärkt werden und vor allen Dingen die Industrie stärker an der Exporttätigkeit interessiert und in diese einbezogen werden.

Die Regelung der Rechtsstellung der VEAHB unterscheidet sich aber auch insofern von der Rechtsstellung der volkseigenen Wirtschaftseinheiten im übrigen, als versucht wurde, auf Anforderungen, die im Ausland an dort tätige Unternehmen gestellt werden werden, einzugehen. Demgemäß wurden in § 7 der Kombinats-VO Anforderungen an das Statut gestellt, die für das Kombinat nicht vorgesehen waren.

Die Statuten der AHB waren spartanisch gehalten und strukturell gleichartig. Sie bestanden aus vier Paragraphen. Die bemerkenswerteste Besonderheit war die, daß zumeist in § 3 Abs. 1 Kombinats-VO ein Stammvermögen festgelegt worden war. Es betrug beispielsweise bei den bereits zitierten Statuten der Unternehmen Kohle-Energie Export/Import 10 Millionen und Metallurgiehandel 35 Millionen DDR-Mark. Dieses Stammvermögen war buchhalterisch festgelegt worden, indem man unter Berücksichtigung des Gegenstandes des Unternehmens eine bestimmte Relation zum Umsatz gebildet hatte und danach ein angemessenes Stammvermögen festlegte. Ein Bezug zum tatsächlichen ursprünglichen oder gegenwärtigen Vermögen des Unternehmens bestand nicht. Das heißt allerdings nicht, daß dieses Stammvermögen nicht etwa tatsächlich vorhanden gewesen wäre. Bei der nach der Wende erfolgten Auflösung der AHB zeigte sich, daß deren Kapitalausstattung an sich recht gut war. Metallurgiehandel hat mehrfach in der öffentlichen Diskussion gestanden, wobei deutlich wurde, daß wesentlich mehr als 35 Millionen, sogar DM-Vermögen, vorhanden gewesen waren.

Eine weitere Besonderheit bestand darin, daß in § 3 der Statuten festgelegt wurde, daß der Generaldirektor des AHB oder ein Stellvertreter den AHB vertreten dürfen und daß diese weitere Mitarbeiter bevollmächtigen dürfen. Damit sollten ausländischen Partnern gegenüber klare Vertretungsbefugnisse dargestellt werden.

Die Regelung über die Beendigung der Rechtsfähigkeit ist unter Berücksichtigung der Außenhandelsbesonderheiten sehr weitgehend der für die Kombinate usw. nachgebildet. Praktisch spielte bei den AHB die Eröffnung eines Abwicklungsverfahrens eine größere Rolle als in der übrigen volkseigenen Wirtschaft. Zwar wurden die Aufgaben eines AHB, der seine Tätigkeit einstellte, praktisch immer von einem anderen übernommen, so daß insofern die Festlegung einer Rechtsnachfolge möglich gewesen wäre. Das war auch durch die Vorschriften des Gesetzes über internationale Wirtschaftsverträge,[20] insbesondere § 229 GIW über die Vertragsübernahme, erleichtert worden.[21] Trotzdem wurde die Erfüllung von internationalen Wirtschaftsverträgen, die zum Zeitpunkt der Beendigung eines VEAHB bestanden, häufig im Rahmen des Abwicklungsverfahrens von diesem fortgeführt, um Irritationen bei den ausländischen Partnern und mögliche rechtliche Schwierigkeiten zu vermeiden. Diese konnten beispielsweise bei langfristigen Zielgeschäften, etwa Anlagenexportverträgen, hinsichtlich der von ausländischen Banken gewährten Zahlungssicherheiten auftreten.

In der AHB-Verordnung fehlt der Satz, wonach verbleibende Mittel, Forderungen und Verbindlichkeiten nach Abschluß des Abwicklungsverfahrens auf das übergeordnete Organ übergehen. Das Ministerium für Außenhandel haftete also nicht für die Verbindlichkeiten seiner Unternehmen.

III. Der Beginn der Umwandlung in marktwirtschaftliche Strukturen

Als das allgemeine Signal für die Wende, das auch in der Gesetzgebung zu den offenen Vermögensfragen seinen Niederschlag gefunden hat, wird der Sturz

20 Gesetz über internationale Wirtschaftsverträge – GIW – vom 5. 2. 1976, GBl. I Nr. 5, S. 61.

21 § 229 GIW knüpft an die organisationsrechtlichen Rechtsinstitute der Gesamtrechts- und Teilrechtsnachfolge vertragsrechtliche Konsequenzen. Vgl. auch STARGARDT, in: Maskow/Wagner u. a., Kommentar zum Gesetz über internationale Wirtschaftsverträge, 2. Aufl., 1983, S. 340 f.

Honeckers am 18. 10. 1989 angesehen. Mit der Wende wurde allen in der Wirtschaft der DDR Tätigen klar, daß der Übergang zu marktwirtschaftlichen Strukturen unvermeidlich ist. Damit wurde auch deutlich, daß dementsprechende Unternehmensstrukturen geschaffen werden müssen.

Nicht mit marktwirtschaftlichen Erfordernissen vereinbar waren vor allem die Leitungstrukturen und Eigentumsstruktur. Das Unternehmensrecht betreffend die volkseigene Wirtschaft ging davon aus, daß der Einzelleiter, Generaldirektor oder Direktor, von dem übergeordneten Organ nicht nur kontrolliert, sondern auch angeleitet oder, wenn man so will, reglementiert wird. Mit dem sich abzeichnenden Ende der Planwirtschaft würden diese Strukturen, d. h. die Hierarchie der Wirtschaftsleitungsorgane wegfallen. Wer sollte dann und auf welcher Grundlage die Unternehmensleitung kontrollieren?

Eine Zuordnung von Vermögenswerten zu den Unternehmen, die jederzeit verändert werden kann, ist mit marktwirtschaftlichen Erfordernissen ebenfalls nicht vereinbar, u. a. weil sie dazu nicht stimuliert, die eigenen wirtschaftlichen Potenzen mit dem Ziel einer Vermögensvermehrung zu entwickeln.

Es gab auch keinen Zweifel daran, daß die Umwandlung der Unternehmensstrukturen zu den gesellschaftsrechtlichen Formen des Handelsrechts, insbesondere zu den Formen der Kapitalgesellschaft, vor allen Dingen der GmbH zurückführen muß. Die entsprechenden gesetzlichen Grundlagen waren in der DDR erhalten geblieben. Wie das HGB selbst, hatten auch das GmbH-Gesetz und das Aktiengesetz die Zeiten überdauert, insbesondere auch die große Gesetzesreform Mitte der 70er Jahre, als ZGB und GIW in Kraft traten und das BGB ablösten. Weil nicht genau überschaut werden konnte, für welche noch existierenden Beziehungen das HGB gebraucht wurde, hatte man es in Kraft gelassen. Hinsichtlich GmbH-Gesetz und Aktiengesetz hatte auch deshalb keinerlei Notwendigkeit bestanden, sie aufzuheben, weil die Zulassungserfordernisse verhinderten, daß unerwünschte private Gesellschaften entstanden, aber wenn man diese Regelungen ausnahmsweise benötigte,[22] standen sie bereit. Allerdings galten diese Regelungen im wesentlichen in der Fassung, in der sie am 08. 05. 1945 gewesen waren. Jedenfalls gilt das für GmbH-Gesetz und Aktiengesetz, während das HGB Anpassungen erfahren hatte, indem beispielsweise die Führung der Handelsregister von den Gerichten an Verwaltungsorgane übergegangen war.[23]

Es entstand in der Wirtschaft der DDR Ende 1989/Anfang 1990 ein starker Drang zur Umwandlung. Im Bereich des Außenhandels äußerte er sich zum Teil auch darin, daß die bestehenden VEAHB Tochtergesellschaften in den handelsrechtlichen Formen bildeten, also insbesondere GmbH.

22 Siehe unter I.

23 Verordnung über die Übertragbarkeit der Angelegenheiten der freiwilligen Gerichtsbarkeit, GBl. Nr. 146, S. 1057 mit zahlreichen späteren Änderungen und Ergänzungen.

Natürlich wußten damals nur wenige, wie das zu geschehen hat. Am Institut für ausländisches Recht und Rechtsvergleichung an der Akademie für Staats- und Rechtswissenschaft in Potsdam wurde Ende 1989 ein Lehrgang für Gesellschaftsrecht ausgeschrieben, der für etwa 40 Teilnehmer geplant war. Es gingen über 2.000 Anmeldungen ein. Der Lehrgang mußte sechs Mal in immer größeren Räumen und auch an unterschiedlichen Orten wiederholt werden. Etwa ab März/April 1990 traten immer mehr Anbieter auf den Plan, darunter große westdeutsche Anwaltssozietäten, die sich auf diese Weise ihre Klienten sichern wollten. Es trat schnell eine Übersättigung des Marktes ein und damit die Schwierigkeit, die Säle, die im Hinblick auf den Boom gemietet worden waren, voll zu bekommen.

In der Wirtschaft der DDR entwickelten sich die unterschiedlichsten Vorstellungen dazu, wie die Umwandlung vollzogen werden könnte. Eine Reihe solcher Konzeptionen liegt mir vor, und ich möchte ohne Namensnennung darauf eingehen.

Eine nach meinem Dafürhalten honorige, wenn auch letztlich nicht sehr effektive Form hatte ein Kombinat auf dem Gebiet des Maschinenbaus ausgearbeitet. In einer Konzeption vom 12. 02. 1990 war vorgesehen, das Kombinat rückwirkend ab 01. 01. 1990 in eine Stiftung umzuwandeln. Sämtliche Fonds des Kombinates sollten auf diese Stiftung übertragen werden. Diese Stiftung ihrerseits sollte die Verwaltung des Grundkapitals einer zu bildenden Aktiengesellschaft übertragen. 75 bis 85 % der Aktien sollten, wie es in dem Papier heißt, in dieser Holding verbleiben, 10 bis 20 % der Aktien sollten entgeltlich und unentgeltlich an die Belegschaft verteilt werden, und 5 % sollten für in- und ausländische Partner reserviert werden. Die einzelnen Kombinatsbetriebe sollten in GmbH's umgewandelt werden, deren Anteilsinhaber die Stiftung sein sollte. Andererseits heißt es wieder, Gesellschafter der einzelnen GmbH ist die Aktiengesellschaft.

Die Konzeption befaßt sich im weiteren hauptsächlich mit der Struktur der AG. Der Aufsichtsrat sollte beispielsweise neun Mitglieder umfassen, drei sollten die Hauptaktionäre vertreten, nämlich das Ministerium den volkseigenen Anteil, die Bank den Bankanteil und ein Hauptaktionär Ausland. Zwei Personen sollten Betriebsdirektoren oder Außenstehende sein, und vier Personen sollten aus der Belegschaft kommen.

Es ist unschwer zu erkennen, daß diese Konzeption konfus und widersprüchlich ist. Die Autoren des Entwurfs hatten insbesondere Schwierigkeiten mit dem Träger der Anteile und haben dafür eine Stiftung vorgesehen, die anscheinend zunächst die Aktien übernehmen sollte. Hinsichtlich der Frage, wie man den Wert der Anteile ermittelt, hält sich der Entwurf sehr zurück. Es wird lediglich gesagt, daß eine Bilanz unter Beachtung der Umbewertung der Grundfonds und Umlaufmittel per 31. 12. 1989 die Ausgangsbasis für die Eröffnungsbilanz per 01. 01. 1990 sein soll. Die Grundsätze der Umbewertung sollen mit dem Ministerium der Finanzen festgelegt werden.

Ein anderes Kombinat sah in einem Entwurf eines Antrags, der anscheinend an die Regierung der DDR bzw. das zuständige Ministerium gestellt werden sollte, ebenfalls vom 12. 02. 1990 die Umwandlung in eine Aktiengesellschaft vor. 50 % des Grundkapitals sollten an einen der großen Hersteller im Produktionsbereich verkauft werden, 25 % des Grundkapitals sollte die Staatsbank der DDR erwerben, 25 % des Grundkapitals sollten an die Belegschaft gehen, wovon 15 % unentgeltlich vergeben werden sollten, und zwar gestaffelt nach Betriebszugehörigkeit bzw. Verantwortung, wie es in dem Papier heißt. Diese Aktien sollten nicht übertragbar sein. 10 % sollten an die Belegschaft verkauft werden. Diese sollten übertragbar sein.

Wie man bewerten wollte, war in der mir vorliegenden Konzeption nicht ausgeführt.

Eine ganz andere Konzeption legte ein anderes Kombinat etwa zur gleichen Zeit vor. Es wollte sich in eine GmbH umbilden. Die Kombinatsbetriebe sollten von dieser GmbH einheitlich geleitet werden. Für diese war eine eigene Umwandlung nicht vorgesehen.

Hinsichtlich des Stammkapitals der Gesellschaft heißt es in § 3 Abs. 1 des Entwurfs des Gesellschaftsvertrages:

„Durch staatlichen Entscheid vom ... wird die alleinige Verfügungsbefugnis über das Gesamtvermögen des bisherigen Kombinates ... dem bisherigen Kombinatsdirektor, ..., übertragen. Diese Verfügungsbefugnis steht in Personalunion mit der Gesellschafterfunktion, begründet kein Eigentümerverhältnis und kann nur durch staatlichen Entscheid entzogen werden."

Der sogenannte Gesellschafter sollte dann auf das Stammkapital eine Einlage in nicht genannter Höhe erbringen. § 8 des Gesellschaftsvertrages beschäftigt sich mit der Gewinnverwendung. Der nicht verwendete Reingewinn soll danach an den Staatshaushalt abgeführt werden. Die persönliche Haftung des, wie es heißt, Vorstandes und seines Geschäftsführers für mit der Unternehmensführung eingetretene Haftungsgründe wird ausgeschlossen.

Der Kombinatsdirektor sollte danach Alleineigentümer des Kombinats und der Kombinatsbetrieben werden. Das wird in einem dem Vertragsentwurf beigegebenen Papier mit dem Titel „Grundsatzprobleme" noch deutlicher. Es heißt dort, daß dem bisherigen Kombinatsdirektor die alleinige Verfügungsbefugnis über das Gesamtvermögen des bisherigen Kombinats eingeräumt werden soll. Damit trete er in eine zeitweilig staatlich sanktionierte Eigentümerfunktion über ehemaliges Volkseigentum ein, werde alleiniger Gesellschafter der zu gründenden GmbH und entscheide somit auch allein über die Höhe des Stammkapitals und der zu leistenden Einlage.

Diese Konzeption lief also darauf hinaus, daß sich die leitenden Funktionäre der Kombinate, in diesem Fall beschränkt auf den Kombinatsdirektor, die Kombinate aneignen. Die Problematik, einen Träger für das Volkseigentum zu finden, wurde hier durch eine ganz individuelle Privatisierung gelöst. Andererseits ist aber auch von einer Beteiligung der Bank, insbesondere der Staatsbank, die Rede, die in Höhe eines Schuldenerlasses erfolgen soll. Auch die Beteiligung ausländischer Partner ist angesprochen, ohne daß hierzu nähere Ausführungen gemacht werden.

Es bestand also zu Beginn des Jahres 1990 ein starker Drang zur Umwandlung, aber kaum jemand wußte, wie sie zu bewirken war, und insbesondere war unklar, wer Träger der Geschäftsanteile bzw. Aktien der neu zu bildenden Kapitalgesellschaften werden sollte. Die DDR-Gesetzgebung ließ ihre Unternehmen insofern zunächst im Stich und diese wurstelten, wie angedeutet, vor sich hin, wobei das Streben nach persönlicher Bereicherung erkennbar wurde.

Natürlich gab es auch solidere Vorschläge von Satzungen oder Gesellschaftsverträgen. Von mehreren Banken liegen mir beispielsweise Papiere vor, die an üblichen Satzungen großer Banken orientiert sind.

Gleichzeitig kamen aber auch von anderen Seiten Vorschläge, zur Verwendung des Volkseigentums. *Graf Matuschka* schlug vor, Anteile an die Bürger zu vergeben. In diese Richtung gingen auch Vorschläge, die von Bündnis 90 und von linken Gruppen in die Diskussion eingebracht wurden. *Wolfgang Ullmann* machte sich zum Sprecher derartiger Überlegungen. Diese wurden auch am runden Tisch behandelt, und zwar an einem runden Wirtschaftstisch etwa im Februar 1990. Ich habe an der betreffenden Sitzung selbst teilgenommen. Die Konzeption der Verteilung von Volkseigentumsanteilen an die Bürger der DDR bzw. an Mitarbeiter der Betriebe wurde auf dieser Sitzung nach meiner Erinnerung, abgesehen von den Initiatoren, einhellig zurückgewiesen. Auf dieser Sitzung war allerdings *Ullmann* selbst nicht anwesend, und die Konzeption wurde von einer Potsdamer Gruppe vertreten. *Wolfgang Ullmann* hat sich anscheinend die Verteilung der Anteile über eine Treuhandanstalt vorgestellt. Deswegen hat ihn Herr *Jürgs*[24] als Treuhandinitiator dargestellt. Das ist jedoch falsch, denn diese Funktion der Treuhand als Verteiler von Anteilen am Volkseigentum an die DDR-Bürger in dieser oder jener Weise ist nicht verwirklicht worden.

Gesetzgeberisch war auf dem Gebiet des Unternehmensrechts zunächst schwerpunktmäßig an der Verordnung über die Gründung und Tätigkeit von Unternehmen mit ausländischer Beteiligung in der DDR gearbeitet worden, die dann am 25. 01. 1990 erlassen wurde.[25] Sie sah bekanntlich vor, daß gemeinsame Unternehmen als GmbH, AG, OHG oder KG gegründet werden können (§ 5 der VO). Beteiligte auf DDR-Seite konnten Kombinate, Betriebe, Einrichtungen, Genossenschaften sowie Handwerker, Gewerbetreibende und andere Bürger sein (§ 2 Abs. 1 der VO). Die Unternehmen mit ausländischer Beteiligung waren aber als Neugründungen konzipiert, die dann sogleich in den gesellschaftsrechtlichen Formen erfolgen sollten. Eine Umwandlung der bestehenden Kombinate, VEB usw. erfolgte dadurch nicht. Eine Kapitalaufnahme durch diese war auch bei den

24 Vgl. dazu JÜRGS, Der Spiegel, Nr. 6/97.
25 GBl. I Nr. 4, S. 16. Vgl dazu u. a. MASKOW, Beilage 7 zu BB 1990, S. 1 ff.

bestehenden Rechtsformen nicht möglich, weil keine Geschäftsanteile bestanden, die man teilweise hätte verkaufen können oder die bei einer Kapitalerhöhung hätten zugrunde gelegt werden können.

Die genannte Verordnung wurde von westlicher Seite sehr kritisch aufgenommen,[26] weil sie bestimmte Beschränkungen der ausländischen Beteiligung vorsah. Noch unter der *Modrow*-Regierung wurden zur Anpassung sechs Durchführungsbestimmungen erlassen. Trotz der Kritik wurden Hunderte Anträge bei dem für die Genehmigung zuständigen Wirtschaftskomitee eingereicht. Aber auch ohne solche Genehmigung wurden Betriebe mit ausländischer Beteiligung, was nach der damaligen Terminologie auch westdeutsche Beteiligung einschloß, gebildet. Die ganze Bewegung war aber nur von kurzer Dauer, denn alsbald zeichneten sich wesentlich weitergehende Möglichkeiten für ausländische Interessenten ab.

Eine andere gesetzgeberische Richtung, die damals verfolgt wurde, kam dann im Gesetz über die Gründung und Tätigkeit privater Unternehmen und über Übernehmensbeteiligungen vom 07. 03. 1990 zum Ausdruck.[27]

Bei diesem Gesetz ging es einmal um die umfassende Zulassung privater Unternehmensbildungen. Dafür waren die gesellschaftsrechtlichen Formen vorgesehen (§§ 2 und 3). Zum anderen war Anliegen des Gesetzes die Umwandlung von seit 1972 in Volkseigentum übergeleiteten Betrieben mit staatlicher Beteiligung, Privatbetrieben und Produktionsgenossenschaften (§ 17 ff). Diese konnten danach wieder reprivatisiert bzw. in die Ausgangsformen zurückgeführt werden. Aus den Produktionsgenossenschaften wurden dann sogleich wieder GmbH.

Dieses Gesetz sah auch die Beteiligung von privaten Unternehmen oder Bürgern an staatlichen Unternehmen vor (§ 4 Abs. 1) sowie, wie es in § 6 eines Entwurfes noch hieß, den Kauf von volkseigenen Betrieben oder Teilen von volkseigenen Betrieben zum Zwecke der Gründung eines privaten Unternehmens.

Ich erhielt einen sogenannten „ersten Diskussionsentwurf" dieses Gesetzes, der auf den 05. 02. 1990 datiert war. Zusammen mit meiner Kollegin Dr. *Marianne Andrae*, heute Rechtsprofessorin an der Universität Potsdam, wurde ich eingeladen, an der Diskussion dieses Entwurfes teilzunehmen, die nach meinen Aufzeichnungen im Terminkalender am 06. 02. 1990 stattfand. Dabei wurde erneut deutlich, daß eine Beteiligung von privaten Unternehmen oder Bürgern an staatlichen Unternehmen nicht möglich ist, wenn diese nicht in solche Strukturen umgewandelt werden, die eine Beteiligung gestatten. Es mußte also eine Möglichkeit der Gliederung des Unternehmensvermögens gefunden werden, wie sie bei den gesellschaftsrechtlichen Strukturen vorhanden ist.

26 Vgl. z. B. Luttosch/Glatter, Beilage 13 zu BB 1990, S. 8 ff.

27 GBl. I Nr. 17, S. 141; Erste Durchführungsverordnung zum Gesetz über die Gründung und Tätigkeit privater Unternehmen und über Unternehmensbeteiligungen, GBl. I Nr. 17, S. 144.

Dieses Problem versuchten wir der Arbeitsgruppe deutlich zu machen, ohne dabei auf großes Verständnis zu stoßen. Wir verließen deshalb die Sitzung, um eine Lösung dafür auszuarbeiten, um uns dann besser verständlich machen zu können. Noch am selben Tag arbeiteten wir einen Vorschlag dafür aus, den wir als ersten Teil eines, wie wir vorschlugen, Gesetzes zur Umwandlung von volkseigenen Betrieben und Kombinaten in Kapitalgesellschaften über die Gründung von privaten Betrieben und Betrieben mit ausländischer Beteiligung und über die Beteiligung an Unternehmen einbrachten. Das heißt, dem Gesetzentwurf sollte dieser Teil, den wir genannt hatten: „Umwandlung von volkseigenen Betrieben und Kombinaten in Kapitalgesellschaften", vorangestellt werden. Wir nahmen dabei die Vorschriften des damaligen bundesrepublikanischen Umwandlungsgesetzes,[28] die die Umwandlung von Unternehmen von Gebietskörperschaften oder Gemeindeverbänden in AG oder GmbH betrafen, also die §§ 57 ff, die eine vergleichbare Situation betrafen, zum Vorbild für die Umwandlungsregelung. Als Träger der Anteile waren in der von uns konzipierten Regelung, zunächst noch bei Umwandlung von VEB das Kombinat und sonst das aufsichtsführende staatliche Organ, d. h. das frühere übergeordnete Organ, vorgesehen. Aber, es hieß es auch in bezug auf das die Anteile übernehmende Organ: Dieses „ist auch berechtigt, wenn das wegen Zahl oder Art der von ihm übernommenen Anteile zweckmäßig ist, eine Einrichtung zu schaffen, die die Anteile verwaltet".

Wir konnten uns mit unserem Vorschlag in der Kommission allerdings nicht durchsetzen.

Wenige Tage später, nach meinen Aufzeichnungen am 12. 02. 1990, fand im Berliner Hotel „Esplanade" ein kommerziell organisiertes Seminar zu Wirtschafts- und Rechtsproblemen der Übergangsperiode, wie ich hier einmal sagen möchte, statt. Bei diesem Seminar lernte ich *Wolfram Krause* kennen, der in der *Modrow*-Regierung für die Wirtschaftsreform zuständig war. Ich teilte ihm mit, daß wir den Entwurf einer Umwandlungsregelung erarbeitet haben. Er zeigte sich stark interessiert, und ich übergab ihm den Entwurf.

Er berief dann umgehend eine Arbeitsgruppe ein, die auf der Basis dieses Entwurfs einen Beschlußvorschlag erarbeitete, der am 16. 02. 1990 diskutiert wurde. Er sah bereits eine zentrale Stelle für die Übernahme der volkseigenen Gesellschaftsanteile vor. Dafür war die Bezeichnung „Amt zur Verwaltung des Gemeineigentums" vorgesehen. Ein anderer Vorschlag lautete „Schatzamt". Die Bezeichnung „Treuhandanstalt" setzte sich dann aber durch. Nach meinen Notizen erfolgte das auf einer Sitzung im Rahmen der Arbeitsgruppe Wirtschaftsreform im Ministerrat der DDR am 22. 02. 1990. Der Beschluß zur Gründung der Anstalt zur treuhänderischen Verwaltung des Volkseigentums (Treuhandanstalt)

28 Umwandlungsgesetz (UmwG) in der Fassung der Bekanntmachung vom 6. 11. 1969 (BGBl. I S. 2081) mit nachfolgenden Änderungen.

und die Verordnung zur Umwandlung von volkseigenen Kombinaten, Betrieben und Einrichtungen in Kapitalgesellschaften ergingen dann am 01. 03. 1990.[29] In der Begründung war darauf hingewiesen worden, daß Generaldirektoren Anträge gestellt hätten, die von ihnen geleiteten Kombinate und Kombinatsbetriebe in GmbH bzw. AG umzuwandeln. Auch die Notwendigkeit, Kapitalbeteiligungen aufzunehmen und das Volkseigentum in marktwirtschaftliche Strukturen zu gliedern, werden in der Begründung angeführt.

Die populistischen Konzeptionen des *Grafen Matuschka* und von Herrn *Ullmann* wurden in dem Treuhandbeschluß nur noch schwach reflektiert. In Punkt 4. des Beschlusses wird gesagt: „Die Treuhandanstalt ist berechtigt, Wertpapiere zu emittieren.“ Damit wurde diesem Druck nachgegeben, denn man konnte immerhin offenlassen, daß diese Wertpapiere an die Bevölkerung verteilt werden und damit das Volkseigentum verteilt wird. Allerdings war das nur als ein Recht der Treuhandanstalt vorgesehen und nicht als ihre Pflicht.

Diese Regelung stand auch im Widerspruch zu einem Satz in Punkt 5. des Treuhandbeschlusses, wonach die Treuhandanstalt keine wirtschaftsleitenden Funktionen ausübt. Wenn die Treuhandanstalt Wertpapiere ausgegeben hätte, also beispielsweise Anteilsscheine, hätte sie sich auch um deren Werterhaltung und Wertsteigerung kümmern müssen, was wieder zu wirtschaftsleitender Tätigkeit geführt hätte. Zu dieser Ausgabe von Wertpapieren ist es nie gekommen, und die Struktur der Treuhandanstalt als Anstalt öffentlichen Rechts bot auch gar keine Voraussetzungen dafür.

Auf der Grundlage der Umwandlungsverordnung konnte nun auch die Frage der Beteiligung an staatlichen Unternehmen durch Private in dem erwähnten Gesetz über die Gründung und Tätigkeit privater Unternehmen und über Unternehmensbeteiligungen, das eine Woche später von der Volkskammer angenommen wurde, gelöst werden. § 4 Abs. 2 Satz 2 der angenommenen Fassung besagt nun: „Eine Beteiligung von privaten Unternehmen oder auch Bürgern an staatlichen Unternehmen setzt deren Umwandlung in eine GmbH oder AG voraus.“

Insgesamt ist dieses Gesetz aber noch sehr unreif und widersprüchlich und zeigt, wie wenig ausgeprägt gesellschaftsrechtliche Vorstellungen damals in der DDR waren.

Die Umwandlungsverordnung[30] sah eine individuelle Umwandlung durch Umwandlungserklärung vor, die notariell zu beglaubigen ist. Der Umwandlung sollten Gründungsbericht und Gründungsprüfung zugrunde gelegt werden (§ 5 der VO). Die Treuhandanstalt sollte alle Geschäftsanteile bzw. Aktien der durch Umwandlung gebildeten Kapitalgesellschaften übernehmen (§ 3 Abs. 1 der VO), konnte aber auch juristische und natürliche Personen als Gesellschafter einsetzen

29 Beide veröffentlicht in GBl. I Nr. 14, S. 107.
30 Zu der Umwandlungsverordnug im einzelnen Maskow, Beilage 13 zu BB 1990, S. 1 ff.

(z. B. umgewandelte Kombinate für ihre Kombinatsbetriebe) oder mit der Wahrnehmung der Rechte und Pflichten aus den zunächst jedenfalls 100%igen Beteiligungen der Treuhandanstalt beauftragen (§ 3 Abs. 2 der VO). Sie war ihrerseits zum Verkauf dieser Anteile berechtigt (§ 10 der VO).

Auf diese Art und Weise war also ein Mechanismus zur Umwandlung der volkseigenen Kombinate, Betriebe usw. in marktwirtschaftliche Strukturen geschaffen worden. Auf dieser Grundlage ist die Umwandlung in Angriff genommen worden und sind auch tatsächlich Umwandlungen durchgeführt worden. Natürlich war die individuelle Umwandlung mit zuvor zu erstellendem Gründungsbericht und mit Gründungsprüfung sehr aufwendig.[31] Das galt insbesondere für die DDR, wo nicht nur Notare knapp waren und in derartigen Aufgaben auch völlig unerfahren, sondern noch mehr Wirtschaftsprüfer fehlten. Deswegen wurde der Prozeß der Umwandlung durch das nachfolgende Treuhandgesetz wesentlich beschleunigt.

Auch bei den sozialistischen Genossenschaften setzte in dieser Phase vor der Währungs-, Wirtschafts- und Sozialunion der Umwandlungsprozeß ein, was hier jedoch nur noch angedeutet werden kann.

Hinsichtlich der Gründung und Tätigkeit der Produktionsgenossenschaften des Handwerks wurde durch die Verordnung über die Gründung, Tätigkeit und Umwandlung von Produktionsgenossenschaften des Handwerks vom 8. 3. 1990[32] generell das Gesetz betreffend die Erwerbs- und Wirtschaftsgenossenschaften für anwendbar erklärt (§ 3 der VO), das ebenfalls noch galt. Jedoch wurde gleichzeitig die Möglichkeit der Umwandlung in Personen- oder Kapitalgesellschaften vorgesehen (§ 4 der VO). Davon wurde ganz überwiegend Gebrauch gemacht und zwar erfolgte vor allem eine Umwandlung in GmbHs.

Wenn PGH in Volkseigentum überführt worden waren, konnte nun eine Reprivatisierung in eine PGH erfolgen oder, was in der Praxis die Regel war, zugleich eine Umwandlung in eine andere Unternehmensform vorgenommen werden, was zumeist ebenfalls eine GmbH war. Hierfür galt eine Spezialvorschrift.[33]

Auf dem Gebiet der Landwirtschaft ging die Umwandlung etwas getragener voran. Es wurde zunächst ein neuer § 23 a in das LPGG eingefügt, wonach Genossenschaftsanteile ausgegeben werden konnten.[34] Dadurch hätte eine gewisse Mobilisierung des genossenschaftlichen Vermögens erreicht werden können und

31 Zu den aufgetretenen Schwierigkeiten vgl. z. B. Maskow/Hoffmann, Beilage 40 zu BB 1990, S. 1.

32 GBl. I Nr. 18, S. 164.

33 Zweite Durchführungsverordnung zum Gesetz über die Gründung und Tätigkeit privater Unternehmen und über Unternehmensbeteiligungen vom 13. 6. 1990, GBl. I Nr. 34, S. 363.

34 Gesetz zur Änderung und Ergänzung des Gesetzes über die landwirtschaftlichen Produktionsgenossenschaften – LPG-Gesetz – vom 6. 3. 1990, GBl. I Nr. 17, S. 133, § 4.

sollte die ebenfalls neu geregelte Bildung gemeinsamer Betriebe (Einfügung eines § 16 a LPGG) finanziert werden. Aber, soweit ersichtlich, hat die Vorschrift in der Praxis keine große Rolle mehr gespielt. Die maßgebenden Veränderungen der landwirtschaftlichen Strukturen erfolgten durch das Landwirtschaftsanpassungsgesetz, dessen Vollzug in eine hier nicht mehr zu behandelnde Periode fällt.[35]

35 Gesetz über die strukturelle Anpassung der Landwirtschaft an die soziale und ökologische Marktwirtschaft in der Deutschen Demokratischen Republik – Landwirtschaftsanpassungsgesetz – vom 29. 6. 1990, GBl. I Nr. 42, S. 642 mit nachfolgenden Änderungen. Das Gesetz trat mit seiner Veröffentlichung, d. h. am 20. 7. 1990, in Kraft.

Privatisierung und Restrukturierung volkseigener und genossenschaftlicher Unternehmen durch Umwandlung

von

Professor DR. WALTER BAYER, Jena

Inhaltsübersicht

I. Einleitung

Da im Vertrag über die Schaffung einer Währungs-, Wirtschafts- und Sozialunion vom 18. Mai 1990 vereinbart worden war, daß die durch Privateigentum und Leistungswettbewerb gekennzeichnete soziale Marktwirtschaft die Grundlage der neuen Wirtschaftsordnung werden solle,[1] stellte sich für 8866 volkseigene Betriebe (VEB)[2] und 3844 landwirtschaftliche Produktionsgenossenschaften (LPG)[3] die Problematik ihrer Privatisierung und Restrukturierung: Das bisherige sozialistische Eigentum – hierzu zählten sowohl das Volkseigentum wie auch das genossenschaftliche Eigentum[4] – mußte in private Hände überführt und die Unternehmen zu wettbewerbsfähigen Organisationen in privatrechtlicher Form umgewandelt werden. Dieses Ziel der Privatisierung und Restrukturierung wurde für die VEB mit dem Treuhandgesetz vom 17. Juni 1990 und für die LPG[5] mit dem LwAnpG vom 29. Juni 1990 angestrebt.

1 BGBl. II/1990, S. 537; ausführlich HORN, Das Zivil- und Wirtschaftsrecht im neuen Bundesgebiet, 1993, S. 17 ff.

2 Zahlen nach HORN, aaO (Fn. 1), S. 832 unter Bezugnahme auf Treuhandanstalt, Anhang zur am 15. 10. 1992 festgestellten DM-Eröffnungsbilanz per 1. 7. 1990, S. 23 ff.

3 Zahlen nach STROBEL, AgrarR 1997, 7 unter Bezugnahme auf Statistisches Jahrbuch ´90 der DDR, S. 36.

4 Ausführlich HORN, aaO (Fn. 1), S. 336 ff.

5 Zu Reformüberlegungen allgemein: STEDING, AgrarR 1990, 93 ff; KRAUS, AgrarR 1990, 181 ff; DORNBERGER DB 1990, 3042 ff, 3122 ff.

Trotz vieler Gemeinsamkeiten unterscheiden sich beide Gesetze jedoch in einem wichtigen Punkt: Während nämlich die Privatisierung und Restrukturierung der volkseigenen Wirtschaft eine durch die Treuhandanstalt wahrgenommene Staatsaufgabe war, wurde die Anpassung der genossenschaftlichen Land- und Forstwirtschaft an die Strukturen der sozialen Marktwirtschaft in private Hände gelegt, nämlich allein den LPG-Mitgliedern überlassen.

II. Privatisierung der VEB

Kurz und bündig stellt das THG sein Motto an den Anfang: „Das volkseigene Vermögen ist zu privatisieren" (§ 1 Abs. 1 Satz 1 THG). Die Verantwortlichkeit lag zunächst beim Ministerrat (§ 1 Abs. 2 THG). Zuständig für die Durchführung war die öffentlich-rechtlich organisierte Treuhandanstalt (§§ 1 Abs. 3, 2 THG). Die Privatisierung war somit eine Aufgabe des Staates. Das Privatisierungsmodell sah zwei Schritte vor:[6]

1. Erster Schritt: Privatrechtliche Organisation des Staatseigentums

Zunächst wurden alle im Register der volkseigenen Wirtschaft eingetragenen volkseigenen Kombinate, Betriebe, Einrichtungen und sonstige juristisch selbständigen Wirtschaftseinheiten mit Wirkung zum 1. Juli 1990 in Kapitalgesellschaften umgewandelt (§ 11 Abs. 1 Satz 1 i.V.m. § 1 Abs. 4 THG), und zwar die Kombinate in Aktiengesellschaften, die übrigen Unternehmen vorzugsweise in GmbH (§ 11 Abs. 1 Satz 2 THG). Diese Umwandlung erfolgte ohne jede rechtsgeschäftliche Erklärung, allein kraft gesetzlicher Anordnung. Über Nacht hatte sich auf diese Weise der überwiegende Teil des sozialistischen Staatseigentums an den Produktionsmitteln in eine privatrechtliche Organisationsform verwandelt. Der erste Schritt der Privatisierung – nämlich die Privatisierung der Rechtsform, wie es zutreffend formuliert wird[7] – war vollzogen und hatte nur eine juristische Sekunde gedauert.

Die erforderliche Eintragung in das Handelsregister (§ 15 THG) – als Aktiengesellschaft i.A. bzw. GmbH i.A. – hatte nur noch deklaratorische Bedeutung.[8]

6 Nicht ausgeschlossen wurde durch die Privatisierung nach THG die Reprivatisierung (§ 24 THG: „Vorschriften dieses Gesetzes berühren nicht etwaige Ansprüche auf Restitution oder Entschädigung…"). Auf die Einzelheiten der Reprivatisierung kann hier jedoch nicht weiter eingegangen werden; vgl. hierzu etwa Wasmuth, in: Rechtshandbuch Vermögen und Investitionen in der ehemaligen DDR, B 100 VermG § 3.

7 So Busche, in: Rechtshandbuch Vermögen und Investitionen in der ehemaligen DDR, B 200 THG Vor § 1 Rdn. 23; ähnlich Horn, in: Hommelhoff, Treuhandunternehmen im Umbruch, 1991, S. 135.

8 Unstreitig, vgl. etwa Weimar, Komm. z. THG, 1993, § 15 Rdn. 4; Busche, aaO (Fn. 7) B 200 THG § 15 Rdn. 1.

Ausgenommen von dieser Zwangsumwandlung waren nur die Unternehmen, die auf der Grundlage der UmwVO vom 1. März 1990 schon umgewandelt waren, wobei jedoch höchst umstritten ist, ob der Eintragung der Umwandlung in das zuständige Register entscheidende Bedeutung zukommt[9] oder ob bereits die Antragstellung ausreicht.[10]

Allerdings hat die rätselhafte Formulierung des Gesetzes: Betriebe unterhalb der Ebene der Kombinate werden „in Kapitalgesellschaften, vorzugsweise in GmbH umgewandelt" ohne Not zu Rechtsunsicherheit geführt: Läßt das Gesetz eine Wahlfreiheit? Kann also die per 1.7.1990 umgewandelte GmbH nach Ausübung des Wahlrechts ohne weiteres als Aktiengesellschaft im Aufbau in das Handelsregister eingetragen werden? Oder ist ein solcher Formwechsel erst im Nachgründungsverfahren – auf das ich später noch zu sprechen kommen werde – mit der Wirkung ex nunc oder gar ex tunc möglich? Die Frage ist schwierig zu entscheiden, da zwischen der gesetzlichen Umwandlungsautomatik und einer nachträglichen Rechtsformwahl ein gewisser Widerspruch besteht.[11] Der II. Zivilsenat des Bundesgerichtshofs hat die Problematik erkannt, sich aber gleichwohl dafür entschieden, die Rechtsformwahl im Nachgründungsverfahren sogar mit Rückwirkung zuzulassen.[12]

Mit der Zwangsumwandlung erwarb die neue Kapitalgesellschaft das gesamte bewegliche Betriebsvermögen – einschließlich der Forderungen und sonstiger Rechte – (sogenannte Fonds) sowie den in der Rechtsträgerschaft des umgewandelten Unternehmens befindlichen Grund und Boden – also die Betriebsgrundstücke – zu Eigentum (§ 11 Abs. 2 THG).[13] Ebenso wie schon die Umwandlung erfolgte auch dieser Eigentumserwerb kraft gesetzlicher Anordnung; der Grundstücks-

9 So OLG Bremen ZIP 1993, 1418; KreisG Leipzig-Stadt VIZ 1991, 110, 112; ausführlich BUSCHE, aaO (Fn. 7) B 200 THG, § 23 Rdn. 2 m.w.N. Nach HORN, aaO (Fn. 1), S. 856 ist zwar der Zeitpunkt der Eintragung maßgeblich, so daß die Umwandlung gemäß § 11 Abs. 2 THG erfolgt, doch soll das Nachgründungsverfahren gemäß §§ 19 ff THG gegebenenfalls entbehrlich sein, wenn alle Voraussetzungen der UmwVO erfüllt seien.

10 So ROTHER, in: Kaligin/Goutier, Beratungshandbuch: Eigentum und Investitionen in den neuen Bundesländern, 1991, 4120 Rdn. 12; WEIMAR, aaO (Fn. 8) § 11 THG Rdn. 2 m.w.N.

11 So schon LACHMANN, DtZ 1990, 238.

12 BGHZ 126, 340, 342 f; WEIMAR, aaO (Fn. 8) § 11 THG Rdn. 4 spricht sich für eine Umwandlung der zunächst entstandenen GmbH im Nachgründungsverfahren aus. Nach HORN, aaO (Fn. 1), S. 832 kann das Wahlrecht jederzeit bis zum Abschluß des Nachgründungsverfahrens ausgeübt werden; zur Rückwirkung trifft er allerdings keine Aussage. BUSCHE, aaO (Fn. 7) B 200 THG § 11 Rdn. 1 ist dagegen der Auffassung, das Wahlrecht hätte vor dem 1. 7. 1990 ausgeübt werden müssen; diese Lösung verkennt indes, daß die Treuhandanstalt erst am 1.7.1990 Eigentümerin der umgewandelten Unternehmen wurde, vorher also das allein dem Gesellschafter zustehende Wahlrecht gar nicht ausüben konnte. Zutreffend ist allerdings der Hinweis von BUSCHE, aaO (Fn. 7) B 200 THG, § 11 Rdn. 1, daß der Gesetzgeber des THG ohne weiteres Problembewußtsein einfach das Rechtsformwahlrecht nach § 2 Abs. 1 UmwVO übernommen hat.

13 Zur Problematik der zugewiesenen Betriebsgrundstücke: 5. DVO zum THG vom 18.9.1990; dazu BUSCHE, aaO (Fn. 7) B 200 THG Anh. § 11 Rdn. 1 ff.

erwerb war daher auch ohne Grundbucheintragung wirksam.[14] Gemäß § 23 THG galt diese Regelung auch für Umwandlungen, die bereits aufgrund der UmwVO vom 1. März 1990 vollzogen worden waren.

Wie bereits erwähnt, war die ex lege umgewandelte Kapitalgesellschaft von Amts wegen in das Handelsregister mit dem Zusatz „im Aufbau" einzutragen (§§ 14, 15 THG). Dieser Vermerk diente der Firmenwahrheit und ermöglichte es, ein umgewandeltes Treuhandunternehmen von einer Neugründung[15] zu unterscheiden. Dies war deshalb bedeutsam, weil zum Zeitpunkt dieser ersten Handelsregistereintragung noch keine Prüfung der umgewandelten Kapitalgesellschaft dahin stattgefunden hat, ob das gesetzlich mit DM 100.000,– (für AG) bzw. DM 50.000,– (für GmbH) vorgegebene Grund- bzw. Stammkapital (§ 15 Abs. 4 THG) aufgebracht ist und auch sonst keine Gründungsmängel vorliegen, die dem Status einer beschränkt haftenden Kapitalgesellschaft entgegenstehen. Auf dieses Fehlen jedweder Prüfung sollte der Rechtsverkehr deutlich hingewiesen werden.[16]

Von der GmbH oder AG i.G. unterschied sich die GmbH oder AG i.A. allerdings durch die Tatsache, daß sie aus einem umgewandelten VEB hervorgegangen und in das Handelsregister eingetragen ist. Ebenso wie die GmbH oder AG i.G. hat jedoch auch die GmbH oder AG i.A. die Gründung noch nicht abgeschlossen; insbesondere hat sie noch eine Gründungsprüfung zu durchlaufen.[17] Aus diesem Grund wurde im Schrifttum vielfach die Auffassung vertreten, auch die GmbH oder AG i.A. seien als Vorgesellschaft zu qualifizieren.[18] Konsequenz dieser Sichtweise wäre möglicherweise eine Haftung der Treuhandanstalt für die Verbindlichkeiten der umgewandelten Kapitalgesellschaft, und zwar insbesondere auch im Hinblick auf Altverbindlichkeiten.[19]

Die Qualifikation der Kapitalgesellschaft i.A. als Vorgesellschaft wurde indes von der herrschenden Meinung abgelehnt.[20] Dieser ablehnenden Auffassung hat sich zwischenzeitlich auch der Bundesgerichtshof angeschlossen.[21] Meines Erachtens zu Recht. Denn nach der klaren Anordnung in § 11 Abs. 1 THG waren am

14 Weimar, aaO (Fn. 8) § 11 THG Rdn. 24.

15 Auch von einer erfolgreichen Umwandlung nach der UmwVO vom 1.3.1990: Zutreffend Weimar, aaO (Fn. 8) § 14 THG Rdn. 7.

16 Zur Warnfunktion Niederleithinger, GmbHR 1992, 220, 224.

17 Zur modifizierten Gründungsprüfung nach dem DMBilG: Weimar, aaO (Fn. 8) § 21 THG Rdn. 4; Busche, aaO (Fn. 7) B 200 THG § 21 Rdn. 2 m.w.N. Die Einzelheiten zur Gründung sind streitig und können hier nicht dargestellt werden; vgl. hierzu etwa Priester, DB 1991, 2373 ff; Lachmann, DtZ 1990, 238, 239; speziell für die „GmbH i.A." K. Schmidt, GmbHR 1992, 570, 572.

18 Timm, ZIP 1991, 413, 417; Timm/Schöne, ZIP 1992, 969, 972; Mayer, DB 1991, 1609, 1610; Weimar, DB 1991, 373, 375.

19 So explizit Timm, ZIP 1991, 413, 417 ff; ausf. Timm/Schöne, ZIP 1992, 969 ff; insoweit abw. jedoch Weimar, aaO (Fn. 8) § 11 THG Rdn. 11.

20 Priester, DB 1991, 2373; Niederleithinger, GmbHR 1992, 220, 224; ausf. Busche, aaO (Fn. 7) B 200 THG § 11 Rdn. 9 f m.w.N.

21 BGHZ 126, 340; vgl. auch BGH DB 1994, 1666.

1. Juli um 00.00 Uhr alle VEB in Kapitalgesellschaften umgewandelt. Es handelt sich hierbei nach richtiger Ansicht um eine formwechselnde Umwandlung, das heißt, Ausgangs- und Zielrechtsträger sind identisch, gewechselt hat nur das rechtliche Kleid.[22] Ein Nebeneinander von VEB und Kapitalgesellschaft i.A. ist daher nicht möglich. Vielmehr ist der VEB als Ausgangsrechtsträger definitiv erloschen.[23] Zuordnungsobjekt aller Rechte und Pflichten ist nur noch die neue Kapitalgesellschaft.[24] Sie muß binnen Jahresfrist die Gründung nachholen; andernfalls ist sie mit Ablauf des 30. Juni 1991 gesetzlich aufgelöst. Durch den Vermerk: „i.A." ist der Rechtsverkehr ausreichend geschützt. Eine Haftungsverantwortung der Treuhandanstalt nach den Grundsätzen der Vorgesellschaft ist vom Gesetz nicht angeordnet; hierfür besteht auch kein praktisches Bedürfnis.[25]

Von der Umwandlung in Kapitalgesellschaften i.A. hat der Gesetzgeber gewisse volkseigene Betriebe ausgenommen (§ 11 Abs. 3 THG), insbesondere im Kommunalbereich.[26] Die oftmals ungenauen Abgrenzungskriterien führten indes häufig dazu, daß die Umwandlung eines Unternehmens eingetragen wurde, das mangels Rechtsgrundlage überhaupt nicht umwandlungsfähig war. Die Rechtsprechung war sich in der Behandlung solcher Fälle nicht einig. Während sich etwa das AG Charlottenburg unter Zustimmung weiter Teile der Literatur auf den Standpunkt stellte, eine Kapitalgesellschaft i.A. sei nicht wirksam entstanden,[27] kam das Kammergericht zu dem gegenteiligen Ergebnis.[28] Allerdings zu Unrecht: Denn fehlt es an einem umwandlungsfähigen Rechtsträger, so führt auch die Eintragung in das Handelsregister nur zum Entstehen einer Scheingesellschaft, nicht etwa zu einer fehlerhaften Gesellschaft.[29] Ein Bestandsschutz ist daher abzulehnen.[30]

22 Busche, aaO (Fn. 7) B 200 THG § 11 Rdn. 2 mit zahlreichen w. N.; Ganske, DB 1992, 125, 126; Winter, DZWiR 1992, 172, 174; Timm, ZIP 1991, 413, 417; wohl auch Hommelhoff/Habighorst, ZIP 1992, 665, 669; tendenziell wohl auch BGH DtZ 1991, 342, 343; a.A., wohl eine übertragende Umwandlung annehmend, Stute, VIZ 1994, 381, 384; differezierend K. Schmidt, GmbHR 1992, 570; Horn, FS Kellermann, 1991, S. 201, 209; Horn, aaO (Fn. 1), S. 835.

23 Ebenso LG Berlin ZIP 1991, 251, 252; Busche, aaO (Fn. 7) B 200 THG § 11 Rdn. 12c; Weimar, aaO (Fn. 8) § 13 THG Rdn. 5; a.A. Timm, ZIP 1991, 417.

24 OLG Dresden VIZ 1994, 427, 430; Busche, aaO (Fn. 7) B 200 THG § 11 Rdn. 12c.

25 Hierzu ausf. auch Busche, aaO (Fn. 7) B 200 THG § 11 Rdn. 15 m.w.N.

26 Ausgenommen waren: Wirtschaftseinheiten mit eingetragenem Liquidationsvermerk, die Deutsche Post, Gemeinden, Städten, Kreisen und Ländern unterstellte Betriebe oder Einrichtungen, bestimmte Außenhandelsbetriebe in Abwicklung, volkseigene Güter und staatliche Forstwirtschaftsbetriebe.

27 AG Charlottenburg ZIP 1992, 520, 521 = EWiR § 11 THG 3/92, 387 (zustimmend Neye); ausf. Busche, aaO (Fn. 7) B 200 THG § 15 Rdn. 3 m.w.N.

28 KG VIZ 1993, 113, 114; teilweise zustimmend Stute, VIZ 1994, 381, 385.

29 Zutreffend daher die Kritik von Neye, EWiR § 11 THG 1/ 93, 397, 398.

30 Ebenso De Weerth, DB 1994, 1405, 1407; Schiessl, VIZ 1994, 377, 381; Gutbrod, GmbHR 1993, 622, 629; Busche, aaO (Fn. 7) B 200 THG § 15 Rdn. 3; a.A. Stute, VIZ 1994, 381, 385.

Eine andere Frage ist, ob ein Unternehmen, das bereits in der DDR als Kapitalgesellschaft organisiert war, analog § 11 Abs. 2 THG Eigentümer seiner Betriebsgrundstücke wurde. Das BezG Erfurt hat diese Frage im Fall der Interflug-GmbH bejaht;[31] das BVerwG war völlig zu Recht anderer Auffassung.[32] Denn für eine Analogie ist mangels Regelungslücke überhaupt kein Raum. Allein den umgewandelten Treuhandunternehmen sollte zur Verbesserung ihrer Kapitalausstattung der automatische Eigentumserwerb am Betriebsvermögen zugute kommen, nicht dagegen den Alt-Kapitalgesellschaften, deren Gesellschaftsanteile ja auch nicht automatisch auf die Treuhandanstalt übergingen. Aus dem selben Grund abzulehnen ist daher auch eine Umwandlung mit zeitgleichem Eigentumserwerb durch parteieigene Betriebe.[33]

2. Zweiter Schritt: Restrukturierung und Überführung der Unternehmen in private Hand

Durch die Umwandlung des sozialistischen Staatseigentums in die privatrechtliche Organisationsform der Kapitalgesellschaft war der erste Schritt der Privatisierung abgeschlossen. Aufgabe der Treuhandanstalt war es nun, den wesentlich schwierigeren zweiten Schritt zu tun, nämlich für eine Restrukturierung der Unternehmen und ihre Überführung in private Hand Sorge zu tragen.[34]

Diese entscheidende zweite Phase der Privatisierung kann hier nur in aller Kürze betrachtet werden. Es ist hier auch nicht der Ort, um über Erfolg oder Mißerfolg der Treuhandanstalt Bilanz zu ziehen.[35] Ich beschränke mich vielmehr darauf, den gesellschaftsrechtlichen Rahmen aufzuzeigen, innerhalb dessen sich die Treuhandanstalt bewegen konnte.

Betrachten wir zunächst die Privatisierung durch Anteilsveräußerung. Vertragspartner des sogenannte share deal kann stets nur der Inhaber der Anteile sein. Die Treuhandanstalt müßte also Alleineigentümerin der Treuhandunternehmen gewesen sein. Dies war jedoch nach der gesetzlichen Konzeption keineswegs der Regelfall.

Zwar bestimmte § 1 Abs. 4 THG, daß Alleineigentümer der durch die Umwandlung entstandenen Kapitalgesellschaften die Treuhandanstalt werden sollte.[36]

31 BezG Erfurt VIZ 1993, 28; und VIZ 1993, 120; zustimmend Horn, aaO (Fn.1), S. 837; ablehnend Neye, ZIP 1993, 878 f.
32 BVerwG ZIP 1994, 1730.
33 Zutreffend KG ZIP 1993, 872 (so auch schon die Vorinstanz: LG Berlin ZIP 1992, 141 = EWiR § 11 THG 1, 92, 81 (Neye)).
34 Dazu Busche, aaO (Fn. 7) B 200 THG Vor § 1 Rdn. 24 m.w.N.
35 Dazu etwa mit Zahlen zur Treuhandanstalt Gimmy, VIZ 1994, 633 ff einerseits und Lipps, Beilage 9 zu BB 1991, 1 ff andererseits.
36 Jedenfalls entsprach dies der Konzeption des Gesetzgebers. Der Bundesgerichtshof hat in seiner kürzlich ergangenen Entscheidung vom 17.2.1997 = DStR 1997, 750 ff = ZIP 1997, 656 indes einen abweichenden Standpunkt vertreten und entschieden, daß das THG analog auch auf Unternehmen Anwendung finde, die sich nur zum Teil in Volkseigentum,

Die Einschränkung: „nach Maßgabe dieses Gesetzes" hat allerdings den vermeintlichen Regel- zum Ausnahmefall gemacht. Denn allein die aus den ehemaligen Kombinaten entstandenen Aktiengesellschaften sowie darüber hinaus die GmbH, die aus juristisch selbständigen Wirtschaftseinheiten entstanden sind oder die bis zum 1. Juli 1990 ihren Austritt aus dem Kombinat erklärt hatten, gingen unmittelbar in das Eigentum der Treuhandanstalt über (§ 12 Abs. 1 THG a.F.). Dagegen wurde die Masse der umgewandelten Kombinatsbetriebe zu GmbH-Töchtern der Mutter-Aktiengesellschaften (§ 12 Abs. 2 THG a.F.). Der Gesetzgeber hat also keineswegs – wie vielleicht zu erwarten gewesen wäre – die alte Hierarchiestruktur der Kombinate aufgebrochen, sondern sie im Gegenteil rechtlich verfestigt. Aus dem Kombinat wurde der von der Aktiengesellschaft geführte Teilkonzern mit der Treuhandanstalt als oberster Konzernspitze. Darüber hinaus bestand sogar die gesetzliche Anordnung, diesen 3stufigen Konzernaufbau um eine vierte Stufe zu ergänzen: Die Treuhandanstalt war nämlich verpflichtet, innerhalb von zwei Monaten sogenannte Treuhand-Aktiengesellschaften zu errichten, die als zwischengeschaltete Teilkonzernspitzen die Privatisierungsaufgabe dezentral erfüllen sollten (§§ 7 ff THG).

Diese gesetzliche, aus der Angst vor einer übermächtigen, zentral operierenden Treuhandanstalt entworfene Konzeption[37] wurde indes im Sommer 1990 wieder verworfen. Die Treuhand-Aktiengesellschaften wurden nicht errichtet. Der Forderung nach dezentraler Privatisierung versuchte man vielmehr durch gestärkte Außenstellen nachzukommen, die aber der Weisung der Zentrale unterworfen waren. Vor der Volkskammer begründete der damalige Präsident der Treuhandanstalt diese vorsätzliche Mißachtung des Gesetzes mit unüberwindbaren Schwierigkeiten. Das stenographische Protokoll enthält hierzu die eindeutige Feststellung: „Erst kommt das Leben und dann die Paragraphen."[38] Der Gesetzgeber hat diese Entscheidung nachträglich legalisiert.[39]

zum anderen Teil in genossenschaftlichem Eigentum befunden hätten. Auch solche Unternehmen in Mischeigentum seien nach dem THG umgewandelt worden; der Anteilsbesitz der Treuhandanstalt erfasse jedoch nur den volkseigenen Teil, während die restliche Beteiligung auf die Genossenschaft übergegangen sei. Hieraus ergeben sich schwierige Anpassungsprobleme. Denn ersichtlich ist die gesamte Konzeption des THG, insbesondere auch der automatische Eigentumsübergang gemäß § 11 Abs. 2 THG, auf den Fall zugeschnitten, daß allein die Treuhandanstalt (bzw. ein von ihr zu 100 % kontrolliertes Tochterunternehmen) in die Gesellschafterstellung einrückt. Dennoch wird man dem BGH im Ergebnis zustimmen müssen und Problemfälle gegebenenfalls durch eine angepaßte Anwendung des THG entscheiden müssen.

37 Vgl. stenographische Niederschrift der Volkskammer vom 15. Juni 1990, S. 480.

38 Stenographische Niederschrift der Volkskammer vom 13. September 1990, S. 1679 ff.

39 Art. 9 des Gesetzes zur Beseitigung von Hemmnissen bei der Privatisierung von Unternehmen und zur Förderung von Investitionen vom 22. März 1991, BGBl. I, S. 766; vgl. dazu auch Möschel, ZGR 1991, 175 ff; Niederleithinger, ZIP 1991, 205, 215; Rother, aaO (Fn. 10), 4210 Rdn. 15 ff.

Noch problematischer als der bereits erwähnte share deal war aber der sogenannte asset deal, also die Veräußerung des Unternehmens als solches oder einzelner Teile, wie etwa einzelne Betriebe oder auch Grundstücke. Denn nicht die Treuhandanstalt, sondern die jeweilige Kapitalgesellschaft war schließlich Eigentümer des gesamten Vermögens des Unternehmens. Auch der Alleinaktionär oder der Alleingesellschafter in der GmbH ist nicht berechtigt, Gesellschaftsvermögen zu veräußern. Die Treuhandanstalt konnte also nach allgemeinen gesellschaftsrechtlichen Grundsätzen Unternehmensverkäufe im Wege des asset deal nur mittelbar über eine Weisung an die zuständigen Gesellschaftsorgane herbeiführen.[40]

Damit stellt sich aber zugleich die Frage der Konzernhaftung. Ich will diese Problematik hier nicht weiter vertiefen. Es sei nur erwähnt, daß der Gesetzgeber eine aufkommende Diskussion dadurch beendet hat, daß gemäß § 28a EGAktG die Treuhandanstalt nicht als herrschendes Unternehmen zu betrachten sei. Abweichenden Auffassungen in Rechtsprechung und Literatur[41] war damit der Boden entzogen. Eine Haftung der Treuhandanstalt kam daher nur noch analog § 117 AktG (bei vorsätzlicher Schädigung unter Benutzung des Einflusses auf die Gesellschaft) in Betracht.[42]

Da die Privatisierung ganzer Kombinate oder auch von kompletten Kombinatsbetrieben wegen ihrer Größe und auch ihrer heterogenen Struktur oft nicht möglich war, stellte sich sehr schnell die Problematik einer Zerlegung. Mit dem Gesetz über die Spaltung der von der Treuhandanstalt verwalteten Unternehmen (SpTrUG)[43] hat der Gesetzgeber auf dieses praktische Bedürfnis im Frühjahr 1991 reagiert und sowohl die Aufspaltung als auch die Abspaltung zur Neugründung zugelassen. Der Ausweg über den asset deal mit notwendiger Einzelrechtsübertragung war damit hinfällig. Spaltungsfähige Rechtsträger waren sowohl die endgültige Kapitalgesellschaft wie auch die Kapitalgesellschaft im Aufbau. Voraussetzung war allerdings, daß sich sämtliche Anteile[44] direkt oder mittelbar in der Hand der THA befinden. Spaltungsfähig waren nach herrschender Meinung auch solche Kapitalgesellschaften i.A., die sich in Liquidation befanden, weil sie nicht bis zum 30.6.1991 die vorgeschriebene Nachgründung vorgenommen hatten. Denn solange nicht mit der Vermögensverteilung an den Gesellschafter THA begonnen worden war, konnte die Kapitalgesellschaft i.A.i.L. nach herrschender und zutreffender Auffassung jederzeit durch Fortsetzungsbeschluß und Nachholung der Gründungsmaßnahmen wieder in ein werbendes Unternehmen verwandelt und somit auch gespalten werden. Diese Rechtslage entspricht auch dem UmwG 1995.

40 Hieran ändert auch § 2 Abs. 3 Satz 3 VermG (BGBl. I/1991, S. 1446 ff) nichts, wonach die Treuhandanstalt, wenn ihr die Anteilsrechte am Verfügungsberechtigten allein zustehen, diesen allein vertritt.

41 KrG Erfurt ZIP 1991, 1233; Weimar, VIZ 1993, 47 ff.

42 Weimar, VIZ 1993, 47, 50.

43 SpTrUG vom 5. April 1991, BGBl. I, S. 854.

44 Zu Modifikationen vgl. oben Fn. 36.

Allerdings waren in der Praxis bereits vor Inkrafttreten des SpTrUG zahlreiche Spaltungen von VEB durchgeführt worden in der Annahme, auch diese Umwandlungsform werde durch die UmwVO gestattet. Nach dem 1. Juli 1990 hat die THA diesen Rechtsstandpunkt unter Berufung auf § 11 THG aufrechterhalten.[45] Zahlreiche Unternehmen wurden daher als Teilrechtsnachfolger der ehemaligen VEB in die Register eingetragen. Das LG Berlin hat diese Praxis in mehreren Entscheidungen mit der Begründung gebilligt, daß aufgrund des großen Zeitdrucks, unter dem die UmwVO und das THG entstanden seien, dem Gesetzgeber ein Versäumnis unterlaufen sei. Es habe indes seinem Willen entsprochen, die VEB im Rahmen der Privatisierung auch zu entflechten. Es sei somit eine gesetzliche Lücke festzustellen.[46] Dieser Auffassung hat indes die Literatur zu Recht widersprochen.[47] Eine – auch nur partielle – Gesamtrechtsnachfolge ohne gesetzliche Grundlage ist ausgeschlossen, eine auf den hypothetischen Willen des Gesetzgebers gestützte Analogie nicht möglich, da unser Rechtssystem vom entgegengesetzten sachenrechtlichen Prinzip der Einzelrechtsübertragung beherrscht wird. Darüber hinaus kann nur der Gesetzgeber entscheiden, wie sich das Verhältnis der durch die Spaltung entstandenen neuen Rechtsträger zu den Gläubigern des übertragenden Unternehmens gestaltet.

Nicht von der Hand zu weisen ist jedoch der auch vom LG Berlin angesprochene Gesichtspunkt der normativen Kraft des Faktischen: Nach Aussagen von Fachkennern sei die überwiegende Anzahl der gemäß § 11 THG entstandenen Kapitalgesellschaften anschließend von der Treuhandanstalt zerlegt und im Rahmen der dann durchzuführenden Nachgründung jeweils separat zur Eintragung in das Handelsregister angemeldet und auch eingetragen worden.[48] Mit der Eintragung hatten diese Unternehmen zwar Bestandsschutz erlangt (§§ 275 AktG, 75 GmbHG, 144a FGG). Dennoch war höchst zweifelhaft, ob die vom ehemaligen VEB übernommenen Vermögenswerte infolge des Verstoßes gegen die strengen Vorschriften des Sachen- und Grundbuchrechtes wirksam als Sacheinlage eingebracht waren. Unklar war darüber hinaus das rechtliche Schicksal der Verbindlichkeiten bei fehlender Mitwirkung der Gläubiger (§§ 414 ff BGB). Dem Gesetzgeber schien eine Rückabwicklung rechtlich unmöglich und auch wirtschaftlich nicht sinnvoll. Ihm blieb daher nur die Möglichkeit, das entstandene Rechtschaos durch

45 Vgl. Schreiben des Präsidenten der THA vom 23.8.1990, mitgeteilt bei Ganske, DB 1991, 791, 797.

46 LG Berlin ZIP 1991, 407 = EWiR 1991, 613 (ablehnend Kohte); LG Berlin ZIP 1991, 251 = EWiR 1991, 495 (Müller); vgl. auch noch BezG Dresden ZIP 1991, 1390 = EWiR 1991, 1013 (ablehnend Neye).

47 Ganske, DB 1991, 791, 796 f; Weimar, DtZ 1991, 182, 184; Kothe, EWiR 1991, 613; Neye, EWiR 1991, 1013; Mayer, DB 1991, 1609, 1614 f; Horn, aaO (Fn. 1), S. 881; ausführlich B. Kübler, FS Merz, 1992, S. 333 ff; a.A. nur Graf, DZWiR 1991, 8 ff.

48 So Mayer, DB 1991, 1609, 1614.

eine Heilungsregelung zu beseitigen. Dies ist mit § 12 Abs. 1 SpTrUG geschehen.[49] Der notwendige Gläubigerschutz wurde durch § 12 Abs. 2 SpTrUG sichergestellt, wonach alle beteiligten Unternehmen, gegebenenfalls die Treuhandanstalt, für die Erfüllung begründeter Verbindlichkeiten hafteten.

III. Die Privatisierung der LPG

1. LwAnpG vom 29. 6. 1990

Ebenso wie das TreuhG verfolgte auch das LwAnpG 1990 das Ziel einer Privatisierung und Restrukturierung, hier der Land- und Forstwirtschaft.[50] Diese Aufgabe war indes allein den LPG-Mitgliedern übertragen, wobei die gesetzliche Vorgabe, eine vielfältig strukturierte und leistungsfähige Landwirtschaft zu schaffen (§ 3 LwAnpG), in sehr unterschiedlicher Form erfüllt werden konnte:

So stellte das LwAnpG die Mitglieder zunächst vor die grundsätzliche Wahl, die bisherige LPG entweder als restrukturiertes Unternehmen unter einer neuen Rechtsform fortzuführen oder aber aufzulösen. Hierüber sollte die Mitgliedervollversammlung jeweils mit 2/3-Mehrheit oder einer im Statut der LPG vorgesehenen größeren Mehrheit entscheiden (§§ 7 Abs. 2, 29 Abs. 2, 41 Abs. 2 LwAnpG a.F.). Für diese Entscheidung war eine Frist gesetzt bis zum 31. Dezember 1991. Danach sollte jede LPG in eine eingetragene Genossenschaft i.A. zwangsumgewandelt werden. Für den Fall, daß dann nicht innerhalb eines halben Jahres die gesetzlichen Gründungsvoraussetzungen geschaffen wurden, war eine Zwangsauflösung vorgesehen (§ 69 Abs. 3 LwAnpG a.F.). Ungeachtet dieser kollektiv zu treffenden Entscheidung konnte aber auch jedes LPG-Mitglied für sich persönlich entscheiden, seine Mitgliedschaft zu beenden, sei es durch Kündigung (§ 43 LwAnpG a.F.), sei es durch Geltendmachung eines Barabfindungsanspruchs im Falle der mehrheitlich beschlossenen Umwandlung (§ 40 LwAnpG a.F.).

Beide Möglichkeiten der Privatisierung, nämlich das Unternehmen zu restrukturieren und in neuer Rechtsform fortzuführen, oder die Mitgliedschaften insgesamt durch Auflösung oder partiell durch Einzelkündigung zu beenden, wurden vom Gesetz als völlig gleichrangig betrachtet. Das LPG-Nachfolgeunternehmen sollte gegenüber dem bäuerlichen Familienbetrieb weder begünstigt noch benachteiligt werden (§ 2 LwAnpG). Daher waren in die LPG eingebrachte Flächen und Gebäude zurückzugeben oder jedenfalls zu entschädigen (§§ 45–47 LwAnpG). Darüber hinaus sollte die finanzielle und strukturelle Unterlegenheit des sogenannten Wiedereinrichters – also des ausscheidenden LPG-Mitglieds, das einen Fami-

49 Vgl. dazu Gesetzesbegründung zum SpTrUG, BT-Drucks. 12/105, S. 14; weiter Ganske, DB 1991, 791, 797.

50 Dazu allgemein: Jürgens, DtZ 1991, 12 ff (mit Beispielen).

lienbetrieb errichten wollte – dadurch ausgeglichen werden, daß die LPG zur Unterstützung „im Rahmen vorhandener Möglichkeiten" verpflichtet wurde (§ 44 Abs. 1 LwAnpG a.F.).

Gleichberechtigt neben der Privatisierung der Mitgliedschaften sollte jedoch nur das *restrukturierte* LPG-Nachfolgeunternehmen stehen. Diese Restrukturierung konnte durch eine Umwandlung der LPG in die Rechtsform der eingetragenen Genossenschaft (§§ 27 ff LwAnpG a.F.) oder aber durch eine Teilung erfolgen (§ 4 Abs. 1 LwAnpG), wobei diese Zerlegung der LPG in kleine, leistungsstarke Einheiten vom Gesetzgeber offensichtlich als Regelfall konzipiert war.[51] Diese Einschätzung folgt nicht nur aus der gesetzlichen Systematik – die Vorschriften über die Teilung von LPG stehen am Anfang der verschiedenen Umwandlungsmöglichkeiten –, sondern wird insbesondere auch dadurch belegt, daß allein im Falle der Teilung den LPG-Nachfolgeunternehmen neben der Rechtsform der eingetragenen Genossenschaft auch alle Formen der Personen- oder Kapitalgesellschaft offenstanden. Daß das LwAnpG nach der Terminologie des UmwG 1995 nur die Aufspaltung zur Neugründung (§ 123 Abs. 1 Nr. 2 UmwG),[52] nicht dagegen die bloße Abspaltung (§ 123 Abs. 2 UmwG) und auch nicht die Ausgliederung (§ 123 Abs. 3 UmwG) gestattete, versteht sich von selbst: Weder sollte nach der Restrukturierung die LPG als Ganzes noch zum Teil übrigbleiben.[53] Voraussetzung für eine wirksame Teilung war somit die Errichtung von mindestens zwei neuen Unternehmen in der – auch variierenden – Rechtsform einer Kapital- oder Personengesellschaft oder einer eingetragenen Genossenschaft.

Inhaltlich entsprachen die Teilungsregelungen des LwAnpG 1990 bereits weitgehend dem späteren Spaltungsgesetz, das seinerseits wieder starke Übereinstimmung mit dem UmwG 1995 aufweist, wobei allerdings die Besonderheit zu berücksichtigen ist, daß das Spaltungsgesetz keine Vorschriften zum Schutze von Minderheitsgesellschaftern enthält, weil es ja ausschließlich auf Treuhandunternehmen Anwendung findet.

Gegen die Beurteilung, die Aufspaltung von LPG werde vom Gesetzgeber als Regelfall betrachtet, spricht nicht, daß auch das Gegenteil der Spaltung, nämlich der Zusammenschluß von LPG, gestattet wird (§§ 14 ff LwAnpG). Denn Hintergrund für die Zulässigkeit einer solchen Verschmelzung – allerdings nur in der Form der Verschmelzung zur Neugründung – war vielmehr die Absicht, eine Wieder-Zusammenführung der in Form der LPG T (Tierproduktion) und LPG P (Pflanzenproduktion) seit 1977 regelmäßig getrennten Tier- und Pflanzenproduk-

51 So auch Horn, aaO (Fn. 1), S. 1014.

52 Ebenso Nies, Rechtshandbuch Vermögen und Investitionen in der ehemaligen DDR, B 500 LwAnpG § 4 Rdn. 2; Neixler, AgrarR 1993, 1, 4.

53 Zutreffend daher OLG Rostock AgrarR 1996, 201 mit zustimmender Anm. Schweizer: übertragende Umwandlung des LPG-Vermögens i. S. einer Abspaltung auf BGB-Gesellschaft ist unwirksam.

tion[54] zu ermöglichen,[55] was nach § 22 LwAnpG sogar in einem einheitlichen Umwandlungsvorgang mit einer vorangegangenen Spaltung erfolgen konnte.[56]

Allerdings hat das Gesetz die Verschmelzung von LPGen nicht auf diese Fallgruppe beschränkt. In der Praxis konnten sich daher durchaus verschiedene LPGen zu neuen agrarindustriellen Großunternehmen zusammenschließen, die nach der erfolgten Fusion in einem weiteren Schritt dann aber noch in die Rechtsform der eingetragenen Genossenschaft umgewandelt werden mußten, wollten sie nicht ein halbes Jahr nach der gesetzlichen Umwandlung in eine e.G. „im Aufbau" (§ 69 Abs. 3 LwAnpG a.F.) zwangsaufgelöst werden.

Die Praxis war mit der Umsetzung des Gesetzes jedoch völlig überfordert.[57] Aufgrund der teilweise unklaren Regelungen war Streit vorprogrammiert. Bis Ende 1990 hatten sich daher nur 18 % der LPGen in eingetragene Genossenschaften umgewandelt, und die Zahl der Wiedereinrichter lag bei lediglich 1 %.[58] Daher sah sich der Gesetzgeber veranlaßt, eine umfangreiche Novellierung vorzunehmen, die am 7. Juli 1991 in Kraft trat.[59]

2. Die Neufassung des LwAnpG vom 3. 7. 1991

Die ursprünglichen Hauptziele der Gesetzesänderung,[60] nämlich eine Verstärkung der Rechtsposition der Bodeneigentümer (ihre mehrheitliche Zustimmung zur Strukturänderung war gemäß § 7 Abs. 2 Satz 1 LwAnpG zusätzlich erforderlich), eine Präzisierung der Abfindungsansprüche ausscheidender Mitglieder (§ 44 LwAnpG)[61] und die Zulassung der bislang ausgeschlossenen Kündigung von Arbeitsverhältnissen aus Gründen der strukturellen Anpassung (§ 43a LwAnpG),[62] wurden während der Beratungen insbesondere dahin ergänzt, daß nunmehr auch

54 Dazu Beschluß über die Musterstatuten und Musterbetriebsordnungen vom 28.7.1977, GBl. I Nr. 26, S. 317, Ziff. 5 (zitiert aus LPG-Recht, Staatsverlag der DDR, Berlin 1984, S. 100 ff).

55 Zutreffend Nies, aaO (Fn. 52) § 14 Rdn. 1; vgl. auch Feldhaus, LwAnpG, 1991, S. 45 ff.

56 Dazu OLG Brandenburg AgrarR 1995, 246 f; AgrarR 1995, 333 ff; AgrarR 1996, 334 f; OLG-NL 1996, 259 ff; zur Vorgehensweise Jürgens, DtZ 1991, 12 ff.

57 So Gesetzesbegründung des von der CDU/FDP-Fraktion am 26. Februar 1991 eingebrachten Änderungsgesetzes: BT-Drucks. 12/161, S. 7.

58 Angaben nach BT-Drucks. 12/161, S. 7.

59 BGBl. 1991 I, S. 1418 ff.

60 Vgl. dazu Gesetzesbegründung, BT-Drucks. 12/161, S. 2; vgl. weiter v. Jeinsen, AgrarR 1991, 177 ff; Schweizer, DtZ 1991, 279 ff.

61 Siehe zur Präzisierung der Abfindung ausscheidender LPG-Mitglieder gemäß § 44 LwAnpG ausf.: v. Jeinsen, AgrarR 1991, 177, 179; Gramse, Sonderheft AgrarR 10/1993, 5, 8 ff; Barran, AgrarR 1992, 295 ff; Ders., Sonderheft AgrarR 10/1993, 29 ff; Mönig, Sonderheft AgrarR 10/1993, 30 ff; Neixler, AgrarR 1992, 93 ff; Neixler/Schramm/Behr, AgrarR 1993, 65 ff; Wenzel, AgrarR 1995, 5.

62 Dazu Leitfaden zum LwAnpG des BMELF v. 18.12.1992, S. 4.

ein Formwechsel in die GmbH und in die AG sowie in jede Form der Personengesellschaft gestattet werden (§ 23 Abs. 1 LwAnpG). Darüber hinaus wurden die umwandlungsrechtlichen Verfahrensvorschriften teilweise modifiziert und ergänzt. Sie entsprechen im wesentlichen den Regelungen im UmwG von 1995.[63] Erst mit Wirkung zum 1.1.1995 wurde durch das UmwBerG die Möglichkeit eröffnet, daß sich in eG umgewandelte LPG-Nachfolgeunternehmen auch in die Rechtsform einer Personengesellschaft weiterumwandeln können (§ 38a LwAnpG i.V.m. Art. 19 UmwBerG).[64]

Nicht aufgenommen hat der Gesetzgeber die Forderung, die LPG-Nachfolgeunternehmen von ihren Altverbindlichkeiten zu befreien.[65] Diese Entscheidung ist auch zutreffend, eine Parallele zur Privatierung der VEB[66] wäre nicht sachgerecht:[67] Denn eine Schuldenübernahme durch den Staat ist nur dort angebracht, wo dem Staat zugleich auch die bestehenden Vermögenswerte zufließen. Das LPG-Vermögen steht indes den Mitgliedern zu. Verbleibt nach Abzug der Verbindlichkeiten noch ein Überschuß, so können sie frei über dessen Verwendung entscheiden. Ist dies nicht der Fall, kann die LPG ohne weiteres liquidiert werden. Eine weitergehende persönliche Haftung der LPG-Mitglieder besteht nicht. Diese Verpflichtung zur Altschuldenübernahme wurde zwischenzeitlich sowohl vom BGH als auch vom BVerfG gebilligt.[68]

Nach den Vorstellungen des Gesetzgebers sollte die Neufassung des LwAnpG mehr Rechtsklarheit schaffen und insbesondere einen gerechten Ausgleich zwischen den beteiligten Interessen herbeiführen.[69] Dieses Ziel wurde in der Rechtspraxis leider weitgehend verfehlt. Zwar fehlen exakte rechtstatsächliche Angaben. Allgemein ist jedoch festzustellen, daß überall in den neuen Bundesländern zwi-

63 Wesentliche Unterschiede zum UmwG bestehen beispielsweise im Hinblick auf die gemäß §§ 6, 13 Abs. 3, 125, 193 Abs. 3 UmwG erforderliche notarielle Beurkundung von Umwandlungsverträgen und Umwandlungsbeschlüssen, der im LwAnpG nur das Schriftformerfordernis nach § 16 Abs. 2 LwAnpG gegenübersteht; viel strengere Anmeldungserfordernisse für die Spaltung in §§ 125, 16 UmwG gegenüber § 10 LwAnpG für die Teilung; im LwAnpG ist im Gegensatz zu § 16 Abs. 3 UmwG kein Unbedenklichkeitsbeschluß, der zur Aufhebung der Registersperre führt, vorgesehen; Verzinsungspflicht des Anspruchs auf bare Zuzahlung nur nach §§ 15 Abs. 2, 196, S. 2 UmwG (anders § 28 Abs. 2 LwAnpG).

64 BGBl. 1994 I, 3210 ff; dazu Bayer, in: Lutter, Komm. z. UmwG, 1996, § 258 Rdn. 6 ff.

65 Dazu BezG Magdeburg ZIP 1992, 1800; LG Magdeburg EWiR 1993, 371 (krit. Haarmeyer).

66 Die Treuhandanstalt war ermächtigt, die zusätzliche Ausstattung mit Eigenkapital durch Altschuldenbefreiungen nach Prüfung im Einzelfall zu übernehmen (abgeleitet aus Sanierungsauftrag und Kreditermächtigungen im THG, Art. 25 EinigungsV und Treuhandkreditaufnahmegesetz v. 3. 7. 1992, BGBl. I, S. 1190); dazu ausführlich Horn, aaO (Fn. 1), S. 863 ff; zur Ermessensausübung der Treuhandanstalt bei der Kreditvergabe auch Weimar, DZWiR 1992, 493, 498.

67 Dazu BT-Drucks. 12/4410; vgl. auch Horn, aaO (Fn. 1), S. 1005.

68 BGHZ 124, 1 ff; bestätigt durch BVerfG, ZIP 1997, 694 ff.

69 Barran, Sonderheft AgrarR 10/1993, 29; vgl. auch Ausschußbericht, BT-Drucks. 12/404, S. 13 f; und Schweizer, DtZ 1991, 279 ff.

schen den LPG-Nachfolgeunternehmen und ausscheidungswilligen Mitgliedern ein so erbitterter Streit um die gerechte Aufteilung des LPG-Vermögens ausgetragen wird, daß die Formulierung „Bauernkrieg in Ostdeutschland“ vielleicht überspitzt ist, jedoch in der Sache der Wahrheit entspricht.[70]

Das zahlreiche Rechtsprechungsmaterial vermittelt in der Tat den Eindruck, daß Manipulationen zu Lasten ausscheidungswilliger LPG-Mitglieder an der Tagesordnung waren. Nach der – allerdings bestrittenen – Einschätzung zahlreicher Experten wurde fast keine Umwandlung gesetzmäßig durchgeführt.[71] Dennoch wurde eine große, vielleicht sogar die ganz überwiegende Zahl der angemeldeten Formwechsel, Verschmelzungen und Spaltungen in die zuständigen Register eingetragen. Auch hier bedarf das rechtstatsächliche Material noch mancher Aufhellung.

Soweit kein Vorsatz gegeben ist, sind für diese Mißstände jedoch in den wenigsten Fällen die LPG-Vorstände verantwortlich zu machen. Denn keine Umwandlung wurde ohne juristische und wirtschaftliche Beratung durchgeführt. Zu kritisieren ist aber auch, daß der angemeldeten Eintragung der Umwandlung von den Registergerichten offensichtlich häufig – vielleicht sogar im Regelfall? – vorschnell entsprochen wurde. In diesem Zusammenhang spielt sicherlich der Aspekt eine Rolle, daß eine Überschreitung der gesetzlichen Auflösungsfrist zum 31. Dezember 1991 vermieden werden sollte. Darüber hinaus haben aber auch die Instanzgerichte gelegentlich Entscheidungen getroffen, die aus dem Blickwinkel des Umwandlungsrechtlers äußerst zweifelhaft sind. Ich möchte dies an einem aktuellen Beispiel – allerdings mit fiktiven Zahlen – erläutern:

Die Mitgliederversammlung der LPG hat mehrheitlich den Formwechsel in eine eG beschlossen. Das Mitglied X war an der LPG mit einem Wert von 100 beteiligt, was einer Quote von 1 % entsprach. Entsprechend dieser Quote erhielt X in der neuen eG auch einen Geschäftsanteil. Der Wert dieses Geschäftsanteils wurde jedoch durch Mehrheitsbeschluß auf 10 festgesetzt. Nach der Eintragung des Formwechsels in das zuständige Register ist X aus der eG ausgeschieden. Die LPG vertrat die Auffassung, daß weder Abfindungsansprüche nach § 36 LwAnpG noch nach § 44 LwAnpG begründet seien. Dies war zutreffend: Denn eine Abfindung nach § 44 LwAnpG kann nur geltend machen, wer vor Wirksamkeit des Formwechsels aus der LPG ausgeschieden ist. Und für eine Barabfindung nach § 36

70 Vgl. aus der umfangreichen Presse nur: Der Spiegel 24/1995: „Bauernland in Bonzenhand“; FAZ 7. 1. 1995: „Bauern, Bonzen und Betrüger“.

71 Vgl. hierzu einerseits SCHWEIZER, Das Recht der landwirtschaftlichen Betriebe nach dem Landwirtschaftsanpassungsgesetz, 1994, S. 112 f; STROBEL, AgrarR 1996, 169 ff; vgl. auch NEIXLER, AgrarR 1993, 1, 2; andererseits STEDING, BuW 1997, 67; GRAMSE, AgrarR 1996, 246 („für ein pauschales Mißtrauen ... besteht jedoch aus der Sicht der erstinstanzlichen Praxis eines Landwirtschaftsgericht kein Anlaß“); vgl. weiter die Ausführungen zum Änderungsantrag der Fraktionen SPD und Bündnis 90/Die Grünen zur 4. LwAnpG-Novelle, in: Beschlußempfehlung und Bericht des Ausschusses für Ernährung, Landwirtschaft und Forsten vom 5.11.1996, BT-Drucks. 13/5942, S.12 unter Hinweis auf die Stellungnahme des Sachverständigen SELL in der Anhörung vom 23.9.1996.

LwAnpG war hier die gesetzliche 2-Monats-Frist nach Bekanntmachung der Eintragung des Formwechsels bereits abgelaufen. Die zur eG umgewandelte LPG wollte dem X daher nur sein Geschäftsguthaben auszahlen, das hier in der Größenordnung des übernommenen Geschäftsanteils von 10 lag. Nach § 73 GenG war diese Beschränkung auch durchaus korrekt: Denn nach der ausdrücklichen Anordnung des Gesetzes hat das aus einer eingetragenen Genossenschaft durch Kündigung ausscheidende Mitglied keinen Anspruch darauf, den wirklichen Wert seiner Beteiligung ausbezahlt zu erhalten, hier also den Wert, der seiner Beteiligung von 1 % entsprechen würde, also den ursprünglichen LPG-Wert von 100. Die Differenz zwischen Geschäftsguthaben und wirklichem Beteiligungswert – der dem Mitglied etwa im Falle der Liquidation der eingetragenen Genossenschaft zustehen würde (§ 91 Abs. 2 GenG) – steckt in den Rücklagen und ist damit dem Zugriff im Falle des Ausscheidens entzogen.

Nur: Kann dieses Ergebnis richtig sein? Das OLG Dresden hat dies bejaht. Sofern X mit der Wertfestsetzung seines Geschäftsanteils auf 10 nicht einverstanden gewesen sei, hätte er gegen Erhalt einer Barabfindung im Werte von 100 aus der eG ausscheiden können, allerdings nur binnen der Frist des § 36 LwAnpG. X hätte aber darüber hinaus auch einen Anspruch auf bare Zuzahlung der Differenz von 90 nach § 28 Abs. 2 LwAnpG fordern können: Jedoch nur, wenn er zum Zeitpunkt seiner Forderung noch Mitglied in der eG gewesen wäre. Mit seiner erklärten Kündigung sei ihm auch diese Möglichkeit genommen.[72]

Diese Fehlentscheidung hat der BGH korrigiert. Zutreffend wird festgestellt, daß der Anspruch auf bare Zuzahlung jedem LPG-Mitglied zusteht, dessen Beteiligung im Rechtsträger neuer Rechtsform nicht dem Wert seiner LPG-Beteiligung entspricht, was insbesondere beim Formwechsel in die eG durch eine zu niedrige Festsetzung des Geschäftsanteils leicht möglich ist. Dieser Anspruch auf bare Zuzahlung – den übrigens auch § 256 Abs. 2 UmwG für jede Art von Formwechsel in eine eG vorsieht – hat überhaupt nichts mit dem Auseinandersetzungsguthaben nach § 73 GenG zu tun, wie das OLG Dresden fälschlich annahm. Der Anspruch wird vielmehr zusätzlich zu dem in der eingetragenen Genossenschaft erworbenen Geschäftsanteil begründet. Nur so wird das Mitglied davor geschützt, entweder eine Verwässerung seiner Beteiligung hinnehmen zu müssen oder die Konsequenz zu ziehen und aus dem Unternehmen gegen Gewährung einer Abfindung zum vollen Wert auszuscheiden.

Die einzige relevante – vom OLG allerdings nicht gestellte – Frage hätte lauten können: Kann denn der Anspruch auf bare Zuzahlung über die 2-Monats-Frist des § 36 Abs. 2 LwAnpG hinaus noch geltend gemacht werden? Im Anwendungsbereich des UmwG wäre diese Frage zu verneinen, da dort der Gesetzgeber in § 305 UmwG die Einhaltung der 2-Monats-Frist ausdrücklich angeordnet hat. Der BGH

72 OLG Dresden 27.2.1996 – WLw 0028/95 (unveröffentlicht); aufgehoben durch BGH ZIP 1997, 298 = EWiR 1/97 § 28 LwAnpG, 375 (zustimmend Bayer).

war hingegen der Auffassung, daß der Anspruch nicht verfristet sei. Die Frist des § 36 LwAnpG gelte nur für die Barabfindung, und die abweichende Regelung im UmwG sei auf das LwAnpG nicht übertragbar.[73]

Dieses eine Beispiel soll verdeutlichen: Anders als im Falle der Privatisierung der VEB ist die Anpassung der ostdeutschen Landwirtschaft an das neue Rechts- und Wirtschaftssystem noch längst nicht abgeschlossen, sondern beschäftigt nach wie vor die Gerichte, wobei heute die vermögensrechtliche Auseinandersetzung im Vordergrund steht.[74] An dieser beklagenswerten Entwicklung trägt indes der Gesetzgeber die geringste Schuld. Denn jedenfalls das 1991 novellierte LwAnpG ist im großen und ganzen als eine in sich geschlossene und stimmige Konzeption zu betrachten, die auch rechtspolitisch überzeugt.[75] Die LPG-Nachfolgeunternehmen sollen gerade nicht davor geschützt werden, daß ihnen durch das Ausscheiden ihrer Mitglieder Eigenkapital entzogen wird. Vielmehr sollen alle LPG-Mitglieder nach Maßgabe der gestuften Regelung des § 44 LwAnpG gleichmäßig berechtigt werden. Soweit sie sich mehrheitlich für eine Fortführung entscheiden, bleibt das Eigenkapital in Höhe ihrer Beteiligung erhalten und wandelt sich lediglich in eine Beteiligung am Unternehmen neuer Rechtsform um. Keineswegs sind jedoch die ausscheidungswilligen Mitglieder gehalten, ihre Interessen hinter die Interessen des Unternehmens zurückzustellen. Sie haben vielmehr Anspruch auf ihren vollen Beteiligungswert.

Hinter dieser Konzeption steht die zutreffende Entscheidung, daß die durch die Zwangskollektivierung eingetretenen Rechts- und Vermögensverluste unter den neuen rechtsstaatlichen und marktwirtschaftlichen Verhältnissen nicht perpetuiert werden dürfen. Diese Entscheidung des LwAnpG widerspricht auch nicht allgemeinen gesellschaftsrechtlichen Grundsätzen, wie von manchen Kritikern des Gesetzes in völliger Verkennung der Rechtslage formuliert wurde.[76] Denn weder für die Kapital- noch für die Personengesellschaft sieht das Gesetz eine Regelung vor, wonach Abfindungsrechte grundsätzlich hinter die Bestandsinteressen des Unternehmens zurücktreten müßten. Allein die Gesellschafter selbst können

73 Vgl. in diesem Zusammenhang auch BGH DtZ 1994, 211 zur (verneinten) Frist für den Antrag auf gerichtliche Festsetzung der Barabfindung gemäß § 37 Abs. 2 LwAnpG (ablehnend jedoch Spickhoff, VIZ 1994, 647 ff). Auch hier stellte sich der BGH auf den Standpunkt, daß das LwAnpG 1991 im Gegensatz zum LwAnpG 1990 keine ausdrückliche Fristbestimmung getroffen habe, der Anwendungsbereich des § 36 Abs. 2 LwAnpG vielmehr enger gezogen sei. Und die abweichende Regelung in § 305 UmwG könne auch hier nicht übertragen werden.

74 Ausführlich zur vermögensrechtlichen Auseinandersetzung: Wenzel, AgrarR 1995, 1 ff; Ders., AgrarR 1996, 37 ff (speziell zur BGH-Rechtsprechung); Pflug, AgrarR 1997, 109.

75 So auch schon v. Jeinsen, AgrarR 1991, 177 ff; abw. jedoch Steding, BuW 1997, 67 ff; Arlt/Schramm, NJ 1992, 60 ff; kritisch zum LwAnpG 1991 auch schon Barran, Sonderheft AgrarR 10/1993, 29 f.

76 So behauptet etwa Steding, BuW 1997, 67, 69: „die Kapitalerhaltungsregeln wurden ... gänzlich außer Kraft gesetzt“; i.d.S. auch schon Arlt/Schramm, NJ 1992, 60, 61.

durch freie und ausdrückliche Vereinbarung im Gesellschaftsvertrag eine Beschränkung ihrer Rechte festschreiben. Aber selbst diese freiwillig vereinbarten Abfindungsbeschränkungen werden von der Rechtsprechung noch einer genauen Inhaltskontrolle unterzogen.[77] Eine Ausnahme macht das Gesetz nur im Falle der eingetragenen Genossenschaft: Hier erhält das ausscheidende Mitglied – wie bereits erwähnt – in der Tat nur einen Teil des fiktiv auf ihn entfallenden Vermögenswertes ausbezahlt (§ 73 GenG). Mittelbar wird das Mitglied hierdurch vom Ausscheiden abgehalten und dadurch der Bestand der Genossenschaft gesichert.[78]

Für eine Übertragung dieser Regelung auf die LPG besteht jedoch überhaupt kein Anlaß: Zum einen deshalb, weil der Beitrag des LPG-Mitgliedes zur Eigenkapitalbildung nicht freiwillig, sondern zwangsweise geleistet wurde. Zum anderen aber aus dem Grund, weil auch nach den allgemeinen Grundsätzen des genossenschaftlichen Umwandlungsrechts jedes Mitglied einer eG, das dem Wechsel in eine andere Rechtsform nicht zustimmt, mit einer Abfindung, die dem vollen Wert seiner Beteiligung entspricht, ausscheiden kann. Dies wird in § 208 UmwG 1995 ausdrücklich angeordnet.[79]

Wenn die im LwAnpG getroffene Regelung also rechtspolitisch vernünftig ist und mit allgemeinen gesellschafts- und insbesondere umwandlungsrechtlichen Grundsätzen übereinstimmt – warum dann die große Aufregung? Warum wird im Herbst 1996 aus der im wesentlichen gescheiterten 4. Novelle des LwAnpG ein so großes Politikum mit Demonstrationen und Gegendemonstrationen?[80]

Die Antwort auf diese Frage ist m.E. in den Sünden der Vergangenheit zu suchen. Anstelle der durch die Konzeption des Gesetzes vorgegebenen Zerlegung der LPG in kleinere Einheiten sind durch Rechtsformwechsel überwiegend agrarindustrielle Aktiengesellschaften, GmbH oder auch eingetragene Genossenschaften geworden, die heute nach verbreiteter Einschätzung auch oftmals wirtschaftlich erfolgreich sind, erfolgreicher jedenfalls als der kleinbäuerliche Betrieb in den alten Bundesländern. Ein Zahlenvergleich mag dies belegen: Während der bäuerliche Familienbetrieb in den alten Bundesländern durchschnittlich über Flächen von 27 ha verfügt, bewirtschaften die LPG-Nachfolgeunternehmen durchschnittlich 4500 ha.[81] Der bisherige wirtschaftliche Erfolg ist zum einen darauf zurückzuführen, daß

77 Zur Zulässigkeit von Abfindungsbeschränkungen beim Ausscheiden von Gesellschaftern und ihrer gerichtlichen Kontrolle: BGHZ 116, 359, 368 ff; BGH DB 1986, 2427; NJW 1993, 2101.

78 Vgl. Bayer, aaO (Fn. 64) § 93 UmwG Rdn. 4; Meyer/Meulenbergh/Beuthien, Komm. z. GenG, § 73 Rdn. 5 a.E.

79 Hierzu ausführlich Bayer, aaO (Fn. 64), § 270 UmwG, Rdn. 13.

80 Vgl. nur: Deutscher Bundestag, Sitzung vom 8.11.1996, Plenarprotokoll 13/136, S. 12211 ff (S. 12211: „... hat diese Debatte Lautstärken, Konfrontationen, ja Drohungen zutage treten lassen ...").

81 Zahlen nach v. Jeinsen, AgrarR 1991, 177, 181; nach Wenzel, AgrarR 1995, 1 bewirtschaften 27,8 % der Betriebe in den neuen Ländern mehr als 100 ha Fläche und damit insgesamt 96 % der gesamten landwirtschaftlichen Fläche.

in den neuen Agrargroßunternehmen anstelle früherer 600.000–700.000 Personen nur noch 160.000 Mitarbeiter beschäftigt sind,[82] die möglicherweise produktiver arbeiten als die Kleinlandwirte im Westen, zum anderen aber – oder in erster Linie – die in großem Umfang geflossenen flächenbezogenen Subventionen. Dies ist jedoch nur die eine Seite der Medaille. Auf der anderen Seite steht, daß die Umwandlung in das neue Großunternehmen häufig nur deshalb möglich war, weil die Mitwirkungs- und Abfindungsrechte zahlreicher LPG-Mitglieder gesetzwidrig verkürzt wurden.

Der Auflösung der trotz fehlerhafter Umwandlung in das Register eingetragenen LPG-Nachfolgeunternehmen steht möglicherweise § 34 Abs. 3 LwAnpG, nach dem Mängel die Wirkungen der Eintragung unberührt lassen, entgegen. Die Rechtsprechung vertritt hier die Auffassung, daß es für die (hier untechnisch zu verstehende) „Heilung" nicht auf Art und Schwere des Mangels ankommt;[83] als Mindestvoraussetzung für die Anwendbarkeit des § 34 Abs. 3 LwAnpG muß aber überhaupt ein Umwandlungsbeschluß gefaßt worden, die Identität des Unternehmens also gewahrt und die neue Rechtsform im Eintragungszeitpunkt vom Gesetz auch vorgesehen sein.[84]

Die Grenzen dieser Bestandsschutzvorschrift sind noch nicht endgültig geklärt. Ungeachtet der Entscheidung dieser Problematik können die Abfindungsansprüche ausgeschiedener LPG-Mitglieder jedoch noch heute geltend gemacht werden; sie sind noch nicht verjährt (§ 3b LwAnpG). Sicherlich zu Recht besteht bei den betroffenen Unternehmen, aber auch bei den politisch Verantwortlichen die Befürchtung, daß die Durchsetzung der gesetzlich vorgesehenen Abfindung in vielen Fällen den wirtschaftlichen Erfolg der zwischenzeitlich lebensfähigen Agrargroßunternehmen aufs Spiel setzt. Nur: Bei richtiger Anwendung des Gesetzes in den Jahren 1990 und 1991 wäre das heutige Dilemma überhaupt nicht entstanden!

Hauptverantwortlich für diese Situation sind sicherlich oftmals die eingeschalteten Berater, die elementare Grundsätze des Umwandlungsrechts mißachtet haben.[85] Zumindest mitverantwortlich ist aber auch die Rechtsprechung, soweit sie das LwAnpG fehlerhaft angewendet und dadurch die Unternehmen in ihrer Position auch noch gestärkt hatten. Aber auch die Wissenschaft trägt ihre Mitschuld: Soweit ersichtlich, hat sich kein namhafter Fachvertreter des Gesellschaftsrechts frühzeitig zu Wort gemeldet und der Rechtspraxis dadurch Hilfestellung gegeben. Eine Änderung der Rechtsvielfalt ist erst dadurch eingetreten, daß der Bundes-

82 Zahlen nach STROBEL, AgrarR 1997, 7.

83 OLG Rostock ZIP 1994, 1062; AgrarR 1996, 28; BGH ZIP 1995, 422 mit Anm. LOHLEIN, EWiR 1995, 601 (NEIXLER).

84 BGH, WM 1996, 1221 = ZIP 1996, 1146; ebenso BGH EWiR 1997, 949 (BAYER/HOFFMANN).

85 So kam es vor, daß der Mitgliederbestand durch Beschluß einer Minderheit von mehreren hundert auf 30 reduziert wurde oder Barabfindungen von 10 % und weniger angeboten wurden, mit der Drohung, sonst gar nichts zu erhalten, siehe dazu WENZEL, AgrarR 1995, 1, 2 ff.

gerichtshof in über 70 Grundsatzentscheidungen deutlich Position bezogen hat, zuletzt etwa durch die zutreffende Anerkennung eines Anspruchs auf bare Zuzahlung auch für das LPG-Mitglied, dessen Beteiligung zwar nicht quotal, aber wertmäßig in der neuen eG zu niedrig festgesetzt wurde.[86]

Lassen Sie mich zum Abschluß[87] noch eine Frage erörtern, die hier in den neuen Bundesländern häufig aufgetreten ist, sich jedoch als ein allgemeines umwandlungsrechtliches Problem darstellt: Es wird als allgemeiner Grundsatz des UmwG angesehen, daß jedenfalls beim Formwechsel das sogenannte Prinzip der Kontinuität der Mitgliedschaft gilt.[88] Dieses Prinzip besagt, daß jeder Anteilsinhaber auch am Rechtsträger neuer Rechtsform im unveränderten Verhältnis beteiligt ist: Identität der Anteilsinhaber einerseits und Identität der Beteiligung andererseits. Dieses Identitätsprinzip gilt auch für den Formwechsel der LPG.[89] Nach herrschender Meinung darf vom Grundsatz der identischen Beteiligung jedoch abgewichen werden, wenn – vom Fall ausdrücklicher gesetzlicher Anordnung abgesehen[90] – alle Anteilsinhaber zustimmen. Es kommt dann zum sogenannten nicht-verhältniswahrenden Formwechsel.

Umstritten ist, ob auch vom Grundsatz der Identität der Anteilsinhaber abgewichen werden darf. Dies wird im Schrifttum zum UmwG insbesondere für den Formwechsel in die GmbH & Co. KG kontrovers diskutiert. Die wohl noch herrschende Meinung hält einen Mitgliederwechsel im Zeitpunkt der Eintragung der Umwandlung für nicht zulässig.[91] In jüngster Zeit mehren sich indes die Gegen-

86 BGH, ZIP 1997, 298 ff = EWiR 1997, 375 (zustimmend BAYER).

87 Weitere, hier nicht behandelte Streitfragen sind: Möglichkeit der LPG, sich auch nach Ablauf der in § 42 LwAnpG gesetzten Frist i.V.m. § 79a GenG umzuwandeln (siehe dazu SCHWEIZER, aaO (Fn. 71), S. 136 ff m.w.N.; a.A. BezG Erfurt, AgrarR 1993, 192 mit ablehnender Anm. LOHLEIN, AgrarR 1993, 383; HAUSMANN, FS Helmrich, S. 943, 950 ff; GÖTZ/SCHREZENMAIER, Sonderheft AgrarR 10/1993, 21 ff; TURNER/KARST, DtZ 1992, 33, 35, NEIXLER, AgrarR 1993, 1, 5 ff); Möglichkeit, auch nach Fristablauf noch Unterlagen nachzureichen, um die Auflösung zu vermeiden (Einfügung des § 69 Abs. 3 Satz 3 durch Änderungsgesetz vom 20.12.1991, BGBl. I, 2312; SCHWEIZER, aaO (Fn. 71), S. 72 ff); Möglichkeit des Formwechsels in Personengesellschaft vor dem 7. 7. 1991 (dazu SCHWEIZER, aaO (Fn. 71), S. 103 f m.w.N.; a.A. OLG Rostock ZIP 1994, 1062 mit Anm. LOHLEIN, S. 1065 ff); Rückwirkungsproblematik des § 44 Abs. 1 LwAnpG durch § 51a LwAnpG (BGH WM 1993, 466 ff = EWiR 1993, 483 (KOHLER): keine Verfassungswidrigkeit, vgl. auch SCHWEIZER, aaO (Fn. 71), S. 98, 136); Dispositivität des § 44 LwAnpG (ja: NIES, aaO (Fn. 52), § 44 Rdn. 6, diff.: SCHWEIZER, aaO (Fn. 71), S. 157; und BGH AgrarR 1994, 156: Abweichung nach oben ist gestattet bei Bodennutzung und Inventar); Ermittlung von Eigenkapital/Unternehmenswert (SCHWEIZER, aaO (Fn. 71), S. 197 ff, BGH EWiR 1994, 811 (LOHLEIN); AgrarR 1994, 177 (LOHLEIN)).

88 Ausführlich DECHER, in: Lutter, Komm. z. UmwG, 1996 § 202 Rdn. 15 ff.

89 BGH ZIP 1996, 1146 = EWiR 1996, 711 (LOHLEIN); ZIP 1996, 346 mit Bespr. SCHWEIZER, ZIP 1996, 320 = EWiR 1996, 325 (GRAMSE).

90 Vgl. für den Formwechsel einer eG in die KGaA § 263 Abs. 1 i.V.m. § 218 Abs. 2, 2. HS. UmwG.

91 DECHER, aaO (Fn. 88), § 202 UmwG, Rdn. 16, 18; PRIESTER, DB 1997, 560.

stimmen.[92] Unzutreffend ist es allerdings, wenn *Priester* in seinem neuesten Beitrag zur Thematik ausführt, Rechtsprechung liege offensichtlich noch nicht vor.[93] Vielmehr hat der Lw-Senat des BGH bereits am 2. Dezember 1994[94] entschieden, daß gegen einen einvernehmlich herbeigeführten Mitgliederwechsel keine Bedenken bestehen, der Identitätsgrundsatz nicht verletzt werde. Diese Feststellung widerspricht eindeutig der Konzeption des UmwG, aber auch des LwAnpG: Beide Gesetze gehen davon aus, daß alle Mitglieder des formwechselnden Rechtsträgers auch am Rechtsträger neuer Rechtsform beteiligt werden (§ 26 Abs. 1 S. 3 LwAnpG). Die Frage lautet jedoch: Ist diese gesetzliche Konzeption wirklich zwingend? Ich meine: nein und stimme daher sowohl dem BGH als auch *Priester* zu. Es wäre reine Begriffsjurisprudenz, den Identitätsgrundsatz nur um seiner selbst willen aufrechtzuerhalten. Entscheidend ist vielmehr die hinter dem Begriff stehende Wertung, und die heißt Minderheitenschutz, Schutz gegen einen Ausschluß aus der Gesellschaft durch Mehrheitsentscheidung! Im Ergebnis macht es daher keinen Unterschied, ob der Anteil des Gesellschafters X mit seinem Einverständnis von 20 auf 2 oder auf 0 reduziert wird. Wertungsmäßig besteht zwischen einem nicht-verhältniswahrenden und einem den Mitgliederkreis verändernden Formwechsel kein qualitativer Unterschied. Der Formwechsel ist wirksam, wenn jedenfalls alle Anteilsinhaber zugestimmt haben.

IV. Zusammenfassende Betrachtung

Das Generalthema des Symposiums lautet: Gesellschafts- und Umwandlungsrecht in der Bewährung. Daher ist es angebracht, zum Abschluß meines Referats eine vorläufige Bewertung vorzunehmen – vorläufig deshalb, weil es bislang an einer wissenschaftlichen Aufarbeitung, insbesondere des rechtstatsächlichen Materials, völlig fehlt.[95]

Sowohl das THG als auch das LwAnpG 1990 waren vom Ansatz her als Rechtsgrundlage für die gewünschte Anpassung an die neue Wirtschafts- und Gesellschaftsordnung geeignet. Der erhebliche Zeitdruck, unter dem beide Gesetze verfaßt wurden, hatte indes zur Folge, daß die Regelungen teilweise lückenhaft oder unklar waren. Dies gilt für das THG insbesondere im Hinblick auf das Fehlen der für die Restrukturierung unbedingt erforderlichen, jedoch erst nachträglich durch das SpTrUG ermöglichten Unternehmensentflechtung. Darüber hinaus war die auf die Treuhandanstalt verlagerte Verantwortung nicht abgestimmt auf das all-

92 Kallmeyer, GmbHR 1996, 80, 81; K. Schmidt, GmbHR 1995, 693, 695.
93 Priester, DB 1997, 560.
94 BGH VIZ 1995, 298.
95 Diese Lücke soll in den nächsten Jahren durch ein an meinem Lehrstuhl durchgeführtes Forschungsprojekt geschlossen werden. Eine interdisziplinäre Erweiterung ist beabsichtigt.

gemeine gesellschaftsrechtliche, insbesondere konzernrechtliche Umfeld. Auch insoweit bedurfte es einer späteren Nachbesserung.

Die Entscheidung, Privatisierung und Restrukturierung der genossenschaftlichen Land- und Forstwirtschaft den LPG-Mitgliedern selbst zu überlassen, war nach der Wiederanerkennung des Privateigentums nur konsequent. Es wäre allerdings sehr hilfreich gewesen, wenn der Gesetzgeber – ausgehend von seinen damaligen rechtspolitischen Vorstellungen – klarer formuliert hätte, daß die zulässige Entscheidung für eine Unternehmensfortführung keinerlei Einschränkungen für die Abfindungsrechte ausscheidender Mitglieder zu vollen Werten zur Folge haben darf. Ich bezweifle, daß der Gesetzgeber – unter dem Druck der politisch Verantwortlichen in den neuen Bundesländern – angesichts der zwischenzeitlichen Entwicklung der ostdeutschen Landwirtschaft diese rechtspolitische Entscheidung nochmals wiederholen würde. Die im LwAnpG 1991 nochmals bekräftigte Weichenstellung ist vom Rechtsanwender jedoch hinzunehmen. Es geht daher nicht an, gesetzlich begründete Ansprüche ausgeschiedener Mitglieder heute politisch zu ignorieren. Die Rechtsprechung wird das LwAnpG umsetzen müssen, auch wenn dies dazu führt, daß LPG-Nachfolgeunternehmen möglicherweise in ihrer Existenz gefährdet sind. Ein Bestandsschutz zu Lasten Dritter ist abzulehnen.

Richterliche Erfahrungen mit dem DDR-Recht – ein persönlicher Bericht

von

Vors. Richter am OLG Dr. Wolfgang Farke, Brandenburg

„Richterliche Erfahrungen mit dem DDR-Recht – ein persönlicher Bericht" ist das Thema meines kurzen Beitrages zum heutigen Symposium, den zu halten Herr Prof Dr. Hommelhoff mich gebeten hat. Ich bin dem gern nachgekommen. Es sind persönliche Erfahrungen in fast siebenjähriger Tätigkeit im Land Brandenburg, die eher am Rande des Gesellschafts- und Umwandlungsrechts liegen und sich angesichts der hohen Spezialisierung Ihres heutigen Themas vielleicht bescheiden darstellen, aber eben doch zeigen, wie sich in der Praxis des Alltags das Recht der DDR dargestellt hat und darstellt.

I.

Lassen Sie mich in wenigen Worten aufzeigen, worauf diese Erfahrungen mit dem DDR-Recht beruhen. Seit dem Jahresbeginn 1991 bin ich vom Oberlandesgericht Hamm zunächst nach Potsdam in das Ministerium der Justiz gewechselt, damals eine „Behörde" mit – einschließlich Reinigungskräften – nicht mehr als zwanzig Bediensteten. Das Land Brandenburg war nach 39 Jahren Abwesenheit erst wenige Wochen vorher wiedererstanden; im selben Gebäudekomplex arbeiteten noch mehr oder weniger nebeneinander die neuen Bediensteten mit den Bediensteten der in Auflösung befindlichen alten Bezirksverwaltungsbehörde des DDR-Bezirks Potsdam. Da ich schon früher in der Verwaltung des OLG Hamm u.a. Rechtsanwalts- und Personalangelegenheiten bearbeitet hatte, habe ich als Referatsleiter neben dem Besoldungs- und Tarifrecht, den Personalvertretungsangelegenheiten und den allgemeinen Dienstaufsichtssachen auch in Potsdam als Aufgabengebiet die Personalangelegenheiten der Rechtsanwälte und Notare übernommen. In der Praxis bedeutete das kartonweise Bearbeitung der von dem DDR-Justizministerium bis zum Ablauf 2. Oktober 1990 nicht mehr zum Abschluß gebrachten Gesuche um Zulassung zur Rechtsanwaltschaft, Überprüfung der noch durch die DDR verfügten Altzulassungen und die Bewältigung der organisatorischen und personellen Probleme beim Übergang der staatlichen Notariate der DDR in das freie Notariat der Nachwende. Später habe ich dann die Arbeitsgruppe „Verbeamtung" geleitet. Deren Aufgabe war es, die Beschäftigungsverhältnisse der bis dahin ausschließlich als Angestellte tätigen Justizbediensteten der Gerichte, der Staatsanwaltschaften und der Vollzugsanstalten innerhalb der Vorgaben des Einigungsvertrages in den Beamtenstatus zu überführen. Mit der Bildung des Brandenburgischen Oberlandesgerichtes habe ich zum 01. Dezember 1993 den Vorsitz im hiesigen 2. Zivilsenat übernommen. Der Senat ist im wesentlichen zuständig für Grundstückssachen, für Verkehrsunfallsachen und – mit deutlichem Schwergewicht – für Amtshaftungssachen. Sie mögen daraus sehen, daß eigentlich schon in den vergangenen bald sieben Jahren einige Gelegenheit bestand, sich nachhaltig in unterschiedlichster Aufgabenstellung und gegenüber unterschiedlichsten Bevölkerungsgruppen mit dem zu befassen, was uns die Rechtswirklichkeit der DDR nach ihrem Dahinscheiden zurückgelassen hat: Waren es bei den Personalangelegenheiten die rechtskundigen Anwalts- und Notarbewerber, waren es bei der Verbeamtung die besonderen Personalprobleme bei der Übernahme der Bediensteten in das neue Rechtssystem, war es bei den allgemeinen Dienstaufsichtssachen der von der Justiz betroffene oder gelegentlich auch von ihr getroffene, jedenfalls aber der unzufriedene Bürger als solcher, so sind es in den letzten dreieinhalb Jahren wieder eigentlich richterlicher Tätigkeit die – mehr oder weniger drängenden – Rechtsprobleme vor allem des Amtshaftungsrechts und der Grundstückssachen, mit denen es sich zu befassen galt.

II.

Erfahrung mit dem Recht der DDR ist zunächst einmal ganz sicher Erfahrung mit den Menschen, die mit dem DDR-Recht gelebt haben. Kaum etwas kann hier eigentlich aufschlußreicher sein, als in der Umbruchzeit Menschen zu erleben, die im neuen Rechtssystem um ihre Zulassung als Rechtsanwalt nachsuchten, hatten sie doch in der DDR eine juristische Ausbildung durchlaufen und waren sie häufig über Jahre in juristischen Berufen tätig gewesen. Das sozialistische Rechtssystem der DDR war – gemessen an dem herkömmlichen System der alten Bundesrepublik – nicht nur von einem anderen Grundverständnis geprägt. Es war sowohl von seinem Regelungsbereich als auch von seinem Regelungsinhalt her ungleich einfacher und auch personell von ungleich geringerer Dimension. Herr Prof. Dr. Maskow hat dies für den Bereich des Gesellschaftsrechts eben eindrucksvoll geschildert. Abgesehen einmal vom Familienrecht spielte das Zivilrecht in Praxis und Theorie eine deutlich geringere Rolle. Regelungsbedürftige widerstreitende Interessen traten zu einem großen Teil im sozialistischen Plansystem entweder gar nicht auf. Man denke etwa angesichts der staatlichen Einheitsversicherung an die juristische Verarbeitung von Verkehrsunfällen und führe sich vor Augen, welche Bedeutung dem im heutigen Justizalltag zukommt. Wenn aber in der DDR widerstreitende Interessen auftraten, so waren im durchplanten System der DDR viele Konflikte von vorn herein auf die administrative Ebene verlegt und bedurften von daher keiner juristischen, zumindest keiner justizjuristischen Lösung. Eine Kontrolle verwaltungsrechtlicher Entscheidungen gab es erst ganz zum Ende der DDR. Viele

Konflikte wurden im übrigen von vornherein im gesellschaftlichen Wege ausgetragen, etwa im Kollektiv oder in der Wohngemeinschaft. Kein Wunder, daß in der gesamten DDR mit weniger als 600 Rechtsanwälten nur ein gutes Drittel der heute allein im Land Brandenburg zugelassenen Rechtsanwälte tätig war. Auch die Ausbildung der Juristen – getrennt nach künftigem Einsatz in Justiz und Wirtschaft – unterschied sich nach Struktur, Dauer und Inhalt ganz wesentlich von den heutigen Verhältnissen. Nicht anders die Rechtstheorie: Schon ein vordergründiger Blick auf den äußeren Umfang in die damaligen „offiziellen" Kommentare belegt, wie sehr sich das damalige System vom heutigen unterscheidet. Es ist nicht bös gemeint, zeigt aber doch ein treffendes Bild, wenn eine nach der Wende übernommene junge Richterin in aller Unbekümmertheit und in aller Gewöhnung an die Richtlinien des Obersten Gerichts die Abkürzung „RN" in West-Kommentaren schlicht als „Richtnummer" verkannte. Nicht selten ist in der Nachwendezeit der Ruf laut geworden, sich das einfachere, überschaubarere Recht der DDR auch für die neue Bundesrepublik zum Vorbild zu nehmen. Mag angesichts der überbordenden Gesetzesflut dieser Ruf verständlich und im Einzelfall auch gerechtfertigt sein: Die Kompliziertheit der Lebensverhältnisse wird selten dazu führen, daß der Ruf Gehör wird finden können. Inzwischen ist die Zeit wohl auch darüber hinweggegangen.

In welch geringerem Maße – sicher nicht immer, sicher aber auch nicht nur selten – genaue Tatsachenfeststellung und exakte Subsumtion, wie wenig Analogie oder Umkehrschluß, erweiternde oder einengende Gesetzesauslegung, wie wenig überhaupt juristische Methodenlehre gegenüber Vorgaben der Leitungshierarchie in Partei und Staat Bedeutung hatten, hat jeder schnell feststellen müssen, der sogleich nach der Wende im Osten gearbeitet hat. Nicht wenige der Streitfälle, die heute zur Entscheidung anstehen, haben ihren Grund letztlich darin, daß man es mit dem Gesetz nicht immer so genau nahm, wenn nur das Ergebnis stimmte oder es politisch gewollt war. Das ist – so schmerzlich es der ein oder andere empfinden mag – eigentlich die zentrale Erfahrung mit dem Recht der DDR. Das erschwert es aber auch immer wieder, im heutigen Justizalltag nachzuvollziehen, was seinerzeit rechtliche Grundlage einer heute zur Überprüfung anstehenden staatlichen Maßnahme war oder was die Parteien etwa mit einer früher getroffenen Vereinbarung denn nun eigentlich gewollt haben.

III.

Wie sehr im Rahmen der sozialistischen Gesetzlichkeit der häufig eher oberflächliche Umgang mit dem Gesetz bestimmend war, zeigte sich besonders eindrucksvoll dort, wo es in der Nachwendezeit – im Rahmen der Anwaltszulassungen – um das eigene Berufsrecht der Juristen ging:

Nach den seit 1990 geltenden gesetzlichen Vorschriften des Rechtsanwaltsgesetzes der DDR konnte zur Rechtsanwaltschaft nur zugelassen werden, wer a) ein umfassendes juristisches Hochschulstudium in der DDR absolviert und b) das Studium mit dem akademischen Grad eines Diplom-Juristen abgeschlossen hatte. Darüber hinaus mußte er noch auf mindestens zwei Jahre juristische Praxis in der Rechtspflege oder in einem rechtsberatenden Beruf verweisen können. Hierzu muß man wissen, daß nach den Veränderungen in der fünfziger Jahren und nach der Abschaffung des Referendariats das juristische Studium mit einem Staatsexamen und darüber hinaus unter Anfertigung und Verteidigung einer Diplomarbeit mit der Verleihung des akademischen Grades eines Diplom-Juristen abschloß. Eben hieran schloß das Rechtsanwaltsgesetz an, indem es neben dem juristischen Studium die Verleihung des akademischen Grades eines Diplom-Juristen verlangte.

In einer Vielzahl von Fällen hatten Juristen zu DDR-Zeiten nach Abschluß ihres Studiums über viele Jahre namentlich in der Wirtschaft herausragende Aufgaben erledigt und vielleicht auch gute Arbeit geleistet. Nach der Wende hatten sie nicht einen Augenblick Zweifel daran, daß sie aufgrund ihrer juristischen Ausbildung und ihrer bisherigen beruflichen Tätigkeit nunmehr unter dem neuen Recht die Voraussetzungen einer Anwaltszulassung erfüllen würden. Gleichwohl mußten viele Gesuche abgelehnt werden, weil die Antragsteller die wenigen, eher formalen Voraussetzungen für die Anwaltszulassung nicht erfüllten, sei es daß sie etwa ihr Studium eben nicht an einer Hochschule der DDR, sondern in der Sowjetunion abgeschlossen hatten, sei es daß sie zwar ihr Studium mit der erforderlichen staatlichen Prüfung beendet, entgegen dem Regelfall aber nicht zusätzlich durch Fertigung einer Diplomarbeit und deren Verteidigung den akademischen Grad eines Diplom-Juristen erworben hatten, oder sei es daß sie zwar über Jahre – möglicherweise mit großem Erfolg – eine juristische Tätigkeit ausgeübt hatten, es sich aber entgegen den Anforderungen des damaligen Rechtsanwaltsgesetzes nicht um eine Tätigkeit in der Rechtspflege oder in einem rechtsberatenden Beruf handelte. Ein Großteil der Aufgaben im Rahmen der Anwaltszulassung erschöpfte sich damals darin, einer Vielzahl von Anwaltsbewerbern in oft langen Gesprächen zu veranschaulichen, daß es nunmehr nach der Wende unter Geltung des damals neuen Rechtsanwaltsgesetzes keineswegs auf das „hohe Niveau bisheriger Tätigkeit", daß es auch nicht auf das „Vorhandensein von Gewerberaum", auch nicht auf eine örtliche „anwaltliche Unterversorgung der Bevölkerung", ja daß es nicht einmal auf das sicher meist ehrliche Bestreben ankam, „sich in die Neue Zeit einzubringen", wenn nicht – auch bei weitherziger Auslegung – die formalen Voraussetzungen der Rechtsanwaltszulassung erfüllt waren. Da nützte es eben nichts, wenn man zwar Jurist war, auch die Diplomarbeit gefertigt hatte und neben seiner Tätigkeit als Diplomökonom auch über Jahre mit juristischen Aufgaben betraut war, wenn man aber aus welchen Gründen auch immer vor Jahren die Diplomarbeit nicht abgegeben hatte und sich der Verteidigung seiner Diplomarbeit nicht gestellt hatte.

IV.

Das Problem des oft ungenauen Umgangs mit dem Recht der DDR ist und bleibt etwas Spezifisches, das uns – soweit es um Altfälle geht – nicht nur in den ersten Tagen der neuen Justizverwaltung immer wieder begegnet ist. Es begleitet uns auch in der richterlichen Tätigkeit von Woche zu Woche. Dabei geht es nicht immer um staatliche Willkür oder, um es mit dem Vermögensgesetz zu sagen, um unlautere Machenschaften. Nein, es ist häufig dasselbe Phänomen, das sich bei der Reaktion der eben erwähnten Zulassungsbewerber auf eine ablehnende Entscheidung über ein Zulassungsgesuch zeigt. Sicher hat es auch im DDR-Justizalltag vielfach ernsthaftes und sicher auch erfolgreiches Bemühen um Rechtsfindung gegeben. Nicht immer nahm man es aber – gemessen an heute gewohnten Maßstäben und ohne voreilige Kritik – mit der Rechtsanwendung so genau oder vielleicht besser ausgedrückt: „so juristisch". Die auf den ersten wie auch auf den zweiten Blick kompliziert anmutenden Regelungen etwa der Sachenrechtsbereinigung oder gar des Vermögensgesetzes verstehen sich letzten Endes nur vor diesem Hintergrund.

Wozu dies führte, ein vielleicht besonders eindruckvolles Beispiel:

Der Kläger – ein hochbetagter Landwirt – begehrt von einer eingetragenen Genossenschaft Auskunft über den Erlös aus einem Grundstückskaufvertrag, den sie nach der Wende mit einem Dritten über ein Grundstück geschlossen hatte, das früher dem Kläger gehört hatte. Die Beklagte war ihrerseits aus der Reprivatisierung eines VEB hervorgegangen. Zwischen diesem VEB und dem Kläger war 1981 vor dem Staatlichen Notariat XY ein Grundstückskaufvertrag geschlossen worden, weil der VEB aus betrieblichen Gründen dem Kläger gehörendes Ackerland benötigte. Wörtlich heißt es darin: „Der Eigentümer verkauft hiermit von seinem Grundbesitz das Flurstück der Flur 2 Nr. 142 und 143 in vollem Umfang mit aufstehenden Gebäuden an Eigentum des Volkes, Rechtsträger: VEB ZX." „In vollem Umfang" bedeutete indes, daß nach Lage und Größe sowie katastermäßiger Bezeichnung damit nicht nur bloßes Ackerland, sondern auch das vom jetzigen Kläger früher wie heute bewohnte Wohnhaus erfaßt war. Damit nicht genug des Unglücks: Nach der Wende und nach Reprivatisierung des VEB erließ das Landesamt zur Regelung offener Vermögensfragen einen bestandskräftigen Bescheid, in dem die Berechtigung der beklagten e.G. auf das vorbezeichnete Grundstück festgestellt wurde. Im Verfahren vor dem Landesamt war der jetzige Kläger, da er aufgrund des früheren Kaufvertrages nicht mehr als Eigentümer eingetragen war, nicht gehört worden. Auf Ersuchen des Landesamtes wurde die beklagte e.G. als Eigentümerin im Grundbuch eingetragen. Mit notariellem Kaufvertrag verkaufte die Beklagte dann das Grundstück an einen Dritten. Entsprechend dem ganz eindeutigen und nach Auffassung des Senats keiner Auslegung zugänglichen Wortlaut des notariellen Vertrages waren 1981 die beiden vorbezeichneten Flurstücke in ihrer gesamten Größe Kaufgegenstand gewesen. Der Kläger hingegen behauptete, entgegen dem Wortlaut des notariellen Kaufvertrages hätten keineswegs die vorbezeichneten

Flurstücke in ihrer gesamten Größe verkauft werden sollen, sondern nur die Teile, die für den Betrieb der VEB bedeutsam gewesen seien, jedenfalls nicht das vom jetzigen Kläger damals wie heute bewohnte Wohnhaus. Der Senat hat Beweis erhoben; beide Zeugen – Angestellte des früheren VEB – haben übereinstimmend und für den Senat glaubhaft angegeben, daß der Grundstücksteil, auf dem der Kläger wohnte und wohnt, nicht habe Vertragsgegenstand sein sollen, sondern lediglich das hinter dem Hofgebäude liegende Gelände, das allein für den damaligen VEB bedeutsam gewesen sei. „Niemals" – so eindrucksvoll die Zeugen – hätte man den Kläger aus seinem Wohnhaus vertreiben wollen, es hätte auch für das Wohnhaus keinerlei betrieblichen Verwendungszweck gegeben. Nachdem inzwischen der VEB reprivatisiert und durch Bescheid des Landesamtes die Berechtigung der Nachfolgegesellschaft an dem Gesamtgrundstück festgestellt und das Grundstück anderweitig veräußert worden ist, sieht sich der Kläger entgegen dem durch Beweisaufnahme bestätigten damals übereinstimmenden Willen der Kaufvertragsparteien dem endgültigen Verlust seines Grundstücks gegenüber, ohne – infolge des Bescheides des Landesamtes – auch nur einen finanziellen Ausgleich zu erhalten und wohl auch ohne eine Haftung des Landes Brandenburg für das Handeln des Staatlichen Notariats erfolgreich in Betracht ziehen zu können.

V.

Wie sehr – gemessen an den uns gewohnten Maßstäben – die tägliche Rechtspraxis der DDR schlicht anders war und ohne Beachtung dieser Besonderheiten nur schwer Recht gefunden werden kann, mag folgender – auch hier wieder nur verkürzt wiedergegebener – Fall zeigen:

In einem dem Senat zur Entscheidung unterbreiteten Fall begehrte die Grundstückseigentümerin von dem Kreisverband der Kleingärtner als Nachfolgeverein des VKSK der DDR (Verband der Kleingärtner, Siedler und Kleintierzüchter) Räumung und Herausgabe eines Grundstückes, auf dem zu DDR-Zeiten eine Kleingartenanlage errichtet war. Zur kurzen Erläuterung: Zu DDR-Zeiten erfolgte die kleingärtnerische Nutzung mehrstufig durch Abschluß sogenannter Kreispachtverträge in der ersten Stufe, durch sogenannte Zwischenpachtverträge in der zweiten Stufe und durch Einzelpachtverträge in der letzten Stufe. Durch die Kreispachtverträge hatte z.B. der Rat des Kreises von dem jeweiligen Grundeigentümer die Nutzungsmöglichkeit des Grundstücks erhalten, durch die anschließenden Zwischenpachtverträge zwischen dem Rat des Kreises und dem VKSK wurden die Grundstücke dem VKSK zur Nutzung übergeben. Dieser wiederum gab die Nutzung dann in der dritten Stufe durch weiteren Vertrag an den einzelnen Kleingärtner weiter. Nach der seit dem 01.01.1995 geltenden Regelung des § 20 a Bundeskleingartengesetz in Verbindung mit §§ 8 bis 10 und 19 Schuldrechtsanpassungsgesetz tritt zum Schutze der Kleingärtner der Eigentümer eines kleingärtnerisch genutzten Grundstücks kraft Gesetzes in das Zwischenpachtverhältnis zwischen Kreis und VKSK ein, sofern nicht der Rat des Kreises bei Abschluß des Zwischenpachtvertrages Nichtberechtigter war und der VKSK hinsichtlich der Nichtberechtigung bösgläubig war. Soweit zu rechtlichen Ausgangssituation.

Im vorliegenden Fall lag bezüglich des streitgegenständlichen Grundstücks ein schriftlicher Zwischenpachtvertrag zwischen dem Rat des Kreises (bzw. der kreisfreien Stadt) und dem VKSK nicht vor. Bei einem Nachbargrundstück hingegen hatte der Rat der Stadt und der VKSK einen solchen schriftlichen Zwischenpachtvertrag abgeschlossen. Der Verband hatte vorgetragen, der erforderliche Zwischenpachtvertrag sei mündlich in der Gründungsversammlung der Kleingartensparte abgeschlossen worden, dabei sei der Rat der Stadt durch den zuständigen Dezernenten vertreten worden. Die Grundeigentümerin bestritt demgegenüber einen solchen mündlichen Vertragsschluß. Dagegen spreche schon, daß man bei dem Nachbargrundstück die Schriftform gewahrt habe. Das Landgericht hatte der auf Räumung gerichteten Klage stattgegeben und hinsichtlich des Zwischenpachtvertrages ausgeführt, der Vortrag der Beklagten zum Abschluß eines solchen Vertrages in der Gründungsversammlung sei schon allein hinsichtlich der einzelnen Konditionen des Vertrages unsubstantiiert. Der Senat ist dem nicht gefolgt. Er hat sich dabei unter Berücksichtigung der besonderen DDR-Verhältnisse davon leiten lassen, daß anders als unter heutigen Verhältnissen an den Abschluß von Zwischenpachtverträgen schon deswegen nur äußerst geringe Anforderungen zu stellen seien, weil es sich letztlich um typisierende Verträge handelte, bei denen in der Praxis des DDR-Alltags weder zur Vertragsdauer („unbefristet“) noch zum Entgelt („unentgeltlich“) noch zu ihrem weiteren Inhalt („zur kleingärtnerischen Nutzung“) weiterer detaillierter Regelungsbedarf bestand. Zum anderen lag es nach der Einschätzung des Senats aus der Rechtspraxis in der DDR zumindest nicht fern, daß man sich statt eines schriftlichen Vertrages darauf beschränkt haben konnte, in der Gründungsversammlung rein faktisch das Gelände dem VKSK zur kleingärtnerischen Nutzung zu übergeben. Entsprechend dem Beweisantritt der beklagten Grundstückseigentümerin hat der Senat den zu DDR-Zeiten zuständigen Dezernenten des Rates der Stadt gehört. Dieser hat dann in der Tat bestätigt, daß er in der Gründungsversammlung der Kleingartensparte das Gelände in der damals durchaus üblichen Weise dem VKSK zur kleingärtnerischen Nutzung übergeben habe, letztlich mit nicht mehr und nicht weniger – verbunden mit den besten Wünschen an die Gründungsmitglieder – als mit persönlicher Übergabe der Projektunterlagen und mit dem Hinweis, daß das Gelände zur kostenlosen kleingärtnerischen Nutzung übergeben werde. Wenn man anders als beim Nachbargrundstück den Zwischenpachtvertrag nicht schriftlich abgeschlossen habe, so habe man dafür – im einzelnen vom Zeugen dargestellte – Gründe gehabt. Zwar habe man eigentlich der Vollständigkeit oder Dokumentation halber noch einen schriftlichen Vertrag schließen wollen; dazu sei es aber wie auch in anderen Fällen nicht gekommen. Im übrigen habe des Schriftformerfordernis des § 312 ZGB nach damaliger Auffassung auch deswegen nicht gegolten, weil nach der Bodennutzungsverordnung und nach der Grundstücksverkehrsverordnung in Fällen der Beteiligung des Rates des Kreises (bzw. bei kreisfreien Städten: der Stadt) dieses Organ selbst über die Form des Vertrages entschieden habe.

Ein Beispiel dafür, wie es letzten Endes nur unter Berücksichtigung der besonderen Verhältnisse in der DDR überhaupt zu einer Beweisaufnahme über das seinerzeitige Verfahren zur Nutzungsübertragung und damit zu einer abweichenden zweitinstanzlichen Entscheidung kommen konnte.

VI.

Über Erfahrungen mit dem DDR-Recht zu berichten wäre unvollständig, würde nicht auch über die Bewältigung bei der Auffindung des DDR-Rechts berichtet. Dabei geht es um mehr als nur die Kenntnis, daß VKSK Verband der Kleingärtner, Siedler und Kleintierzüchter bedeutet. Man unterschätze das Problem freilich nicht: Ein Richter wirkte namentlich in der Anfangszeit gegenüber den Rechtsuchenden nicht gerade überzeugend, wenn er erst Nachfrage halten mußte, was denn nun wohl eine „EOS“ , was ein „VEG“ oder was ein „W 50er“ oder ein „Barkas“ sein mag.

Um eins vorwegzunehmen: Sich mit unbekannten Rechtsvorschriften auseinandersetzen zu müssen ist eigentlich Alltagsarbeit des Juristen. Der Jurist muß diese ja auch eher reizvolle Aufgabe eigentlich von Tag zu Tag bewältigen. Man denke nur an das Amtshaftungsrecht oder die Anwalts- oder Notarhaftung. Auch für das DDR-Recht gilt eigentlich nichts anderes, jedenfalls nachdem uns nach der Wende die erforderlichen Erkenntnismöglichkeiten unbeschränkt offenstehen.

Was nun die Frage angeht, wie die Erkundung des DDR-Rechts zu erfolgen hat, bot sich früher als grundlegende Vorschrift die des § 293 ZPO an. Danach bedürfen in einem anderen Staate geltendes Recht, die Gewohnheitsrechte und Statuten des Beweises nur insofern, als sie dem Gericht unbekannt sind. Bei der Ermittlung dieser Rechtsnormen ist das Gericht auf die von den Parteien beigebrachten Nachweise nicht beschränkt; es ist befugt, auch andere Erkenntnisquellen zu benutzen und zum Zwecke einer solchen Benutzung das Erforderliche zu veranlassen. Die Frage ist nur, ob § 293 ZPO überhaupt anwendbar ist. Es wirft ein irgendwie bezeichnendes Licht auf die politische Gesamteinschätzung der Lage in Deutschland vor der Wende, wenn man sich die Kommentierung zu § 293 ZPO aus den siebziger, aus den achtziger und aus der Zeit nach der Wende vor Augen führt. So heißt es noch 1985 bei *Baumbach/Lauterbach:* „Das Recht, das nicht im Bezirk des Richters gilt, wenn es auch inländisches Recht sein mag, braucht der Richter nicht zu kennen: Er ist aber gleichwohl verpflichtet, es von Amts wegen zu ermitteln. Das gilt auch für das Recht der DDR.“ Fazit: DDR ist Inland, § 293 ZPO gilt nicht! Nichts anderes in der Vorauflage zur 1987 erschienenen 20. Auflage von

Stein-Jonas. 1987 war dann allerdings auch bei *Stein-Jonas* die DDR zum Ausland geworden, heißt es doch dort: „Auch für das Recht der DDR gilt § 293 ZPO. Konnte man früher im Verhältnis zur DDR wegen der noch weitgehend bestehenden Rechtseinheit die Anwendbarkeit des § 293 ZPO verneinen, so erscheint heute diese Gleichstellung mit dem inländischen Recht nicht mehr gerechtfertigt. Wegen der Verschiedenheit der Rechtssysteme und der einzelnen Gesetze kann von dem Richter in der BRD nicht mehr verlangt werden, Rechtssätze aus der DDR in derselben Weise zu kennen bzw. zu erforschen wie Rechtsnormen der BRD." Es folgt die übliche salvatorische Klausel: „Damit werden lediglich die Konsequenzen aus den praktischen Schwierigkeiten gezogen, die aus der Auseinanderentwicklung der Rechtsordnungen folgen. Eine Anerkennung der DDR als Ausland im staats- und völkerrechtlichen Sinne bzw. ein Verstoß gegen das verfassungsrechtliche Gebot, das besondere Verhältnis zur DDR zu beachten, ist damit nicht verbunden." Das OLG Hamm brauchte 1988 nicht einmal mehr eine Begründung, heißt es doch in einem Beschluß vom 3.2.1988 kurz und bündig: „Nun ist allerdings das Gericht mit der Ermittlung fremder Rechtsnormen i.S.d. § 293 ZPO, worunter auch das Recht de DDR fällt, nicht auf das Vorbringen der Parteien beschränkt." Zwei Jahre später wuchs zusammen, was zusammengehört. Nun war sie wieder Inland, aber doch noch nicht so ganz richtig, heißt es doch beispielsweise 1991 bei *Zöller*: „Außerhalb des Beitrittsgebiets sollte man § 293 ZPO noch bis zum 2. 10. 1995 anwenden." Das wäre ja auch noch schöner, wenn man sich in Köln am Rhein um DDR-Recht kümmern müßte. Seit der Folgeauflage ist die Welt allerdings wieder ganz in Ordnung; § 293 ZPO ist nicht anwendbar.

Der Senat hat vor allem in einem Fall Gelegenheit gehabt, sich mit der Erkundung des DDR-Rechts auch beweisrechtlich zu befassen und hat zur Rechtspraxis der DDR einen früheren Notar gehört. Die Besonderheit des Falles lag darin, daß ein im Spreewald gelegenes Grundstück im Eigentum einer im damaligen Westteil Berlins lebenden älteren Dame stand, deren Erben das Grundstück von der Beklagten herausverlangten. Die Familie der Beklagten wiederum nutzte das Grundstück aufgrund eines Mietvertrages seit Ende der dreißiger Jahre. Auf Antrag der Beklagten hatte 1981 das Staatliche Notariat die „Abwesenheitspflegschaft gem. § 105 Abs. 1 Buchst. b FGB" für die in (West-)Berlin lebende Dame angeordnet. 1982 vertrat der sodann bestellte Pfleger die Berlinerin beim Verkauf des Grundstücks an die Beklagte. Was indes bei Abschluß dieses Kaufvertrages unbekannt war, war die Tatsache, daß etwas mehr als drei Monate vor Abschluß des notariellen Vertrages die Dame in Westberlin verstorben war. Der Senat hat den Zivilrechtsweg jedenfalls insoweit als gegeben erachtet, als es darum ging, daß der Kaufvertrag zu einem Zeitpunkt abgeschlossen war, zu dem die Pflegebefohlene bereits verstorben war. Zur Frage, welche Auswirkungen in Anwendung der maßgeblichen Vorschriften des § 105 1 Buchst. b, 1. Alt. und des § 106 FGB der Tod für die Pflegschaft hatte, hat der Senat den früheren Leiter der Abteilung Staatliche Notare beim Bezirksgericht XY gehört. Der BGH hat dies im Ergebnis gebilligt und ausgeführt:

„Ohne Erfolg rügt die Revision die Beiziehung eines Sachkundigen des Rechts der ehemaligen DDR. Dieses ist allerdings nicht nach § 293 ZPO zu ermitteln, sondern aufgrund des Anwendungsbefehls im Einigungsvertrag (hier: Art 234 § 1 und § 15 EGBGB) vom Richter wie sonstiges deutsches Recht aufgrund eigener Kenntnis anzuwenden. Dadurch ist er aber nicht gehindert, in besonderen Fällen sachkundige Hilfe heranzuziehen, denn die Anwendung des Rechts der DDR auf sogenannte Altfälle hat nach der dort geübten Praxis zu erfolgen. Diese ist dem Richter nicht immer zugänglich. Bei der Wahl des Sachkundigen wird allerdings, wenn Ansprüche Regimegeschädigter in Frage stehen, mit besonderer Zurückhaltung zu verfahren sein."

In der Sache selbst war es übrigens dann so, daß zu DDR-Zeiten die Vertretungsbefugnis des Abwesenheitspflegers so lange bestehen blieb, bis diesem der Grund für den Wegfall der Anordnung bekannt geworden war, so daß im Ergebnis der Pfleger noch wirksam vertreten konnte.

Fälle, in denen die gängigen Auslegungsmethoden – zumal angesichts der zu DDR-Zeiten nur spärlichen Gesetzesmaterialien und der meist doch nur recht knappen Kommentierung – nur schwer zum Erfolg führen und manchmal auch versagen, kommen nicht selten vor. Das kann angesichts der völlig anderen gesellschaftlichen Verhältnisse der DDR eigentlich niemanden verwundern. Nur skizzenhaft sei ein weiteres Beispiel genannt, in dem es um die Frage ging, ob bei einem Verkehrsunfall, den ein NVA-Fahrzeug kurz vor der Wiedervereinigung verursacht hatte, ein Anspruch gegen die Bundesrepublik Deutschland oder nach DDR-Recht ein Direktanspruch gegen die damalige Staatliche Versicherung der DDR gegeben war, der auf die heutigen Staatliche Versicherung in Abwicklung hätte übergegangen sein können. Der Versicherungsschutz für die NVA wurde auf der Grundlage der Verordnung über die Versicherung der staatlichen Organe und staatlichen Einrichtungen vom 18.11.1969, der Anordnung über die Bedingungen für die Pflichtversicherung der staatlichen Organe und staatlichen Einrichtungen bei der StaatlichenVersicherung der DDR vom 18.11.1969 sowie der unveröffentlichten Anweisung Nr. 12/82 des Ministers der Finanzen über den Versicherungsschutz der bewaffneten Organe, der Zivilverteidigung und der Zollverwaltung der DDR vom 29.07.1980 und der unveröffentlichten Anweisung Nr. 6/82 des Ministers der Finanzen zur Ergänzung der Anweisung Nr. 12/80 vom 12.04.1982 gewährt. Hiernach erfolgte die Regulierung der Schadensersatzansprüche für die NVA durch die Staatliche Versicherung der DDR. Der Senat hat der Summe der ihm bekannt gewordenen und zugänglichen Vorschriften und Informationen im Ergebnis entnommen, daß ungeachtet der Regulierung durch die Staatliche Versicherung ein Direktanspruch wie etwa heute im Rahmen des Pflichtversicherungsgesetzes zu DDR-Zeiten für Militärfahrzeuge nicht bestand.

Ebenfalls nur andeutungsweise sei ein weiterer Fall erwähnt, bei dem es um die Frage ging, welche Vorschriften im Bereich des Krankenhauswesens für Notaufnahmefälle in Militärkrankenhäusern bestanden. Dabei war es noch vergleichsweise einfach, die Rahmenkrankenhausordnung vom 14.11.1979 zu finden. Allerdings festzustellen, wie die „DV 010/0/010 Gesundheitsschutz" und die „DV 060/90/001 Medizinische Sicherstellung unter Garnisonsbedingungen" lautete, war denn doch nicht ganz ohne Mühe möglich.

Nichts anderes etwa galt für die Frage nach der Rechtsgrundlagen für kommunale Stadtordnungen und eine darin geregelte Übertragung der Streupflicht auf Anlieger. Daß Rechtsgrundlage hierfür das „Landeskulturgesetz" aus dem Jahre 1974 gewesen sein könnte, dürfte nicht eben auf der Hand liegen, zumal als Rechtsgrundlagen zugleich noch zwei weitere gesetzliche Vorschriften in Betracht kamen, von denen in allen Fällen im übrigen nicht sicher ist, ob sie den rechtstaatlichen Anforderungen an eine Rechtsetzung durch die Kommunen auch unter Geltung des Grundgesetzes im entscheidenden Zeitpunkt genügten. Dabei wird die Auffindung der maßgeblichen Gesetze, der Verordnungen und namentlich der dazu ergangenen Erlasse, wenn sie denn überhaupt in zugänglicher Weise dokumentiert sind, von Jahr zu Jahr schon durch Zeitablauf in dem Maße nicht einfacher, in dem das Wissen derjenigen, die die Verhältnisse miterlebt haben, in den Hintergrund tritt.

VII.

Erfahrungen mit dem DDR-Recht – ein persönlicher Bericht! Mehr als sieben Jahre sind inzwischen vergangen, seit die Mauer gefallen ist. Folgt man manchen Presseberichten und mancher Fernsehberichterstattung, so ist das unselige Bauwerk in den Köpfen der Menschen noch immer vorhanden. Ob dies so zutrifft oder doch nur in den Menschen hineingelesen, hineingesehen und hineinberichtet wird, soll hier nicht beantwortet werden; nicht nur gelegentlich hat man diesen Eindruck. Ob das neue Recht, das doch in vielen Teilen eigentlich nur das alte gemeinsame Recht ist, wirklich so fremd ist, ob es wirklich nur übergestülpt ist und nicht angenommen wird, ob wirklich das alte DDR-Recht noch in den Menschen – wohlmöglich als Positives – weiterlebt, mögen verläßlich andere feststellen, wenn sie Interessen daran haben und sich heute noch etwas davon versprechen. Ich denke, mit der Zeit wird auch dies kein wirkliches Problem sein, wenn es denn überhaupt – namentlich für die jüngeren Menschen – heute noch ein Problem ist. Uns jedenfalls erscheinen in der großen Mehrheit der Prozesse die Unterschiede zwischen Ost und West, wenn man sieht, wie die Parteien sich etwa bei der Anhörung in der mündlichen Verhandlung geben, keineswegs so groß zu sein, wie es sich nicht selten Presseberichten zufolge anhört. Ich möchte in diesem Zusammenhang aber ein Erlebnis wiedergeben, das auch zu den persönlichen Erfahrungen mit dem DDR-Recht gehört. Es mag sein, daß es vielleicht Allgemeingültigkeit noch nicht in Anspruch nehmen kann. Wiedergebenswert scheint es mir aber doch zu sein:

Im Rahmen des Rechtskundeunterrichtes an einer Gesamtschule unseres Landes – Schüler der Klasser 10 im Alter von etwa 15 Jahren – habe ich anhand einiger

Beispiele versucht, die gänzlich abweichende Eigentumsverfassung heute und früher darzustellen. Bei dem Versuch, den Schülerinnen und Schülern den Unterschied zwischen Einheit von Eigentum an Grund und Boden und Gebäude zu heutiger Zeit und dem teilweisen Auseinanderfallen von Grundeigentum und Gebäudeeigentum etwa bei Landwirtschaftlichen Produktionsgenossenschaften zu DDR-Zeiten darzustellen, fragt ein Fünfzehnjähriger, was denn – bitte schön – eine LPG sei. Auf den dezenten Hinweis, daß das etwas aus der DDR-Zeit sei, die bezeichnende Antwort, daß das doch nun wirklich keinen interessiere. Irgendwie auch eine – ich denke: positive – Erfahrung mit dem DDR-Recht!

Bericht über die Diskussion

von

Wiss. Mitarbeiterin RANDI HOFFMANN, Jena

Im Mittelpunkt der Diskussion zu den beiden einführenden Vorträgen des Symposiums von Rechtsanwalt Professor Dr. Dietrich *Maskow* und Professor Dr. Walter *Bayer* standen zunächst die Erörterung der tatsächlichen Verhältnisse in der DDR und deren Einfluß auf die Gesetzgebung. Dabei wurde deutlich, daß die Umgestaltungen aufgrund des Zeitdrucks, unter dem die Gesetzgebungsverfahren ablaufen mußten, oft durch unklare und nicht ausgereifte gesetzliche Vorgaben behindert wurden, was auch an mehreren nachfolgenden Novellen erkennbar ist. Im zweiten Teil, der sich mit der neueren Entwicklung der umwandlungsrechtlichen Regelungen beschäftigte, wurde auf Detailfragen, wie die Abfindungsansprüche ausscheidender Gesellschafter, eingegangen.

I. Zur Rechtsentwicklung in der DDR bis zur Währungsunion

In der Diskussion wurde deutlich, daß in der DDR zwar auf den ersten Blick dem Gesellschaftsrecht der Bundesrepublik ähnliche Gesellschaftstypen, wie zum Beispiel die Außenhandels-GmbH, vorkamen, ihre tatsächliche Ausgestaltung davon aber stark abwich. Organstellungen in Gesellschaften standen oft nur auf dem Papier. Auch Stammkapitalnachweisen der Außenhandels-GmbH kam lediglich eine Anzeigefunktion zu, Kapitalerhaltungsgrundsätze gab es nicht.

II. Die weitere Entwicklung der umwandlungsrechtlichen Regelungen

1. Zur Privatisierung der volkseigenen Betriebe

Interesse galt bezüglich der Umstrukturierungen nach dem Treuhandgesetz besonders der Abwicklung von organisationseigenem Vermögen und der Umwandlung kommunaler Einrichtungen. Ersteres wurde nach dem Parteiengesetz auf die Treuhandanstalt übertragen und privatisiert, während letztere vom DDR-Gesetzgeber des Treuhandgesetzes nicht erfaßt waren, sie sollten vielmehr dezentral bei den Kommunen verbleiben.

Weiterhin wurde auf Anfrage dargelegt, daß die Treuhandanstalt in sämtliche dem zu privatisierenden Unternehmen zustehenden Befugnisse und Rechtsstellungen eintrat.

Ein Diskussionsteilnehmer wies anschließend auf die Privatisierungstätigkeit der Treuhandanstalt hin, insbesondere auf die Praxis, eigenmächtig Verträge abzuschließen, ohne selbst Eigentümerin von Unternehmen zu sein, nämlich dann, wenn sie lediglich Alleingesellschafterin der unternehmenstragenden AG war. Vom Referenten wurde hier ausdrücklich klargestellt, daß die im Vermögensgesetz der Treuhandanstalt eingeräumte Vertretungsmacht nicht davon entbinde, die gesellschaftsrechtlich vorgegebenen Beschränkungen einzuhalten. In diesem Zusammenhang wurde von Professor *Hommelhoff* eine Erläuterung zum mehrstufigen Aufbau der Treuhandanstalt, insbesondere der Einrichtung der Treuhandaktiengesellschaft, gegeben, die einer zu starken Machtkonzentration bei der Treuhandanstalt vorbeugen sollte.

2. Zur Privatisierung der LPGen

Einführend wurde von einem praxisnahen Diskussionsteilnehmer in bezug auf die Urfassung des LwAnpG die Ansicht vertreten, daß derzeit die vom Gesetzgeber des LwAnpG beabsichtigte Beseitigung der Folgen der Zwangskollektivierung in ihr Gegenteil verkehrt würde. Großbetriebe sollten in jedem Fall erhalten werden, obwohl kleine Unternehmen oft erfolgreicher wirtschafteten. Diese ohne Teilung aus LPGen hervorgegangenen Großunternehmen, deren Eigentümer ehemalige LPG-Vorsitzende seien, hätten heute eine bis zu viermal größere Fläche als die Grundstücke früherer Großgrundbesitzer und stark reduzierte Beschäftigtenzahlen.

Nachfolgend wurde auf die Novelle des LwAnpG von 1991 eingegangen, insbesondere auf die Streitfrage der Verfassungsmäßigkeit des § 51 a LwAnpG, der die Rückwirkung des neuen § 44 LwAnpG anordnet und dessen Vereinbarkeit mit Art. 14 GG deshalb des öfteren zur Debatte stand. In der Diskussion herrschte aber Einigkeit darüber, daß § 44 LwAnpG nur eine Konkretisierung der entsprechenden Norm alter Fassung sei und deshalb keinen verfassungsrechtlichen Bedenken ausgesetzt sei.

Im folgenden wurden die Probleme, vor denen der bundesdeutsche Gesetzgeber bei der Neufassung des LwAnpG stand, verdeutlicht. Dieser hatte das noch von der Volkskammer der DDR beschlossene Gesetz übernommen und befand sich bei der Neufassung in einem „Dilemma“, weil die Umwandlungen der LPGen nach der unausgereiften Urfassung schon begonnen hatten und durch die Novelle nur noch ein „Einfangen der Entwicklung“ angestrebt wurde, der Gesetzgeber war von der Entwicklung geradezu „überrollt“ worden. Ursache dafür war unter anderem, daß, wie im Referat auch kritisiert worden war, keine wissenschaftliche Beschäftigung mit den LwAnpG stattgefunden hatte.

Näher erläutert wurde auch die in der Novelle gewählte Darstellung des Abfindungsanspruchs ausscheidender Gesellschafter als Eigenkapitalanteil an der

LPG. Die nach der Urfassung auch mögliche Auslegung, es handele sich bei dem Abfindungsanspruch der Gesellschafter um eine Gesellschaftsverbindlichkeit, wurde nicht gewählt, da die LPGen sonst sofort überschuldet gewesen wären, was zu einem Wettlauf der einzelnen abfindungsberechtigten Gesellschafter geführt hätte. Dem sollte durch die Zuweisung eines Anteils am Eigenkapital entgegengewirkt werden, was auch zur Gleichbehandlung der Gesellschafter beitragen sollte.

Uneinig waren sich die Diskussionsteilnehmer bei der Frage, wie man den Konflikt zwischen den ausscheidenden und verbleibenden Mitgliedern entschärfen könne. Nach der Meinung, dem ausscheidenden Mitglied zwar seinen vollen Abfindungsanspruch zuzubilligen, dessen Durchsetzung aber auf einen längeren Zeitraum zu verteilen, wurde vom Referenten das Bestehen von Treuepflichten zwischen den Gesellschaftern heutzutage für möglich gehalten. Dem wurde aber entgegengehalten, daß bei der LPG als Zwangszusammenschluß die Grundsätze der Genossenschaft nicht herangezogen werden könnten; Treuepflichten also nicht bestünden, woran auch der Zeitablauf nichts geändert hätte, denn so würde das Risiko der Existenzgründung auf den Einzelnen abgewälzt. Dieses Risiko müsse aber die LPG tragen. Im Hinblick auf die Regelung des § 49 Abs. 3 LwAnpG, der unter bestimmten Bedingungen Ratenzahlungen der LPG zuläßt, kann dieser Streitpunkt aber als geklärt angesehen werden. Im übrigen sei bei der Auseinandersetzung zwischen ausscheidenden und verbleibenden Gesellschaftern ein gerechter Interessenausgleich im Einzelfall anzustreben.

Grundfragen der Abfindung

Grundfragen der Kompensation für ausgeschiedene Genossen am Beispiel des Abfindungsanspruchs nach dem LwAnpG

von

Vors. Richter am OLG Dieter Miosge, Naumburg

Inhaltsübersicht

I. Rechtszustand zu DDR-Zeiten

1. Der Normalfall des Ausscheidens aus einer LPG war der Tod, dagegen von untergeordneter Bedeutung: Aufhebung im Einvernehmen mit dem Vorstand, Austritt und Ausschluß (Nr. 16 Abs. 1 Musterstatut der LPG vom 28.07.1977).

Im Fall des Todes des LPG-Mitglieds war eine gegenseitige Abrechnung mit der LPG durchzuführen. Das von einem Erblasser in die LPG eingebrachte Inventar galt nur dann als vom Erben wieder eingebracht, wenn dieser LPG-Mitglied war. Andernfalls hatte der Erbe als Nicht-LPG-Mitglied Anspruch auf Auszahlung des Inventarbeitrages. Gehörten zu den Erben Genossenschaftsmitglieder und Nichtmitglieder, sollte den Mitgliedern der eingebrachte Boden und der Inventarbeitrag übertragen werden, § 24 Abs. 1 bis 5 LPGG 1959.[1]

Linientreuen Ideologen galt das Erbrecht am Vermögen von Genossenschaftsbauern als Ärgernis. Deshalb wurde es mit der Einführung des Zivilgesetzbuches der DDR ab 01.01.1976 abgeschafft und die Unteilbarkeit der Fonds eingeführt. Nunmehr bestimmte § 14 Abs. 4 LPGG 1959 = § 25 Abs. 3 LPGG 1982:

1 Zu dieser Thematik: BGHZ 124, 210, 214 ff.

Die Grundmittel-Investitions- und Umlaufsmittelfonds der LPG sind unteilbar und nur entsprechend ihrer Zweckbestimmung zu verwenden. Die Pflichtinventarbeiträge als Bestandteil dieser Fonds sind unteilbares genossenschaftliches Eigentum.

Diese Rechtslage änderte sich erst mit der Streichung dieser Vorschrift durch ÄGLPG vom 06.03.1990[2] der *Modrow*-Regierung, in Kraft seit 16.03.1990. Dadurch entstand noch kein Anspruch auf Rückzahlung, jedoch war die freiwillige Auszahlung bei wirksamem Vollversammlungsbeschluß der LPG möglich.[3]

Durch dasselbe Gesetz wurde jedoch für den Erbfall ein Absatz 6 von § 45 LPGG angefügt:

> Sind oder werden Erben nicht Mitglieder der LPG, werden die Pflichtinventarbeiträge in einem mit der LPG zu vereinbarenden Zeitraum zurückgewährt.

2. Erst durch das von der de *Maizière*-Regierung erlassene „Gesetz über die strukturelle Anpassung der Landwirtschaft an die soziale und ökologische Marktwirtschaft in der DDR" – LwAnpG – vom 29.06.1990, geltend ab 20.07.1990 (damals noch LAG abgekürzt), wurde in § 43 jedem Mitglied einer LPG das Recht eingeräumt, seine Mitgliedschaft durch Kündigung zu beenden.

§ 44 „Pflichten der LPG" gab der LPG in Abs. 1 auf, ausscheidende Mitglieder bei der Einrichtung einer Familienwirtschaft zu unterstützen und bestimmte in Abs. 2:

> Der Umfang des zurück zu erstattenden Vermögens ergibt sich aus dem Anteil des eingebrachten Vermögens, der sich daraus ergebenden Vermögensentwicklung und dem vom Mitglied erbrachten Anteil an der Wertschöpfung durch Arbeit.

Diese Vorschrift, die immerhin schon den Abfindungsanspruch als Beteiligungsanspruch am Vermögen der LPG erkennen ließ, war ebenso unklar wie unpraktikabel.

II. Das LwAnpG in der Fassung vom 03.07.1991[4]

Mehr Klarheit und – wenn auch aus tatsächlichen Gründen meist schwierig zu handhabende – Praktikabilität brachte erst die Novellierung des LwAnpG vom 03.07.1991, in Kraft seit 07.07.1991 und alsbald auch offiziell „LwAnpG" abgekürzt.

In § 44 wurden die Abfindungsfaktoren konkretisiert und in ein Rangverhältnis gestellt, aus der Erwägung, daß Arbeit in der Vergangenheit entlohnt, aber für die Produktionsfaktoren Kapital und Boden eine angemessene Entschädigung nicht gezahlt wurde.

Das LwAnpG n.F. bescherte dem deutschen Gerichtsverfassungswesen aber auch eine Kuriosität: Nach § 65 fand gegen Entscheidungen der Landwirtschafts-

2 GBl. I/1990, S. 133.
3 BGH AgrarR 1993, 190.
4 BGBl. I/1990, S. 1418.

gerichte – das waren zunächst die ostdeutschen Kreisgerichte, nach Einführung von GVG-Strukturen 1992/93 die Amtsgerichte – „aus diesem Gesetz" nur die Rechtsbeschwerde an den Bundesgerichtshof statt.

Der Landwirtschaftssenat des BGH reagierte unmutig auf diese als mißglückt empfundene Gesetzesregelung.[5] Er stellte u. a. klar, daß im Verfahren der freiwilligen Gerichtsbarkeit und damit nach §§ 24 bis 29 des Landwirtschaftsverfahrensgesetzes vorzugehen sei, er also nur auf Zulassungsbeschwerde oder im Abweichungsfall tätig werde.[6] Aber schon bald traf er eigene Zulassungsentscheidungen, wenn die Landwirtschaftsgerichte trotz klärungsbedürftiger Rechtsfragen von grundsätzlicher Bedeutung – und klärungsbedürftig war vieles – eine Zulassung der Rechtsbeschwerde versäumt hatten.[7] Der Landwirtschaftssenat arbeitet zügig und hilfreich für die Praxis. Als der Gesetzgeber mit dem dritten Änderungsgesetz zum LwAnpG vom 31.03.1994[8] mit Wirkung vom 20.04.1994 die Einmaligkeit dieses Instanzenzuges beendete und – wie in § 22 LwVG vorgesehen – die sofortige Beschwerde zum Oberlandesgericht dazwischenschaltete, lag ein Corpus von BGH-Entscheidungen vor, durch das wesentliche Rechtsfragen dieser spröden und die Kenntnis des LPG-Rechts der DDR voraussetzenden Rechtsmaterie geklärt waren.

Die temporäre Kuriosität eines solchen Instanzenzuges hatte sich als segensreich für die Rechtspraxis erwiesen.

III. Umfang und Berechnung des Abfindungsanspruches nach § 44 Abs. 1 LwAnpG n.F.

1. § 44 Abs. 1 normiert den Abfindungsanspruch als Anteil am Eigenkapital der LPG.[9] Ausscheidenden Mitgliedern steht ein Abfindungsanspruch in Höhe des Wertes ihrer Beteiligungen an der LPG zu. Dessen Berechnung ist nach § 44 Abs. 1 Nr. 1 bis 3 in drei Stufen vorzunehmen:

In Stufe 1 ist der Wert der Inventarbeiträge einschließlich des bei Eintritt in die LPG übernommenen Feldinventars (Sach- und Geldleistungen) zurückzugewähren. Übersteigt der so ermittelte Wert aller eingebrachten Inventarbeiträge das Eigenkapital, so sind die Abfindungsansprüche entsprechend zu kürzen, § 44 Nr. 1 Satz 4.

Stufe 2: Wenn nach Auszahlung auf Stufe 1 Eigenkapital übrigbleibt, ist eine Mindestvergütung für die Überlassung der Bodennutzung: 2,00 DM pro Boden-

5 Hagen, AgrarR 1992, 181 ff.
6 BGH AgrarR 1992, 77.
7 BGH AgrarR 1993, 23; 87.
8 BGBl. I/1994, S. 736.
9 Mit der Konsequenz der Rückforderung zu Unrecht ausgezahlter Abfindungsbeträge im Gesamtvollstreckungsverfahren der LPG, BGH AgrarR 1993, 88.

punkt pro ha und Jahr und der Inventarbeiträge: 3 % Zinsen pro Jahr zu zahlen, beschränkt auf 80 % des verbleibenden Eigenkapitals, wenn alle Ansprüche auf dieser Stufe das verbleibende Eigenkapital übersteigen.

Im Beispiel: Bei verbleibendem Eigenkapital von 1,35 Mio. und einer Summe der Abfindungsansprüche auf Stufe 2 von 5 Mio. sind nur 80 % = 1 Mio. zu verteilen, d. h. die Ansprüche sind jeweils auf 20 % zu kürzen.

Stufe 3: Bleibt Eigenkapital übrig, so sind 50 % davon an die ausscheidenden Mitglieder entsprechend der Dauer ihrer Tätigkeit in der LPG auszuzahlen. Das ist also das, was in § 44 Abs. 2 LwAnpG 1990 „Wertschöpfung durch Arbeit" genannt wurde. Anspruchskürzungen sind entsprechend der Regelung in Stufe 2 vorzunehmen. Die sogenannte Röhrenentscheidung des BGH bringt für diese Stufenfolge das Bild von drei Röhren:

> „Wenn die erste Röhre gefüllt ist, läuft es in die zweite Röhre und wenn diese voll ist, in die dritte Röhre."[10]

2. In § 44 Abs. 1 Nr. 1 sind als Unterfall der Inventarbeiträge gleichstehende Leistungen als zurückzugewähren genannt. Solche sind Abstockungs- und Investitionsbeiträge, sowie beim Übergang der LPG Typ I in die LPG Typ III zu zahlende Fondsausgleichsbeträge und angerechnete Fondsanteile, die in der Praxis eine erhebliche Rolle spielen.

Die Rückgewährung von angerechneten Fondsanteilen war umstritten und wird in der gerichtlichen Praxis von den Beteiligten, die sie zu zahlen haben, öfters als ungerechtfertigte Begünstigung von ehemaligen Mitgliedern der LPG Typ I angesehen. Indes müssen die beiden Arten der Vermögenszuwendung an die LPG Typ III *einheitlich* behandelt werden, wie der BGH zu Recht entschieden hat.[11]

Denn im Wege der Zwangskollektivierung wurde von Ende der 60er bis Mitte der 70er Jahre der Übergang der LPGen Typ I, bei denen die Kollektivierung nur die gemeinschaftliche Ackernutzung bei individueller Viehwirtschaft betraf, in die LPG Typ III betrieben, in der alle bäuerlichen Bereiche vergesellschaftet waren und in die deshalb das gesamte lebende und tote Inventar und die gesamte landwirtschaftliche Nutzfläche einschließlich Pachtland und Land im Eigentum von Familienangehörigen einzubringen war. Die LPGen Typ III als sozialistische Modellinstitutionen wurden finanziell vom Staat gefördert, u. a. stand ihnen die gesamte Technik der Maschinen- und Traktorenstationen (MTS) kostenlos zur Verfügung. Infolge dieser unterschiedlichen Wirtschaftsstruktur waren die Fonds der LPG Typ I wegen des verbliebenen privatwirtschaftlichen Eigenbereichs der Mitglieder insbesondere in der gewinnträchtigen Viehwirtschaft regelmäßig schwächer be-

10 BGHZ 131, 268 ff.
11 BGHZ 120, 349, 350 f; 123, 23 ff.

setzt. Diese Fonds wurden im übrigen durch Sach- und Geldleistungen der Mitglieder gespeist oder durch deren privates Kapital erwirtschaftet.[12]

Beim Übertritt in die LPG Typ III ermittelte diese bezogen auf die bewirtschaftete landwirtschaftliche Fläche je ha die Differenz im Fondsvermögen von hinzukommender und aufnehmender LPG, rechnete den Anteil am Fondsvermögen der LPG Typ I im Übernahmeprotokoll an und forderte, wenn durch diese Anrechnung noch keine Angleichung hergestellt war, einen Fondsausgleich, den das in die LPG Typ III übertretende Mitglied aus privaten Mitteln zu zahlen hatte.

Die damalige Übernahmepraxis machte zusätzlich deutlich, daß der angerechnete Fondsanteil als eine vom übertretenden Mitglied persönlich erbrachte Vermögensleistung angesehen wurde: Der erzwungene Anschluß wurde nicht als Fusion, sondern vermögensrechtlich so behandelt, als wäre die LPG Typ I im Zeitpunkt des Anschlusses aufgelöst, das Vermögen unter die Mitglieder von Typ I verteilt und von diesen in Typ III eingebracht. LPG Typ III schrieb jedem Mitglied von Typ I im Übernahmeprotokoll, wie viele Formulierungen lauteten, „seinen Anteil am Fondsvermögen Typ I", „Wert von Typ I", „Fondsausgleich von Typ I" gut.[13]

3. Das nach § 44 Abs. 6 aufgrund der Bilanz zu ermittelnde Eigenkapital ist nicht der bilanzpolitisch gestaltbare reine Buchwert des Unternehmens, sondern dessen tatsächlicher Wert, d. h. der Verkehrswert aller Vermögensgegenstände, die nach den Grundsätzen ordentlicher Buchführung sämtlich zu erfassen sind, unter Auflösung der stillen Reserven und Berücksichtigung des inneren Geschäftswertes.[14]

Damit ist nur ein Rahmen bezeichnet und keine Entscheidung gegen das Ertragswertverfahren getroffen. Der wahre Wert eines landwirtschaftlichen Unternehmens wird in der Regel durch den Zeitwert oder – als Untergrenze, falls der Ertragswert nicht höher liegt – durch den Liquidationswert bestimmt.[15]

Zu Einzelheiten der bilanziellen Bewertung konnte der Landwirtschaftssenat des BGH noch nicht Stellung nehmen. Es ist zu wünschen, daß ihm im Wege zugelassener Rechtsbeschwerden baldmöglichst dazu Gelegenheit gegeben wird.

IV. Anspruchsumfang je nach dem Ausscheiden vor oder ab dem 16.03.1990, § 51 a LwAnpG

1. Für die Anspruchsberechtigung und deren Umfang ist der 16.03.1990, dessen Bedeutung zu I. dargestellt wurde, die wichtigste Scheidemarke. § 51 a Abs. 1 stellt die ab 16.03.1990 ausgeschiedenen LPG-Mitglieder denjenigen gleich, die ab

12 Schweizer, Das Recht der landwirtschaftlichen Betriebe nach dem LwAnpG, 2. Aufl., 1994, Rdn. 112 f.
13 BGHZ 123, 23 ff.
14 BGHZ 124, 199, 203; 131, 260.
15 Wenzel, AgrarR 1997, 33, 34.

20.07.1990 (mit Einführung des Kündigungsrechts der LPG-Mitglieder durch das LwAnpG 1990) ausgeschieden sind. Sie erhalten den vollen Abfindungsanspruch auf allen drei Stufen, falls Eigenkapital der Genossenschaft dafür vorhanden ist.

Diese Rückwirkung ist verfassungsrechtlich unbedenklich, soweit nicht vorher günstigere Abfindungsregelungen festgesetzt worden sind,[16] was kaum vorgekommen sein dürfte. Nach § 51 a Abs. 2 steht den *vor* dem 16.03.1990 ausgeschiedenen Mitgliedern und deren Erben *nur* der Anspruch nach § 44 Abs. 1 Nr. 1 (Inventarbeiträge) zu.

Diese Regelung ist mit echter Rückwirkung ausgestattet, weil der Beginn des zeitlichen Anwendungsbereichs von § 51 a Abs. 1 und 2 normativ auf Zeitpunkte zurückverlegt ist, die vor dem Zeitpunkt des Inkrafttretens der Norm (07.07.1991) liegen. § 46 Abs. 6 LPGG kam eine solche Rückwirkung für Abfindungsansprüche von Erben noch nicht zu.[17]

Die unterschiedliche Regelung in § 51 a Abs. 1 und 2 dient dem Interessenausgleich zwischen Privatisierungsbestrebungen in der Landwirtschaft und der Erhaltung der Liquidität der LPG-Nachfolgeunternehmen. Sie ist verfassungsrechtlich unbedenklich und verstößt weder gegen das Willkürverbot (Art. 3 GG) noch gegen die Gewährleistung von Eigentum und Erbrecht (Art. 14 Abs. 1 GG). Erben der vor dem 16.03.1990 ausgeschiedenen LPG-Mitglieder konnten nur das erben, was ihnen nach den Gesetzen der DDR zustand. Dazu gehörten Abfindungsansprüche nach § 44 Abs. 1 Nr. 2 und 3 nicht.[18]

Die Abfindungsansprüche nach §§ 44 Abs. 1, 51 a Abs. 1 und 2 sind im Verhältnis 1 : 1 auszuzahlen, weil die Verbindlichkeiten erst durch das LwAnpG in der Fassung vom 03.07.1991, d. h. nach Inkrafttreten der Wirtschafts- und Währungsunion vom 01.07.1990 begründet worden sind, § 16 Abs. 1 DMBilG.[19]

2. § 44 Abs. 1 ist zwingendes Recht. Davon abweichende Beschlüsse der LPG führen, wie stets im Genossenschaftsrecht, zur Nichtigkeit.

Beispiele für solche nichtigen Beschlüsse sind: die Auseinandersetzung nur unter Mitgliedern (70 % nach Arbeitsleistung und 30 % nach eingebrachter Bodenfläche) vorzunehmen und ehemalige Mitglieder leer ausgehen zu lassen,[20] Inventarbeiträge trotz Überschuldung an Mitglieder auszuzahlen,[21] das Vermögen allein nach Arbeitsjahren aufzuteilen,[22] eine vom Übernahmeprotokoll abweichen-

16 BGHZ 120, 361, 365.
17 BGHZ 120, 361, 364; BGH AgrarR 1993, 189.
18 BGH AgrarR 1994, 366.
19 BGH AgrarR 1993, 189.
20 BGH AgrarR 1993, Sonderheft S. 51.
21 BGH AgrarR 1993, 88.
22 BGH AgrarR 1994, 200.

de Bewertung der Inventarbeiträge,[23] Fondsausgleichszahlungen nicht zu den Inventarbeiträgen zu rechnen, nur eine pauschale Abfindung zu zahlen.[24]

An der Nichtigkeit solcher Beschlüsse ändert sich nichts, wenn das Mitglied dem zugestimmt hat.[25]

3. Individualvereinbarungen über die Abfindungsansprüche sind dagegen innerhalb der Grenzen von §§ 134, 138 BGB zulässig: pacta sunt servanda.[26]

Eine Fallgruppe von Individualvereinbarungen betrifft die Auszahlungen des Abfindungsanspruchs in Mark/DDR bzw. nach dem 01.07.1990 im Verhältnis 2 : 1. Soweit solche Vereinbarungen vor dem 01.07.1990 zustande gekommen sind, ist Erfüllung des Anspruchs eingetreten. Das steht einer Nachforderung der zweiten Hälfte, um zu einer Auszahlung 1 : 1 zu gelangen, entgegen.[27]

Aber auch bei anderen Individualvereinbarungen vor dem 07.07.1991, d. h. vor dem Inkrafttreten des LwAnpG 1991, kann nichts anderes gelten, zumal damals größte Unsicherheit über die Maßstäbe der Abfindung bestand, die durch die Rechtsprechung noch nicht geklärt waren.[28]

Auch wegen Wegfalls der Geschäftsgrundlage dürfte nachträglich die Anpassung auf das Verhältnis 1 : 1 nicht vorzunehmen sein, jedenfalls in Fällen, in denen die Antragsteller keine Wiedereinrichter sind. Zwar besteht kein ausnahmslos geltender Grundsatz, daß der Wegfall der Geschäftsgrundlage nach Abwicklung des Geschäfts nicht mehr zu berücksichtigen sei. Dann muß aber die Erfüllung die beiderseitigen Beziehungen noch nicht beendet haben, wie im Falle auf Dauer angelegter Sicherung der wirtschaftlichen Lebensgrundlage. Ein solcher Fall liegt nicht vor, wenn es lediglich um Leistungen für die Vergangenheit und nicht um Zukunftssicherung geht.[29]

V. Die Zeiträume der Geltendmachung des Abfindungsanspruchs im Verhältnis zu Liquidation und Umwandlung der LPG in eine andere Rechtsform

1. Kündigung der Mitgliedschaft und Liquidation

Wird die Kündigung zeitlich vor einem Liquidationsbeschluß der LPG erklärt, so ist es unschädlich, wenn sie erst nach Fassung des Liquidationsbeschlusses wirksam wird, das war bei Kündigungen im Jahre 1990 in einem Monat und in den Jahren 1991 bis 1992 in drei Monaten nach ihrem Eingang beim Vorstand der Fall,

23 BGH AgrarR 1994, 162 f.
24 BGH AgrarR 1994, 156.
25 BGH, aaO (Fn. 24).
26 BGH AgrarR 1994, 298 f.
27 OLG Naumburg, Beschluß vom 20.09.1995 – 2 Ww 6/94.
28 OLG Naumburg, Beschluß vom 20.09.1995 – 2 Ww 24/94.
29 Vgl. BGHZ 25, 390, 393; BGH NJW 1953, 1585; 1979, 1818.

§ 43 Abs. 2 LwAnpG. § 75 Satz 1 GenG, wonach das Ausscheiden des Genossen „als nicht erfolgt" gilt, wenn die Genossenschaft binnen sechs Monaten danach aufgelöst wird, ist in § 42 Abs. 1 LwAnpG nicht genannt und widerspricht der Zielsetzung, schnellstmöglich privatwirtschaftliche Landwirtschaftsbetriebe zu fördern. Eines gesetzlichen Hindernisses, sich einer Nachschußpflicht (§ 87 a GenG) zu entziehen, wie es § 75 Satz 1 GenG darstellt, bedarf es nicht; bei der LPG gab es weder Geschäftsanteile noch Nachschußpflichten. Deshalb gilt diese Vorschrift im Landwirtschaftsanpassungsrecht nicht.[30]

Ist ein LPG-Mitglied im Stadium der Liquidation der LPG nach wie vor Mitglied, weil es nicht gekündigt hat oder seine Kündigung unwirksam ist, scheidet eine unmittelbare Anwendung von § 44 LwAnpG aus. Ein Zahlungsanspruch im Wege der Vermögensaufteilung, die unter Beachtung von § 44 zu geschehen hat (§ 42 Abs. 1 LwAnpG), besteht erst, wenn die Tilgung oder Deckung der Verbindlichkeiten unter Einhaltung von Fristen nach der Gläubigeraufforderung (§ 82 Abs. 2 Satz 2 GenG) abgewickelt ist. Abweichend von § 90 Abs. 1 GenG beträgt diese Frist nicht ein Jahr, sondern bei Wiedereinrichtern drei Monate, sonst sechs Monate, § 42 Abs. 1 Satz 2 LwAnpG. Ein zur Zeit unbegründeter Zahlungsantrag kann aber in einen Feststellungshilfsantrag umgedeutet werden, daß im Rahmen der Liquidation ein Zahlungsanspruch in Höhe des Abfindungswertes zu berücksichtigen ist.[31]

2. Das zeitliche Verhältnis von Kündigung und Umwandlung der LPG in eine andere Rechtsform

Der Austritt aus der LPG ist wirksam mit Ablauf der Kündigungsfristen des § 43 Abs. 2 LwAnpG, gerechnet ab Eingang der Kündigung bei dem Vorstand. Die Umwandlung der Genossenschaft in eine neue Rechtsform ist wirksam mit der Registereintragung, § 34 LwAnpG. Das Kündigungsrecht besteht unabhängig vom Zeitpunkt des Umwandlungsbeschlusses bis zur Eintragung der neuen Rechtsform in das Register fort. Der vom BGH entschiedene Fall betraf eine Kündigungserklärung, die im Zeitraum zwischen dem Umwandlungsbeschluß und der Registereintragung wirksam geworden war.[32] Erst nach der Registereintragung, mit der gemäß § 34 LwAnpG der Wechsel der Rechtsform wirksam wird, ist eine Kündigung der LPG-Mitgliedschaft ausgeschlossen.[33]

Noch nicht höchstrichterlich entschieden ist, ob eine vor der Registereintragung erklärte Kündigung, die erst danach wirksam wird, Abfindungsansprüche

30 BGHZ 122, 396 ff.
31 BGH AgrarR 1994, 365; 1997, 53.
32 BGHZ 124, 192, 196 f.
33 BGHZ 125, 166; 129, 276.

nach § 44 auslöst.[34] Diese Frage hat an wirtschaftlicher Bedeutung verloren, seit der BGH § 44 Abs. 1 zum einheitlichen Maßstab auch für den Barabfindungsanspruch nach §§ 40 Abs. 1 LwAnpG a. F.; 36 LwAnpG n. F. und für den Anspruch auf bare Zuzahlung nach § 28 Abs. 2 LwAnpG n. F. erhoben hat, weil sich der Anteil am Eigenkapital durch die Umwandlung nicht verkürzen soll. Danach darf das Barabfindungsangebot im Umwandlungsbeschluß den Anspruch nach § 44 Abs. 1 nicht unterschreiten[35] und steht dem im Zeitpunkt des Wirksamwerdens der Umwandlung noch nicht ausgeschiedenen Mitglied nach seinem späteren Ausscheiden ein Anspruch auf bare Zuzahlung in dem Maße zu, in dem der Wert seiner Beteiligung am umgewandelten Unternehmen nominal seinen tatsächlichen Anteil am Eigenkapital unterschreitet.[36]

VI. Die Frage nach dem Schuldner des Abfindungsanspruchs

Das Bestreiten der Passivlegitimation der in Anspruch genommenen LPG oder deren Rechtsnachfolgerin hat in den ersten Jahren der Tätigkeit der Landwirtschaftsgerichte viel Arbeit gemacht. Klärend war oft die Heranziehung der bei den ehemaligen Räten der Kreise geführten LPG-Register. Hintergrund dieses wohlfeilen Einwandes war eine häufige Veränderung im Bereich der landwirtschaftlichen Produktionsgenossenschaften: Zusammenlegungen, der erzwungene Übergang von LPG Typ I in Typ III, Delegation von Mitgliedern in Zwischenbetriebliche Einrichtungen und Kooperative Abteilungen Pflanzenproduktion, und als letzter organisatorischer „Schrei" ab Ende der 70er Jahre: Die Trennung in LPG (T) = Tierproduktion und LPG (P) = Pflanzenproduktion, mit der wieder die Zusammenlegung von LPGen einherging.

Diese Problematik sei abschließend an drei Fällen aufgezeigt:

1. Ein aus Schlesien vertriebener Siedler mit 5,5 ha Bodenreformland war Mitglied einer LPG Typ I und wollte den Übertritt in die LPG Typ III nicht mitmachen. Er trat mit Zustimmung der Vollversammlung aus, verzichtete auf sein Bodenreformland und nahm eine Tätigkeit außerhalb der Landwirtschaft auf.

Er hat erfolgreich in drei Instanzen die Auszahlung anteiligen Fondsvermögens der LPG Typ I in Höhe von knapp 54.000,00 DM erstritten. Der BGH[37] führt aus: Das LwAnpG gewährt Abfindungsansprüche auch dann, wenn die Mitgliedschaft in einer Rechtsvorgänger-LPG bestanden hat, das frühere LPG-Mitglied vermögensbildende Leistungen erbracht hat und diese in Form anteiligen Fondsvermögens von der LPG Typ III übernommen wurden. Der Verzicht auf das Bo-

34 Mit guten Gründen bejahend: Mönig/Böhm, AgrarR 1993, Sonderheft S. 30, 32.
35 BGHZ 131, 260, 265 ff.
36 BGH AgrarR 1997, 132.
37 BGH AgrarR 1996, 53.

denreformland sei unschädlich, da es nur auf das aus diesem Land erwirtschaftete Vermögen ankomme, das die LPG Typ III übernommen habe.

2. Die LPGen (P) = Pflanzenproduktion entstanden durch Ausgliederung aus den nunmehr auf die Tierproduktion beschränkten Stamm-LPGen. Sie wurden gebildet aus den in die kooperativen Abteilungen Pflanzenproduktion delegierten Mitgliedern. Allein die Tätigkeit in der Pflanzenproduktion führte schon zur Fortsetzung der Mitgliedschaft in der LPG (P), Nr. 13 Abs. 1 Musterstatut der LPG (P). Dem BGH[38] zufolge genügt für einen solchen Mitgliedschaftswechsel in eine LPG (P) auch die nur noch aushilfsweise Tätigkeit einer Rentnerin, falls diese nicht durch Vollversammlungsbeschluß mit ihrer Zustimmung der neuen LPG zugeordnet wurde. Die Tatsache, daß ein Rentner in den Mitgliederlisten der LPG (T) nicht mehr geführt und zu deren Jahreshauptversammlungen nicht mehr eingeladen wurde, jedoch an denen der LPG (P) teilgenommen hat, spricht im Wege des Indizienbeweises für eine Mitgliedschaft in der LPG (P).

3. Abfindungsansprüche nach § 44 Abs. 1 Nr. 3 LwAnpG haben auch die vornehmlich aus steuerlichen Gründen Mitglied einer LPG gewordenen Beschäftigten, die von Anfang an in eine Kooperative Einrichtung (Zwischenbetriebliche Einrichtung) delegiert waren, auf die auch alle Rechte und Pflichten aus der Mitgliedschaft übertragen waren. Denn die Tätigkeit in einer kooperativen Einrichtung war Tätigkeit für die LPG.[39]

38 BGH AgrarR 1997, 50.
39 BGHZ 129, 267.

Grundfragen der Kompensation für ausscheidende Genossen

von

Professor Dr. Dr. Stefan Grundmann, LL.M., Halle

Inhaltsübersicht

I. Einleitung: Abfindungsrecht in der Bewährung

Das Recht der Abfindung ausscheidender Mitglieder einer Handelsgesellschaft ist im Grundsätzlichen recht einfach strukturiert, komplizierter im Genossenschaftsrecht. Beides ergibt ein erster Blick auf die zwei Primärfragen bei Ermittlung von Abfindungsansprüchen, anhand derer auch die Landwirtschaftliche Produktionsgenossenschaft (LPG) und die Produktionsgenossenschaft des Handwerks (PGH)[1] im folgenden vorrangig zu erörtern sind.

1 Folgende gesetzliche Bestimmungen regeln (mit noch heute aktueller Wirkung) das Abfindungsrecht dieser Produktionsgenossenschaften und werden im folgenden mit der im Klammerzusatz genannten Abkürzung zitiert:
Für die LPG: **1.** Gesetz über die strukturelle Anpassung der Landwirtschaft an die soziale und ökologische Marktwirtschaft in der Deutschen Demokratischen Republik, Landwirtschaftsanpassungsgesetz vom 29.6.1990, GBl. DDR 1990, Teil I, Nr. 42, S. 642 (LwAnpG

Nicht immer gleich ist zunächst der Vermögensstock, an dem die Ausscheidenden quotal beteiligt werden *(Frage nach dem Verteilungsvermögen)*. Gleich ist die gesetzliche Regelung, die mangels privatautonomer Abweichung gilt, bei allen wichtigen Handelsgesellschaften (OHG, KG, AG, GmbH): Stets ist das gesamte Gesellschaftsvermögen in seinem aktuellen Wert (ohne Abzug stiller Reserven oder eines gesonderten Fonds) zugrunde zu legen, und dies gleichermaßen in den drei großen Fallgruppen des Ausscheidens: beim Ausscheiden unabhängig von Strukturänderungen (durch Kündigung oder Ausschluß),[2] beim Ausscheiden anläßlich Strukturänderungen (etwa einer Umwandlung und Konzernierung)[3] und bei Auflösung und Liquidation.[4] Nur im Vereinsrecht und – als Spezialfall hiervon –[5] im Genossenschaftsrecht verkompliziert sich die Lage dadurch, daß ein Fonds, ein

1990), nur noch als Vorläuferregelung von Interesse; **2.** Landwirtschaftsanpassungsgesetz vom 3.7.1991, BGBl. 1991 I, S. 1418 (LwAnpG 1991), in Kraft getreten am 7.7.1991; **3.** Drittes Gesetz zur Änderung des Landwirtschaftanpassungsgesetzes vom 31.3.1994, BGBl. 1994 I, S. 736 (3. LwAnpG-Novelle), das die Verjährungsregel des § 3b LwAnpG einführte, deren Frist von fünf auf zehn Jahre angehoben wurde durch **4.** Viertes Gesetz zur Änderung des Landwirtschaftsanpassungsgesetzes vom 20.12.1996, BGBl. 1996 I, S. 2082 (4. LwAnpG-Novelle). Für die DDR-Gesetze zu den Landwirtschaftlichen Produktionsgenossenschaften von 1959 und 1982 (LPG-G 1959 und LPG-G 1982) vgl. Fn. 13 bzw. 19.

Für die PGH: **1.** Musterstatut der Produktionsgenossenschaften des Handwerks, GBl. DDR 1973, Teil I, Nr. 14, S. 122 (PGH-Musterstatut 1973); **2.** Verordnung über die Gründung, Tätigkeit und Umwandlung von Produktionsgenossenschaften des Handwerks vom 8.3.1990, GBl. DDR 1990, Teil I, Nr. 18, S. 164 (PGH-VO), in Kraft getreten am 19.3.1990; **3.** Anordnung über die Verwendung der Reservefonds in den Produktionsgenossenschaften des Handwerks und über die Prüfung der Wirtschaftstätigkeit vom 13.6.1990, GBl. DDR 1990, Teil I, Nr. 45, S. 785 (Anordnung PGH-Reservefonds); **4.** Art. 8 „Änderung der Verordnung über die Gründung, Tätigkeit und Umwandlung von Produktionsgenossenschaften des Handwerks" des Gesetzes zur Beseitigung von Hemmnissen bei der Privatisierung von Unternehmen und zur Förderung von Investitionen vom 22.3.1991, BGBl. 1991 I, S. 766, 787, in Kraft getreten am 28.3.1991 (Hemmnisbeseitigungsgesetz 1991).

Hinzu kommt in diesen Rechtsakten ein Verweis auf das Gesetz betreffend die Erwerbs- und Wirtschaftsgenossenschaften (GenG), BGBl. 1994 I, S. 2202. Dieser Verweis bezog sich während einer Übergangszeit auf das Genossenschaftsgesetz in seiner Fassung aus dem zweiten deutschen Reich (Reichs-GenG): RGBl. 1889, S. 55. Im einzelnen zu den Zeiträumen, in denen der Verweis nach der einen oder anderen Art zu verstehen war, vgl. unten Fn. 147.

2 Für die OHG/KG vgl. nur SCHLEGELBERGER/K. SCHMIDT, Komm. z. HGB, 5. Aufl., 1992, § 138 Rdn. 52. Für die GmbH vgl. nur LUTTER/HOMMELHOFF, Komm. z. GmbHG, 14. Aufl., 1995, § 34 Rdn. 27 und 30.

3 Für die hier allein relevante Umwandlung: DEHMER, Komm. z. Umwandlungsgesetz, Umwandlungssteuergesetz, 2. Aufl., 1996, § 30 Rdn. 10.

4 Für die OHG/KG vgl. nur SCHLEGELBERGER/K. SCHMIDT, aaO (Fn. 2) § 155 HGB Rdn. 2. Für die AG bzw. GmbH vgl. nur HÜFFER, Komm. z. AktG, 2. Aufl., 1995, § 271 Rdn. 3; bzw. LUTTER/HOMMELHOFF, aaO (Fn. 2) § 72 GmbHG Rdn. 1.

5 Statt aller: K. SCHMIDT, Gesellschaftsrecht, 3. Aufl., 1997, S. 1259.

Vereinsvermögen, gebildet wird, das zumindest Mitglieder, die unabhängig von Liquidation und Strukturänderungen (etwa durch Kündigung) ausscheiden, nicht quotal beanspruchen können (vgl. nur § 73 GenG).[6] Soweit gemeinsame gewerbliche Gewinnerzielung Gesellschaftszweck ist, gerade auch bei den Produktiv- und Produktionsgenossenschaften,[7] ist dies ein Sonderweg im Recht der gewerblich ausgerichteten Gesellschaften und angesichts der potentiell sehr dynamischen Entwicklung des Gesellschaftsvermögens problematisch. Jedenfalls bedeutet die Trennung zweier Vermögensmassen Komplexität.

Die zweite Frage betrifft die Kriterien, nach denen die Quote berechnet wird, mit der jeder Gesellschafter – Ausscheidender wie Verbleibender – an diesem Vermögen beteiligt wird *(Frage nach der Verteilungsquote)*. Es geht insoweit nur um das zu verteilende Vermögen, nicht um den Teil, der im genannten ersten Schritt der Gesellschaft (und damit allein den verbleibenden Gesellschaftern) vorbehalten wurde. Im wesentlichen sind möglich ein Abstellen auf den Arbeits- und/oder Kapitaleinsatz, eher hilfsweise auch eine Zuteilung per capita. Am einfachsten ist die Vermeidung von Mischberechnungen. Im Recht der genannten zentralen Handelsgesellschaften unterstellt das Gesetz denn auch, daß die Beiträge in Form von Arbeit im laufenden Betrieb abgegolten wurden, so daß sie für die Abfindungsquote unberücksichtigt bleiben können. Und eine Aufteilung nach Köpfen widerspricht bei typischerweise unterschiedlichem Einsatz der Gesellschafter einer grundsätzlich vom Gesetzgeber respektierten Korrelation zwischen Einsatz und Ertrag.[8] In den genannten Handelsgesellschaften ist daher der Berechnungsmodus im Grund-

6 In den anderen beiden Fälle, dem Ausscheiden bei Liquidation bzw. bei Strukturänderung ist dies (teils) anders. In der Liquidation bleibt selbstverständlich kein Vermögensrest der Gesellschaft vorbehalten (§ 91 GenG). Gleiches gilt zwar nicht für alle Fälle der Strukturänderungen, durchaus jedoch bei der hier allein interessierenden Umwandlung: vgl. §§ 270, 208, 30 UmwG sowie dazu, daß nach diesen Regeln der volle, aktuelle Wert aufzuteilen ist, statt aller: GRUNEWALD, in: Lutter, Komm. z. UmwG, 1996, § 30 Rdn. 2; BAYER, in: Lutter, Komm. z. UmwG, 1996, § 270 Rdn. 7.

7 Der bundesdeutschen Produktivgenossenschaft (nach § 1 Abs 1 Nr. 4 GenG) steht ihre Schwester nach DDR-Recht, die Produktionsgenossenschaft (etwa LPG und PGH), gegenüber. Die Unterschiede sind so erheblich, daß ein Fortbestehen der Produktionsgenossenschaft als Produktivgenossenschaft ausgeschlossen wurde, teils sogar die nur formwechselnde Umwandlung für zu schwach gehalten wurde (so BEUTHIEN/BECKER, ZIP 1992, 83 f), demgegenüber jedoch BGH DStR 1996, 715; später auch BEUTHIEN, ZIP 1992, 1143, 1144 f. Aufgrund dieser Unterschiede sollen beide auch im folgenden terminologisch streng unterschieden bleiben.

8 Vgl. dazu etwa GRUNDMANN, Der Treuhandvertrag – insbesondere die werbende Treuhand, 1997, S. 213–220, 371–383. In OHG und KG erfolgt die Aufteilung denn auch, anders als in der BGB-Gesellschaft (vgl. §§ 738 Abs. 1 Satz 2, 734, 722 Abs. 1 BGB), nach Kapitaleinsätzen und nicht pro Kopf (vgl. §§ 105 Abs. 2 HGB, 738 Abs. 1 Satz 2 BGB i.V.m. § 155 Abs. 1 HGB bzw. § 155 Abs. 1 HGB für das Ausscheiden unabhängig von einer Strukturänderung und die Liquidation; vgl. außerdem §§ 208, 225, 30 UmwG für die Umwandlung und dazu DEHMER, aaO (Fn. 3), § 30 UmwG Rdn. 4. In AG und GmbH gilt selbstverständlich gleiches.

satz einfach, die Quote beurteilt sich nach dem Kapitaleinsatz.[9] Wieder bildet das Genossenschaftsrecht insofern eine Ausnahme, als etwa in der Liquidation die Rücklagen und das sonstige Vermögen (nach Rückzahlung der Geschäftsguthaben) nach Köpfen aufzuteilen ist (§ 91 GenG).

Wird – wie bei den wichtigen Handelsgesellschaften – weder in der ersten Frage „immunes“ Vereins- oder Genossenschaftsvermögen abgetrennt noch auf der zweiten Stufe eine Mischberechnung der Quote vorgenommen, so verbleiben nur noch zwei gewichtige Probleme: Schwierig ist die Frage der Bewertung des Gesamtvermögens, das es quotal aufzuteilen gilt. Insoweit sind jedoch nur Rahmenbedingungen rechtlich verfaßt, die betriebswirtschaftlichen Probleme stehen im Vordergrund. Schwierig, weil vorrangig an den Generalklauseln der §§ 138 und 242 BGB zu messen, ist außerdem die Frage nach den Grenzen einer privatautonomen Abänderung.

Schwieriger ist das Grundkonzept demnach generell im Vereins- und Genossenschaftsrecht, und hier nochmals in gesteigertem Maße bei auf gewerbliche Gewinnerzielung ausgerichteten Formen wie der Produktivgenossenschaft. Vollends brüchig wird das Grundkonzept, wenn die Investition nicht mehr privatautonom erfolgt ist, sondern auf einer Zwangskollektivierung beruht, wie sie sicherlich für die Landwirtschaftliche Produktionsgenossenschaft (LPG) und zumindest in manchen Branchen auch für die Produktionsgenossenschaft des Handwerks (PGH) zu konstatieren ist.[10] Denn dann stellt sich die Investition als Enteignung dar, der Zuwachs und vor allem der Schwund des gemeinsamen Vermögens und damit der investierten Quote ist nicht mehr als von einer privatautonomen Entscheidung mitgetragen anzusehen; die Frage nach der Aussagekraft einer nie vereinbarten Quote, die zudem unter den Ausgangswert gesunken sein mag, wird virulent. Vollends brüchig wird das Grundkonzept zudem, wenn die Gesellschafter über Jahrzehnte unter einem Regime zusammengelebt haben, das dem Ausscheidenden keineswegs eine gleiche Quote zusichern wollte. Denn für Vertrauensgesichtspunkte, die in allen Rechtsmaterien, die privatautonom gestaltet werden können, besondere Bedeutung haben, entfällt in diesen Fällen der verläßliche Ansatzpunkt: Wie soll Vertrauen, bezogen auf das heute gutgeheißene Regime erklärt werden, und stellt nicht umgekehrt die Außerachtlassung von Vertrauensgesichtspunkten zugleich auch eine Teilkapitulation vor dem abgelösten Regime dar? Wie war seit 1990/91 angesichts des Umstands zu reagieren, daß DDR-Recht weitgehend eine Quote als Gegenwert für Investment versagte und dieses zudem überwiegend ohne privatautonome Entscheidung abverlangte? Brüche in der Zeit und vor allem in der Frage, wie

9 Für die OHG/KG vgl. nur §§ 155 Abs. 1 bzw. 161 Abs. 2, 155 Abs. 1 HGB und Schlegelberger/K. Schmidt, aaO (Fn. 2), § 138 HGB Rdn. 52. Für die AG bzw. GmbH vgl. nur § 271 Abs. 2 AktG bzw. § 72 GmbHG und Lutter/Hommelhoff, aaO (Fn. 2), § 34 GmbHG Rdn. 30.

10 Vgl. dazu unten II.

weitgehend Eigentum und Vereinigungsfreiheit respektiert wurden und werden, bilden die zentralen Komponenten des Themas.

Im Abfindungsrecht ist daher die Komplexität im Grundsätzlichen kaum zu steigern gegenüber dem hier zur Erörterung stehenden Bereich. Mögliche Abtrennung von Fonds speziell für die Verbleibenden, Unklarheit und Mischberechnung bei der Quotenbestimmung, zudem Kollisionen mit Privatautonomie und Eigentumsschutz – all dies führt zu einer Quintessenz: Für das Abfindungsrecht von LPG und PGH ist in der Tat von einem „Gesellschaftsrecht in der Bewährung" zu sprechen.

II. Rechtstatsächliches und seine rechtliche Relevanz

Die LPG und die PGH bildeten die beiden Hauptanwendungsbeispiele der Produktionsgenossenschaft,[11] die LPG mit knapp 4.000 solchen Genossenschaften (mit ca. 730.000 Mitgliedern), die PGH mit etwa 2.700 (mit ca. 160.000 Mitgliedern), während die Gärtnerische Produktionsgenossenschaft als die nächstfolgende Gruppe mit nur ca. 200 Genossenschaften[12] zahlenmäßig schon als quantité négligeable gelten mag. LPG und PGH erschöpfen also weitgehend das Recht der (DDR-)Produktionsgenossenschaften mit der diesbezüglichen Transformationsproblematik. Schon in der DDR waren sie gesetzgebungstechnisch nicht einheitlich geregelt.

Für die Behandlung von Abfindungsansprüchen ist rechtstatsächlich wichtig, daß in beiden Formen Privatautonomie in der Form der Inhaltsfreiheit nicht existierte,[13] und bei einem Anteil der LPG von über 90 % am landwirtschaftlichen Bruttosozialprodukt der DDR[14] de facto auch nicht als (negative) Abschlußfreiheit.

11 Andere im Wirtschaftsleben der DDR wichtige Formen der Genossenschaft waren nicht Produktionsgenossenschaften, so vor allem die Konsumgenossenschaften und sonstigen Genossenschaften des Handels oder die Wohnungsbaugenossenschaften. Dazu etwa Horn, Das Zivil- und Wirtschaftsrecht im neuen Bundesgebiet – eine systematische Darstellung für Praxis und Wissenschaft, 2. Aufl., 1993, S. 1002.

12 Vgl. Statistisches Jahrbuch der DDR 1987, S. 112 f; Horn, aaO (Fn. 11), S. 1002; Steding, Die Produktivgenossenschaften im deutschen Genossenschaftsrecht – eine Studie zur Genese und Exegese des § 1 Abs. 1 Ziff. 4 GenG, 1995, S. 90.

13 Vgl. § 7 Abs. 1 des Gesetzes über die landwirtschaftlichen Produktionsgenossenschaften – LPG-Gesetz, GBl. DDR 1982, Teil I, Nr. 25, S. 443 (LPG-G 1982); § 1 Verordnung über das Musterstatut der Produktionsgenossenschaften des Handwerks vom 21.2.1973, GBl. DDR 1973, Teil I, Nr. 14, S. 121.

14 Vgl. Statistisches Jahrbuch der DDR 1987, S. 112 f; Horn, aaO (Fn. 11), S. 1002; Steding, aaO (Fn. 12), S. 82.

Hier wurde zu Recht von Zwangskollektivierung gesprochen.[15] Weniger klar scheint die zweite Frage im Bereich der PGH, die „nur“ gut 40 % des handwerklichen Bruttosozialproduktes der DDR auf sich vereinigte.[16] In zentralen Branchen ist das Bild freilich ein anderes. In der Bau-, Verkehrs- und der Telekommunikationsbranche schufen die PGH (und VEB) wiederum einen Anteil am handwerklichen Bruttosozialprodukt der DDR von über 90 %.[17] Insgesamt ist das Bild des Handwerks dadurch geprägt, daß in den verbleibenden Bereichen teils fast nur unabhängige Handwerksbetriebe und kaum PGH existierten (und entsprechend wenig Abfindungsprobleme aufgeworfen wurden), daß jedoch in den genannten Bereichen, in denen sich die Abfindungsfälle möglicherweise massieren,[18] wiederum von Zwangskollektivierung zu sprechen ist.

Nicht nur hinsichtlich der negativen Vereinigungsfreiheit gab es Unterschiede zwischen LPG und PGH, sondern auch bei Fragen des Individualeigentums. Bei den LPG wird dies besonders deutlich beim wichtigsten Produktionsfaktor, dem Boden der Genossen. Für ihn wurde hier nicht nur – wie generell in Produktionsgenossenschaften – das „umfassende und dauernde Nutzungsrecht“ der Genossenschaft begründet (§ 18 Abs. 1 LPG-G 1982; ähnlich schon § 8 Abs. 1 LPG-G 1959),[19] sondern er ging auch hinsichtlich des formalen Eigentums dem Genossen regelmäßig verloren (vgl. II Nr. 2 bzw. II Nr. 7 bzw. II Nr. 2 der Musterstatuten LPG Typ I–III).[20] Im Recht der PGH wurde nach § 5 PGH-Musterstatut 1973 zwar ebenfalls genossenschaftliches Eigentum begründet, gleichgültig, ob die Sache nur zur Nutzung überlassen oder ob das Eigentum übergegangen war. Für zweiteres konnte die Genossenschaft jedoch nur einseitig optieren, wenn schon 2/3 der Produktionsmittel in ihrem Eigentum standen. Auch sollte immerhin ein Entgelt in Höhe des Zeitwerts gezahlt werden, bei der (üblicheren) reinen Nutzungsüberlassung (Stufe 1 gemäß § 5 Abs. 2, 4 PGH-Musterstatut 1973) jedoch höchstens für den Verschleiß (§ 5 Abs. 5 Satz 2 PGH-Musterstatut 1973), häufig also darunter. Im

15 BGH WM 1996, 740, 742; 1996, 743, 743; Brunner, FS Paulick 1973, S. 25, 28; Horn, aaO (Fn. 11), S. 1007; Lohlein, EWiR 1996 § 44 LwAnpG, 417, 418; Schweizer, Das Recht der landwirtschaftlichen Betriebe nach dem Landwirtschaftsanpassungsgesetz, 2. Aufl., 1994, S. 25 ff. In seltsamem Kontrast hierzu steht die (übrigens 1990 von der PGH-VO dann wieder übernommene) Formulierung, die LPG und PGH seien „freiwillige Vereinigungen/Zusammenschlüsse“; so jeweils § 1 des LPG-G 1982, aaO (Fn. 13), sowie des PGH-Musterstatuts 1973.

16 Vgl. Fn. 14.

17 Vgl. Statistisches Jahrbuch der DDR 1987, S. 112 f; zur zahlenmäßigen Entwicklung seit den Beginnen (mit prägnanten Beispielen für das Maß des Zwangs): Brunner, FS Paulick, S. 25–28.

18 Von den durchgesehenen obergerichtlichen und höchstrichterlichen Entscheidungen betrafen alle, die die Branche erkennen ließen, die genannten Sektoren, vgl. etwa OLG Dresden NJ 1993, 560, 561 (Bausektor).

19 Fundstelle LPG-G 1982, aaO (Fn. 13); Gesetz über die landwirtschaftlichen Produktionsgenossenschaften, GBl. DDR 1959, Teil I, Nr. 36, S. 577 (LPG-G 1959).

20 GBl. DDR 1959, Teil I, Nr. 26, S. 333; 1959, Teil I, Nr. 26, S. 342; 1959, Teil I, Nr. 26, S. 350.

unterschiedlichen Grad der Sozialisierung des Eigentums und, wohl ein Grund hierfür, in der unterschiedlichen Bedeutung von Eigentum als Produktionsgrundlage in der Landwirtschaft (Boden und Inventar) und im Handwerk liegt also ein zweiter zentraler rechtlich relevanter Unterschied zwischen LPG und PGH: In der PGH sind enteignende Wirkungen faktisch seltener festzustellen, der Faktor Arbeit ist gegenüber dem Faktor Kapital (vor allem Inventar) möglicherweise stärker mitzugewichten.

(Negative) Vereinigungsfreiheit und Eigentumsgarantie sind die beiden Hauptpunkte, in denen sich die Produktionsgenossenschaft nach DDR-Recht von ihrer Schwester nach bundesdeutschem Recht, der Produktivgenossenschaft, fundamental unterscheidet – Hauptpunkte nicht zuletzt deswegen, weil hiermit grundlegende Verfassungspostulate angesprochen sind.[21] Und gerade der zweite Punkt wirkt sich auch ganz unmittelbar in der Kompensationsfrage aus. Immerhin geht es insoweit vorrangig um Fragen des Individualeigentums.

Die Reaktion des Bundesgesetzgebers war dezidiert, in kurzer Übergangszeit mußte die Umwandlung angegangen werden, sollte es nicht zur Auflösung und Liquidation kraft Gesetzes kommen.[22] Die Geschichte der Umwandlungen verlief für LPG und PGH unterschiedlich. Während ca. 40 % aller LPG (etwa 1.500) in Produktivgenossenschaften nach § 1 Abs. 1 Nr. 4 GenG umgewandelt wurden und diese Rechtsform damit deutlich häufiger gewählt wurde als die der GmbH und Personenhandelsgesellschaft,[23] ist gleiches bei nur gut einem Zehntel aller PGH zu konstatieren, die demgegenüber weit überwiegend (etwa fünfmal so häufig) in Gesellschaften mit beschränkter Haftung umgewandelt wurden.[24] Während die GmbH in der alten Bundesrepublik als die klassische Rechtsform (auch) des mittelständischen Unternehmertums fungiert, hat demgegenüber die erstgenannte Rechtsform hier nie nennenswerte Bedeutung erlangt. Denn, anders als die sonstigen Genossenschaften, ist sie einerseits nicht nur als Hilfsinstrument zur Unterstützung eigenständigen Wirtschaftens von (mittelständischen) Unternehmern konzipiert; vielmehr fallen die unternehmerischen Entscheidungen in der Produk-

21 Genereller zur sozialistischen Überformung der Produktionsgenossenschaft: Arlt/Krauss (Hrsg.), Komm. z. LPG-Gesetz vom 2. Juli 1982 und zu den Musterstatuten der LPG Pflanzenproduktion bzw. der LPG Tierproduktion vom 28. Juli 1958, 1989, §§ 22–27 (S. 98–124); Beuthien/Becker, ZIP 1992, 83 f; Steding, aaO (Fn. 12), S. 82–89; unter provokativem Titel auch Brunner, FS Paulick, S. 25, 33–42; sowie BGH DStR 1996, 715, 716.

22 Horn, aaO (Fn. 11), S. 1000: „In keinem Fall sollten die alten, aus dem Sozialismus überkommenen Organisationsstrukturen fortbestehen." Näher unten Einleitung zu III.

23 Steding, in: Steding, Genossenschaftsrecht im Spannungsfeld von Bewahrung und Veränderung, S. 26, 29 f (bis 1992 ca. 1500 eG bzw. 1000 Personenhandelsgesellschaften und 1150 GmbHs).

24 Vgl. Steding, aaO (Fn. 23), S. 30 (bis 1992 ca. 300 bzw. 1500); ähnlich Gerlach/Hoppe, NJ 1991, 400, 400.

tivgenossenschaft selbst.[25] Andererseits erscheint hierfür die Mitgliederdemokratie, die im Genossenschaftsrecht generell stark ausgeprägt ist, eher hinderlich.[26] Heute gilt die Produktivgenossenschaft daher überwiegend nur als ein „unternehmerisches ‚Einstiegsmodell'".[27]

III. Verfassungsrechtlicher Rahmen und gesellschaftsrechtliche Strukturprinzipien

Der verfassungsrechtliche Rahmen bindet nicht nur den Gesetzgeber, vielmehr gestattet das Bundesverfassungsgericht, zu seiner Durchsetzung einer Regelung auch Rückwirkung beizulegen. Dies ist angesichts der echten Rückwirkung, die jedenfalls im LwAnpG 1991 vorgesehen ist, im Recht von LPG und PGH von erheblicher Bedeutung. Unterverfassungsrechtliche Strukturprinzipien des Gesellschaftsrechts wirken immerhin noch auf Auslegung und Fragen der Satzungsautonomie ein.

Wie intensiv offenbar auch der Gesetzgeber den grundrechtlich verfaßten Bereich tangiert sah, zeigt sich an seiner Reaktion, die nur als Paradigmenwechsel[28] verstanden werden kann: Schon die erste Novelle des LwAnpG und die einzige zur PGH-VO brachten die Grundsatzentscheidung, daß LPG und PGH nicht fortbestehen. Sie wurden zwar nicht ad hoc zwangsaufgelöst, vielmehr wurde ihnen die Möglichkeit gegeben, sich in eine Gesellschaftsform des bundesdeutschen Rechts umzuwandeln. Zwangsauflösung erfolgte jedoch, wenn am 31.12.1991 (bei der LPG) bzw. 31.12.1992 (bei der PGH) die Umwandlung in eine Gesellschaftsform nach bundesdeutschem Recht nicht zumindest eingeleitet war (§§ 69 Abs. 3 LwAnpG 1991 bzw. 9a Abs. 1 PGH-VO).[29] Die Rechtsform der LPG und PGH wurde also nicht nur abgeschafft, sondern zudem nur für eine sehr kurze Übergangsfrist toleriert, eine Frist, die trotz der Komplexität des Vorgangs deutlich kürzer gefaßt wurde als diejenigen zur Geltendmachung eines einzelnen Anspruchs oder eines Rückgabebegehrens (vgl. etwa § 3b LwAnpG in der Fassung der vierten Novelle). Und bei der Ausgestaltung der Umwandlung wurden zwar einige verfah-

25 PAULICK, Das Recht der eingetragenen Genossenschaft – ein Lehr- und Handbuch, 1956, S. 73; STEDING, aaO (Fn. 12), S. 58, 60 f.

26 STEDING, aaO (Fn. 12), S. 78 f.

27 Vgl. STEDING, aaO (Fn. 12), S. 79; DERS., NJ 1991, 293, 293 („wirtschaftsfremde Demokratisierung"); auch HORN, aaO (Fn. 11), S. 1004; im Ergebnis noch schärfer, wenn auch aus anderen Gründen: PAULICK, aaO (Fn. 25), S. 72.

28 KUHN, The Structure of Scientific Revolutions, Chicago 1962. Nach KUHN ist bei inkommensurablen Systemen jeweils die Ablösung des einen durch das andere bei politischen wie wissenschaftlichen Umbrüchen stets umfassend, kompromißlos und dies unabhängig vom jeweiligen „Wahrheits"gehalt. Gerade der Prozeß der Wiedervereinigung scheint ein beeindruckendes Beispiel für diese These darzustellen.

29 Näher hierzu und zur Vorgängerregelung im LwAnpG 1990 vgl. den Symposiums-Beitrag von BAYER, S. 22, 31 ff.

rensmäßige Erleichterungen zugestanden (vgl. §§ 69 Abs. 3 Satz 3 LwAnpG, 6a PGH-VO), die materiellen Anforderungen jedoch in keinem Punkt abgemildert. Die Ähnlichkeit im Namen darf also nicht darüber hinwegtäuschen, daß die DDR-Produktionsgenossenschaft gerade nicht als bundesdeutsche Produktivgenossenschaft fortgeführt werden konnte, daß vielmehr dem Gründungsrecht der jeweiligen Rechtsform bundesdeutschen Rechts in vollem Umfang Rechnung getragen werden mußte. Die beiden Geburtsfehler von LPG und (in geringerem Maße) PGH, die ohne solch einen Paradigmenwechsel nicht auszuräumen gewesen wären, sind die Mißachtung der Eigentumsgarantie (Art. 14 Abs. 1 GG) und der (negativen) Vereinigungsfreiheit (Art. 9 Abs. 1 GG). Daß überhaupt für die Möglichkeit eines Neuanfangs optiert wurde, geschah, um damit der Vereinigungsfreiheit und den Eigentumsrechten aller neu zum Durchbruch verhelfen zu können.[30] Dies muß der Leitgesichtspunkt bei der Auslegung der Abfindungsregeln sein, die nur für diese kurze Übergangsfrist aufgestellt wurden. Ein anderes Unternehmensbestandsinteresse als das nach erfolgter Umwandlung in eine bundesdeutsche Gesellschaft hat der Gesetzgeber rundum abgelehnt.

1. Vereinigungsfreiheit und Fragen der treuhänderischen Bindung – Maß der Satzungsautonomie

a) Vereinigungsfreiheit

Die Zulässigkeit von Mehrheitsentscheidungen in der Satzungsgesellschaft ist allein unter Hinweis auf den Zustimmungsakt bei freiwilligem Eintritt zu rechtfertigen.[31] Gesellschaftliche Mehrheitsmacht und negative Vereinigungsfreiheit sind untrennbar. Nach dem Gesagten beruhten LPG regelmäßig und PGH zumindest in den genannten Branchen auf Zwangskollektivierung, ohne privatautonome Entscheidung der Mitglieder. Dem Dilemma einer Suche nach dem bisher fehlenden „contrat social" konnte nur durch Zwangsauflösung mit Umwandlungsoption begegnet werden. Dadurch wurde eine erste Wahl institutionalisiert – für oder gegen

30 Vgl. BT-Drucks. 12/161, S. 7 (neben ökonomischen Effizienzüberlegungen); auch BGH WM 1996, 740, 742; 1996, 1776, 1777; MÜLLER/MÜLLER, WuB II D. § 5 PGH-VO 1.97, S. 440.

31 Für den Verein (und damit auch die Genossenschaft) vor allem: SOERGEL/HADDING, Komm. z. BGB, 12. Aufl., 1988, Vor § 21 Rdn. 50; vgl. außerdem BALTZER, Der Beschluß als rechtstechnisches Mittel organschaftlicher Funktion im Privatrecht, 1965, S. 91–96, 168–185, 186–218; ROITZSCH, Der Minderheitenschutz im Verbandsrecht, 1981, S. 15–24. Auch der Leitentscheidung zur Regelungsmacht von Spitzenverbänden des Sports in BGH NJW 1995, 583, 585 liegt dieser Gedanke zugrunde, indem eine Ausnahmemöglichkeit – die Regelungsmacht auch gegenüber Nichtmitgliedern – nur bei Vorliegen unabdingbarer faktischer Zwänge angenommen wird.

ein Gesellschaftsstatut, den „contrat social", auf dem erst die Mehrheitsmacht aufbauen konnte. Vorher war jeder Eingriff der Mehrheit in ein Recht eines Minderheitsgesellschafters ohne dessen Zustimmung unzulässig. Es waren also vorher nicht nur Sonderrechte und ähnlich fest gegründete Rechte[32] mehrheitsfest, sondern alle seine gesellschaftlichen Rechte. Mangels negativer Vereinigungsfreiheit und – verbunden damit – mangels Zustimmung zur Mehrheitsmacht konnten Rechte eines Gesellschafters, die das staatliche Recht einräumte, ohne seine Zustimmung nicht eingeschränkt werden. Es fehlte für einen Teilbereich die für gemeinsames unternehmerisches Handeln nötige Flexibilität. Der Zeitraum bis zur Wahl, in der sich jeder für oder gegen Vereinigung zu entscheiden hatte, mußte so kurz wie möglich gehalten werden. Der Unterschied in Fragen der Zwangskollektivierung bildet den ersten von zwei zentralen Ansatzpunkten für die Begründung unterschiedlicher Rechtsfolgen im Recht der LPG und im Recht mancher PGH.

b) Die treuhänderische Bindung als ein flankierender Begründungsansatz

Selbst wenn ausnahmsweise der Beitritt freiwillig erfolgte, ergeben sich Einschränkungen der Mehrheitsmacht bei der Regelung der Abfindung, hier nun aus der gesellschaftsrechtlichen Treupflicht. Die zwei prominentesten Begründungsansätze zu dieser stammen von *Zöllner* und *Lutter*: *Zöllner* hält die (möglicherweise auf Gesetz beruhende) Innehabung von Einwirkungsmacht in einem in der Privatautonomie fußenden Sonderrechtsverhältnis für entscheidend,[33] *Lutter* sieht in der Treupflicht einen Teilaspekt der Zweckförderungspflicht.[34] Gerade in Fällen des Ausscheidens von Gesellschaftern ist die zweitgenannte Erklärung problembelastet: Die Zweckförderpflicht endet mit Auflösung und Liquidation, dennoch betreffen zentrale höchstrichterliche Entscheidungen gerade diese Konstellation.[35] Beide Ansätze können jedenfalls nicht erklären, warum die „Treupflicht" in manchen Fällen nur zu einer Pflicht, fremde Interessen mitzuberücksichtigen, führt, in anderen Fällen hingegen zum gänzlichen Verbot, eigene Interessen einfließen zu lassen, also zu einer Interessenwahrungspflicht stricto sensu. Charakteristisch für die zuletzt genannte, strengere Treupflicht im engeren Sinn ist es, daß der Pflichtige

32 Zu diesen unten unter IV. 2. b).

33 ZÖLLNER, Die Schranken mitgliedschaftlicher Stimmrechtsmacht bei den privatrechtlichen Personenverbänden, 1963, bes. S. 342 f, insgesamt S. 341–356; Nachweise für die Wurzeln dieser Auffassung und die Nachfolge, die sie gefunden hat, bei GRUNDMANN, aaO (Fn. 8), S. 140, Fn. 34, 36.

34 LUTTER, AcP 180 (1980) 84 ff, 102–130; DERS., ZHR 153 (1989) 446, 454 f (im zweiten Artikel zugleich auch die Einwirkungsmacht als Grundlage der Treupflicht betonend); Nachweise für die Nachfolge, die dieser Ansatz gefunden hat, bei GRUNDMANN, aaO (Fn. 8), S. 153, Fn. 100.

35 Vgl. unten Fn. 56. Ausführliche Diskussion beider Ansätze bei GRUNDMANN, aaO (Fn. 8), S. 135–169.

für den Erhalt der jeweiligen Einwirkungsmacht oder „Position" (des subjektiven Rechts, der geldwerten Informationsposition oder Einflußposition) keinen Gegenwert geleistet hat, daß die Einräumung also „unentgeltlich" erfolgte.[36]

Für ihre Einwirkungsmacht hat die Mehrheit zwar insoweit einen Gegenwert in Form von Beiträgen gegeben, als es um die Führung des operationalen Geschäfts geht. Denn mit den Entscheidungen soll auch der Nutzen der eigenen Beiträge gefördert werden und ihrer Entwertung vorgebaut werden. Die Entscheidungsmacht auch über die Einsätze der Minderheit ist untrennbar mit derjenigen über die eigenen Einsätze verbunden, für die ein Gegenwert geleistet wurde. Anders ist dies jedoch bei der Einwirkungsmacht der Mehrheit auf die Quote. Die Beiträge der Mehrheit wurden für den Erhalt der mehrheitlichen Quote erbracht, weitere Beiträge, um diese Quote zu steigern, wurden nicht erbracht (und würden von der Minderheit regelmäßig auch nicht angenommen).[37] Die Mehrheitsmacht wird daher insoweit treuhänderisch gehalten, so daß die Mehrheit ihre eigenen Interessen nicht mit dem Ziel einfließen lassen darf, die Quote zu ihren Gunsten zu verändern. Ausfluß dieses Grundsatzes, der in den typischen Fällen einer einseitigen Quotenveränderung selbstverständlich erscheint, sind etwa §§ 243 Abs. 2 und 255 AktG. Folge dieses Grundsatzes ist es jedoch auch, daß ein Abweichen nur mit Zustimmung des betroffenen Minderheitsgesellschafters zulässig ist, soweit hierfür überhaupt Satzungs- oder Vertragsfreiheit herrscht. Fehlt es an einem Beitrittsakt, der sich als Ausfluß privatautonomer (und zurechenbarer) Entscheidung darstellt, so kann die Zustimmung auch nicht in einem Akzeptieren der bereits bestehenden Satzung gesehen werden. Hier nun zeitigt die Treupflicht im engeren Sinn (Interessenwahrungspflicht stricto sensu) eine Wirkung, die im Abfindungsrecht der LPG und PGH weiter reicht als die bisher aus der negativen Vereinigungsfreiheit abgeleitete und auch als diejenige des Gleichbehandlungsgrundsatzes: So mag eine Vollversammlung, in der die Genossen, die Kapitalbeiträge erbracht haben, wie üblich in der Minderheit sind, entscheiden, daß der Arbeitseinsatz als das gewichtigste Kriterium bei der Auseinandersetzung heranzuziehen ist, ohne damit gegen den Gleichbehandlungsgrundsatz zu verstoßen. Eine Entscheidung in eigenem Interesse (und als Richter in eigener Sache) ist dies dennoch, obwohl doch die Quotenveränderung nicht im Eigeninteresse ohne Zustimmung der betroffenen Gesellschaf-

36 Im einzelnen GRUNDMANN, aaO (Fn. 8), S. 169, 192–236.

37 Das Gegenteil nimmt die Chicago School of Law and Economics (etwa bei Kontrolltransaktionen) an, wenn davon ausgegangen wird, daß die Minderheit zumindest Quotenveränderungen, die zu (allerdings nicht dauerhaften) Kursgewinnen führen, gerne hinnehme: Vgl. vor allem EASTERBROOK/FISCHEL, Corporate Control Transactions, 91 Yale L.J. 698, bes. p. 714–721 (1981/82); DIES., The Economic Structure of Corporate Law, 1991, bes. p. 124–132. Darstellungen des Gedankengangs in der deutschsprachigen Literatur bei: REUL, Die Pflicht zur Gleichbehandlung der Aktionäre bei privaten Kontrolltransaktionen – Eine juristische und ökonomische Analyse, 1991, S. 128–132; sowie (*Easterbrook/Fischel* im Grundsatz folgend): SCHMIDT, Jb.f.NPÖ 6 (1987) 180, 185 f.

ter erfolgen darf. Für das Recht der LPG und PGH folgt daraus, daß das Abfindungsrecht auch in Fällen des freiwilligen Beitritts de facto zwingend ist, nämlich insoweit, als nicht der Betroffene individuell (und informiert) einer abweichenden Regelung zugestimmt hat, was im Regelfall der Zwangskollektivierung nur nachträglich denkbar ist.

c) Folgen für das Maß an Satzungsautonomie

In den wenigen diesbezüglichen Stellungnahmen wird die Regelungsmacht der Vollversammlung bei der Umfangbestimmung des Abfindungsanspruchs als unproblematisch angesehen. Diese Fragen seien mit qualifizierter Mehrheit (etwa mit 2/3-Mehrheit nach § 8 Abs. 1 PGH-VO) regelbar.[38] Die Ausführungen sowohl zur negativen Vereinigungsfreiheit als auch zur treuhänderischen Bindung legen das Gegenteil nahe.

Mehrheitsmacht rechtfertigt sich allein bei privatautonomer Unterwerfung unter diese, also etwa bei freiwilligem Eintritt. Der an die negative Vereinigungsfreiheit gebundene Bundesgesetzgeber konnte nicht die Satzungsautonomie einführen bzw. eine entsprechende Norm in seinen Willen aufnehmen, die Mehrheitsmacht auch gegenüber Personen begründet, die nicht freiwillig beigetreten sind. Eine Ausnahme hierzu besteht nur, wenn andernfalls die betroffene Genossenschaft nicht einmal die für das Funktionieren unumgänglichen Entscheidungen treffen konnte, insbesondere die Umwandlung, die ja gewünscht war, betreiben konnte.[39]

Die treuhänderische Bindung bei Fragen der Quotenveränderung legt eine weiterreichende Rechtsfolge nahe: Selbst bei freiwilligem Beitritt fehlt es an der Zustimmung dahingehend, daß die Mehrheit über die Quote zu ihren Gunsten (als Richter in eigener Sache) entscheiden darf. Mehrheitsmacht – etwa nach § 8 Abs. 1 PGH-VO – gilt nur für die in dieser Umbruchsphase keineswegs seltenen Beschlüsse krisenhafter Art, vor allem den Umwandlungsbeschluß, nicht jedoch für Eingriffe in die Quote.

Der BGH und Teile der Literatur gehen einen anderen Weg und differenzieren zwischen zwingenden und nicht zwingenden Abfindungsnormen, wobei auch der (gerade in der PGH-VO) eher zufällige Wortlaut das einzige tragende Argument bilden kann.[40] So wird im Bereich der PGH zwar bei den Abfindungsregeln für die Umwandlung davon ausgegangen (§ 5 Abs. 2 PGH-VO), sie seien ohne Zustim-

38 Für die PGH: BGH WM 1996, 2056, 2057; Gerlach/Hoppe, NJ 1991, 400, 402 f: für Liquidation ebenso wie für Umwandlung.

39 Hierfür ist etwa auf die BGH-Entscheidung zur Regelungsmacht von Spitzenverbänden im Sport zu verweisen, oben Fn. 31.

40 Vgl. BGH AgrarR 1996, 156, 157.

mung aller Mitglieder nicht abdingbar,[41] demgegenüber erfasse die Regelungsmacht der Satzungsmehrheit die Abfindungsregeln für andere als Umwandlungsfälle.[42] Eine zweite Problematik liegt darin, daß teils sogar die Zustimmung des Betroffenen zur Statutenänderung für irrelevant erklärt wird. Damit ist ein Differenzieren nach Statutenänderungen mit Zustimmung des Betroffenen und ohne seine Zustimmung nicht mehr möglich.[43] Ob solch ein Maß an zwingendem Charakter angezeigt ist, wird nicht untersucht, etwa unter Heranziehung der Wertungen aus §§ 138, 779 BGB. Aus den Überlegungen zur fehlenden Eintrittszustimmung bei Zwangskollektivierung und zum Verbot einer Quotenänderung gegen den Willen des Betroffenen ergibt sich ein einheitlicher Weg: Alle Regeln sind gegen den Willen des Betroffenen nicht abdingbar und insoweit zwingend, bei allen kann jedoch auch ein Verzicht (etwa durch Zustimmung zur Statutenänderung) erklärt werden. Dabei ist der Wortlaut von geringerer Relevanz als die Interessenbewertung und die Einbettung in Grundstrukturen, die einer ganzen Reihe sehr expliziter gesetzlicher Normen zugrunde liegen.

2. *Eigentumsschutz – Maß der Abfindung*

Die Eigentumsgarantie erscheint für das Gesellschaftsrecht und den Schutz des Ausscheidenden vor allem durch das Feldmühle-Urteil des BVerfG[44] vorgeprägt, welches das Grundrecht unmittelbar nur für Fragen der Umwandlung und des Ausscheidens aus diesem Anlaß ausgestaltet. Ein Verfassungsverstoß wurde für eine gesetzliche Regelung verneint, die zwar einer 3/4-Mehrheit das Recht auf Umwandlung unter Ausschließung des Rests einräumte (freeze-out), jedoch die Abfindung unter quotaler Beteiligung am ganzen Gesellschaftsvermögen zum aktuellen Wert gewährleistete. Tragend waren zwei Gesichtspunkte: Zum einen wurde auf die innere, das Mitgliedschaftsrecht vom Sacheigentum abhebende Schwäche abgehoben, die darin liegt, daß die Gesellschaft zwischen Eigentum und Mitglied-

41 BGH NJ 1996, 529, 530; MÜLLER/MÜLLER, WuB II D. § 5 PGH-VO 1.97, S. 440. Für ebenfalls zwingend wird beispielsweise die Abfindungsregel des § 44 Abs. 1 Satz 2 Nr. 2 LwAnpG gehalten, hier nun in dem Sinne, daß ein Minimum verbürgt sei: BGH AgrarR 1994, 126, 126; 1994, 156 f; HORN, aaO (Fn. 11), S. 1024; SCHWEIZER, aaO (Fn. 15), S. 157. Zur Verzichtsmöglichkeit insoweit vgl. sogleich im Text.

42 BGH WM 1996, 2056, 2057; auch BGH DStR 1996, 715, 716. In der zweitgenannten Entscheidung ging es freilich um eine Statutenänderung, auf die sich der Ausscheidende gestützt hat, der er also zumindest im Prozeß implizit zugestimmt hat.

43 Jedenfalls die positive Stimmabgabe wird in der Tat für irrelevant gehalten von BGH AgrarR 1994, 156, 157 (zu § 44 LwAnpG 1991); zustimmend SCHWEIZER, aaO (Fn. 15), S. 190 (m.w.N. für die Gegenmeinung).

44 BVerfGE 14, 263.

schaftsrecht tritt und daß in ihr grundsätzlich die Mehrheit regiert.[45] Zum anderen sei aufgrund dieser Schwäche bei der Frage, ob der Schutzgehalt des Art. 14 Abs. 1 Satz 2 GG gewahrt sei, eine Abwägung der Interessen beider Seiten vorzunehmen, das Eigentumsrecht also nicht a priori höher zu bewerten als das Recht auf unternehmerische Entfaltung (praktische Konkordanz),[46] strikt jedoch auf den Erhalt des vollen inneren Werts der Mitgliedschaft zu achten[47] und gegebenenfalls auch der Verfassungsverstoß zu verneinen.

Von der Interessenbilanz her ist eine Umwandlungsmöglichkeit im Falle der LPG und PGH eher positiver zu bewerten als die im Feldmühle-Urteil überprüfte Umwandlungsmöglichkeit, die es Mehrheitsgesellschaftern erlaubt, eine Minderheit hinauszudrängen. Dies ergibt sich zum einen daraus, daß in den Umwandlungsregeln zu LPG und PGH keine Möglichkeit vorgesehen wurde, Minderheitsgesellschafter hinauszudrängen. Die insoweit unter dem Stichwort „dulde und liquidiere" am Feldmühle-Urteil geübte Kritik ist im Recht der LPG und PGH daher ohne Belang – ebenso wie eine denkbare Änderung der verfassungsgerichtlichen Rechtsprechung zu diesem Punkt. Zum anderen bewertete das Bundesverfassungsgericht Rechtssicherheits- und Verkehrsschutzinteresse – im Falle der LPG- und PGH-Umwandlungsregelungen etwa das Interesse, einen überschaubaren Kanon von detailliert geregelten Gesellschaftsformen aufrechtzuerhalten – höher als das Vereinfachungsinteresse der Mehrheitsgesellschafter, das Unternehmen ohne Rücksichtnahme auf Minderheitenschutzregeln fortführen zu können.[48] Allein das zuletzt genannte schwächere Interesse konnte in dem Sachverhalt, der dem Feldmühle-Urteil zugrunde lag, angeführt werden. Hinzu kommt bei der LPG- und PGH-Umwandlung der Effekt, daß sämtliche sozialistische Relikte, die verfassungsrechtlich bedenklich waren, beseitigt wurden, daß daher auch ohne Umwandlung eine umfassende Neuregelung der LPG und PGH angestanden hätte, und daß mit der Anordnung einer Umwandlung auch der privatautonome Entscheidungsakt formalisiert und damit geklärt wurde.

Unter dem Gesichtspunkt, daß voller Wertersatz zu leisten ist, ist umgekehrt die Umwandlungsregelung für LPG und PGH eher problematischer. Im Abfindungsrecht der LPG und PGH geht es um ungleich „handfestere" Eingriffe, nicht nur um den Verlust der Mitgliedschaftstellung gegen vollen Wertausgleich, sondern um erhebliche Wertverluste. Jedenfalls ein Abfindungsanspruch, der (aufgrund entsprechender gesellschaftsvertraglicher Regelung) nicht einmal den Ein-

45 Vergleichbar ist insoweit die Aussage der zweiten eigentumsrechtlichen Leitentscheidung des BVerfG zum Gesellschaftsrecht, des Urteils zum Mitbestimmungsgesetz: BVerfGE 50, 290.

46 BVerfGE 14, 263, 282, 278–280.

47 BVerfGE 14, 263, 283 f.

48 Das BVerfGE 14, 263, 276 betont in der Tat, daß das Interesse an einer Umwandlung in eine andere Rechtsform höher zu bewerten ist als das an einer Umwandlung zur Verdrängung einer Minderheit.

satz erreicht, also unter Buchwert liegt, wird schon im bundesdeutschen Gesellschaftsrecht überwiegend für unzulässig gehalten.[49] Mag dies auch überwiegend mit einfachem Gesetzesrecht, etwa §§ 723 Abs. 3 oder 138 BGB, begründet werden, so ist doch die Eigentumsgarantie in den Fällen tangiert, in denen, anders als in Gesellschaften nach bundesdeutschem Recht, ein Gesellschafter weder durch privatautonomen Eintritt noch durch spätere Zustimmung (etwa zu einer Satzungsänderung) die Absenkung der Abfindung unter den Einsatz akzeptiert.[50] Diese Grenze gilt auch für den (Bundes-)Gesetzgeber, wenn er rechtliche Mittel zur Absenkung schafft, etwa durch Neueinführung der Satzungsautonomie.[51]

Es bestätigt sich insoweit das zur Vereinigungsfreiheit Gesagte, freilich mit der Präzisierung, daß die Eigentumsgarantie vollen Werterhalt gebietet, während die negative Vereinigungsfreiheit schon dann nicht mehr verletzt ist, wenn nicht die Abfindungsgestaltung die Austrittsoption de facto zunichte macht.

3. Gleichbehandlungsgrundsatz

Der gesellschaftsrechtliche Gleichbehandlungsgrundsatz, der gerade im Genossenschaftsrecht besonders betont wird,[52] kann im Abfindungsrecht vor allem auf drei Weisen instrumentalisiert werden.

49 So zumindest im Grundsatz etwa: BGH NJW 1989, 2685, 2686 (Hälfte des Buchwertes); BGH NJW-RR 1991, 1381, 1382 (Abfindung unter geleisteter Einlage); HUBER, Vermögensanteil, Kapitalanteil und Gesellschaftsanteil an Personengesellschaften des Handelsrechts, 1970, S. 329–332; PILTZ, BB 1994, 1021, 1023; REUTER, Privatrechtliche Schranken der Perpetuierung von Unternehmen, 1973, S. 298 f; K. SCHMIDT, aaO (Fn. 5), S. 1476. Noch weitergehend: FLUME, Allgemeiner Teil des Bürgerlichen Rechts I/1, Die Personengesellschaft, 1977, S. 180.

50 In der Tendez so auch: MÜLLER/MÜLLER, WuB II D. § 5 PGH-VO 1.97, S. 440 („Wertigkeit einer Enteignung"); NEIXLER/LACHMANN, ZIP 1993, 812, 814, Fn. 9: Die rückwirkende Anordnung einer Pflicht, ausscheidenden Gesellschaftern die geleisteten Inventarbeiträge rückzuerstatten, verstößt nicht gegen das Rückwirkungsverbot, weil durch Statuierung solch einer Pflicht nur eine „entschädigungslose rechtsstaatswidrige Enteignungsmaßnahme" zurückgenommen werde; implizit wohl auch BGH AgrarR 1993, 189, 190 am Ende.

51 Insoweit unterscheidet sich die Konstellation von derjenigen, die das Bundesverfassungsgericht in seinem Bodenreformurteil (BVerfGE 84, 90) zu beurteilen hatte: DDR-Unrecht muß zwar nicht auf grundrechtlicher Grundlage rückgängig gemacht werden; der Bundesgesetzgeber darf jedoch nicht die rechtlichen Mittel (hier die Satzungsautonomie) neu einführen, die eine Perpetuierung und sogar Verschärfung des Verstoßes gegen eigentumsrechtliche Grundsätze erlaubt.

52 Immerhin wird teilweise spezifischer von einem „genossenschaftlichen Gleichbehandlungsgebot" gesprochen: BEUTHIEN/BECKER, ZIP 1992, 83, 87; MEYER/MEULENBERGH/BEUTHIEN, Komm. z. Genossenschaftsgesetz, 12. Aufl., 1983, § 18 Rdn. 37–41. Gleiches ist etwa in der GmbH nicht üblich.

a) Gleichbehandlung von ausscheidenden und verbleibenden Gesellschaftern

Denkbar ist eine Argumentation dahingehend, daß die Abfindung des Ausscheidenden im inneren Wert dem zu entsprechen hat, was jeder verbleibende Gesellschafter erhält[53] – gleichgültig, ob die Quote nach Kapitaleinsatz und/oder Arbeitseinsatz berechnet wird. Ausscheidende und Verbleibende werden dann gleichbehandelt. Solch einem Grundsatz folgt der bundesdeutsche Gesetzgeber nach dem Gesagten im Recht der gewerblich tätigen Gesellschaften weit überwiegend, nicht jedoch, jedenfalls nicht durchgehend im Vereins- und Genossenschaftsrecht.

Eine Abweichung vom Grundsatz, daß der volle innere (quotale) Wert des Gesellschaftsanteils auszukehren ist, wird damit begründet, daß zwischen ausscheidendem und verbleibendem Gesellschafter ein sachlicher Unterschied besteht und daher Art. 3 Abs. 1 GG nicht verletzt ist: Der verbleibende Gesellschafter verfolgt weiterhin einen Gesellschaftszweck, an dem für den Regelfall ein Allgemeininteresse besteht;[54] Schlechterbehandlung des Ausscheidenden wirkt potentiell der Zerschlagung funktionierender Gesellschaften und Unternehmen entgegen. Diesem Interesse Bedeutung zuzumessen, ist jedenfalls nicht willkürlich, so daß ein insoweit differenzierender Gesetzgeber nicht gegen den Gleichbehandlungsgrundsatz verstieße; gleiches gilt für eine dahin gehende Regelung, die von privatautonomer Entscheidung getragen ist.[55] Grundsätzlich erscheint es also nicht willkürlich, das Unternehmensbestandsinteresse zu berücksichtigen und verbleibende und ausscheidende Gesellschafter ungleich zu behandeln.

Im konkreten Falle von LPG und PGH ist jedoch weitgehend das gegenteilige Ergebnis angezeigt. Zunächst ist schon der Grundsatz generell einzuschränken: Das angeführte Argument ist ohne Überzeugungskraft in allen Fällen der Auflösung und Liquidation.[56] Hier scheidet eine Reservierung von Vermögensteilen für die fortbestehende Gesellschaft ohnehin aus. In den anderen Fällen, d.h. bei Ausscheiden anläßlich und unabhängig von Strukturänderungen vor der Auflösung

53 So tendenziell: Lohlein, EWiR § 44 LwAnpG, 417, 418.

54 Piltz, aaO (Fn. 49), 1021; K. Schmidt, aaO (Fn. 5), S. 1471; Ulmer, NJW 1979, 81; auch Gerlach/Hoppe, NJ 1991, 400, 402.

55 Daher wird ganz überwiegend von der grundsätzlichen Wirksamkeit von Abfindungsklauseln ausgegangen, die vom Interesse der Unternehmenskontinuität getragen sind (und zumindest den Einsatz/Buchwert erhalten): BGH NJW 1985, 192, 193; 1989, 2685, 2686; Piltz, aaO (Fn. 49), 1025; K. Schmidt, aaO (Fn. 5), S. 1471–1473; Ulmer, aaO (Fn. 54), 84.

56 Dies erklärt auch, daß gerade aus diesem Bereich die Leiturteile zur „Treupflicht" stammen, aufgrund derer eine auch nur faktische Veränderung der Quote durch Gesellschafter mit diesbezüglicher Gestaltungsmacht für unzulässig erklärt wurde: BGHZ 103, 184 (Linotype); BGHZ 129, 136 (Girmes); und für die OHG sehr charakteristisch: BGH NJW 1971, 802, 802: Die „gesellschaftliche Treuepflicht besteht auch im Stadium der Abwicklung. … [Sie] hindert den einzelnen Gesellschafter nicht [mehr], sich auf dem Gebiet der abzuwickelnden Gesellschaft zu betätigen, schließt es aber aus, sich ohne entsprechenden Ausgleich Vermögenswerte und -positionen der Gesellschaft allein nutzbar zu machen."

und Liquidation, erscheint zwar in anderen Gesellschaftsformen eine Berücksichtigung des Unternehmensbestandsinteresses erwägenswert und hierbei auch eine Differenzierung zwischen verschiedenen Anlässen des Ausscheidens. Gerade solch eine Differenzierung erscheint demgegenüber speziell im Recht der LPG und PGH in den zentralen Fällen als in sich widersprüchlich. Damit ist eine Gleichbehandlung von Ausscheidenden bei verschiedenen Fällen des Ausscheidens angesprochen.

b) Gleichbehandung verschiedener Fälle des Ausscheidens

Diese zweite Art der Instrumentalisierung des Gleichbehandlungsgrundsatzes schlägt etwa *Beuthien* für das Recht der PGH vor.[57] Er spricht sich dagegen aus, einen ausscheidenden Gesellschafter je nach Anlaß seines Ausscheidens unterschiedlich zu behandeln. Diese Grundidee liegt seinen Ausführungen zu § 5 Abs. 2 PGH-VO zugrunde, der dem bei Umwandlung Ausscheidenden nach höchstrichterlicher Rechtsprechung einen Anspruch auf quotale Beteiligung am vollen inneren Wert des Gesellschaftsvermögens einräumt,[58] jedenfalls jedoch einen eindeutig geregelten Abfindungsanspruch.[59] *Beuthien* will diesen Anspruch auch dem vorher durch Kündigung Ausgeschiedenen gewähren.[60] Gleiches erwägt *Lohlein* für den kurz nach Vollzug der Umwandlung ausscheidenden Gesellschafter.[61]

Grundsätzlich sprechen die besseren Gründe gegen solch eine Instrumentalisierung des Gleichbehandlungsgrundsatzes. (Nur) in manchen Fällen nämlich stehen dem Ausscheidenden in der Gesellschaft verbleibende Gesellschafter gegenüber, so daß nach dem Gesagten die Berücksichtigung des Interesses der Unternehmenskontinuität, das nur auf einer Seite bestehen kann, nicht willkürlich erschiene. Ebenfalls nicht willkürlich erscheint eine Berücksichtigung des Umstands, ob ein Gesellschafter sich vom vereinbarten Gesellschaftszweck lossagt, oder aber, ob er einem geänderten Gesellschaftszweck (etwa bei Konzernierung) nicht zustimmt.

57 Beuthien/Becker, ZIP 1992, 83, 87.

58 BGH WM 1996, 1776, 1776 f; OLG Dresden NJ 1991, 529, 530; Lohlein, EWiR § 5 PGH-VO 1/96, 1045, 1046; Müller/Müller, WuB II D. § 5 PGH-VO 1.97, S. 439.

59 Kaum nachvollziehbar ist die Argumentation dahingehend, § 5 Abs. 2 PGH-VO stelle keine Anspruchsgrundlage sondern nur eine Fälligkeitsregelung dar. Vgl. Nachweise hierzu unten Fn. 130.

60 Dagegen für die PGH: BGH WM 1996, 2056, 2056 f; BGH DStR 1996, 715; BGH ZIP 1996, 674, 675; Habert, Umwandlung und Umstrukturierung von Produktionsgenossenschaften des Handwerks der ehem. DDR, 1996, S. 93–95; Schröter, NJ 1994, 449, 450. Auch für die LPG geht der Landwirtschaftssenat des BGH potentiell von einer Schlechterstellung des vor Umwandlung Ausgeschiedenen aus: vgl. BGH WM 1996, 744, bes. 745 f, und dazu unten bei Fn. 123; sowie BGH WM 1996, 740.

61 Lohlein, EWiR § 5 PGH-VO 1/96, 1045, 1046. Dagegen für den Bereich des LwAnpG 1991: BGH ZIP 1994, 1227, 1228 f.

Folglich ist auch die unterschiedliche Behandlung etwa des Gesellschafters, der kündigt, und des Gesellschafters, der bei Umstrukturierung oder Liquidation ausscheidet, keinen grundsätzlichen verfassungsrechtlichen Bedenken ausgesetzt (umgekehrt handelt der Gesetzgeber jedoch auch nicht willkürlich, wenn er diese Gesichtspunkte nicht berücksichtigt, sondern allein auf das Korrelat zwischen Einsatz und Ertrag abstellt).

Im konkreten Fall freilich erscheint *Beuthiens* Lösung vorzugswürdig: Es ist kaum möglich, den sachlichen Unterschied darzutun, der es rechtfertigt, den Anspruch des durch Kündigung aus einer PGH Ausscheidenden enger zu umreißen als denjenigen des bei Umwandlung Ausscheidenden, präziser: Ein besser begründetes Interesse an der Erhaltung der Genossenschaft ist im ersten Fall deswegen kaum darzutun, weil bis 31.12.1992 jede PGH noch umgewandelt werden mußte, also die PGH im Umwandlungsstadium schon generell bessere Überlebenschancen hatte als eine PGH vor Umwandlungsinitiative. Entsprechendes gilt für die LPG. Dies beruht auf dem für DDR-Produktionsgenossenschaften spezifischen Umstand, daß die Alternative zur Umwandlung mit Ablauf des Jahres 1991 bzw. 1992 die Auflösung (und Liquidation) kraft Gesetzes war, in der das Erhaltungsinteresse der Genossenschaft als Argumentationsstütze gänzlich entfiel. Umgekehrt kann auch nicht etwa deswegen der Abfindungsanspruch des vor Umwandlung Ausscheidenden geringer angesetzt werden, weil er ja freiwillig gekündigt habe.[62] Er macht vielmehr erstmals von seinem Grundrecht auf negative Vereinigungsfreiheit Gebrauch, die Zwangslage ist rechtlich nicht weniger stark zu gewichten als diejenige des Ausscheidenden bei Umwandlung. Überhaupt ist eine Schlechterbehandlung desjenigen, der von seinem Grundrecht auf negative Vereinigungsfreiheit erstmals Gebrauch macht, gegenüber demjenigen, der in einer Gesellschaft verbleibt, die der Gesetzgeber selbst als nicht erhaltenswert einstufte, nicht sachgerecht zu begründen.

c) Gleichbehandlung vergleichbarer Ausscheidensfälle in verschiedenen Gesellschaftsformen

Auch eine dritte Art der Instrumentalisierung des Gleichbehandlungsgrundsatzes ist für das Recht von LPG und PGH von Bedeutung. Mit ihr wird auf die Vergleichbarkeit der Abfindungsfragen in LPG und PGH abgestellt. Bilden LPG und PGH die beiden Hauptbeispiele einer Produktionsgenossenschaft nach DDR-Recht, so liegt es in der Tat nahe, nach der gegenseitigen Übertragbarkeit der Ergebnisse zu fragen – dies um so mehr, als die unterschiedlichen Regelungen für verschiedene Abfindungsansprüche unterschiedlich dicht sind und bei flüchtigem Hinsehen erheblich voneinander abzuweichen scheinen und als die Frage legitim

62 So jedoch BGH WM 1996, 740, 742.

ist, ob nicht dem bundesdeutschen LwAnpG 1991 stärker Leitbildcharakter zukommen muß als der PGH-VO aus der Zeit der Regierung Modrow. Der BGH will von der Regelung der LPG nicht auf diejenige der PGH (und wohl erst nicht umgekehrt) schließen,[63] obwohl dies aufgrund der dichteren Ausgestaltung, die zudem vom Bundesgesetzgeber stammt, nahegelegen hätte.

Nicht tragfähig ist jedenfalls die gegebene Begründung. Schon im DDR-Recht habe für die LPG der Gleichbehandlungsgrundsatz gegolten, für die PGH hingegen ein Musterstatut. Schon die Prämisse ist falsch, da nicht ersichtlich ist, daß der genossenschaftliche Gleichbehandlungsgrundsatz für die PGH anders als für die LPG nicht galt, und umgekehrt im Recht der LPG ebenfalls Musterstatuten erlassen wurden.[64] Jedenfalls aber sind der Judikatur bundesdeutscher Gerichte zu Gesetzen, die der bundesdeutsche Gesetzgeber in seinen Willen aufgenommen hat,[65] allein die Wertungen bundesdeutschen Rechts zugrunde zu legen. Zulässig ist also allein eine Argumentation, die von Wertungen des bundesdeutschen Rechts ausgeht und unter diesem Gesichtspunkt Unterschiede in der Faktenlage bei LPG und PGH dartut. So mag angeführt werden, daß im bundesdeutschen Verfassungsrecht die Vereinigungsfreiheit und Eigentumspositionen geschützt werden, desgleichen gerade auch durch die Grundsätze des intertemporalen Rechts Vertrauenspositionen,[66] und daß hinsichtlich Vereinigungsfreiheit oder Vertrauensschutz deswegen in LPG und PGH unterschiedliche Ausgangslagen (aufgrund von DDR-Recht) festzustellen sind, weil im einen Bereich zwangskollektiviert wurde, im anderen teilweise nicht, oder weil im einen Bereich das Mitglied nach DDR-Recht eine Aussicht auf werthaltige Abfindung hatte, im anderen nicht. Letzteres muß jedoch konkret festgestellt werden. Ohne solche Unterschiede in der Faktenlage anzuführen, die sich auf Wertungen des bundesdeutschen Rechts auswirken, durfte der Gesetzgeber das Abfindungsrecht von LPG und PGH nicht unterschiedlich regeln. Und erst recht durfte der Rechtsanwender dem Gesetzgeber ohne Nachweis der Ungleichheit im Faktischen den Willen zur Ungleichbehandlung nicht unterstellen,

63 BGH WM 1996, 2056, 2057.
64 Fundstellen oben Fn. 20.
65 Im Falle des LwAnpG ist mit dem LwAnpG 1991 eine umfassende Neubekanntmachung erfolgt, jedenfalls jedoch mit § 44 LwAnpG 1991 die Bezugsnorm für das gesamte Abfindungsrecht grundlegend neu gestaltet worden. Im Falle der PGH-VO ist immerhin mit § 9a PGH-VO durch das Hemmnisbeseitigungs-Gesetz 1991 sowohl die Umwandlungspflicht eingeführt als auch ein differenzierter Anwendungsbefehl für die verschiedenen einschlägigen Normgruppen gegeben worden. Allgemeiner zu den Kriterien – der Rechtsakt mußte bei einer möglicherweise auch nur punktuellen Reform im Gesetzgebungsverfahren (als Ganzes) zur Diskussion gestanden haben –: BVerfGE 6, 55, 65 (st. Rspr.); v. Münch/Kunig-Meyer, Komm. z. Grundgesetz, 3. Aufl., 1996, Art. 100, Rdn. 16–20.
66 Ausführlich hierzu zuletzt: Hess, Intertemporales Privatrecht (noch unveröffentlichte Münchener Habilitationsschrift), § 7 et passim.

da dieser angesichts der Fülle der Problemfälle im Übergangsrecht anerkanntermaßen einen Mangel an Zeit zu verwalten hatte.[67]

Relevante Unterschiede in der Faktenlage betreffen – bereits angesprochen – die Verbreitung von Maßnahmen der Zwangskollektivierung sowie die zu prognostizierenden Marktchancen. Unterschiede im zweitgenannten Punkt können sich ambivalent auf das zu berücksichtigende Unternehmensbestandsinteresse auswirken. Da jedoch die Regelung zu dem Teil des Gesellschaftsvermögens, der für die verbleibenden Gesellschafter reserviert ist, für LPG und PGH eindeutig ist, muß dies nicht vertieft werden. Ein weiterer Unterschied liegt in der Zahl der zu regelnden Fälle: Der bundesdeutsche Gesetzgeber hat offenbar das ungleich größere Volumen der LPG (insgesamt fast fünffach so viele Mitglieder) zum Anlaß genommen, nur diese substantiell zu regeln und es bei der PGH bei Modifikationen des Modrow-Rechtsakts zu belassen. Wenn er nun die Anrechnung von Beiträgen in Form von Arbeit deshalb in moderatem Umfang vorsieht, weil er soziale Spannungen in einer zudem strukturschwachen Branche mildern will, so kann in einer strukturstärkeren Branche bei geringerer Betroffenenzahl eine Anrechnung im größeren Umfang nicht als vom Gesetzgeber intendiert angenommen werden. Ein letzter zentraler Unterschied besteht hinsichtlich der Kapitaleinsätze, die vorrangig zum Mehrwert beigetragen haben. Die prägende Rolle des Bodens in der Landwirtschaft fehlt im Bereich der PGH, was gegen eine unmodifizierte Übertragung von § 44 Abs. 1 Satz 2 Nr. 2 LwAnpG auf die PGH spricht.

IV. Abfindungsansprüche: Fragen des Bestehens

1. Gesetzliche Grundlagen

Für beide Formen der Produktionsgenossenschaft stellte sich die Frage nach der Kompensation in drei Hauptfallgruppen: für das Ausscheiden eines Genossen (durch Kündigung bzw. Ausschließung),[68] für die Liquidation der Genossenschaft und für die Umwandlung in eine Personen-, eine Kapitalgesellschaft oder eine Genossenschaft nach bundesdeutschem Recht (vor allem § 1 Abs. 1 Nr. 4 GenG). Regelungen für andere Strukturänderungen, etwa die Konzernierung, wären angesichts der Kürze der für die LPG und PGH verbliebenen Übergangsfrist unsinnig gewesen.

67 Beuthien/Becker, ZIP 1992, 83, 89.

68 Für beide ist die gesetzliche Regelung der Abfindungsansprüche die gleiche: Für die PGH ergibt sich dies ausdrücklich aus § 12 PGH-Musterstatut 1973 bzw. aus § 73 GenG, der für beide Fälle gilt. Für die LPG entschied gleiches BGH AgrarR 1993, 189, 190. Ausschlußstreitigkeiten spielten jedoch in der Rechtsprechung zu LPG und PGH eine stark untergeordnete Rolle. Zu den diesbezüglichen Klauseln vgl. etwa: Gerlach/Hoppe, NJ 1991, 400, 401.

a) Das Recht der LPG

Für die LPG ist das Abfindungsrecht im LwAnpG 1991[69] geregelt, einem bundesdeutschen Rechtsetzungsakt, der am 7.7.1991 in Kraft trat und aufgrund seiner – wirksam – angeordneten, weitgehenden Rückwirkung[70] die Regelung des LwAnpG 1990 aus der Regierungszeit de Maizière fast vollständig verdrängt hat. Deshalb spielt auch die Frage, ob der Vollversammlung in § 44 LwAnpG 1990 ein weiter Ermessensspielraum für die Festsetzung der Abfindung eingeräumt wurde[71] oder aber die Kriterien vorgegeben waren,[72] keine nenneswerte Rolle mehr. Gerade die Reform des § 44 LwAnpG war auch wesentliches Anliegen des Bundesgesetzgebers bei der Neufassung 1991.[73] Für das Abfindungsrecht sind ansonsten nur die verjährungsrechtlichen Regeln, die die dritte und vierte Novelle brachten (§ 3b LwAnpG), von Bedeutung. Die Abfindungsansprüche sind für die drei unterschiedenen Konstellationen geregelt in: § 36 i.V.m. § 44 LwAnpG für das Ausscheiden bei Umwandlung, § 42 i.V.m. § 44 LwAnpG für das Ausscheiden bei Liquidation, § 44 LwAnpG für das Ausscheiden unabhängig von einer Strukturänderung.

b) Das Recht der PGH

Für die PGH ist auf die PGH-VO zurückzugreifen,[74] die am 19.3.1990 in Kraft trat (§ 10 Abs. 1 PGH-VO). Es handelt sich hierbei um einen Rechtsetzungsakt der Regierung Modrow, der nach Anlage II Kapitel V Sachgebiet A Abschnitt III Nr. 4 des Einigungsvertrages vom 31.8.1990 und Art. 1 des Gesetzes vom 23.9.1990[75] fortgilt und der nur noch in Einzelpunkten durch einen bundesdeutschen Rechtsetzungsakt modifiziert wurde: Art. 8 des Hemmnisbeseitigungsgesetzes enthielt vorrangig redaktionelle Änderungen zur Abschluß- und Eröffnungsbilanz bei Umwandlung und regelte Fragen der Verfahrenserleichterung bei Umwandlung in eine Genossenschaft. Außerdem wurde mit Art. 8 Hemmnisbeseitigungsgesetz der bereits erwähnte § 9a Abs. 1 PGH-VO eingefügt, der zum 31.12.1992 die Auflösung fortbestehender PGH kraft Gesetzes vorsah.

Der zweite Absatz dieser Norm enthält die einzige für das Recht der Abfindungsansprüche relevante Regelung. Geklärt werden sollte das Verhältnis verschiedener Regelungskomplexe zueinander, freilich nur für diejenigen PGH, die vor Inkrafttreten der Verordnung am 19.3.1990 gegründet worden waren (Alt-PGH).

69 Fundstelle, auch für die im folgenden genannten Akte, oben Fn. 1.
70 Vgl. dazu unten VI. 1 und 2.
71 So Arlt, NJ 1991, 62, 63 f; Neixler/Lachmann, ZIP 1993, 812, 814.
72 So Schweizer, aaO (Fn. 15), S. 192; in der Tendenz auch BGH ZIP 1993, 390, 391.
73 BT-Drucks. 12/161, S. 7, 8–10; Arlt/Schramm, NJ 1992, 60.
74 Fundstelle, auch für die im folgenden genannten Akte, oben Fn. 1.
75 BGBl. 1990/II, S. 885, 1201.

Implizit sind damit genereller die Fragen des intertemporalen Rechts geregelt.[76] Danach sind in den verschiedenen Konstellationen Abfindungsansprüche denkbar (für die Alt- und die Neu-PGH gleichermaßen), soweit sie in §§ 4–8 PGH-VO geregelt sind: Zu nennen sind der einzig relevante Fall eines Ausscheidens anläßlich einer Strukturänderungsmaßnahme, nämlich der der Umwandlung, der in § 5 Abs. 2 PGH-VO geregelt ist, ebenso wie das Ausscheiden bei Liquidation, das (schon weniger spezifisch) in § 7 Abs. 1, 2 PGH-VO geregelt ist. Sonstige Ansprüche – Abfindungsansprüche bei Ausscheiden unabhängig von einem Strukturwechsel – bestehen, soweit sie sich für die Alt-PGH aus dem subsidiär eingreifenden PGH-Musterstatut 1973 oder für die Neu-PGH aus dem Genossenschaftsgesetz (i.V.m. § 3 PGH-VO) ergeben.

2. *Probleme des Bestehens des Abfindungsanspruchs dem Grunde nach*

a) Fortbestehen der Mitgliedschaft und/oder des Arbeitsverhältnisses als Anspruchsvoraussetzung?

Das Nebeneinander von Mitgliedschaft und Arbeitsverhältnis warf für das Entstehen von Abfindungsansprüchen zwei Fragen auf. Zunächst war fraglich, wie sich das Entfallen, vor allem die Kündigung des Arbeitsverhältnisses auf den Bestand der Mitgliedschaft auswirkte. Daran schließt sich für jede einzelne Anspruchsgrundlage die Frage an, ob der Fortbestand der Mitgliedschaft überhaupt Anspruchsvoraussetzung ist. Die zweite Frage stellt sich also für jeden Abfindungsanspruch gesondert[77] und auch, falls das Entfallen des Arbeitsverhältnisses stets als irrelevant für den Bestand der Mitgliedschaft einzustufen ist.

Das Recht der DDR kannte kein von der Mitgliedschaft gesondertes Arbeitsverhältnis, weil sich die arbeitsrechtlichen Pflichten, vor allem die Pflicht zur Arbeit, unmittelbar aus den mitgliedschaftlichen Regeln ergaben. Dies ist so bei der PGH, wie etwa Art. 4 Abs. 3 der Verordnung über das Musterstatut 1973 zeigt,[78] und bei der LPG, für die etwa auf §§ 29, 31 LPG-G 1982 zu verweisen ist.[79] Im bundesdeutschen Genossenschaftsrecht wird hingegen zwischen zwei Rechtsverhältnissen unterschieden, dem Mitgliedschafts- und dem Arbeitsverhältnis.[80] Nicht

76 Daher ausführlicher zu § 9a Abs. 2 PGH-VO unten VI. 1.

77 Daher dazu unten bei den einzelnen Anspruchsgrundlagen, vor allem §§ 36 LwAnpG und 5 Abs. 2 PGH-VO, den Abfindungsansprüchen bei Ausscheiden anläßlich einer Umwandlung, für die die Frage vor allem diskutiert wurde.

78 BGH ZIP 1996, 674, 675; Gerlach/Hoppe, NJ 1991, 400, 401; Habert, aaO (Fn. 60), S. 79 f; Schröter, NJ 1994, 449.

79 Etwa BAG DtZ 1995, 381, 382.

80 Vgl. nur Habert, aaO (Fn. 60), S. 79.

ganz klar ist die diesbezügliche Rechtslage in einer Übergangszeit, vor allem für die PGH.

Daß der Bestand der Mitgliedschaft von einer Kündigung des Arbeitsverhältnisses in den Fällen nicht berührt wird, in denen beide voneinander zu trennen sind, liegt nahe.[81] Daran schließen sich zwei Fragen an: ob dies anders ist in den Fällen, in denen kein von der Mitgliedschaft getrenntes Arbeitsrechtsverhältnis anzunehmen ist; und bis zu welchem Zeitpunkt für die LPG und die PGH von solch einer Einheit auszugehen ist. Die erste Frage wird teils dahingehend beantwortet, daß die Einheit von Arbeitsverhältnis und Mitgliedschaft dazu führe, daß eine allein für das Arbeitsverhältnis ausgesprochene Kündigung als unzulässig und unwirksam einzustufen sei, nicht hingegen dazu, daß sie über die intendierten Folgen hinaus auch auf die Mitgliedschaft zu erstrecken sei; bei Kündigung allein des Arbeitsverhältnisses wird also die Beendigung beider Teile der Einheit also abgelehnt.[82] Dies ergibt sich in der Tat aus der allgemeinen Rechtsgeschäftslehre in ihrer Anwendung im Gesellschaftsrecht: Auch Rechtsgeschäfte bezogen auf nur einen Teil der Mitgliedschaft, der nicht abtrennbar ist, werden nicht in Rechtsgeschäfte bezogen auf die ganze Mitgliedschaft umgedeutet – ganz im Einklang mit der Wertung des § 140 BGB.[83] Gleichgültig wie die zweite Frage zu beantworten sein mag, führt also nur die auch auf die Mitgliedschaft erstreckte Kündigung oder Ausschließung zur Beendigung der Mitgliedschaft. Die Beendigung des Arbeitsverhältnisses allein ist entweder unwirksam und deswegen ohne Auswirkung auf die Mitgliedschaft – so bei Einheit beider Teile – oder wirksam, aber von Fragen der Mitgliedschaft getrennt. Will man dennoch auch die zweite Frage beantworten – etwa wegen der arbeitsrechtlichen Implikationen –, so erscheinen Mitgliedschaft und Arbeitsverhältnis in der LPG erst im LwAnpG 1991 als getrennt, also ab 7.7.1991, weil das LwAnpG 1990 die diesbezüglichen Regeln des LPG-G 1982 unverändert ließ und erst §§ 43 Abs. 1 Satz 2, 43a LwAnpG 1991 die getrennte Kündbarkeit und Anwendung unterschiedlicher Kündigungsregeln vorsehen.[84] Gleiches gilt für die PGH seit 28.3.1991, weil § 9a Abs. 2 PGH-VO die Frage nach dem auf die Mitgliedschaft anwendbaren Recht klärte, jedoch „mit Ausnahme des Arbeitsverhält-

81 Beuthien/Becker, ZIP 1992, 83, 86.

82 OLG Dresden NJ 1993, 560; implizit ebenso wohl Habert, aaO (Fn. 60), S. 92, Fn. 305; anderer Ansicht Horn, aaO (Fn. 11), S. 1026; höchstrichterlich ist die Frage nicht entschieden, wenn auch der BGH (NJ 1996, 529; WM 1996, 1180, 1181f) für die PGH die Frage nach der Trennbarkeit von Arbeitsverhältnis und Mitgliedschaft diskutiert und im konkreten Fall bejaht hat. Unbeantwortet blieb, ob es auf die Trennbarkeit überhaupt ankommt oder ob nicht vielmehr bei fehlender Trennbarkeit das Ergebnis – mit anderer Begründung – für die Frage des Bestandes der Mitgliedschaft das gleiche bleibt.

83 § 140 BGB verbietet die Umdeutung einer unwirksamen Willenserklärung in eine, die weiterreichende Rechtsfolgen zeitigt: BGHZ 19, 269, 273; Mayer-Maly, Münchener Komm. z. BGB, 3. Aufl., 1993, § 140 Rdn. 1; Larenz, Allgemeiner Teil des deutschen Bürgerlichen Rechts, 7. Aufl., 1989, S. 468.

84 BAG DtZ 1995, 381, 385; vorher ansatzweise schon BGH NJ 1993, 225.

nisses", Arbeitsverhältnis und Mitgliedschaft also unterschiedlichen Regelungswerken unterwarf.[85] In der PGH-VO aus der Zeit der Regierung Modrow bereits den Bruch mit dem Einheitsgrundsatz des DDR-Rechts zu vermuten, besteht kein Anlaß:[86] Solch ein Bruch hätte angesichts der Herkunft der Verordnung erkennbar intendiert sein müssen, das Arbeitsrechtsverhältnis wird jedoch in der gesamten Verordnung nicht einmal erwähnt. Und der Verweis in § 3 PGH-VO auf das Genossenschaftsgesetz (seit 1.7.1990 das bundesdeutsche) erscheint zu pauschal, als daß ein Abrücken vom alten Rechtszustand anzunehmen wäre.

b) Der Streit um sonstige Ausscheidensgründe

Bezog sich die Kündigung des Arbeitsverhältnisses spätestens seit dem 7.7.1991 bei der LPG und seit 28.3.1991 bei der PGH schon nicht mehr auf die Mitgliedschaft und galt gleiches wohl auch schon vorher, so verbleibt als umstrittenster möglicher Beendigungsgrund für die Mitgliedschaft derjenige des Eintritts ins Rentenalter. Es ging einerseits um die Auslegung alten Rechts, andererseits um die Frage, ob solch ein Beendigungsgrund insbesondere unter dem LwAnpG 1991 und der PGH-VO 1990 durch Statutenänderung oder Vereinbarung wirksam eingeführt werden konnte. Die erste Frage ist eine, in der „fremdes" Recht nur zu konstatieren, nicht fortzuentwickeln war.[87] Insbesondere ist als „Faktum" hinzunehmen, daß etwa das PGH-Musterstatut 1973 solch einen Beendigungsgrund nicht kannte.[88] Die zweite Frage beantwortete der BGH für die LPG negativ, weil der betroffene Genosse nicht zugestimmt hatte.[89]

Dies fügt sich in allgemeine Prinzipien auch des Rechts der Satzungsgesellschaften und der auch dort zu achtenden Vertrauenspositionen. Für die GmbH war etwa bereits entschieden worden, daß die Einführung neuer Einziehungsgründe mangels Zustimmung der speziell Betroffenen zumindest anfechtbar ist.[90] Da die Gesellschafterstellung insgesamt berührt ist, ist in der Tat ein ebenso weitreichender Schutz wie bei Sonderrechten zumindest in den Fällen angezeigt, in denen bei Eintritt des betroffenen Gesellschafters keine Möglichkeit, weitere Beendigungsgründe einzuführen, bestand, sein Anteil also nicht bereits mit der Aussicht einer

85 BGH ZIP 1996, 674, 676; Beuthien/Becker, ZIP 1992, 83, 85.

86 Offengelassen von: BGH ZIP 1996, 674, 675.

87 BGH NJW 1994, 1792, 1793; BGHZ 127, 195, 199. Für das analoge Problem im internationalen Privatrecht vgl. nur Kegel, Internationales Privatrecht, 7. Aufl., 1995, S. 366 f; Kropholler, Internationales Privatrecht, 3. Aufl., 1997, S. 193–195.

88 BGH NJ 1996, 529; anderer Ansicht Schröter, NJ 1994, 449; entsprechend für die LPG-Musterstatuten: BGH NJ 1995, 33, 34.

89 BGH NJ 1995, 33, 33.

90 BGHZ 9, 157, 160; BGH NJW 1977, 2316.

negativen Änderung „belastet" war.[91] In diesem Punkt ist die Argumentationsbasis für LPG und PGH sogar noch breiter als in der genannten Konstellation im Recht der GmbH: Die Musterstatuten, die den genannten Beendigungsgrund nicht kannten, waren für verbindlich erklärt; hier war also, anders als für die GmbH, in der staatlichen Vorgabe das Institut der privatautonomen Einführung weiterer Einziehungs- oder Beendigungsgründe nicht einmal im Grundsatz eröffnet. Trug freilich der Gesellschafter eine privatautonome Einführung eines neuen Beendigungsgrundes, etwa desjenigen des Eintritts ins Rentenalter, nach Einführung der Satzungsautonomie mit, so wirkt die Statutenänderung ihm gegenüber.[92]

V. Abfindungsansprüche: Fragen der Höhe

1. Die wesentlichen Kriterien

Bei der Bestimmung des Verteilungsvermögens ergibt sich die Alternative, daß der gesamte Vermögensstock in seinem tatsächlichen aktuellen Wert zugrunde gelegt wird oder aber ein Teil desselben ausschließlich für die fortbestehende Gesellschaft reserviert bleibt. Hier geht es um das Unternehmensbestandsinteresse.[93] Bei der Bestimmung der Verteilungsquote[94] stehen die Kriterien des Arbeitseinsatzes, des Kapitaleinsatzes und eine Verteilung gleichmäßig pro Kopf im Vordergrund[95] – wobei, wenn als Verteilungsvermögen der gesamte Vermögensstock zugrunde gelegt wird, also kein Unternehmensbestandsinteresse geschützt wird, kaum ein Grund besteht, die Vermögensquote je nach Anlaß des Ausscheidens nach unterschiedlichen Kriterien zu berechnen. Anders ist dies allenfalls in dem Ausnahmefall, daß Anlaß zur Pönalisierung besteht.

91 Zu diesem Gesichtspunkt im Genossenschaftsrecht etwa: MEYER/MEULENBERGH/BEUTHIEN, aaO (Fn. 52), § 88 GenG Rdn. 4.

92 So auch der BGH in einer Entscheidung (DStR 1996, 715), die (zufällig) zu einer PGH erging, jedoch wohl nicht dahingehend zu verstehen ist, daß diesbezüglich bei LPG und PGH unterschiedliche Grundsätze gelten sollten. In der Tat war im Recht der LPG und der PGH in exakt gleicher Weise keine Möglichkeit einer Einführung zusätzlicher Beendigungsgründe angelegt, so daß sowohl die Vertrauensposition als auch das Schutzobjekt (die Mitgliedschaft als Ganzes) gleich strukturiert sind.

93 Siehe sogleich sub a).

94 Zu den beiden Fragen nach Verteilungsvermögen und Verteilungsquote als den beiden Primärfragen vgl. oben I.

95 Siehe sogleich sub b).

a) Berücksichtigung des Unternehmensbestandsinteresses

Einen Teil des Gesellschaftsvermögens für die Verbleibenden reservieren und gegenüber Abfindungsansprüchen immunisieren darf der Gesetzgeber zwar zur Förderung des Unternehmensbestandes. Die Lage bei LPG und PGH weist jedoch in zwei Punkten Besonderheiten auf. Zum einen ist schon fraglich, ob auch der Bestand eines grundrechtswidrig (durch Zwangskollektivierung) geschaffenen Unternehmens dergestalt bei der gesetzgeberischen Abwägung berücksichtigt werden darf. Zum anderen ist das Bestandsinteresse von LPG und PGH vom bundesdeutschen Gesetzgeber eher niedrig eingestuft worden und dies ist bei der Auslegung stringent zuende zu denken. Ein Bestandsinteresse hat der Gesetzgeber jedenfalls nur für den Fall einer Umwandlung in eine Gesellschaft nach bundesdeutschem Recht anerkannt, nicht für den Fortbestand als LPG und PGH; bei der Liquidation besteht es ohnehin nicht.

Die Orientierung der LPG und PGH auf eine Umwandlung (oder aber Liquidation) hin, führt dazu, daß eine noch bestehende LPG und PGH in der kurzen Übergangsfrist vorher keinesfalls stärker zu schützen ist als in der Umwandlung selbst, die Voraussetzung für ihr Überleben (in anderer Rechtsform) ist. Die LPG und PGH, die den Umwandlungszeitpunkt hinauszögert, soll nicht länger einen Teil ihres Vermögens den Ausscheidenden vorenthalten können, wenn ihr kein solcher Teil bei Umwandlung und Liquidation vorbehalten ist. Bei Liquidation ist solch eine Reservierung ohnehin nicht zu rechtfertigen. Jedoch auch für die Abfindungsansprüche bei Umwandlung kann für das PGH-Recht mit Eindeutigkeit solch eine Reservierung eines Vermögensteils für die verbleibenden Gesellschafter verneint werden. Dies führt a maiore dazu, daß eine Reservierung auch gegenüber den vorher Austretenden ausgeschlossen ist. Im LPG-Recht ist ein Schluß a maiore in zweierlei Richtung angezeigt. Einerseits werden im Falle des vorherigen Austritts 10 % des Gesellschaftsvermögens offenbar für die fortbestehende Gesellschaft reserviert (§ 44 Abs. 1 Satz 2 Nr. 3 LwAnpG), was für die Umwandlung, die die Gesellschaft ihrem Fortbestand näher bringt, a maiore zu gelten hat. Umgekehrt ist für die Umwandlung geklärt, daß bei der Berechnung der zu verteilenden 90 % der tatsächliche Wert des Gesellschaftsvermögens zugrunde zu legen ist, weil in der umwandlungsrechtlichen Regel des § 36 LwAnpG eine „angemessene" Abfindung vorgesehen ist, dieser im bundesdeutschen Abfindungsrecht übliche Begriff stets im genannten Sinne verstanden wird[96] und die darin liegende Entscheidung gegen einen (zusätzlichen) Schutz des Unternehmensbestandsinteresses[97] a maiore auch in der Phase vor der Umwandlung zu gelten hat.

96 Vgl. Einzelnachweise zu diesen Aussagen für das LPG- und PGH-Recht getrennt unten 2. bzw. 3.

97 Gegen einen Schutz des Unternehmensbestandsinteresses über einige wenige ausdrückliche Spezialvorschriften hinaus auch: Wenzel, AgrarR 1997, 33, 34 (Anschluß an AgrarR 1996, 37).

Daß das Unternehmensbestandsinteresse eher schwach veranschlagt wurde, ist auch damit zu erklären, daß sein Schutz umgekehrt das Startkapital der häufig Aktiveren, der Austrittswilligen, reduziert hätte.[98]

b) Entschädigung für Arbeits- und/oder Kapitaleinsatz oder per capita?

Für die Frage, ob der *Arbeitseinsatz* für die Berechnung der Quote Berücksichtigung zu finden hat, kommt es zunächst nicht darauf an, ob das Arbeitsverhältnis und die Mitgliedschaft – wie im DDR-Recht – untrennbar miteinander verknüpft oder aber – wie im bundesdeutschen Recht – voneinander gesondert sind. Weder Anspruchssteller noch Anspruchsgegner können aus der einen oder anderen Gestaltung Argumente *für* die Berücksichtigung des Faktors Arbeit herleiten. Entscheidend ist vielmehr nach bundesdeutschem Abfindungsrecht, ob die Arbeit als voll abgegolten zu verstehen ist. Dies ist ein Grundgedanke, der sich aus dem (rechtlich verfaßten) Modell marktwirtschaftlicher Transparenz als zentraler Funktionsvoraussetzung effizienter Märkte ergibt und der sich in einer generell nachweisbaren Ablehnung versteckter Gewinne im Gesetzesrecht niedergeschlagen hat.[99] Die Frage, ob nun die Arbeitsleistung als voll kompensiert zu gelten hat, ist bei Trennung von Mitgliedschaft und Arbeitsverhältnis noch eindeutiger bejahend zu beantworten. Diese (bundesdeutsche) Gestaltung kann also als ein Argument *gegen* die Berücksichtigung des Faktors Arbeit angeführt werden. Hingegen kann aus der Einheit von Arbeitsverhältnis und Mitgliedschaft im DDR-Recht keineswegs der umgekehrte Schluß gezogen werden. Es geht hier noch allein um die Frage, ob der Faktor Arbeit zu berücksichtigen ist; ein dazu parallel möglicherweise vorhandenes Unternehmerrisiko wird entweder gesondert abgehandelt – so beim Kapitaleinsatz – oder war in der DDR inexistent – so die Gefahr des Arbeitsplatzverlustes. Betrachtet man daher allein den Faktor Arbeit, so kann rückblickend von umfassender Kompensation zumindest unter der Voraussetzung gesprochen werden, daß die Arbeitsbedingungen und die Vergütung den in Volkseigenen Betrieben (VEB) üblichen Standard erreichten; denn dies war die einzige alternative Einsatzmöglichkeit für den Faktor Arbeit in einem Abhängigkeitsverhältnis in der DDR.

98 Soweit ersichtlich fehlt rechtstatsächliches Material in dieser Frage. Vgl. jedoch den Diskussionsbeitrag von LOHLEIN, (S. 147 ff), in dem unter Berufung auf den Landwirtschaftsbericht des Landes Brandenburg davon ausgegangen wird, daß der Hektarertrag bei den Nachfolgebetrieben geringer ist als bei den kleineren neu gegründeten. Das LwAnpG 1991 wollte ersichtlich Neueinrichter fördern, ebenso BGH AgrarR 1994, 156, 157.

99 Ausführlich hierzu GRUNDMANN, aaO (Fn. 8), S. 200–211 et passim.

Diese Voraussetzung ist offenbar erfüllt.[100] Auch die einzige ausdrückliche Regelung zur Frage der Berücksichtigung des Arbeitseinsatzes bei der Abfindung im Recht der LPG und der PGH, § 44 Abs. 1 Satz 2 Nr. 3 LwAnpG, spricht nicht gegen die hier vertretene Lösung. Vielmehr kann die Gesetzgebungsgeschichte und Begründung dieser Norm umgekehrt sogar als Kronzeuge für diese Lösung herangezogen werden.[101]

Der *Kapitaleinsatz* war demgegenüber nicht voll kompensiert. Dies kann beispielhaft am Inventar, das in die PGH einzubringen war, aufgezeigt werden. Nützliches Inventar war vom (meist zwangsverpflichteten) Mitglied sowohl in der PGH auf Stufe 1 als auch in derjenigen auf Stufe 2 nach § 5 Abs. 2 und 3 PGH-Musterstatut 1973 zur Verfügung zu stellen. Das Nutzungsentgelt, das meist wohl nicht Gegenstand freier Verhandlungen war, durfte den Verschleiß nicht überschreiten, offensichtlich also durchaus häufig unterschreiten. Jedenfalls war, anders als bei Eigennutzung, durch Kapitaleinsatz keinesfalls ein Mehrwert zu erzielen. Auch eine Quote von höchstens 20–40 % des Faktors Boden an der Gewinnbeteiligung in den Mustersatzungen der LPG[102] entspricht nicht dem Anteil, den dieser Produktionsfaktor typischerweise an der Erwirtschaftung von Gewinnen hat.[103]

Während also der Faktor Arbeit umfassend kompensiert wurde, ist gleiches vom Faktor Kapital nicht zu sagen. Bei der Abfindung ist demnach bei Zweifeln von einer Quotenbestimmung nach dem Faktor Kapitaleinsatz auszugehen, nicht nach dem Faktor Arbeit. Die fehlende Kompensation des Faktors Kapital und die vollständige Kompensation des Faktors Arbeit verbieten auch eine Aufteilung *nach Köpfen*. Denn diese wird entweder gewählt, wenn die Mischung aus beiden Faktoren prägend ist[104] und eine Mischkalkulation vermieden werden soll oder wenn es typischerweise an nennenswertem Kapitaleinsatz fehlt.[105] All dies gilt vor allem deswegen, weil die jüngsten gesetzgeberischen Wertungsbeiträge im Gesamtregelungskomplex, die zudem vom Bundesgesetzgeber stammen, in diese Richtung zielen. Hinzuweisen ist auf § 44 Abs. 1 Satz 2 Nr. 2 LwAnpG 1991, wobei freilich der

100 Gerlach/Hoppe, NJ 1991, 400, 401; auch der Gesetzgeber ging von umfassender Kompensation des Faktors Arbeit aus: BT-Drucks. 12/161, S. 9; auch Feldhaus, Das Landwirtschaftsanpassungsgesetz, 1991, S. 36; Horn, aaO (Fn. 11), S. 1023; Schweizer, aaO (Fn. 15), S. 184.

101 Vgl. unten bei Fn. 121.

102 Fundstellen oben Fn. 20: Die Prozentzahlen ergeben sich aus: vgl. VII Nr. 50 bzw. VI Nr. 58 lit. f bzw. VII Nr. 53 der Musterstatuten LPG Typ I–III.

103 Vgl. etwa für einen durchschnittlichen Marktfruchtbetrieb die Modellrechnung in: Köhne, Landwirtschaftliche Taxationslehre², 1993, S. 59.

104 So das Modell der Genossenschaft nach bundesdeutschem Recht, in der persönliches Engagement und Kapitaleinsatz in § 91 GenG für prägend empfunden werden: Meyer/Meulenbergh/Beuthien, aaO (Fn. 52), § 91 GenG Rdn. 2.

105 Dieser Gedanke ist neben dem zuerst genannten etwa in der BGB-Gesellschaft wichtig: vgl. Ulmer, Münchener Komm. z. BGB, 3. Aufl., 1997, § 722 Rdn. 1 und § 705 Rdn. 199f.

Faktor Boden im Recht der PGH nicht ähnlich prominent gewichtet werden kann; es fehlt insoweit an der Vergleichbarkeit der Fakten- und Interessenlage.

Die fehlende umfassende Kompensation der wertbildenden Faktoren in der Vergangenheit führt dazu, daß die Geschäftsguthaben des Genossen nicht mit der Dauer seiner Mitgliedschaft anwachsen konnten. Es liegt daher nahe, wie vorgeschlagen, den *Faktor Dauer* zu berücksichtigen.[106] Diese Lösung ist allerdings insofern pauschaler als die im Recht der bundesdeutschen Handelsgesellschaften übliche, als es Jahre des Verlusts gibt und Jahre des Gewinns. Nach bundesdeutschem Recht würden die Geschäftsguthaben nur in erstgenannten steigen. Bei der Abwicklung von LPG und PGH würde demgegenüber eine schlichte Berücksichtigung des Faktors Dauer die Berechnung erleichtern. Zugleich wird der Unterschied zwischen Gewinnjahren und Verlustjahren eingeebnet, was freilich angesichts der Zurückdrängung privatautonomer Entscheidung (und entsprechender Verantwortung) keinen Bedenken begegnet.

2. *Durchführung für das Recht der LPG*

Bei der Durchführung im Recht der LPG besteht die dreifache Aufgabe, die Regeln für die drei Abfindungsansprüche (§§ 36, 42, 44 LwAnpG 1991) schlüssig aufeinander abzustimmen, dies für beide eingangs genannten Primärfragen und unter Vermeidung von offensichtlichen Wertungswidersprüchen zum Recht der PGH.

Bei der LPG ist für die drei unterschiedenen Fallgruppen mit eigenen Abfindungsansprüchen von § 44 LwAnPG auszugehen. Das Ausscheiden des Gesellschafters unabhängig von Strukturänderungsmaßnahmen bzw. Liquidation erscheint nicht nur als der Grundtatbestand, sondern § 44 LwAnpG steht auch gesetzgebungsgeschichtlich und -technisch im Mittelpunkt. Die Vorschrift bildete das Herzstück der Reform 1991, mit der das LwAnpG 1990 durch das bundesdeutsche LwAnpG 1991 ersetzt wurde.[107] § 44 LwAnpG 1990 galt als zuwenig präzise, um den Eigentumsschutz ausreichend zu gewährleisten.[108] Und gesetzgebungstechnisch fehlt den anderen Anspruchsgrundlagen (§§ 36 und 42 LwAnpG) insofern die Selbständigkeit, als für die Kernfragen auf § 44 LwAnpG verwiesen wird. Diese Vorschrift enthält denn auch eine sehr eingehende Regelung für die zweite Primärfrage, die Frage nach den Kriterien für die Festlegung der Verteilungsquote.

106 Für die PGH: Beuthien/Becker, ZIP 1992, 83, 87; Gerlach/Hoppe, NJ 1991, 400, 402. Für die LPG ausdrücklich § 44 Abs. 1 Satz 2 Nr. 2 LwAnpG als die Verteilungsregel für den regelmäßig größten Teil des freien Bestandes des Vermögens.

107 BT-Drucks. 12/161, S. 7, 8–10.

108 BT-Drucks. 12/161, S. 8 f; Schweizer, aaO (Fn. 15), S. 69. Flankierend kam die verfahrensmäßige Stärkung der Kapitalbeitragenden in § 7 Abs. 2 LwAnpG hinzu.

a) Der Abfindungsanspruch des unabhängig von einer Strukturänderung Ausscheidenden

In § 44 LwAnpG 1991 sind zwar die Kriterien für die Bestimmung der Verteilungsquote sehr detailliert festgelegt, erstaunlicherweise wird hingegen nicht mit letzter Klarheit deutlich, aus welchem *Vermögensstock* die Abfindung quotal zu gewähren ist. Ansatzpunkt für eine Antwort auf diese erste Primärfrage ist § 44 Abs. 6 Satz 1 GenG, in dem vorgesehen ist, daß eine „ordentliche Bilanz" gesondert für den Fall des Ausscheidens zu erstellen ist.

Schon der Wortlaut ist aussagekräftig. Offenbar ist jedenfalls, anders als in § 73 GenG, der Parallelvorschrift im allgemeinen Genossenschaftsrecht, kein „sonstiges Vermögen" vorgesehen, das nur den Verbleibenden zur Verfügung stehen soll. Auch von „Rücklagen", die ebenfalls nur den Verbleibenden zugute kämen, ist nicht die Rede. Teils wird dennoch angenommen, eine Niedrigbewertung sei zulässig und damit de facto die Reservierung eines Teiles des aktuellen Vermögens für die verbleibenden Gesellschafter.[109] Dem wird entgegengehalten, daß der Begriff der „ordentlichen" Bilanz teleologisch auszulegen sei: Das bilanzrechtliche Niedrigwertprinzip diene dem Gläubigerschutz, nicht der Privilegierung der verbleibenden Genossen vor den ausscheidenden.[110] In der Tat liegt es unter dem Gesichtspunkt der Zwangskollektivierung nach dem Gesagten nahe, verbleibende und ausscheidende Gesellschafter gleich zu behandeln, und ist der Gläubigerschutz teils im LwAnpG gegenüber dem allgemeinen Genossenschaftsrecht reduziert. Damit sollen Existenzgründungen von Ausscheidenden erleichtert werden. Zu nennen ist hier § 42 Abs. 1 Satz 2 LwAnpG, der selbst im Falle der Liquidation, also bei gänzlichem Wegfall der LPG, die Fälligkeit des Abfindungsanspruchs je nach späterem Betätigungsfeld des Ausscheidenden nur drei bzw. sechs Monate hinausschiebt. Danach wirkt kein Niedrigwertprinzip mehr zugunsten der Gläubiger. Diese Frist wird beim Ausscheiden unabhängig von Liquidation und Strukturänderung nach § 49 Abs. 2 LwAnpG regelmäßig auch eingehalten werden. Nur die Enteignungskompensation nach § 44 Abs. 1 Satz 2 Nr. 1 LwAnpG ist kürzerfristig fällig und dies auch nur zugunsten eines weiter in der Landwirtschaft Tätigen (vgl. § 49 Abs. 1 LwAnpG). Zudem besteht in diesen Fällen die LPG immerhin als Schuldner fort. Der von § 73 GenG abweichende Wortlaut, der „sonstiges Vermögen" und „Rücklagen" nicht erwähnt, und die Zurückhaltung beim Gläubigerschutz legen eine Auslegung dahingehend nahe, daß bei der Berechnung der Abfindung der volle innere Wert des Gesellschaftsvermögens in die quotale Verteilung einzubeziehen ist.

109 Behr, AgrarR 1993, Sonderheft LwAnpG, S. 37, 39; dagegen Wenzel, AgrarR 1997, 33, 34.

110 Schweizer, aaO (Fn. 15), S. 198–200; gegen eine Abfindung bloß zu Buchwerten auch BGHZ 124, 199; für einen Ansatz des vollen Wertes auch in § 44 LwAnpG: BGH WM 1996, 740, 742.

Diese Argumente aus Wortlaut und Zielsetzung der Norm werden durch solche aus der Systematik noch erhärtet. Daß das LwAnpG 1991 den Kreis des verteilbaren Vermögens offenbar weit ziehen wollte, ergibt sich nicht zuletzt auch daraus, daß nach § 44 Abs. 3, 4 LwAnpG auch Milchreferenzmengen und Zuckerrübenlieferungsrechte aufzuteilen sind, Rechte, die nicht durch Investment erdient sind. Zudem kann für den Fall der Umwandlung einer LPG nur angenommen werden, daß nach § 36 LwAnpG der gesamte Vermögensstock zur Verteilung kommt. Denn der Bundesgesetzgeber verwandte hier den Begriff der „angemessenen" Abfindung, den er in vielen Rechtsakten, insbesondere auch im Umwandlungsgesetz als dem zentralen und generellen Rechtssetzungsakt der fraglichen Materie, in eben diesem Sinne verstand. Wenn nun bei der Umwandlung kein Vermögensstock für die Verbleibenden reserviert wird, um den Fortbestand zu sichern, so ist gleiches bei einem Ausscheiden vor Umwandlung a maiore anzunehmen; denn zu diesem Zeitpunkt hat die LPG ihren Fortbestandswillen, den sie unverzüglich zu betätigen hatte, noch nicht formalisiert kundgetan. Zudem steht die hier vertretene Lösung in Einklang mit derjenigen, die sich für die PGH sehr stringent aus § 5 Abs. 2 PGH-VO ergibt.[111] Und entscheidende Unterschiede zwischen LPG und PGH sind in der Tatsachenlage diesbezüglich nicht ersichtlich.

Für die *Berechnung der Quote* sieht § 44 Abs. 1 Satz 2 LwAnpG ein dreistufiges Verfahren vor. Auf der *ersten Stufe* (§ 44 Abs. 1 Satz 2 Nr. 1) ist die Kompensation von Inventarbeiträgen vorgesehen. Hiermit wird nicht nur eine Grundregel des bundesdeutschen gesellschaftlichen Abfindungsrechts, die auch außerhalb des gewerblichen Bereichs gilt (vgl. § 738 Abs. 1 Satz 2 BGB), auf die LPG erstreckt. Hiermit werden vielmehr auch *Enteignungswirkungen rückgängig* gemacht. Denn das Mitglied wurde zu diesen Inventarbeiträgen aufgrund von (Muster-)Statuten nach seiner Zwangskollektivierung herangezogen.[112] Inventar ist also so weit zu verstehen, wie der Kreis der enteignungsfähigen Vermögenswerte gezogen wird[113] – wenn nicht ohnehin Spezialvorschriften für die Kompensation eingreifen. Inventar wird daher zu Recht als jede „bewußte und gezielte Vermögensmehrung der LPG" verstanden.[114] Weitere Folge dieses Verständnisses ist es, daß bei der Inventarkompensation Mindestgrenzen des Enteignungsrechts zu beachten sind, was insbesondere bei der Frage nach der Kompensation von ehemals werthaltigem,

111 Vgl. unten 3. a).

112 Neixler/Lachmann, ZIP 1993, 812, 814 (Fn. 9); für die PGH sogar noch pauschaler: Müller/Müller, WuB II D. § 5 PGH-VO 1.97, S. 440.

113 Streitig war dies beispielsweise für die sogenannten Fondsausgleichszahlungen beim Übertritt von einer LPG Typ I oder II in eine LPG Typ III. Für die Einbeziehung dieses Postens in die Kompensationsregelung vor allem: BGH NJ 1993, 556; ZIP 1993, 298, 299; 1993, 1116; Schweizer, aaO (Fn. 15), S. 175–179 (m.w.N. vor allem für die Gegenmeinung); Ders., ZIP 1993, 580; gegen solch eine Einbeziehung etwa: AG Schwerin NJ 1993, 135; Gramse, AgrarR 1993, Sonderheft LwAnpG, S. 5, 11; Krüger, AgrarR 1991, 265, 266.

114 Schweizer, aaO (Fn. 15), S. 176.

heute jedoch technisch überholtem Inventar eine Rolle spielt. Insoweit ist der Wert des funktionalen Äquivalents zu leisten,[115] beispielsweise für eine damals funktionstüchtige, umfassende und wettbewerbsfähige Anlage zum Betrieb der Milchwirtschaft der Wert einer ebensolchen für heutige Verhältnisse. Auch mag zwar von der ehemaligen Bewertung als richtig ausgegangen werden,[116] der Gegenbeweis muß jedoch, da es um enteignende Wirkungen geht, eröffnet bleiben. Die Einschränkung nach § 44 Abs. 6 Satz 2 LwAnpG ist damit zu erklären, daß die hier in Frage stehenden Aktiva nicht von der LPG erwirtschaftet wurden, sondern aufgrund gesetzgeberischen Eingriffs bei der Währungsumstellung geschaffen wurden, um das Überleben der betroffenen Unternehmen zu fördern.[117] Diese Aktiva entstammen nicht dem Vermögen des Begünstigten oder der enteignenden Körperschaft, so daß sie nicht zur Kompensation der Enteignung eingesetzt werden mußten. Die Bundesrepublik hat nicht die Pflicht, eine Kompensation für enteignete Werte, die etwa aufgrund sozialistischer Mißwirtschaft verloren sind, zu gewährleisten. Vorgesehen werden mußte also nur eine Inventarkompensation bis zur Höhe des Bilanzüberschusses, den die LPG unabhängig von der Währungsumstellung erwirtschaftet hatte. Ebenfalls als Regelung zur Kompensation enteignender Eingriffe ist diejenige zur Rückgabe von Flächen und Hofstellen nach § 45 LwAnpG zu verstehen. Wiederum gelten zumindest die Grundsätze über die Enteignungsentschädigung. Auch ist die Regel unabhängig von ihrer systematischen Stellung im 6. Abschnitt[118] auf alle Abfindungsfälle anzuwenden (auch diejenigen des 3. und 5. Abschnitts, obwohl in den einschlägigen Normen der diesbezügliche Verweis fehlt). Eine (anteilige) Kürzung ist in diesem Bereich nur möglich, wenn die Ansprüche auf Enteignungsentschädigung das Gesellschaftsvermögen erschöpfen.

Auf der *zweiten Stufe* (Nr. 2) wird der Hauptteil des Gesellschaftsvermögens verteilt, dies nach Kapitalbeiträgen, nicht nach dem Kriterium des Arbeitseinsatzes. War nach dem Gesagten die Arbeitskraft umfassend kompensiert, so entsprach die Verteilung des Überschusses, der nicht zur Kompensation von Enteignungswirkungen gebunden war, in der Tat dem Grundsatz vom Gleichlauf von (unkompensiertem) Einsatz und Rendite.[119]

Auf der *dritten Stufe* (Nr. 3) werden zu je 50 % der *Arbeitseinsatz* für relevant erklärt und den verbleibenden Gesellschaftern ein bestimmter Fonds vorbehalten.

115 Die Entschädigung muß den Betroffenen in den Stand setzen, sich hinreichend Ersatz zu schaffen und dies unter Berücksichtigung der zwischen Enteignung und Entschädigungszahlung verstrichenen Zeit (und etwa Preissteigerung): BGHZ 30, 281, 283; 40, 87, 89.

116 Für solch einen Ansatz BGH AgrarR 1994, 162, 163.

117 Schweizer, aaO (Fn. 15), S. 213 f.

118 Daß Normen am systematisch falschen Platze stehen, ist nicht nur bei § 45 LwAnpG, sondern auch etwa bei § 51a LwAnpG als einer weiteren abfindungsrechtlichen Regelung zu konstatieren, und ist daher kaum als Gegenargument heranzuziehen.

119 Ausführlich zu seiner Begründung im bundesdeutschen Recht und Gemeinschaftsrecht: Grundmann, aaO (Fn. 8), S. 213–220, 371–383.

Beides sind Aspekte, die ohne weiteres voneinander getrennt werden können, weil etwa im Falle der Liquidation die Bildung eines Fondsvermögens für die fortbestehende Gesellschaft ausscheidet.[120] Hierfür sind 20 % desjenigen Vermögens reserviert, das nicht schon nach Nr. 1 (und § 45 LwAnpG) zur Kompensation früherer enteignender Eingriffe zurückzuerstatten ist. 10 % dieses verbleibenden Vermögens sind also *Fondsvermögen*, so daß Ausscheidende nicht aus 100 %, sondern nur aus 90 % des Restvermögens abgefunden werden. Außerdem ist die Quote zu 10 % nicht nach Kapitaleinsatz, sondern nach Arbeitseinsatz zu berechnen. Nr. 3 betrifft demnach teils die einleitend zuerst genannte Grundfrage nach dem Verteilungsvermögen, teils auch die einleitend als zweites genannte Grundfrage nach den Kriterien für die Bestimmung der Verteilungsquote. In diesem zweiten Teil kam Nr. 3 erst im Laufe des Gesetzgebungsverfahrens ins Gesetz und sollte sozialpolitischen Spannungen zwischen den (wenigen) Genossen, die Kapital beigetragen hatten, und der großen Mehrheit, die allein arbeitend mitgewirkt hatte, vorbeugen.[121] In der Tat war die Arbeitsleistung nach dem Gesagten in LPG und PGH umfassend abgegolten, so daß sie nach grundlegenden rechtlich verfaßten Transparenzgesichtspunkten bei der Festlegung der (Abfindungs-)Quote nicht zu berücksichtigen gewesen wäre. Die Regelung nach Nr. 3 ist demnach als planwidrige Einschränkung zu sehen, allerdings nur im zweiten Teil zu Lasten von Ausscheidenden und ihren Abfingungsansprüchen, im ersten hingegen generell zu Lasten der Kapitalbeiträge. Von beiden Teilen betroffen ist in der Tat der ausscheidende Gesellschafter, der überproportional Kapitalbeiträge geleistet hat.[122]

Vom Verständnis der Verteilungsregel des § 44 Abs. 1 Satz 2 Nr. 3 LwAnpG als einer Ausnahmeregel entfernt sich eine Entscheidung des BGH, die das Bild dreier kommunizierender oder überlaufender Röhren verwendet. Danach ist, wenn von dem Vermögen, das nach Anwendung von Nr. 1 verbleibt, (deutlich) weniger als 80 % nach Nr. 2 zu verteilen ist, der Rest umfassend nach den Kriterien der Nr. 3 zu verteilen.[123] So mögen etwa in Fällen, in denen die Kapitalbeitragenden großteils vor dem 16.3.1990 ausgeschieden sind (vgl. § 51a Abs. 2 LwAnpG 1991), von dem Vermögen, das nach Anwendung von Nr. 1 verbleibt, nur 30 % nach

120 Schweizer, aaO (Fn. 15), S. 156, 183.

121 Nur angedeutet in BT-Drucks. 12/161, S. 9; deutlicher: BGH WM 1996, 740, 742 f; Schweizer, aaO (Fn. 15), S. 183.

122 Entgegen Schweizer, aaO (Fn. 15), S. 100 wird diese Personengruppe demgegenüber durch die Kürzung nach Nr. 1 und diejenige nach § 44 Abs. 6 Satz 2 LwAnpG nicht überproportional belastet: Die Erschöpfung des Eigenkapitals bildet stets die Grenze von Abfindungsansprüchen und es geht in Nr. 1 allein um eine Konkurrenz zwischen Enteignungsansprüchen; § 44 Abs. 6 Satz 2 LwAnpG liegt nach dem Gesagten eine wirtschaftspolitisch motivierte Bezuschussung der LPG zugrunde, die nicht auf dem Kapitaleinsatz der Ausscheidenden beruht.

123 BGH WM 1996, 744, bes. 745 f; zustimmend Schweizer, aaO (Fn. 15), S. 184; anderer Ansicht das dort zitierte unveröffentlichte Urteil des AG Bautzen; Lohlein, EWiR 1996 § 44 LwAnpG, 417, 417 f.

Nr. 2 verteilt werden können. Wollte man die Grundsätze des BGH anwenden und den Rest umfassend nach den Kriterien der Nr. 3 verteilen, entfielen letztlich 35 % dieses Vermögens auf den Faktor Arbeit und 35 % dienten dem Unternehmensbestandsinteresse. Ersteres widerspricht dem – auch vom Gesetzgeber betonten – Umstand, daß der Faktor Kapital praktisch nicht, der Faktor Arbeit hingegen umfassend kompensiert war und nur aus Gründen der sozialen Ruhe ein Mindestbetrag an die Arbeitenden ausgekehrt werden sollte. Zweiteres ist mit der Judikatur zu § 36 LwAnpG nicht vereinbar. Für diese Vorschrift geht der BGH nämlich davon aus, daß Ausgleich aus dem vollen Vermögen zum aktuellen Wert zu gewähren ist.[124] A maiore hat dies für den hier behandelten Fall zu gelten, weil die LPG in ihm noch weiter von einem Fortbestand entfernt ist, das Unternehmensbestandsinteresse also nicht höher (vorliegend etwa mit 35 %) bewertet werden kann. Als Fazit ergibt sich, daß § 44 Abs. 1 Satz 2 Nr. 3 LwAnpG 1991 für den Normalfall formuliert ist, in dem die Verteilung nach § 44 Abs. 1 Satz 2 Nr. 2 LwAnpG 1991 80 % des Restvermögens und mehr erfaßt. Fehlt es einmal an diesem Normalfall, so ist die gesetzgeberische Intention zu Ende zu denken, nach der Arbeitseinsatz und Unternehmensbestand nur sehr eingeschränkt neben und grundsätzlich nachrangig nach dem Kapitaleinsatz bzw. den Interessen der Ausscheidenden an Gleichbehandlung zu berücksichtigen sind.

b) Der Abfindungsanspruch in der Liquidation

Gemäß § 42 LwAnpG berechnet sich auch der Abfindungsanpruch bei Liquidierung nach Maßgabe des § 44 LwAnpG. Die Frage, aus welchem Vermögensstock abzufinden ist, kann in der Liquidation ohnehin nur dahingehend beantwortet werden, daß das gesamte Gesellschaftsvermögen zu seinem aktuellen Wert nach Begleichung der Verbindlichkeiten heranzuziehen ist. Ein Fonds oder stille Reserven, die allein für die Verbleibenden reserviert wären, darf es mangels Unternehmensbestandsinteresses und kann es mangels Verbleibenden nicht geben. Der Verweis auf § 44 LwAnpG hat also erst für die zweite Frage Bedeutung, diejenige nach den Kriterien für die Festlegung der Verteilungsquote. Dabei wirkt sich jedoch wiederum der Fortfall des Unternehmens und eines Unternehmensbestandsinteresses aus, indem nach dem Gesagten zumindest der zweite Teil von § 44 Abs. 1 Satz 2 Nr. 3 LwAnpG keine Anwendung mehr finden kann. Nun sind nach § 44 Abs. 1 Satz 2 Nr. 1–3 LwAnpG nur 10 % des Betrags, der nicht durch die Enteignungsentschädigungsansprüche aufgezehrt wird, für eine Verteilung nach dem Faktor Arbeit reserviert. Diesen Anteil zu steigern, weil mangels Unternehmensfortbestand der gleiche Betrag nicht mehr für das Unternehmensbestandsinteresses reserviert ist und deshalb frei wird, besteht kein Anlaß: Beide Alternativen von § 44

124 Vgl. dazu sogleich c).

Abs. 1 Satz 2 Nr. 3 LwAnpG begünstigen nach dem Gesagten nicht die gleiche Gruppe und stellen Einschränkungen des Grundsatzes dar – diejenige für den Faktor Arbeit sogar eine planwidrige, allein aus sozialpolitischen Gründen zu rechtfertigende. Mit dieser Maßgabe kann § 44 LwAnpG auch in der Liquidation Anwendung finden.

c) Der Abfindungsanspruch des bei Umwandlung Ausscheidenden

Auch in § 36 Abs. 3 LwAnpG ist für die Bemessung auf § 44 LwAnpG verwiesen, allerdings nur auf dessen Absatz 1. Dort sind die Kriterien für die Bestimmung der Verteilungsquote geregelt.

Allerdings ist die Frage nach dem *Vermögensstock*, aus dem die Abfindung zu berechnen ist, bei Umwandlung nicht so selbstverständlich zu beantworten wie bei Liquidation. Für die Umwandlung ist der Ansatzpunkt insoweit der Begriff der „angemessenen" Barabfindung – nicht wie in § 44 Abs. 6 Satz 2 LwAnpG derjenige der „ordentlichen" Bilanz. Der Begriff der Barabfindung, den die offizielle Normüberschrift verwendet, verweist als Terminus technicus auf das (Aktien-)Konzernrecht und das Umwandlungsrecht, vor allem § 305 AktG und § 30 UmwG. Da nun auch der Begriff der „Angemessenheit" der Abfindung in den genannten Normen wiederkehrt, kann der Gebrauch dieser Begriffe in § 36 LwAnpG nur dahingehend verstanden werden, daß die zu § 305 AktG und § 30 UmwG einhellig vertretene Auffassung zur hier erörterten Frage, auch für § 36 LwAnpG gelten sollte: In § 305 AktG und § 30 UmwG ist unstreitig eine Abfindung aus dem gesamten Gesellschaftsvermögen zum aktuellen Wert gemeint, der „volle Wert".[125]

Weniger klar ist die Aussage des § 36 Abs. 3 AktG zur Frage nach den Kriterien, nach denen die Quote zu bemessen ist. Typischerweise wird der Begriff „berücksichtigen" anders verstanden als der in § 42 LwAnpG verwandte Begriff „beachten" und damit angedeutet, daß das zu berücksichtigende Kriterium oder die zu berücksichtigende Norm nur eines bzw. eine unter mehreren zu sein hat, die herangezogen werden sollen.[126] Die Kriterien anders zu bestimmen als in § 44 Abs. 1 LwAnpG erscheint dennoch wenig angezeigt. Der Anlaß für das Ausscheiden mag zwar teils den Vermögensstock, aus dem entschädigt wird, beeinflussen, weil in manchen Fällen das Unternehmensbestandsinteresse noch einfließen kann. Weniger plausibel ist, wieso der Anlaß für das Ausscheiden die Kriterien, nach der die Quote berechnet wird, beeinflussen soll: Wenn Kapitaleinsatz das Kriterium

125 Hüffer, aaO (Fn. 4), § 305 AktG Rdn. 18 bzw. Grunewald, aaO (Fn. 6), § 30 UmwG Rdn. 2. Entsprechend denn auch für § 36 LwAnpG: BGH WM 1990, 740; zustimmend Gramse, EWiR 1996 § 36 LwAnpG, 325.

126 Vgl. nur die Nachweise in Grundmann, aaO (Fn. 8), S. 135.

bildete, wenn Kapitaleinsatz als für den Mehrwert verantwortlich angesehen wurde, so ändert sich daran durch Einleitung der Umwandlung nichts, da die Quote die stetige Berechnungsgrundlage ist und jede Änderung diese Grundlage rückwirkend beseitigen würde. Allenfalls aus Disziplinierungsgründen wäre beim Ausschluß u.ä. an eine Änderung der Kriterien zu Lasten des Ausscheidenden zu denken. Nur die Anwendbarkeit auch der Ausnahmeregeln des § 44 Abs. 1 Satz 2 Nr. 3 LwAnpG, die aus dem Grundprinzip nicht zu erklären sind, ist positiv zu begründen: Das soziale Interesse, das für die Anrechnung des Faktors Arbeit zu 10 % sprach, hat sich im zweiten Halbjahr 1991, in dem es zur Umwandlung kam, nicht erkennbar geändert. Und die Reservierung von 10 % aus Unternehmensbestandsschutzüberlegungen ist, wenn die Umwandlung eingeleitet wurde und damit der erste und unabdingbare Schritt zum Unternehmensbestand getan ist, keineswegs zu verneinen, wenn es vorher bejaht wurde. Entgegen dem Wortlaut der Norm, ist die Quote also streng nach den Kriterien des § 44 Abs. 1 Satz 2 LwAnpG zu berechnen.

3. Durchführung für das Recht der PGH

Teils wird für die Abfindungsansprüche nach PGH-VO angenommen, es fehle gänzlich an Maßstäben zur Bestimmung ihres Umfangs.[127] Dies trifft jedenfalls für § 5 Abs. 2 PGH-VO nicht zu.

a) Der Abfindungsanspruch des bei Umwandlung Ausscheidenden

Von § 5 Abs. 2 PGH-VO ist denn auch auszugehen. Es handelt sich zwar, anders als bei § 44 LwAnpG, nicht um den Grundtatbestand, sondern um die Abfindungsregel für Umwandlungsfälle. Die Regelung ist jedoch deutlich spezifischer als für die anderen beiden Hauptfallgruppen. Außerdem betrifft die Rechtsprechung fast ausschließlich diese Norm. Und nicht zuletzt konzentriert sich die Diskussion zu den anderen Abfindungsfällen häufig auf die Frage, ob nicht § 5 Abs. 2 PGH-VO analog anzuwenden sei. Wie also der Abfindungsanspruch nach § 44 LwAnpG unter denen nach dem LwAnpG den eigentlichen Referenzpunkt bildet, weil in §§ 36 und 42 LwAnpG auf diese Norm verwiesen wird, so bildet § 5 Abs. 2 PGH-VO den entsprechenden Referenzpunkt unter den Abfindungsansprüchen der PGH-VO – wenn auch nicht aufgrund einer gesetzgeberischen Verweisung, sondern nur in der Diskussion.

127 Gerlach/Hoppe, NJ 1991, 400, 402.

Neben dem Ausscheiden des Anspruchsstellers wird das Bestehen des Mitgliedschaftsverhältnisses bei Umwandlung als Anspruchsvoraussetzung gesehen.[128] Hiermit ist noch nichts präkludiert, solange in anderen Fällen über eine analoge Anwendung des § 5 Abs. 2 PGH-VO nachgedacht wird. Ohne zu sehr in die Details zu gehen,[129] ist doch auf drei Fragen hinzuweisen, die aufeinander aufbauen: Zunächst ist festzustellen, daß der Gesetzgeber § 5 Abs. 2 PGH-VO offensichtlich als eine eigene Anspruchsgrundlage ausgestalten wollte.[130] Sodann ist zu fragen, ob der Abfindungsanspruch sich auf das gesamte Vermögen der Gesellschaft bezieht oder ob ein Fonds den verbleibenden Gesellschaftern vorbehalten ist. Der BGH entschied in ersterem Sinne.[131] Die dritte Frage geht dahin, wie nun der Anteil eines jeden Gesellschafters zu errechnen ist, anhand der investierten Arbeit, des investierten Kapitals oder per capita. Diese Frage ist höchstrichterlich nicht entschieden. Wer insoweit § 91 GenG heranziehen will,[132] eine Abfindungsregel, die die Liquidation betrifft, kommt nach einer Rückzahlung der Geschäftsguthaben (Einzahlungen und Zuschreibungen von Gewinnen/Verlusten)[133] zu einer Aufteilung nach Köpfen, möglicherweise unter Berücksichtigung der Dauer ihrer Mitgliedschaft.[134] Bei der Analyse von § 5 Abs. 2 PGH-VO als Grundnorm fällt auf, daß, in Umkehrung dessen, was für § 44 LwAnpG festgestellt wurde, die Frage nach dem Verteilungsvermögen (erste Primärfrage) eindeutig geregelt ist, die Kriterien für die Quotenbestimmung (zweite Primärfrage) hingegen recht unklar blieben. Beide Fragen sind von zentraler Bedeutung auch für die anderen Abfindungsansprüche und daher schon für § 5 Abs. 2 PGH-VO zu vertiefen.

128 BGH DStR 1996, 715, 715.

129 Ausführlicher unten die Beiträge von LITTBARSKI und LOHLEIN, S. 147 ff, 159 ff.

130 BGH WM 1996, 1776, 1776 mit insoweit zust. Anm. von LOHLEIN, EWiR § 5 PGH-VO 1/96, 1045, 1045 f und MÜLLER/MÜLLER, WuB II D. § 5 PGH-VO 1.97, S. 439. Auf „die" genossenschaftlichen Fonds, die nach § 5 Abs. 2 PGH-VO zu verteilen sind, hatte der Genosse nämlich nach dem PGH-Musterstatut 1973 keinen Anspruch. Die Regelung würde also, wenn es sich in der Tat um eine bloße Fälligkeitsregelung handelte, ins Leere laufen. Dies gilt um so mehr, als im DDR-Recht natürlich auch der Fall der Umwandlung in eine Gesellschaftsform nach bundesdeutschem Recht nicht vorgesehen war, folglich auch keine Abfindungsregel für diesen Fall. Ein Verweis auf das PGH-Musterstatut 1973 als die einzig denkbare sonstige Regelung für Abfindungsansprüche sollte gerade nicht für den Bereich der §§ 4–8 PGH-VO gelten (§ 9a Abs. 2 PGH-VO).

131 BGH WM 1996, 1776, 1776.

132 So etwa BEUTHIEN/KLOSE, WuB II D. § 4 PGH-VO 1.96, S. 955; GERLACH/HOPPE, NJ 1991, 400, 402.

133 Für die PGH-VO: GERLACH/HOPPE, NJ 1991, 400, 402. Dies ist auch im Rahmen des GenG unstreitig: vgl. etwa MEYER/MEULENBERG/BEUTHIEN, aaO (Fn. 52), § 7 GenG Rdn. 4.

134 GERLACH/HOPPE, NJ 1991, 400, 402. Der BGH erklärt zumindest eine privatautonome Regelung (Satzungsänderung) in diesem Sinne für wirksam, vgl. oben III. 1. c).

Beiden Fragen vorgelagert ist die Regelung des § 5 Abs. 2 Satz 1 PGH-VO: Die Auszahlung des eingebrachten Anteils ist zumindest im Falle der Zwangskollektivierung unter enteignungsrechtlichen Gesichtspunkten zwingend vorgegeben. Grundsätzlich entspricht dies der Regelung von § 44 Abs. 1 Satz 2 Nr. 1 LwAnpG. § 5 Abs. 2 Satz 2 PGH-VO regelt dann, wenn die Norm nicht nur als Fälligkeitsregelung zu sehen ist, implizit, jedoch durchaus eindeutig die Frage nach dem *Verteilungsvermögen*, aus dem die Abfindung zu berechnen ist. Hier wird von Verteilung „der" genossenschaftlichen Fonds – nicht nur eines „Fonds" – gesprochen und nicht zwischen Fonds differenziert. Daraus kann nur geschlossen werden, daß alle Fonds, in denen Gewinne der PGH verbucht wurden, aufzuteilen sind, einschließlich sog. Reservefonds (§ 6 Abs. 1 lit. b, letzter Spiegelstrich PGH-Musterstatut 1973).

Nicht einmal implizit geregelt ist demgegenüber in § 5 Abs. 2 PGH-VO die Frage nach den Kriterien für die Bestimmung der *Verteilungsquote*. Üblich ist ein Abstellen auf den Faktor Arbeit, genauer: Bruttolohnsummen.[135] Die Üblichkeit allein ist jedoch, zumal wenn mit der Kapitaleinlegerseite eine betroffene Seite regelmäßig überstimmt wurde,[136] kein Kriterium für die Bestimmung des Gesetzesinhalts.[137] Die zentrale Frage ist daher, ob nicht – naheliegend – die Wertung des Bundesgesetzgebers, die sich allein im LwAnpG 1991 oder allenfalls im UmwG findet, der fehlenden Wertung in der PGH-VO aus der Modrow-Zeit vorzugehen hat. Sinnvoll ist dies nur für die einzelnen Stufen zu prüfen: Eine Reservierung von 10 % für das fortbestehende Unternehmen (§ 44 Abs. 1 Satz 2 Nr. 3 LwAnpG) widerspräche § 5 Abs. 2 PGH-VO nach der eben gegebenen Auslegung; eine Abweichung vom LPG-Recht wäre in diesem Punkt auch nicht willkürlich, da der Aufbau kleinerer, neuer, leistungsfähiger Betriebe noch stärker förderungswürdig erscheint. Wenn sodann der Faktor Arbeit im Regierungsentwurf LwAnpG 1991 überhaupt nicht, in § 44 Abs. 1 Satz 2 Nr. 3 LwAnpG 1991 nur zu 10 % berücksichtigt wurde und dies allein, um sozialen Spannungen vorzubeugen, so ergibt sich für den Bereich des Handwerks daraus: Die Gefahr sozialer Spannungen ist ange-

135 BGH DStR 1996, 715, 716; Beuthien/Becker, ZIP 1992, 83, 87, die diesen Modus auch für sachgerecht halten. Das Kriterium zeitigt jedenfalls angesichts der inflationären Steigerung der Bruttolohnsummen verzerrende Wirkungen zu Lasten der langjährigen Genossen, da frühere Jahre der Mitgliedschaft weniger werthaltig angesetzt werden.

136 Horn, aaO (Fn. 11), S. 1024; Schweizer, aaO (Fn. 15), S. 69.

137 Trotz Üblichkeit wird weit überwiegend etwa auch auf Handelsbräuche das AGBG analog angewandt, insbesondere werden diese aufgrund von § 9 AGBG überprüft: Nielsen, Grundlagen des Akkreditivgeschäfts, 3. Aufl., 1989, S. 22; Graf v. Westphalen, WM 1980, 178, 188 f; sowie BGHZ 92, 396, 398 (handelsübliche Klauseln); BGH NJW 1985, 482, 489 (Überprüfung einer Auslegung nach der Verkehrssitte); Ulmer, in: Ulmer/Brandner/Hensen, Komm. z. AGB-Gesetz, 8. Aufl., 1997, § 1 Rdn. 89.

sichts der ungleich geringeren Zahl der Betroffenen, vor allem jedoch mangels vergleichbarer Strukturprobleme in der Branche, keinesfalls höher anzusetzen als in der Landwirtschaft. Dies spricht für eine Anwendung des Grundgedankens, der der Verteilungsregel des § 44 Abs. 1 Satz 2 Nr. 2 LwAnpG zugrunde liegt, im Umfang von mindestens 90 %. Der Grundgedanke ist, daß nach dem jeweiligen Beitrag zum Mehrwert zu fragen ist – dies notfalls im Wege der Schätzung. Nicht übertragbar ist die Fiktion dahingehend, daß Grund und Boden zum Mehrwert in dem Umfang beigetragen haben, den § 44 Abs. 1 Satz 2 Nr. 2 LwAnpG annimmt. Angesichts der vollständigen Kompensation des Faktors Arbeit und der krassen Unterkompensation des Faktors Kapital gerade auch im Bereich des Handwerks[138] ist jedoch grundsätzlich die tragende Wirkung des Faktors Kapital nicht zu leugnen. Eine stärkere Relevanz des Faktors Arbeit als im LwAnpG vorgesehen wäre nachzuweisen oder zumindest durch Schätzung plausibel zu machen. Letztlich kann mangels spezifischerer Regelung der Faktoren zur Bestimmung der Quote nur entweder auf allgemeinere Grundsätze des bundesdeutschen Rechts zurückgegriffen werden – die PGH-VO wirkt nach dem Gesagten als bundesdeutscher Rechtsakt fort – oder § 44 Abs. 1 Satz 2 LwAnpG in vorsichtiger Analogie herangezogen werden. Im ersten Fall wäre – meist durch Schätzung – festzulegen, in welchem Umfang sich welcher wertbildende Faktor, der in der Vergangenheit noch nicht vollständig kompensiert worden ist, auf die Schaffung von Unternehmensgewinnen ausgewirkt hat.

b) Der Abfindungsanspruch in der Liquidation

Für den Fall der Liquidation stellt sich die erste Primärfrage – nach dem Verteilungsvermögen – nicht. Alle Genossen scheiden aus, der gesamte aktuelle Wert des Unternehmens ist zu verteilen. Für die Kriterien, nach denen die Quote zu berechnen ist, wird angenommen, daß § 91 GenG heranzuziehen sei, weil in § 7 PGH-VO auf ihn verwiesen sei.[139] Demnach wäre die Quote in der Liquidation nach anderen Kriterien zu bestimmen als in der Umwandlung. Dies ist problematisch. Schon die Verweisung in § 7 PGH-VO ist keineswegs ausdrücklich. Die Vorschrift könnte auch dahin gelesen werden, daß in § 7 Abs. 1 PGH-VO, der den Verweis enthält, nur die Umwandlung generell geregelt ist, in § 7 Abs. 2 PGH-VO hingegen speziell die Abfindung. Unmodifiziert wird § 91 GenG ohnehin kaum heranzuziehen sein, weil mit der reinen Pro-Kopf-Regel der Faktor der Dauer

138 Vgl. oben V. 1. b). Insoweit unterscheiden sich LPG und PGH nicht, die Unterkompensation geht bei PGH eher noch weiter.

139 Gerlach/Hoppe, NJ 1991, 400, 402.

nicht berücksichtigt und damit über die Jahre versteckt geschaffenes Vermögen nicht für seine Entstehenszeit zugeteilt würde.[140] Die Pro-Kopf-Regel in § 91 GenG ist tragbar, weil das Geschäftsvermögen des einzelnen Genossen mit der Zeit substantiell wächst; dies ist eine Grundlage der Regelung in § 91 GenG, die unter dem PGH-Musterstatut 1973 gerade nicht gewährleistet war. Wenn der Verweis auf § 91 GenG sehr pauschal gehalten und das Abfindungsrecht nicht genannt ist, wenn außerdem § 91 GenG ohnehin nicht ohne Modifikationen zur Anwendung kommen kann, wenn es eine spezifisch auf das Ausscheiden aus DDR-Produktionsgenossenschaften zugeschnittene Regel gibt und durchweg innerhalb einer Gesellschaftsform die Quote nicht für die verschiedenen Fälle des Ausscheidens unterschiedlich geregelt ist, so sprechen die besseren Gründe für eine Berechnung, wie sie oben für § 5 Abs. 2 PGH-VO dargestellt wurde.

c) Der Abfindungsanspruch des unabhängig von einer Strukturänderung Ausscheidenden

Zutreffend ist die einleitende Behauptung für den Fall des Ausscheidens, für den der Gesetzgeber Abfindungsansprüche allein durch Verweis geregelt hat: in § 9a Abs. 2 PGH-VO i.V.m. Musterstatut (für alte PGH) bzw. § 3 PGH-VO i.V.m. § 73 GenG (für junge PGH).

Für die erste Primärfrage – nach dem *Verteilungsvermögen* – ist freilich die Wertung von § 5 Abs. 2 PGH-VO und § 44 LwAnpG deutlich spezifischer. Das Unternehmensbestandsinteresse kann schlechterdings nicht in Fällen höher angesetzt werden, in denen der erste unabdingbare Schritt zum Fortbestand des Unternehmens noch nicht getan ist (und die Zeit drängt), als in Fällen, in denen er immerhin eingeleitet ist. Die Wertung des § 5 Abs. 2 PGH-VO dahingehend, daß der Bestand des Unternehmens nicht stärker zu fördern ist als der Neuaufbau von Unternehmen durch ausscheidende Genossen, gilt für das Ausscheiden *vor Umwandlung* a maiore. Der BGH will sich demgegenüber nur zu einer Gleichbehandlung der Ausscheidenden und der Verbleibenden insoweit verstehen, als bei der Quotenbestimmung Beschäftigungsmonate von früher Ausgeschiedenen nicht der Gesellschaft (den verbleibenden Genossen) gutgeschrieben werden dürfen.[141]

Wie bei der LPG und allen anderen Gesellschaftsformen sprechen keine Gründe für eine unterschiedliche Berechnung der Quote je nach Anlaß des Ausscheidens. Eine Disziplinierung kündigender Genossen ist, da sie erstmals von ihrem Grundrecht auf negative Vereinigungsfreiheit Gebrauch machen, nicht zu rechtfertigen.

140 GERLACH/HOPPE, NJ 1991, 400, 402.
141 BGH DStR 1996, 715, 716 (m.w.N.).

VI. Abfindungsansprüche: Fragen der Rückwirkung

1. Der zeitliche Anwendungsbereich von LwAnpG 1991 und PGH-VO 1990

Dem neuen Recht wurde im Bereich der LPG in § 51a LwAnpG sehr weitgehend (echte) Rückwirkung beigelegt.[142] Obwohl das Gesetz erst am am 7.7.1991 in Kraft trat, wurde der Schutz des Gesetzes bei Geltendmachung des Abfindungsanspruchs nach dem 15.3.1990 umfassend verbürgt (§ 51a Abs. 1 LwAnpG 1991), bei Geltendmachung davor zumindest zum Teil (§ 51a Abs. 2 LwAnpG 1991). Für § 51a LwAnpG wurden daher die zwei zentralen Fragen nach der Verfassungskonformität der Regelung und nach ihrer Auswirkung auf bereits abgewickelte Sachverhalte bereits eingehend oder zumindest ansatzweise diskutiert und stehen auch im folgenden im Mittelpunkt.

Während die Feststellung der Regel für § 51a LwAnpG kaum Probleme bereitet und nur die Fragen der Verfassungskonformität und der Folgen für bereits abgewickelte Fälle zu diskutieren sind, ist im Recht der PGH schon die Art der angeordneten Rückwirkung nicht geklärt. Ausgangspunkt ist § 9a Abs. 2 PGH-VO, der mit dem bundesdeutschen Hemmnisbeseitigungsgesetz eingeführt wurde. Anders als § 51a LwAnpG spezifiziert diese Regel nämlich nicht, ob sie auch für eine Anspruchsgeltendmachung vor ihrem Inkrafttreten am 28.3.1991 anzuwenden ist oder ob sie nur die Rechtslage für ab diesem Zeitpunkt erhobene (und abgewickelte) Ansprüche neu gestaltet. Im ersten Fall wäre ebenfalls von echter, im zweiten von unechter Rückwirkung auszugehen.

Unmittelbar entscheidet § 9a Abs. 2 PGH-VO nur für diejenigen PGH, die vor Inkrafttreten der Verordnung am 19.3.1990 gegründet worden waren, über das Verhältnis verschiedener Regelungsgruppen zueinander. Abgesehen von den Fragen des Arbeitsrechtsverhältnisses wurden für alle Rechtsfragen primär §§ 4–8 PGH-VO für anwendbar erklärt. Gleiches hat a maiore für PGH zu gelten, die nach Inkrafttreten der Verordnung gegründet wurden. Sekundär wurde das Musterstatut der Produktionsgenossenschaften des Handwerks für anwendbar erklärt. Der BGH geht jedoch grundsätzlich zu Recht davon aus, daß privatautonom vorgenommenen Änderungen des (sozialistisch geprägten) Musterstatuts durch Vollversammlungsbeschluß, die ebenfalls seit Inkrafttreten der Verordnung am 19.3.1990 möglich waren,[143] vorgehen.[144] Eine ganz andere und bereits ausführlich

142 BGH ZIP 1993, 390 f; Horn, aaO (Fn. 11), S. 1022; Neixler/Lachmann, ZIP 1993, 812, 812 f et passim.

143 Damals wurde die Verordnung über das Musterstatut der Produktionsgenossenschaften des Handwerks vom 21.2.1973, GBl. DDR 1973, Teil I, Nr. 14, S. 121, aufgehoben (§ 10 Abs. 2 1. Spiegelstrich PGH-VO) und mit ihr zwar nicht das Musterstatut selbst, wohl aber seine Allgemeinverbindlicherklärung nach § 1 der VO. Vgl. zu dieser Differenzierung: BGH DStR 1996, 715, 716.

144 BGH DStR 1996, 715, 716.

erörterte[145] Frage ist es, ob solche privatautonom vorgenommenen Regelungen auch von der Regelung der §§ 4–8 PGH-VO für die Kriterien zur Bestimmung der Abfindungsquote abweichen konnten. Daraus ergibt sich, daß für PGH, gleichgültig ob sie vor oder nach Inkrafttreten der PGH-VO gegründet wurden, zwei der drei Abfindungsansprüche durch §§ 4–8 PGH-VO geregelt sind, es sei denn hiervon ist privatautonom wirksam abgewichen worden: die Abfindungsansprüche bei Ausscheiden anläßlich einer Umwandlung (§ 5 Abs. 2 PGH-VO) und anläßlich einer Liquidation (§ 7 Abs. 2 PGH-VO). Nur für den Abfindungsanspruch bei Ausscheiden unabhängig von diesen Anlässen enthalten §§ 4–8 PGH-VO keine Regeln. Für die vor Inkrafttreten der Verordnung gegründeten PGH greift daher aufgrund des Verweises in § 9a Abs. 2 PGH-VO die Regelung des PGH-Musterstatuts 1973,[146] während für jüngere PGH nur der Verweis auf das Genossenschaftsgesetz in § 3 PGH-VO zum Tragen kommen kann. Dieses ist, anders als das Musterstatut, durch die PGH-VO nicht für weitgehend dispositiv erklärt worden. Es ist abdingbar nur soweit, als dies ausdrücklich vorgesehen ist (§ 18 GenG). In Kompensationsfragen ist dies jedoch in zentralen Punkten der Fall (§ 73 Abs. 3 GenG, auch § 91 Abs. 3 GenG).[147]

2. *Die Zulässigkeit der Rückwirkung bei Paradigmenwechsel*

Diskutiert wurde die Frage einer echten Rückwirkung vor allem für das LwAnpG 1991. Der BGH hat die Zulässigkeit der Rückwirkung damit begründet, daß die Rechtslage jedenfalls zwischen 15.3.1990 und 7.7.1991 verworren und un-

145 Oben III. 1.

146 Der Verweis in § 3 PGH-VO auf das Genossenschaftsgesetz zurückgedrängt, ebenso BGH DStR 1996, 715, 716.

147 Auch mit dem Verweis auf das Genossenschaftsgesetz in § 3 PGH-VO ist eine Frage des intertemporalen Rechts aufgeworfen, da damit vor dem 1.7.1990 noch auf das (in der DDR weitergeltende) GenG in der Fassung vom 1.5.1889 (RGBl. 1889, S. 55) verwiesen war, ab 1.7.1990 auf das GenG in der aktuellen Fassung (vgl. GBl. DDR 1990 Nr. 34, S. 360; Gerlach/Hoppe, NJ 1991, 400, 401). In der Konsequenz des § 9a Abs. 2 PGH-VO, der DDR-Recht zwar für anwendbar, jedoch für dispositiv erklärt, läge es, zwar das bundesdeutsche GenG als gemäß § 18 GenG zwingend zu verstehen, nicht jedoch das (alte) GenG in der Fassung vom 1.5.1889, soweit das bundesdeutsche Genossenschaftsrecht über es hinweggegangen ist und heute abweicht. Statuten(änderungen) aus der Zeit zwischen 19.3.1990 und 30.6.1990, die von solchermaßen „obsoletem" Genossenschaftsrecht abweichen, sind in jedem Falle wirksam; „obsoletes" Genossenschaftsrecht ist nur dispositiv und die Wertung des § 9a Abs. 2 PGH-VO geht dahin, daß Statuten(änderungen) aus Vertrauensgesichtspunkten nicht nachträglich am bundesdeutschen GenG gemessen werden. Anders ist dies hinsichtlich zwingender Normen, die sich übereinstimmend im GenG in der Fassung vom 1.5.1889 als auch im aktuellen bundesdeutschen GenG finden.

klar war und daher die so umrissene Fallgruppe einer nach Judikatur des BVerfG zulässigen echten Rückwirkung eröffnet sei.[148] Er ist dafür angegriffen worden.[149]

Fester erscheint der Grund auf der Basis einer zweiten Fallgruppe, in der eine echte Rückwirkung nach Judikatur des BVerfG zulässig ist: Regelmäßig ist durch Rückwirkung die bisher grundrechtswidrige Lage rückgängig zu machen, die Rückwirkung also Mittel zur Durchsetzung von Verfassungsgeboten aus dem Grundrechtskatalog – gleichgültig, ob Recht der DDR an diesen zu messen ist oder nicht. Dies wird auch von Gegnern der Judikatur des BGH zugegeben, soweit das neue Recht eine Abfindung zumindest in Höhe des Werts der tatsächlich geleisteten Inventarbeiträge vorsieht (etwa § 44 Abs. 1 Nr. 1 LwAnpG).[150] Wenn jedoch LPG und vielfach auch PGH jeweils auf Zwangskollektivierung beruhen, kann nicht nur der grundrechtlich verbürgte Eigentumsschutz fruchtbar gemacht werden, sondern auch die Vereinigungsfreiheit.

Bei der Suche nach praktischer Konkordanz zwischen der Vereinigungsfreiheit der Verbleibenden und der negativen Vereinigungsfreiheit der Ausscheidenden, die damit die Folgen der Zwangskollektivierung rückgängig machen wollen, ist kein Grund ersichtlich, der es erlauben würde, das eine Individualrecht gegenüber dem anderen höher zu bewerten. Anders als beim Ausscheiden nach freiwilligem Eintritt wird durch das Ausscheiden nach Zwangskollektivierung eine grundrechtswidrige Lage ausgeräumt. Zwar mag der Gesetzgeber das Allgemeininteresse am Unternehmensbestand dadurch fördern dürfen, daß er einen Teil des Vermögens für die Gesellschaft und die in ihr Verbleibenden reserviert. Es handelt sich hierbei jedoch nicht um ein individuelles Recht wie das der Vereinigungsfreiheit, und die Grundsätze über den Schutz vor echter Rückwirkung haben allein das Ziel, solche individuellen Rechte zu verbürgen.[151] Wenn positive und negative Vereini-

148 BGH ZIP 1993, 390, 390 f; zustimmend Schweizer, aaO (Fn. 15), S. 192 f. Zu dieser recht diffusen Fallgruppe: BVerfGE 13, 261, 271; 18, 429, 439. Vgl. auch den Diskussionsbeitrag von Huber (unten S. 118 ff), in dem in jedem Falle die präzisierende Neuregelung von § 44 LwAnpG 1990 mit Rückwirkung für zulässig gehalten wird, da andernfalls jede denkare, dem jeweiligen Kläger günstigste Auslegung des § 44 LwAnpG 1990 unter Berufung auf Vertrauensschutzaspekte jeweils grundrechtsartigen Charakter erhalten haben würde.

149 Neixler/Lachmann, ZIP 1993, 812, 812 f et passim.

150 Neixler/Lachmann, ZIP 1993, 812, 814, Fn. 9. Das BVerfG umschreibt diese Fallgruppe etwas weiter und spricht von „zwingenden Gründen des gemeinen Wohls“, was jedoch jedenfalls die (Wieder-)Herstellung einer grundrechtsgemäßen Lage umfaßt: BVerfGE 13, 261, 272; 18, 429, 439.

151 „Vertrauensschutz“ des Bürgers ist zu gewährleisten oder – präziser noch – nur einer „Beseitigung erworbener Rechte“ (d.h. nicht auch solcher Positionen, die aufgrund eines Allgemeininteresses zufallen mögen) muß vorgebeugt werden. BVerfGE 13, 261, 271; 24, 75, 98; 45, 143, 167 f; 72, 200, 242.

gungsfreiheit in der Abwicklungsfrist gleich zu gewichten sind, so gebietet der Schutz der Verbleibenden vor echter Rückwirkung nur, daß sie auch in der Vermögensverteilung nicht schlechter behandelt werden; die gleichmäßige Verteilung des gesamten Gesellschaftsvermögens zwischen Ausscheidenden und Verbleibenden kann, weil sie bei Berücksichtigung allein der individualrechtlichen Grundrechtspositionen geboten wäre, rückwirkend angeordnet werden. Die Reservierung eines Teils (des Hauptteils) des Gesellschaftsvermögens für die Verbleibenden kann rückwirkend zurückgenommen werden. Da nun die weitgehende Reservierung des Gesellschaftsvermögens für die Verbleibenden nach DDR-Recht auch dazu führte, daß die Kriterien für die Bestimmung der Quote der einzelnen Gesellschafter (verbleibender ebenso wie ausscheidender) substantiell ungeregelt blieben, kann auch dieser notwendigen Folgeregelung rückwirkende Kraft beigelegt werden.[152]

Bei der LPG ist also angesichts der durchgängig zu konstatierenden Zwangskollektivierung eine echte Rückwirkung der Abfindungsregelung zulässig. Bei der PGH ist nicht immer eine Zwangskollektivierung zu konstatieren, in manchen Branchen, wie etwa der Bau-, der Verkehrs- und der Telekommunikationsbranche, jedoch durchaus. Dort ist es verfassungsrechtlich zulässig, § 9a Abs. 2 PGH-VO so auszulegen, daß er das Recht auch für eine vor dem 15.3.1990 liegende Anspruchsgeltendmachung (und -abwicklung) festlegt. Die Wertung des § 51a Abs. 1 und 2 LwAnpG legt es nahe, daß für Ansprüche auf Rückgabe der Beiträge selbst das neue Recht unabhängig vom Zeitpunkt der Anspruchsgeltendmachung anzuwenden ist, für die Beteiligung am erwirtschafteten Vermögen der Gesellschaft mittels weitergehender Abfindungsansprüchen hingegen nur bei Anspruchsgeltendmachung nach dem 15.3.1990.

3. Insbesondere: Wiederaufrollen von abgewickelten Sachverhalten?

Indem dem neuen Recht weitgehend Rückwirkung beigelegt wurde, stehen auch bereits abgewickelte Sachverhalte neu zur Diskussion – insbesondere bei Abwicklung zwischen 16.3.1990 und 7.7.1991. Dies gilt nicht zuletzt für Nachfolgeansprüche von Erben, die im DDR-Recht abgeschnitten waren und mit § 51a Abs. 2 LwAnpG zumindest teilweise neu eröffnet wurden.[153]

Jenseits von Fragen der Beschlußanfechtung[154] stellt sich die Frage als eine nach den Instrumenten, aufgrund derer der Grundsatz des pacta sunt servanda punktuell durchbrochen wird. Angesichts der Praktiken, von denen berichtet

152 Zu dieser Fallgruppe (entstehende Regelungslücke): BVerfGE 13, 261, 261.

153 Vgl. nur Wenzel, AgrarR 1995, 1, 4 f. Im zeitlichen Anwendungsbereich des § 51a Abs. 1 LwAnpG 1991 ergibt sich gleiches ohnehin aus Grundsätzen des bundesdeutschen Erbrechts, so daß eine ausdrückliche Erwähnung unterblieb.

154 Hierzu gesondert unten die Beiträge von Kort und Hillmann, S. 194 ff und S. 187 ff.

wird,[155] wird häufig schon von Nichtigkeit nach der Bürgschaftsrechtsprechung des BVerfG und BGH auszugehen sein.[156] Ein spezifisches Problem des Transformationsrecht der Produktionsgenossenschaften ist jedoch mit dem Stichwort „Unkenntnis der Rechtslage“ angesprochen. Während der BGH offenläßt, ob die in § 51a LwAnpG statuierte Rückwirkung solche Fälle überhaupt erfassen durfte,[157] will *Schweizer* die grundsätzliche Unwirksamkeit von Abfindungsvereinbarungen in der Übergangszeit damit begründen, daß das neue Recht mit seinen umfassenderen Abfindungsansprüchen vor 7.7.1991 (im Falle des LwAnpG 1991) noch gar nicht galt und lange auch noch nicht bekannt sein konnte.[158] Die Grundsätze über den Wegfall der Geschäftsgrundlage und – diese konkretisierend – Regeln wie insbesondere § 779 BGB gehen jedoch davon aus, daß auch Rechtsunsicherheit Regelungsgegenstand sein kann und im Falle einer Vereinbarung das Risiko verteilt wird. Die Rechtsunsicherheit zwischen 15.3.1990 und 7.7.1991 allein kann daher ein Wiederaufrollen von Sachverhalten, die bereits durch Vereinbarung abgewickelt wurden, nicht rechtfertigen. Die ersten suchenden Andeutungen in der BGH-Rechtsprechung können daher auch am besten in eine sinnvolle Ordnung gebracht werden, wenn man eine unterschiedliche Behandlung je nach Zeitpunkt der Vereinbarung annimmt: Danach können Fälle, die zu DDR-Zeiten abgewickelt wurden und in denen es nur um die Rückgängigmachung enteignender Eingriffe, also Abfindungen nach § 44 Abs. 1 Satz 2 Nr. 1 LwAnpG geht, tendenziell wieder aufgerollt werden;[159] in Fällen, in denen es hingegen um ein mehr an Abfindung geht und die zu einer Zeit durch Vereinbarung abgeschlossen wurden, in der eine freie Aushandlung faktisch nicht a priori ausgeschlossen war, sprechen Gründe des Vertrauensschutzes gegen eine pauschale Rückwirkung und Rückabwicklung.[160] Es muß vielmehr ein Element des krassen Verhandlungsungleichgewichts hinzukommen, wie es mit den Komponenten Zwang, Täuschung und Unerfahrenheit auch für die Bürgschaftsrechtsprechung prägend wurde. Die Unsicherheit über die zukünftige Regelung der Abfindung betraf demgegenüber beide Seiten gleichermaßen.

155 Vgl. wieder die Berichte von Lohlein und Schweizer in ihren Diskussionsbeiträgen unten S. 147 und 183.

156 Vgl. nur BVerfG NJW 1994, 36; und BGH NJW 1994, 1278, 1341, 1726; für die LPG: Wenzel, AgrarR 1997, 33, 35.

157 BGH ZIP 1993, 390, 390 f.

158 Vgl. Schweizer, aaO (Fn. 15), S. 189-193. In seinem Diskussionsbeitrag (unten S. 183) weist Schweizer darauf hin, daß der Grad der Aufklärung mindestens denjenigen erreicht haben müsse, den das (selbstverständlich nicht direkt anwendbare) Haustürwiderrufsgesetz vorsehe, wenn nicht die Unwirksamkeit angenommen werden solle.

159 BGH WM 1996, 743.

160 Vgl. neben der oben Fn. 157 zitierten Entscheidung vor allem BGH ZIP 1995, 1127, 1128.

VII. Ausblick

PGH-VO 1990 und LwAnpG 1991 müssen harmonisierend ausgelegt werden – zunächst die drei Anspruchsgrundlagen in jedem dieser Rechtsakte, sodann jedoch auch die beiden Rechtsakte untereinander. Diese Arbeit steht beim 2. Senat des BGH noch aus, er wird die im Landwirtschaftssenat für die LPG gesammelten Erfahrungen für die PGH – auf einer dürftigeren Rechtsgrundlage – fruchtbar machen und gemeinsam mit diesem fortentwickeln müssen. Der Rechtsakt aus der Modrow-Zeit muß stets mit Blick auf das bundesdeutsche LwAnpG 1991 ausgelegt werden, das in seinen materiellen Regeln eine begrüßenswerte Grundtendenz aufweist. Der Grundsatz, daß Anleihen aus dem LwAnpG 1991 nicht möglich seien, sollte überdacht werden. Er sollte allein in den Fällen zum Tragen kommen, in denen sich beide Typen der Produktionsgenossenschaft in Punkten unterschieden, die auf der Grundlage der Wertungen des bundesdeutschen Recht unterschiedliche Rechtsfolgen rechtfertigen. Im Bereich der PGH sind im 2. Senat insbesondere die Gewichtung des Faktors Arbeit bei der Bestimmung der Verteilungsquote und die angenommene Satzungsautonomie bei der Regelung von Abfindungsfragen außerhalb der Umwandlung (§ 5 Abs. 2 PGH-VO) nochmals zu überdenken.

Aus der harmonisierenden Auslegung der einzelnen Anspruchsgrundlagen im LwAnpG 1991 erhebt sich Kritik (nur) an einer Entscheidung des Landwirtschaftssenats: § 44 Abs. 1 Satz 2 Nr. 3 LwAnpG mit seinen Elementen eines moderaten Schutzes des Unternehmensbestandsinteresses und einer moderaten zusätzlichen Kompensation des Faktors Arbeit muß stets als eine Ausnahme verstanden werden – auch im Umfang des Vermögens, das nach dieser Nummer verteilt wird. Nr. 2 und Nr. 3 dieser Vorschrift bilden keine „kommunizierenden Röhren". Daß der Faktor Kapital, der unter DDR-Recht fast nicht abgegolten wurde, heute im Vordergrund zu stehen hat, ergibt sich daraus, daß die Kapitaleigner (aus bundesdeutscher Sicht) in einem Grundrecht verletzt wurden, der Faktor Arbeit hingegen abgegolten wurde, und daß sich Genossen meist dieser Rechtsfolge nicht unter Berufung auf eine negative Vereinigungsfreiheit entziehen konnten.

In einem dritten Punkt ist die zukünftige Rechtsprechung mit Spannung zu erwarten, ohne daß insoweit schon ein Revirement anzuraten wäre. Angesichts der Hinausschiebung der Verjährungsfristen werden, da der gesetzlichen Abfindungsregelung weitgehend Rückwirkung beigelegt wurde, Fälle, die in die Umbruchszeit zurückreichen, die Rechtsprechung noch lange beschäftigen. Vor einem pauschalen Wiederaufrollen abgewickelter Sachverhalte ist zu warnen, obwohl möglicherweise die Sittenwidrigkeit den Regelfall und nicht die Ausnahme bildet. In der Frage nach der Abfindung von ausgeschiedenen Genossen hat sich dann nicht nur das Gesellschaftsrecht, sondern auch das Vertragsrecht in einem ohnehin intensiv diskutierten Ausschnitt zu bewähren.

Insgesamt haben sowohl Rechtsprechung als auch der Gesetzgeber des LwAnpG 1991 trotz Zeitnot ein kohärentes Ganzes geschaffen. Nicht verständlich ist allein, daß das mittelständische Handwerk als ein möglicher Motor einer sich neu strukturierenden Wirtschaft vom Gesetzgeber vernachlässigt wurde. Zu erkennen ist ansonsten ein mutiger Schritt aus einer DDR-Vergangenheit, in der Eigentum und Privatautonomie (negative Vereinigungsfreiheit) noch weitgehend ungeschützt blieben. Durch die Zwangsauflösung mit Umwandlungsoption – flankiert von zumindest materiell starken Abfindungsansprüchen –[161] wurde das Spiel neu eröffnet und ein Weg geschaffen zu einem gehaltvollen, weil privatautonom gesteuerten Neuanfang.

161 Zur Kritik an der verfahrensrechtlichen Absicherung der Beitrag von LOHLEIN, unten S. 147 ff.

Grundrechtsdogmatische Notizen zum Abfindungsanspruch ausscheidender LPG-Mitglieder

von

Professor DR. PETER M. HUBER, Jena

Inhaltsübersicht

I. Genese, Zielsetzung und Regelungsgehalt von § 44 LwAnpG[1]

1. Das LwAnpG 1990

Nach § 44 LwAnpG 1990[2] waren die Landwirtschaftlichen Produktionsgenossenschaften (LPGs) verpflichtet, ausscheidende Mitglieder bei der Errichtung

1 Mit LwAnpG wird die derzeit gültige Fassung zitiert. Im übrigen wird dem Gesetz eine Jahreszahl hinzugefügt, die das Inkrafttreten einer mittlerweile überholten Fassung markiert.

2 GBl. DDR 1990, S. 642 ff.

einer Familienwirtschaft im Rahmen vorhandener Möglichkeiten zu unterstützen. Das betraf insbesondere die Ausstattung mit Grund und Boden, Wirtschaftsgebäuden und anderen Vermögenswerten im Verhältnis zu Größe und Ertragswert der eingebrachten Wirtschaft. Dabei sollte sich der Umfang des zu erstattenden Vermögens im wesentlichen nach drei Kriterien richten: dem eingebrachten Vermögen, der sich daraus ergebenden Vermögensentwicklung und der vom Mitglied erbrachten Arbeitsleistung (§ 44 Abs. 2 LwAnpG 1990).

Diese Regelung war freilich zu unbestimmt, um die bei einem nicht einvernehmlichen Ausscheiden eines Mitgliedes auftretenden Probleme hinreichend lösen und Rechtssicherheit gewährleisten zu können. Wenn auch § 44 LwAnpG 1990 eindeutig als Verpflichtung formuliert war und der LPG insbesondere kein Ermessen hinsichtlich der Existenz von Abfindungsansprüchen einräumte, so ließ er doch wesentliche Fragen offen: Die Bezugsgröße für das zurückzuerstattende Vermögen nach § 44 Abs. 2 LwAnpG 1990 etwa oder auch die Gewichtung der Beitragskomponenten, die der einzelne oder seine Rechtsvorgänger für die LPG erbracht hatten. Unsicherheit kennzeichnete darüber hinaus die Regelungen über die Fälligkeit des Abfindungsanspruchs (§ 49 LwAnpG 1990), die gesetzliche Ausgestaltung des Barabfindungsanspruchs nach § 40 LwAnpG 1990 u.a.m.

2. Die Novelle vom Juli 1991 (1. LwAnpÄndG)

Während der Einigungsvertrag diese Regelung im wesentlichen unberührt gelassen hat – die Unterstützungspflicht des § 44 Abs. 1 LwAnpG 1990 wurde hier lediglich um Milchreferenzmengen und Lieferungsrechte für Zuckerrüben erweitert[3] –, hat erst das Gesetz zur Änderung des LwAnpG und anderer Gesetze vom 3. Juli 1991[4] eine nachhaltige Änderung bzw. Präzisierung dieser Regelungen mit sich gebracht und die Vorschriften über die Berechnung des Abfindungsanspruchs, seine Fälligkeit und den Kreis der Anspruchsberechtigten ausgeweitet und beträchtlich differenziert.

a) Seitdem sieht § 44 Abs. 1 Satz 1 LwAnpG vor, daß ausscheidenden Mitgliedern ein Abfindungsanspruch in Höhe des Wertes ihrer Beteiligung an der LPG zusteht, wobei folgende Grundsätze für deren Berechnung maßgebend sind:

- Nach § 44 Abs. 1 Nr. 1 LwAnpG ist zunächst der Wert der Inventarbeiträge, die in Form von *Sach- oder Geldleistungen* eingebracht worden sind, einschließlich gleichstehender Leistungen zurückzugewähren.[5] Soweit der Wert aller Inventarbeiträge das Eigenkapital übersteigt, sind die Ansprüche ausscheidender Mitglieder entsprechend zu kürzen.

3 Anl. II, Kap. VI, Sachgebiet A, Abschnitt II, Nr. 1a EV.
4 BGBl. I/ 1991, S. 1410, 1418 ff.
5 Zu den Einzelheiten Schweizer, Das Recht der landwirtschaftlichen Betriebe nach dem Landwirtschaftsanpassungsgesetz, 1992, S. 122 f.

- Übersteigt hingegen das Eigenkapital die Summe aller Inventarbeiträge, so hat die LPG nach § 44 Abs. 1 Nr. 2 LwAnpG für die *Überlassung* der Bodennutzung und die zinslose Überlassung der Inventarbeiträge eine Mindestvergütung zu gewähren, und zwar in Höhe von 2,00 DM pro Jahr und Hektar an Bodennutzung und 3 % Zinsen für die Überlassung von Inventarbeiträgen. Diese Mindestvergütung wird, wie sich aus § 44 Abs. 1 Nr. 2 Satz 4 LwAnpG ergibt, allerdings auf 80 % des verbleibenden Eigenkapitals begrenzt. Bei ausreichender Kapitaldecke ist die LPG-Vollversammlung nach der Rechtsprechung des BGH zu ihrer Erhöhung zwar berechtigt, aber nicht verpflichtet.[6]
- Erst in dritter Linie soll nach dem Willen des Änderungsgesetzgebers von 1991 dagegen die Dauer der Zugehörigkeit zur LPG eine Rolle spielen. Nur soweit das Eigenkapital die von § 44 Abs. 1 Nr. 1 und 2 LwAnpG erfaßten Werte übersteigt, ist es nach § 44 Abs. 1 Nr. 3 LwAnpG zur Hälfte entsprechend der Dauer der LPG- Zugehörigkeit an die Mitglieder zu verteilen.

b) Zusätzliche Brisanz hat die Novelle 1991 dadurch erhalten, daß sie die bis dahin unklare Zuordnung des Wertes der Beteiligung geklärt und festgelegt hat, daß dieser einen Anteil am Eigenkapital darstellt und keine Fremdverbindlichkeit (§ 44 Abs. 1 Satz 2 LwAnpG). Auch wenn das LwAnpG nur die verbandsrechtliche Auseinandersetzung innerhalb der Genossenschaft regelt und nicht die Ansprüche Dritter,[7] so hat dies doch notgedrungen zur Folge, daß Abfindungsansprüche nur in dem Maße befriedigt werden können, in dem das Kapital nicht zur Begleichung von Fremdverbindlichkeiten benötigt wird, § 44 Abs. 1 Satz 2, Abs. 6 LwAnpG. Andrerseits wurde so eine sofortige Überschuldung der LPGs vermieden.[8]

c) Die Fälligkeit des Abfindungsanspruchs hängt nach § 49 LwAnpG entscheidend davon ab, ob sich die ausscheidenden LPG-Mitglieder als Wiedereinrichter betätigen oder nicht. Ist dies der Fall, so sind zumindest die Inventarbeiträge (§ 44 Abs. 1 Nr. 1 LwAnpG) bereits einen Monat nach Beendigung der Mitgliedschaft als Abschlagszahlung fällig (§ 49 Abs. 1 LwAnpG), während dies bei allen anderen Ansprüchen erst nach Feststellung der Jahresbilanz der Fall ist (§ 49 Abs. 2 LwAnpG). Nach § 49 Abs. 3 LwAnpG kann die anspruchsverpflichtete LPG dort, wo es nur um eine Kapitalisierung der Beteiligung geht, für die Dauer von fünf Jahren sogar eine Ratenzahlung verlangen, soweit dies zur Erhaltung ihrer Wirtschaftskraft erforderlich ist. Die Rücksichtnahme auf die Arbeitsplätze (Art. 12 Abs. 1 GG) begrenzt insoweit den Ausgleichsanspruch, wenn auch nicht in der Substanz.

d) Einen besonderen, und besonders umstrittenen Akzent hat das 1. LwAnpÄndG schließlich dadurch gesetzt, daß es die Abfindungsansprüche des § 44 Abs. 1 nachträglich auf all jene Mitglieder erstreckt hat, die ihre Mitgliedschaft seit dem 16. März 1990 beendet haben (§ 51a Abs. 1 LwAnpG). Im Hinblick auf den

6 BGH AgrarR 1996, 53; Wenzel, AgrarR 1996, 37/39.
7 BGHZ 127, 321, 323; BGH, WM 1994, 255.
8 Siehe dazu näher Schweizer, aaO (Fn. 5), S. 125 f.

Wert der Inventarbeiträge (§ 44 Abs. 1 Nr. 1 LwAnpG) erkennt das Gesetz sogar den vor dem 16. März 1990 ausgeschiedenen Mitgliedern und ihren Erben einen in fünf Jahresraten zu erfüllenden Anspruch zu (§ 51a Abs. 2 Satz 1 LwAnpG), wobei für dessen Berechnung der Zeitpunkt der Geltendmachung maßgeblich sein soll, nicht der des Ausscheidens (§ 51a Abs. 3 Satz 1 LwAnpG).

3. Die weiteren Novellierungen

Das LwAnpG ist seitdem schon mehrfach geändert worden – durch die Novelle vom 20. Dezember 1991,[9] durch Art.10 des 2.VermRÄndG,[10] durch das Dritte[11] sowie durch das Vierte LwAnpÄndG.[12] Alle diese Novellierungen haben den Abfindungsanspruch jedoch praktisch unberührt gelassen – was seine materiell-rechtliche Ausgestaltung angeht ebenso wie hinsichtlich seiner prozessualen Durchsetzbarkeit.

II. Der Abfindungsanspruch im Schnittpunkt kollidierender Grundrechtsdirektiven

1. Allgemeines

Der Gesetzgeber des Jahres 1991 hat den Abfindungsanspruch zugunsten der ausscheidenden und ausgeschiedenen LPG-Mitglieder ausgeweitet, konkretisiert und den Faktor „Kapital" zu Lasten des Faktors „Arbeit" aufgewertet.[13] Er hat den LPGs und ihren Nachfolgeeinrichtungen damit in erheblichem Umfang Verbindlichkeiten auferlegt bzw. das Bestehen solcher Verbindlichkeiten nach Art und Umfang klargestellt. Gleichwohl hat das 1. LwAnpÄndG nicht alle Erwartungen ausscheidungswilliger oder ausgeschiedener Mitglieder erfüllt, andrerseits aber zahlreiche LPGs und ihre Nachfolgeorganisationen in ihrem beruflichen Fortkommen beeinträchtigt, mitunter auch in ihrer Existenz gefährdet. So kann es nicht verwundern, daß vor allem letztere gegen die Regelung des § 44 LwAnpG wie auch gegen die Fälligkeitsbestimmung des § 49 LwAnpG zahlreiche Verfassungsbeschwerden erhoben haben. Sie richten sich zum Teil unmittelbar gegen die gesetzliche Regelung, zum Teil aber auch gegen Gerichtsentscheidungen, die ausscheidenden LPG-Mitgliedern auf der Grundlage dieser Regelungen Abfindungsanspüche zuerkannt haben. Ihre Entscheidung durch den Ersten Senat des BVerfG ist noch für 1997 vorgesehen[14].

9 BGBl. I/1991, S. 2312.
10 BGBl. I/1992, S. 1257 ff.
11 BGBl. I/1994, S. 736.
12 BGBl. I/1996, S. 2082.
13 Während man § 44 LwAnpG sicher noch als „Konkretisierung" von § 44 LwAnpG 1990 bezeichnen kann, so etwa Schweizer, aaO (Fn. 5), S. 121, erscheint dieser Begriff für die Regelungen der §§ 49 Abs. 1, 51a LwAnpG angesichts ihres offensichtlich über das LwAnpG 1990 hinaureichenden Regelungsgehalts kaum mehr zutreffend.
14 Siehe Terminvorschau NJ 1997, 188.

2. Das 1. LwAnpÄndG und die Rechtsstellung der ausscheidenden LPG-Mitglieder

a) Im Hinblick auf die von § 44 Abs. 1 LwAnpG etablierte Stufenfolge von Inventarbeiträgen, Kapitaleinsatz und Arbeitskraft stellt sich zunächst das Problem, ob die, verglichen mit § 44 Abs. 2 LwAnpG 1990, definitive Benachteiligung des Faktors „Arbeit" nicht eine Eigentumsverkürzung zu Lasten jener Mitglieder darstellt, die nur unterdurchschnittliche Inventarbeiträge in die LPG eingebracht, sich angesichts der ursprünglichen Regelung jedoch auf einen höheren Anspruch eingerichtet hatten. Zudem ist angesichts der zwingenden Natur der Aufteilungsmaßstäbe anderweitigen Regelungen, zumindest aufgrund eines entsprechenden Beschlusses der LPG-Vollversammlung,[15] der Boden entzogen, und dies auch noch rückwirkend (§ 51a LwAnpG).

b) Zweifeln ausgesetzt sieht sich § 44 Abs. 1 Satz 2 LwAnpG auch insoweit, als er den Wert der Beteiligung nicht als Fremdverbindlichkeit qualifiziert, sondern zum Anteil am Eigenkapital bestimmt. Auch wenn diese Festlegung des 1. LwAnpÄndG der historischen Entwicklung entspricht,[16] sie einen allgemeinen gesellschafts- bzw. bilanzrechtlichen Grundsatz widerspiegelt (§ 266 Abs. 3 Ziff. A. I. HGB)[17] und für das hier interessierende Problem sogar schon in § 49 Abs. 3 Satz 1 LwAnpG 1990 ausdrücklich angelegt war, so hat sie doch auch anderweitige Gestaltungen ausgeschlossen und die bis dahin zumindest im Raume stehende Chance auf eine dem ausscheidenden LPG-Mitglied günstigere Lösung beseitigt. Gerade vor dem Hintergrund der jüngsten Entscheidung des BVerfG zu den LPG-Altschulden[18] dürfte dies in vielen Fällen zur Folge haben, daß die Abfindungsansprüche nach einer Befriedigung der Fremdverbindlichkeiten mangels verbleibenden Eigenkapitals ins Leere stoßen. Daß dem Gläubigerschutz damit selbst im Hinblick auf mitunter rein rechnerische Forderungen aus sogenannten sozialistischen Kreditverhältnissen[19] der Vorrang vor dem Wiedergutmachungsanliegen des LwAnpG[20] eingeräumt ist, mag nicht befriedigen. Ein eigentumsrechtliches Problem ist dies jedoch nur, wenn der Abfindungsanspruch durch diese Zuordnung als solcher beeinträchtigt worden ist. Darauf wird zurückzukommen sein.

c) In eine ganz andere Richtung weist – trotz der weitgehend gescheiterten 4. Novelle zum LwAnpG – dagegen die Frage, ob der Gesetzgeber denn genug getan hat, um die tatsächliche Durchsetzung der gesetzlich verbürgten Abfindungsansprüche zu gewährleisten. Angesichts der Vielzahl von Hindernissen, die sich

15 Die Rechtsprechung spricht vom Aufteilungsmaßstab der §§ 36, 44 LwAnpG abweichenden Beschlüssen grundsätzlich die Wirksamkeit ab; BGH AgrarR 1994, 481; WENZEL, AgrarR 1995, 1, 6 f.

16 Siehe dazu § 25 Abs. 3 Satz 2 LPGG-DDR, der die Inventarbeiträge zu unteilbarem genossenschaftlichen Eigentum bestimmte.

17 Im Ergebnis ebenso SCHWEIZER, aaO (Fn. 5), S. 126.

18 BVerfGE 95, 267.

19 Näher dazu BVerfG, aaO (Fn. 18).

20 § 1 LwAnpG; siehe auch unter III.1.b).

einem ausscheidenden LPG-Mitglied bei der tatsächlichen Durchsetzung seiner Abfindungsansprüche entgegenstellen – sie reichen von der häufig fehlerhaften Ermittlung des Eigenkapitals bis zu kriminellen Pressionsversuchen[21] –, kann die Frage, ob der Gesetzgeber ein weitgehendes Leerlaufen seines „Programms" in Kauf nehmen darf, unter Umständen auch zu einem verfassungsrechtlichen Problem werden – grundrechtlicher Schutz- und normativer Nachbesserungspflichten. Daß das mit dem Entwurf der Koalitionsfraktionen ursprünglich ins Auge gefaßte Sammelverfahren[22] jüngst am Widerstand der neuen Länder gescheitert ist, weil sie von einer solchen Regelung eine Existenzgefährdung der LPG-Nachfolgegesellschaften befürchteten,[23] muß daher nicht das letzte Wort gewesen sein.

3. Die Rechtsstellung der LPGs und ihre Betroffenheit durch das 1. LwAnpÄndG

a) Zu Lasten der LPGs und ihrer Nachfolgeorganisationen (§ 23 Abs. 1 LwAnpG) enthält die Novelle vom Sommer 1991, wie gesagt, eine Reihe von folgenschweren Erweiterungen und Klarstellungen. Während das LwAnpG 1990 sie lediglich zu einer „Unterstützung" von Wiedereinrichtern verpflichtete und eine Kapitalisierung der Beteiligungen gar nicht regelte, wurde der Kreis der Anspruchsberechtigten nunmehr erheblich ausgeweitet. Hier sei nur noch einmal auf die (teilweise) Erstreckung der Abfindungsansprüche auf vor dem Inkrafttreten des LwAnpG 1990 liegende Fälle hingewiesen (§ 51a LwAnpG).

Zugleich hat die Novelle den LPGs die bis dahin grundsätzlich mögliche, jedenfalls nicht ausdrücklich ausgeschlossene Berücksichtigung ihrer Geschäftsbedürfnisse bei der Bemessung des Abfindungsanspruchs weitgehend abgeschnitten[24] und sie dazu verpflichtet, grundsätzlich ihr gesamtes Eigenkapital zum Verkehrswert[25] der Berechnung des Abfindungsanspruchs zugrunde zu legen. Daß dies in einer Reihe von Fällen zur Liquidation der LPG zwingen würde, hat der Gesetzgeber des § 49 Abs. 3 LwAnpG gesehen und ist durch die Praxis hinreichend belegt. Inwieweit die Auferlegung und Präzisierung dieser Verbindlichkeiten freilich am Maßstab von Art. 14 Abs. 1 GG gemessen werden kann, oder nicht vielmehr an dem des Art. 12 Abs. 1 GG, bedarf ebenfalls noch näherer Betrachtung.

21 Kittlaus, in: Koschyk/Weiß, Von Erblasten und Seilschaften, 1996, S. 179, 189 ff.

22 Art. 1 Nr. 6 des Entwurfes eines Vierten Gesetzes zur Änderung des Landwirtschaftsanpassungsgesetzes der Fraktionen von CDU/CSU und F.D.P., BT-Drucks. 13/4950 S. 2 f; BT-Drucks. 13/5942.

23 FAZ vom 14.12.1996; NJW-Wochenspiegel „Einigung im Vermittlungsausschuß über Reform des Landwirtschaftsanpassungsgesetzes, NJW 1997, Heft 3, XXXI; BT-Drucks. 13/4950; 13/6378; 13/6533.

24 Ausnahme ist insoweit § 49 Abs. 3 LwAnpG.

25 BGHZ 131, 260; früher auch schon BGHZ 124, 199.

b) Schließlich stellt sich die Frage nach dem Schicksal von Abfindungsvereinbarungen zwischen einer LPG und ausscheidenden Mitgliedern, in denen sich letztere zu einer von der Verkehrswert-Rechtsprechung des BGH[26] abweichenden Berechnung des Eigenkapitals bereitfinden bzw. ganz oder teilweise auf ihre gesetzlichen Ansprüche nach § 44 Abs. 1 LwAnpG verzichten. Unter welchen Voraussetzungen darf oder muß der Gesetzgeber solchen Verträgen die Anerkennung versagen, mit der Konsequenz, daß sie wegen Verstoßes gegen § 134 BGB oder § 138 BGB nichtig sind?

III. Zum eigentumsrechtlichen Gehalt des Abfindungsanspruchs

1. Die verfassungsrechtliche Einordnung des Abfindungsanspruchs

a) Vom Schutzbereich der Eigentumsgarantie erfaßt werden grundsätzlich alle vermögenswerten Rechte, die dazu dienen, dem einzelnen einen Freiraum im vermögensrechtlichen Bereich zu sichern und ihm dadurch eine eigenverantwortliche Lebensgestaltung zu ermöglichen[27]. Die so umschriebene Privatnützigkeit verbürgt dem Eigentümer das Interesse an der Innehabung und Nutzung der ihm als „Eigentum“ zugeordneten Rechte im Sinne eines „Habens“ und „Gebrauchmachens“,[28] soweit sie einigermaßen verfestigt sind *und* ihr Vermögenswert zumindest teilweise auch durch eigene Leistung und eigenen Kapitaleinsatz erworben worden ist.[29] Ist dies gewährleistet, so kommt es für den Schutz des Art. 14 Abs. 1 GG nicht entscheidend auf die „technische“ Ausgestaltung dieser Rechte an, seien sie nun dinglicher oder obligatorischer Natur. Selbst öffentlich-rechtlichen Leistungsanprüchen kann unter qualifizierten Voraussetzungen dieser Schutz zuteil werden, solange sie dem zivilrechtlichen Urbild des Eigentums nur funktional entsprechen.[30]

Vor diesem Hintergrund bereitet es keine grundsätzlichen Schwierigkeiten, den Abfindungsanspruch ausscheidender Mitglieder nach § 44 LwAnpG als vermögenswertes Recht im Sinne von Art. 14 Abs. 1 Satz 1 GG zu identifizieren. Schon in seinem Feldmühle-Urteil[31] hat das BVerfG der Aktie den Schutz der Eigentumsgarantie zugesprochen, weil sie dem Aktionär „... neben den Mitgliedschaftsrechten vermögensrechtliche Ansprüche auf Gewinnbeteiligung, gegebenenfalls auf Bezug junger Aktien und auf die Abwicklungsquote“ gewährt. Das kann hier, wo es um ein Äquivalent zur „Abwicklungsquote“ geht, nicht anders

26 BGH, aaO (Fn. 25).
27 BVerfGE 24, 367, 389; 31, 229, 239; 50, 290, 339; 53, 257, 290; 68, 193, 222; 79, 292, 304; 83, 201, 209 – st. Rspr.
28 PAPIER, in: Maunz/Dürig, Komm. z. GG, 1997, Art. 14 Rdn. 8.
29 HUBER, FS zur Wiedererrichtung des OLG in Jena, 1994, S. 278.
30 Siehe hierzu BVerfGE 53, 257, 289; 75, 78, 96 f.
31 BVerfGE 14, 263, 276.

sein. Denn im Gegensatz etwa zu den Restitutions- und Entschädigungsansprüchen nach dem VermG, die der Gesetzgeber als öffentlich-rechtliche Ansprüche begründet hat und die als solche nur unter besonders qualifizierten Voraussetzungen am Schutz der Eigentumsgarantie teilhaben,[32] geht es im vorliegenden Zusammenhang um privatrechtliche Rechtspositionen gegenüber den LPGs bzw. ihren Nachfolgeorganisationen, und zudem um Rechtspositionen, die sämtliche funktionalen Erfordernisse des Eigentumsschutzes erfüllen: sie beruhen – im Hinblick auf die Inventarbeiträge, die dafür typisierte Rendite und hinsichtlich der Arbeitskraft – auf eigenen Leistungen im Sinne der o.g. Rechtsprechung und weisen zudem eine privatnützige Zielsetzung auf, indem sie dazu beitragen, den ausscheidenden Mitgliedern eine vermögensrechtliche Grundlage für eine eigenverantwortliche Lebensgestaltung zu schaffen. Das ist mit Blick auf das Schutzgut von Art. 12 Abs. 1 GG nirgends deutlicher als bei den nach § 49 Abs. 1 LwAnpG bevorzugt zu berücksichtigenden Wiedereinrichtern.

b) Die Qualität eines vom Schutzbereich des Art. 14 Abs. 1 GG erfaßten vermögenswerten Rechtes haben die Abfindungsansprüche allerdings erst mit ihrer Überleitung in die grundgesetzliche Ordnung erhalten. Wie das BVerfG etwa in seinen Urteilen zur Bodenreform[33] ausgesprochen und in seiner LPG-Altschuldenentscheidung[34] erst jüngst wieder bestätigt hat, hat die Bundesrepublik Deutschland für außerhalb des Geltungsbereiches des Grundgesetzes ohne ihr Zutun entstandene Verhältnisse, wie immer sie unter der Geltung des Grundgesetzes zu beurteilen wären, nicht einzustehen. Das gilt auch für die Anerkennung von in der DDR begründeten vermögenswerten Rechten als „Eigentum" bei ihrer Überleitung in die bundesdeutsche Rechtsordnung. Die Eigentumsgarantie des Art.14 Abs. 1 GG bedarf nämlich nicht nur der Ausgestaltung durch den (bundesdeutschen) Gesetzgeber; die Verleihung grundrechtlichen Schutzes für eine außerhalb der grundgesetzlichen Ordnung entstandene Rechtsposition geht auch mit der Begründung eines unmittelbar im Verfassungsrecht angesiedelten Rechtsverhältnisses zwischen dem Grundrechtsträger und dem Staat einher, eines Rechtsverhältnisses, das von vornherein nur im Rahmen des räumlichen und zeitlichen Geltungsbereichs des Grundgesetzes denkbar ist.[35]

Daran ändert auch der Umstand nichts, daß die DDR in Art. 2 des Verfassungsgrundsätzegesetzes vom 17. Juni 1990[36] das Eigentum anerkannt und dieses Bekenntnis in Art. 2 Abs. 1 Satz 2 1. StV wiederholt hatte. Denn in beiden Fällen

32 Huber, (Fn. 29), S. 278 f.

33 BVerfGE 84, 90, 122 f; 94, 12 ff.

34 BVerfG, 1 BvR 48/94 (60).

35 Siehe dazu BVerfG, 1 BvR 48/94 (56) – LPG-Altschulden; konsequenterweise kann auch die Bodenreform 1945–49 nicht am Maßstab von Art. 14 Abs. 1 GG gemessen werden. BVerfGE 84, 90 ff; 94, 12 ff.

36 Gesetz zur Änderung und Ergänzung der Verfassung der Deutschen Demokratischen Republik (Verfassungsgrundsätzegesetz) vom 17. Juni 1990, GBl. DDR I/1990, S. 299.

handelte es sich – bezogen auf die auf dem Gebiet der neuen Länder gelegenen LPGs insoweit ausschließlich um verfassungsrechtliche bzw. quasi-völkerrechtliche Verpflichtungen der DDR.

Zwar genoß deshalb auch der Abfindungsanspruch nach § 44 LwAnpG 1990, dessen eigentumsrechtliche Verankerung auch in § 1 LwAnpG 1990 deutlichen Ausdruck gefunden hat, grundrechtlichen Schutz. Allein, für den bundesdeutschen Gesetzgeber war dies nicht von entscheidender Bedeutung. Denn weder Art. 2 1. StV noch das (DDR-interne) Verfassungsgrundsätzegesetz begründeten eine Verpflichtung, die in der Rechtsordnung der DDR vorgefundenen (vermögensrechtlichen) Rechtspositionen in vollem Umfang in den Schutzbereich von Art. 14 Abs. 1 GG zu übernehmen.

Im Gegenteil, der mit dem Einigungsvertrag in das GG neu aufgenommene Art. 135a Abs. 2[37] stellt sogar ausdrücklich klar, daß der Bund die auf Maßnahmen der DDR oder ihrer Rechtsträger beruhenden Verbindlichkeiten nicht oder nicht in vollem Umfang zu erfüllen braucht. Dazu ausersehen, dem Gesetzgeber bei der Neuordnung der Eigentumsverhältnisse in den neuen Ländern, losgelöst von den Anforderungen des Art. 14 Abs. 1 GG, eine freiere Hand zu gewähren,[38] muß diese Bestimmung ihrem Grundgedanken nach nicht nur auf die Fälle Anwendung finden, in denen es um die Erfüllung von Verbindlichkeiten der DDR oder ihrer Rechtsträger geht bzw. von diesen geschuldete Entschädigungszahlungen im Raume stehen,[39] sondern auf alle Konstellationen, in denen im Interesse einer Neuordnung der Vermögensverhältnisse in den neuen Ländern durch das (späte) DDR-Recht vermittelte Rechtspositionen von der bundesdeutschen Rechtsordnung nicht oder nur teilweise anerkannt worden sind. Das betrifft grundsätzlich auch das der Wiedergutmachung der Zwangskollektivierung dienende LwAnpG (§ 1).[40]

c) Indes hat der Einigungsvertrag das LwAnpG ausdrücklich aufrechterhalten und § 44 Abs. 1 sogar um die Gesichtspunkte der „Milchreferenzmengen“ und „Lieferungsrechte für Zuckerrüben“ erweitert. Damit hat der bundesdeutsche Gesetzgeber, grundrechtsdogmatisch gesprochen, den Inhalt des Eigentums (Art. 14 Abs. 1 Satz 2 GG) der ausscheidungswilligen LPG-Mitglieder in der Weise festgelegt, daß sie einen – wie zumindest seit dem zweiten Verkehrswertbeschluß des BGH feststeht[41] – am Verkehrswert des Eigenkapitals der LPG auszurichtenden

37 Art. 4 Nr. 4 EV.

38 Denkschrift der BReg. zum EV, BT-Drucks. 11/7760, S. 359 ff; Badura, DVBl. 1990, 1256, 1261; krit. zur Anwendung auf das VermG, das als Bestandteil des EV ergangen ist, Huber, (Fn. 29), S. 271, 276 f.

39 Nierhaus, in: Sachs, Komm. z. GG, 1996, Art. 135a Rdn. 5; Stern, in: Stern/Schmidt-Bleibtreu, Einigungsvertrag und Wahlvertrag, 1990, S. 1, 45.

40 Schweizer, aaO (Fn. 5), S. 85 f, 122 f; Wenzel, AgrarR 37, 39; siehe auch unter IV.

41 Siehe Fn. 25. Zum Problem der „rückwirkenden“ Rechtsprechungsänderung siehe Huber, FS Kriele, 1997, S. 389, 403 ff.

Abfindungsanspruch besitzen. Dieser fällt unter den Schutzbereich von Art. 14 Abs. 1 Satz 1 GG.

2. *Die Konkretisierung des Abfindungsanspruchs durch das 1. LwAnpÄndG im Lichte der Eigentumsgarantie*

a) Die Novelle vom 3. Juli 1991 hat die ursprüngliche Regelung des Abfindungsanspruchs durch die oben skizzierte Stufenfolge des § 44 Abs. 1 LwAnpG näher ausgestaltet.

Dabei könnte sie sich zum einen zu Lasten jener LPG-Mitglieder als Schrankenziehung des Eigentums (Art. 14 Abs. 1 Satz 2 GG) und damit auch als „Eingriff" in deren individuelle Rechtsstellung darstellen, die bei der Berechnung des Abfindungsanspruchs überdurchschnittlich von dem Faktor „Wertschöpfung durch Arbeit" profitiert hätten und durch die Novelle gegenüber den stärker kapitalmäßig beteiligten Mitgliedern benachteiligt worden sind.

Ein Eingriffscharakter dieser Regelung steht zum anderen im Hinblick auf die in § 44 Abs. 1 Satz 2 LwAnpG enthaltene Festlegung im Raum, wonach die Beteiligung einen Anteil am Eigenkapital darstellt und insoweit nur nachrangig gegenüber Fremd- bzw. Festverbindlichkeiten zum Zuge kommt. Damit ist zwar sichergestellt, daß der Wert des Abfindungsanspruchs auf der Grundlage des wirklichen Wertes des Unternehmens ermittelt und den Mindestanforderungen der Feldmühle-Entscheidung[42] entsprochen wird. Typischerweise führt diese Regelung jedoch auch dazu, daß der wirtschaftliche Wert der Abfindungsansprüche – ihre Höhe – empfindlich schrumpft.

b) Ob der wirtschaftliche Wert eines vermögenswerten Rechtes allerdings Schutzgut der Eigentumsgarantie ist, ist fraglich. Denn trotz ihrer relativen Weite schützt auch die verfassungsrechtliche Eigentumsgewährleistung nicht das Vermögen. In ständiger Rechtsprechung betont das BVerfG, daß Art. 14 Abs. 1 Satz 1 GG nicht vor der Auferlegung wirtschaftlicher Lasten schütze[43] und daß auch die durch Maßnahmen der öffentlichen Hand bewirkte Veränderung des wirtschaftlichen Wertes einer Rechtsposition kein Problem der subjektiven Rechtsstellungsgarantie aus Art. 14 Abs. 1 GG sei.[44] Das gilt auch für die Zuordnung des Abfindungsanspruchs nach § 44 Abs. 1 Satz 2 LwAnpG.

c) Unabhängig davon erscheint es zweifelhaft, ob § 44 LwAnpG in der Fassung des Einigungsvertrages angesichts seines reichlich unbestimmten Inhalts überhaupt geeignet war, vermögenswerte Rechte im Sinne einer Maximalposition zu schaffen.

42 BVerfGE 14, 263, 283.

43 Grundsätzlich verneinend BVerfGE 4, 7, 17 – st. Rspr.; siehe ferner BVerfGE 78, 232, 243; 93, 121, 137.

44 Ablehnend Huber, Der planungsbedingte Wertzuwachs als Gegenstand städtebaulicher Verträge, 1995, S. 18; Papier, aaO (Fn. 28), Art. 14 Rdn. 155.

Bekanntlich erfaßt auch der – verglichen mit den §§ 903 ff BGB weitere – Schutz des Eigentums durch Art. 14 Abs. 1 GG keine Chancen und Erwartungen. Von seiner Funktion her ist er vielmehr darauf gerichtet, dem einzelnen auf der Grundlage (einklagbarer) *Rechts*positionen eine vermögensrechtliche Grundlage für seine Lebensführung und -entfaltung zu garantieren, und schützt deshalb grundsätzlich nur Rechtspositionen, auf deren Bestand der Grundrechtsträger berechtigterweise vertrauen kann. Konsequenterweise greift er dort nicht ein, wo schutzwürdiges Vertrauen nicht vorhanden ist.

Dies wird u.a. auch dadurch belegt, daß Fragen des Vertrauensschutzes und des Rückwirkungsverbotes im Anwendungsbereich von Art. 14 Abs. 1 GG als Schutzbereichs- und Eingriffsproblem begriffen werden, und nicht als von grundrechtlichen Wertungen mehr oder weniger losgelöste Frage des Rechtsstaatsprinzips.[45] Wenn unzulässigerweise rückwirkende Regelungen in diesem Bereich deshalb zugleich als Eigentumsverletzung erscheinen, dann liegt auch der Schluß nahe, daß es dort, wo es schon an den tatbestandlichen Voraussetzungen für den Vertrauensschutz fehlt, bereits an einem von Art. 14 Abs. 1 Satz 1 GG erfaßbaren Schutzgut[46] mangelt.

Vor diesem Hintergrund vermag der Umstand, daß die hier in Rede stehende Novelle die im Jahre 1990 noch offengelassene Zuordnung der Beteiligung zum Eigen- oder Fremdkapital und die Gewichtung der Beiträge (teilweise) auch zu Lasten bestimmter Mitglieder (-gruppen) festgelegt hat, nicht als eigentumsrechtliche Schrankenziehung (Art. 14 Abs. 1 Satz 2 GG) zu erscheinen. Denn unabhängig davon, wie die ursprüngliche Rechtsstellung richtigerweise hätte verstanden werden müssen, war sie doch von Anfang an mit dem Risiko einer dermaßen nachteiligen Zuordnung und Konkretisierung behaftet. Dieses – für die Zuordnung des Abfindungsanspruch, wie bereits erwähnt, schon in § 49 Abs. 3 Satz 1 LwAnpG 1990 angelegte[47] – Risiko hat sich mit der Novelle von 1991 lediglich realisiert.

3. Zur Beurteilung der Fälligkeitsregelung von § 49 LwAnpG

Dagegen wird man der Fälligkeitsregelung des § 49 LwAnpG, in der Fassung, die sie durch das 1. LwAnpÄndG erhalten hat, die Qualität einer eigentumsrechtlichen Schrankenziehung zu Lasten der nur an einer Kapitalisierung des Abfindungsanspruchs interessierten Mitglieder kaum absprechen können. Indem das Gesetz den LPGs nämlich gegenüber dieser Gruppe von Mitgliedern erstmals das Recht eingeräumt hat, Ratenzahlung zu verlangen, soweit dies zur Erhaltung ihrer Wirtschaftskraft erforderlich ist, und dies über einen Zeitraum von fünf Jahren (§ 49 Abs. 3 LwAnpG 1991), hat es auch die rechtliche Substanz jener Abfindungsansprüche verkürzt und insoweit in den Bestand vermögenswerter Rechte eingegriffen.

45 Badura, Staatsrecht, 2. Aufl., 1996, S. 273 f; Huber, ZMR 1996, 175, 182.

46 Zum Begriff Ipsen, Staatsrecht Bd. II, 1997, S. 24 ff, 43 ff.

47 Schweizer, aaO (Fn. 5), S. 152.

Eine Eigentumsverletzung liegt darin jedoch nicht. Berücksichtigt man angesichts der kollidierenden Schutzgüter nämlich das Gesamttableau der §§ 44, 49 LwAnpG 1991 – Art. 14 Abs. 1 GG[48] auf seiten der ausscheidenden Mitglieder, Art. 12 Abs. 1, 19 Abs. 3 GG auf seiten der LPGs und ihrer Nachfolgeorganisationen –, und stellt man auch das legitime Interesse der LPGs in Rechnung, den Betrieb mit den verbleibenden Mitgliedern tatsächlich fortführen zu können,[49] so erscheint die Streckung der Fälligkeitsregelung in § 49 Abs. 3 LwAnpG 1991 kaum als „unverhältnismäßiger" Ausgleich im Sinne der Lehre von der praktischen Konkordanz.[50] Das gilt namentlich vor dem Hintergrund, daß der Gesetzgeber bei der Überführung der planwirtschaftlich geschaffenen Verhältnisse in marktwirtschaftliche über einen Gestaltungsspielraum verfügte, „der angesichts der Beispiellosigkeit der Aufgabe und des Zeitdrucks, unter dem sie zu erfüllen war, noch weiter reichte, als es im wirtschaftspolitischen Bereich ohnehin der Fall ist".[51] Jene Feststellung, vom BVerfG eigentlich zur Rechtfertigung eines Nachteils zu Lasten der LPGs getroffen, gilt selbstredend auch dann, wenn er seinen Gestaltungsspielraum, wie in § 49 Abs. 3 LwAnpG, zu ihren Gunsten nutzt.

4. Die grundrechtliche Dimension eines möglichen Regelungsdefizits im LwAnpG

a) Eigentumsrechtliche Implikationen besitzt schließlich auch die umgekehrte Frage, ob die fehlende gesetzliche Festlegung des Berechnungsmaßstabs für das Eigenkapital der LPGs und ihrer Nachfolgeorganisationen sowie die denkbaren Schwierigkeiten bei der tatsächlichen Durchsetzung der Abfindungsansprüche der aus Art. 14 Abs. 1 GG folgenden Pflicht des Gesetzgebers gerecht wird, sich schützend und fördernd vor die von dritter Seite gefährdeten Rechtsgüter zu stellen.

aa) Als objektive Wertentscheidungen (wertentscheidende Grundsatznormen)[52] verpflichten die Grundrechte den Staat, sicherzustellen, daß es Meinungs- und Berufsfreiheit, Rundfunkfreiheit und eben auch Eigentum tatsächlich gibt.[53]

48 Art. 12 Abs. 1 GG wird sich insoweit kaum zugunsten der ausscheidenden LPG-Mitglieder fruchtbar machen lassen, die ihre berufliche Zukunft nicht in der Landwirtschaft sehen, und nur diesen Fall erfaßt § 49 Abs. 3 LwAnpG.

49 Zu ähnlichen Überlegungen schon BVerfG 14, 263, 282 f.

50 Hesse, Grundzüge des Verfassungsrechts der Bundesrepublik Deutschland, 20. Aufl., 1995, S. 28, 142 ff.

51 BVerfG, 1 BvR 48/94 (59) – LPG-Altschulden unter Hinweis auf BVerfGE 50, 290, 338; siehe dazu allgemein Klein, Probleme verfassungsrechtlicher Aufarbeitung der SED-Diktatur und ihre Folgen, Expertise erstattet im Auftrag der Enquête-Kommission „Überwindung der Folgen der SED-Diktatur im Prozeß der Deutschen Einheit" des Deutschen Bundestages, 1997, S. 121 ff.

52 BVerfGE 7, 198, 205.

53 Für das Eigentum hat das BVerfG stets betont, daß der Gesetzgeber die grundlegenden verfassungsrechtlichen Wertentscheidungen für das Eigentum zu beachten habe, BVerfGE 21, 73, 82; 24, 367, 389; 25, 112, 117.

Für den Anwendungsbereich von Art. 14 Abs. 1 GG hat diese objektiv-rechtliche Dimension der Grundrechte in der Institutsgarantie eine spezifische Verfestigung erfahren. Unabhängig vom Bestehen individuell zuzuordnender vermögenswerter Rechte gibt sie dem Gesetzgeber – zukunftsgerichtet – äußerste Leitlinien für die inhaltliche Ausgestaltung des Eigentums in der Rechtsordnung vor und bestimmt zugleich darüber, welchen wirtschaftlichen Interessen er den Schutz des Grundrechts angedeihen lassen muß. Privatnützigkeit und Sozialpflichtigkeit des Eigentums sind dabei die wesentlichen Leitlinien, an denen sich der Gesetzgeber zu orientieren hat.

bb) Der Sache nach bedeutet dies die Verpflichtung, einen Kernbestand von Normen zur Verfügung zu stellen, die die Funktionsfähigkeit und die Privatnützigkeit des Eigentums gewährleisten, und dieses insbesondere gegenüber den Eingriffen der öffentlichen Hand, aber nicht nur dort, durch verfahrensrechtliche und materiell-rechtliche Vorkehrungen abzusichern.[54]

Gefordert ist insoweit allerdings nur eine Sicherstellung des sogenannten Untermaßverbotes. Nur wo dieses durch die autonomen Steuerungskräfte des Marktes oder der Gesellschaft nicht gewährleistet werden kann, muß der Staat regulierend eingreifen und sicherstellen, daß die grundrechtlich verbürgten Schutzgüter auch eine effektive Rolle in der Verfassungswirklichkeit spielen. Die grundrechtliche Schutzpflicht gewinnt deshalb vor allem dort an Bedeutung, wo der einzelne nicht in der Lage ist, aufgrund autonomer Entscheidungen selbst für die Unversehrtheit seiner Rechtsgüter Sorge zu tragen und deshalb staatlichen Schutzes bedarf.[55]

b) Dieser Ansatz besitzt auch im vorliegenden Kontext eine gewisse Bedeutung, weil der Koalitionsentwurf zur 4. Novelle des LwAnpG die Einführung des Sammelverfahrens vor allem auch damit rechtfertigen wollte, daß die Durchsetzung des gesetzlich zuerkannten Abfindungsanspruchs vielfach an den praktischen Schwierigkeiten bei der Ermittlung des Eigenkapitals scheitere, am fehlenden Vertrauen der ausscheidenden Mitglieder in die Leistungsfähigkeit des Rechtsstaats, insbesondere der Justiz, und daß die ausscheidenden LPG-Mitglieder den Leitungsorganen der abfindungspflichtigen Unternehmen sowohl im Hinblick auf ihre finanziellen als auch praktischen und theoretischen Möglichkeiten strukturell weit unterlegen seien.[56]

c) Eine verfassungsrechtliche und justitiable Handlungspflicht ergibt sich daraus freilich nicht.

54 Siehe nur BVerfGE 24, 367, 389.

55 BVerfGE 39, 1 ff; 88, 203 ff – § 218; 46, 160 ff – Schleyer; 49, 89 ff; 53, 30 ff – Atomrecht; 56, 54 ff – Fluglärm; 77, 170 ff – C-Waffen; 52, 214 ff – Art. 14; 81, 242 ff; 84, 133 ff; BVerfG DVBl. 1995, 789 ff – Art. 12; Huber, Allgemeines Verwaltungsrecht, 2. Aufl., 1997, S. 74 f; Ders., JUTR 1996, 459, 484 ff.; Zur Schutzpflicht aus Art. 14 Abs. 1 GG siehe BVerfGE 52, 214 ff – Zwangsvollstreckung; 89, 1 ff – Mieter.

56 BT-Drucks. 13/4950, S. 4 f. mit detaillierter Schilderung der Probleme.

aa) Bei der Konkretisierung grundrechtlicher Schutzpflichten steht dem Gesetzgeber ein außerordentlich weiter Gestaltungsspielraum zur Verfügung, der lediglich durch die Gewährleistung des o.a. „Untermaßverbotes" begrenzt wird. Lediglich völlige Untätigkeit und eine evidente Preisgabe anderweitig nicht geschützter Rechtsgüter kann insoweit zu einem verfassungswidrigen Unterlassen führen.[57]

Davon kann jedoch keine Rede sein. Die Inanspruchnahme gerichtlichen Rechtsschutzes ist einem Grundrechtsträger angesichts ihrer Verankerung in Art. 19 Abs. 4 und 20 Abs. 3 GG sowie vor dem Hintergrund ihrer sozialstaatlichen Umhegung (Prozeßkostenhilfe) grundsätzlich zumutbar. Sie ist, wie nicht zuletzt die vielfach erfolgreiche Anrufung der Landwirtschaftsgerichte durch ausscheidende LPG- Mitglieder (§ 65 LwAnpG) und die Verkehrswert-Judikatur des BGH zeigen, auch durchaus erfolgversprechend.

Auch wo der Gesetzgeber nicht untätig geblieben ist, besteht freilich eine aus der objektiven Dimension der Grundrechte fließende Pflicht, die Entwicklungen im wirtschaftlichen und gesellschaftlichen Bereich zu beobachten, und dort, wo effektiver Grundrechtsschutz auf dem Niveau des „Untermaßverbotes" mit den vorhandenen Instrumentarien evident nicht (mehr) sichergestellt werden kann, das Gesetz gegebenenfalls nachzubessern.[58] Das ist letztlich die verfassungsrechtliche Begründung dafür, weshalb die weitgehend gescheiterte 4. LwAnpG-Novelle das letzte Wort gewesen sein kann, aber nicht muß.

bb) Im übrigen ist der Gesetzgeber in den Grenzen des verfassungsrechtlichen Bestimmtheitsgebotes durchaus berechtigt, in einem nicht in allen Einzelheiten überschaubaren Bereich unbestimmte Rechtsbegriffe – wie etwa den des „Eigenkapitals" in § 44 LwAnpG – zu verwenden und deren Konkretisierung der zweiten und dritten Gewalt zu überlassen.[59] Dies ergibt sich aus den wesensimmanenten Grenzen des rechtsstaatlichen oder grundrechtlichen Bestimmtheitsgebotes,[60] wird jedoch auch durch einen etwas abseits liegenden Gedanken bekräftigt: wenn das BVerfG in seiner Subsidiaritätsrechtsprechung nämlich Verfassungsbeschwerden gegen Rechtsnormen nur nach einer „fachgerichtlichen Aufbereitung und Klärung" des Sachverhalts in tatsächlicher und rechtlicher Hinsicht zuläßt[61] und auf diese Weise darauf vertraut, daß Grundrechtsverstöße i.d.R. durch das bis zur verfassungskonformen Auslegung reichende Zusammenspiel von Gesetzgeber und

57 BVerfGE 56, 54 ff – Düsseldorfer Flughafen; BVerfG NJW 1996, 651 – Gesundheitsgefahren durch Ozon; BVerfG NJW 1996, 651 f – Geschwindigkeitsbeschränkung.

58 BVerfG 1 BvR 48/94 (67) – LPG-Altschulden unter Hinweis auf BVerfGE 49, 89, 130; 50, 290, 335; 57, 139, 162 f; 43, 291, 321; 45, 187, 252 – st. Rspr.

59 Dazu jüngst Papier/Möller, AöR 122 (1997), 178, 191 f; Schmidt-Assmann, in: Maunz/Dürig, Komm. z. GG, Stand 1993, Art. 103 Abs. 2 Rdn. 225 – zu Kooperation von Gesetzgeber und Judikative bei der Konkretisierung des Bestimmtheitsgebotes; Huber, JUTR 1996, 459, 492 ff – zur Kooperation von Gesetzgeber und Exekutive.

60 Papier/Möller, aaO (Fn. 59), S. 183 f.

61 BVerfGE 74, 69, 74; 90, 128, 137.

Fachgerichten vermieden bzw. beseitigt werden,[62] so setzt es die hier interessierenden Bestimmtheitsdefizite notgedrungen voraus, ohne sie als verfassungsrechtliches Problem zu begreifen.

IV. Zur Ungleichbehandlung der Abfindungsansprüche

Da die in § 44 Abs. 1 LwAnpG 1991 angeordnete Stufenfolge zwischen Abfindungsansprüchen differenziert, die auf dem Einsatz von Kapital beruhen und solchen, bei denen die erbrachte Arbeitsleistung im Vordergrund steht, muß sie sich auch am Maßstab des allgemeinen Gleichheitssatzes (Art. 3 Abs. 1 GG) messen lassen. Unabhängig davon, ob man dabei der alten „Willkürrechtsprechung" folgt oder der mittlerweile verfeinerten und ausdifferenzierten sogenannten Neuen Formel,[63] dürften die Anforderungen an die Zulässigkeit einer Ungleichbehandlung hier nicht allzu hoch sein. Denn weder liegen, wie oben gezeigt worden ist, im vorliegenden Zusammenhang die Voraussetzungen einer eine Maßstabsverschärfung nach sich ziehenden nachhaltigen Beeinträchtigung anderer grund- bzw. freiheitsrechtlich geschützter Interessen vor,[64] noch knüpft § 44 LwAnpG – unbeschadet der Möglichkeit, jede sachbezogene Differenzierung auch personenbezogen formulieren zu können[65] – an personenbezogene Merkmale an, also an für den einzelnen mehr oder weniger unentrinnbare Umstände, die er durch sein Verhalten nicht beeinflussen kann.[66]

Ein hinreichender Differenzierungsgrund für die in § 44 Abs. 1 LwAnpG enthaltene Stufenfolge ergibt sich namentlich, wenn man das LwAnpG nicht nur als technisches Regelwerk zur Überführung sozialistischer LPGs in die Formen des bundesdeutschen Gesellschaftsrechts begreift, sondern erkennt, daß es auch dazu dient, das durch die Zwangskollektivierung der DDR-Landwirtschaft geschaffene Unrecht (teilweise) wiedergutzumachen. Fragt man vor diesem Hintergrund nämlich danach, im Hinblick auf welche den LPGs mehr oder weniger zwangsweise zur Verfügung gestellten Rechtsgütern ihrer Mitglieder ein besonderer Wiedergutmachungsbedarf besteht, so läßt sich die nachrangige Berücksichtigung der Arbeitsleistung bei der Berechnung des Abfindungsanspruchs mit *Grundmann*[67] mühelos erklären: Während die Mitglieder nämlich für ihre Arbeitsleistung schon

62 LECHNER/ZUCK, Komm. z. BVerfGG, 4. Aufl., 1996, § 90 Rdn. 143.

63 BVerfGE 55, 72, 88; zu den Entwicklungs- und Angleichungstendenzen siehe etwa SACHS, JuS 1997, 124, 126 ff.

64 BVerfGE 92, 53, 69; 91, 389, 401 f; 91, 346, 362 f; 90, 46, 56; 89, 365, 375 f; 82, 126, 146; 74, 9, 24.

65 SACHS, aaO (Fn. 63), S. 128 u. Hinweis auf HERZOG, in: Maunz/Dürig, Komm. z. GG, 1996 Art. 3 Anh. Rdn. 9.

66 BVerfGE 88, 5, 12.

67 GRUNDMANN, Grundfragen der Kompensation für ausscheidende Genossen, in diesem Heft.

zu DDR-Zeiten in einer für die damaligen wirtschaftlichen und sozialen Verhältnisse adäquaten Weise entlohnt wurden, ist ihnen für die jahrzehntelange zwangsweise Inanspruchnahme ihres „Eigentums" hingegen praktisch jede Vergütung vorenthalten worden. Bestand deshalb im Hinblick auf den Faktor Arbeit kein Anlaß für eine „Wiedergutmachung", so scheint es angesichts der typischerweise eher zu geringen Kapitaldecke der LPGs zur Erreichung der normativen Zielsetzung des LwAnpG durchaus auch erforderlich, 80 % des Eigenkapitals zunächst einmal für die eigentumsrechtliche Wiedergutmachung zu reservieren, und damit jene zu benachteiligen, deren vorrangiger Beitrag in der Erbringung von Arbeitsleistung bestanden hat.[68]

V. Die Rechtsstellung der anspruchsverpflichteten LPGs

1. Lastenfreiheit als untauglicher Anknüpfungspunkt

a) Das 1. LwAnpÄndG hatte freilich in erster Linie eine Verschlechterung der vermögensrechtlichen Stellung der LPGs und ihrer Nachfolgeorganisationen zur Folge. Während nämlich § 44 Abs. 1 Satz 1 LwAnpG 1990 lediglich von einer „Unterstützung" der Wiedereinrichter sprach und § 44 Abs. 2 den Umfang des zurück zu erstattenden Vermögens verhältnismäßig unbestimmt mit dem „Anteil am eingebrachten Vermögen", „der sich daraus ergebenden Vermögensentwicklung" und dem „vom Mitglied erbrachten Anteil an der Wertschöpfung durch Arbeit" umschrieb und so zumindest die Möglichkeit eröffnete, das Bestandsinteresse der LPG bei der Berechnung des Abfindungsanspruchs mit einfließen zu lassen, hat die Präzisierung der Auseinandersetzungsregelungen in der Novelle vom 3. Juli 1991 die Gewichte eindeutig zugunsten der ausscheidenden Mitglieder verschoben. Darüber hinaus wurde die Fälligkeitsregelung zu ihren Lasten teilweise verschärft (§ 49 Abs. 1 LwAnpG) und ihnen durch § 51a LwAnpG sogar rückwirkend weitere Abfindungsansprüche zugunsten bereits ausgeschiedener Mitglieder und ihrer Erben auferlegt.

b) Ob dies allerdings eine Schrankenziehung zu Lasten der von Art. 14 Abs. 1 GG erfaßten vermögenswerten Rechte der – nach Art.19 Abs. 3 GG insoweit grundrechtsfähigen – LPGs und ihrer Nachfolgeorganisationen darstellt, erscheint aus ähnlichen Gründen zweifelhaft, aus denen schon der „Eingriff" in die Rechtsstellung der ausscheidenden Mitglieder verneint wurde. Zwar genießen auch die den LPGs gesetzlich zugeordneten vermögenswerten Rechte den Schutz der

68 Zum Verhältnismäßigkeitsgebot in der Gleichheitsprüfung PIEROTH/SCHLINK, Grundrechte, Staatsrecht II, 12. Aufl., 1996, S. 119 ff; HUSTER, Rechte und Ziele, 1993, S. 142 ff, 165 ff; kritisch SACHS, JuS 1997, 126, 129.

Eigentumsgarantie, und zwar in dem Umfang, in dem sie vom Einigungsvertrag anerkannt und in die bundesdeutsche Rechtsordnung überführt worden sind.[69]

Diese Rechte werden jedoch durch die Auferlegung von Zahlungspflichten nicht berührt. Zu Recht hat das BVerfG aus dem Umstand, daß das Vermögen selbst kein „Recht" sei, sondern lediglich der Inbegriff aller geldwerten Güter einer Person,[70] geschlossen, daß Art. 14 Abs. 1 GG „nicht von der staatlichen Auferlegung von Geldleistungspflichten schützt", da diese nicht mittels eines bestimmten Eigentumsobjekts zu erfüllen sind, sondern aus dem fluktuierenden Vermögen bestritten werden.[71]

Demnach können grundsätzlich weder die Konkretisierung der Abfindungsansprüche nach § 44 Abs. 1 LwAnpG noch die Verschärfung der Fälligkeitsregelung durch § 49 LwAnpG, noch gar die rückwirkende Auferlegung von Abfindungsansprüchen zugunsten der vor dem 20. Juli 1990[72] ausgeschiedenen Mitglieder durch § 51a LwAnpG am Maßstab von Art. 14 Abs. 1 GG gemessen werden. Wenn der Status der Schuldenfreiheit keine eigentumsrechtliche Position ist,[73] dann versagt dieses Recht – argumentum a maiore ad minus – auch gegenüber der Verschärfung und Erweiterung von Verbindlichkeiten.

c) Etwas anderes würde nur gelten, wenn die Geldleistungspflichten die Betroffenen so belasteten, daß sie eine „erdrosselnde Wirkung" hätten[74], und – da es hier auf die Prognose des Gesetzgebers ankommt[75] – dies generell und nicht nur im Einzelfall. In den Worten des BVerfG: eine erdrosselnde Wirkung „... liegt nicht schon vor, wenn die Geldleistungspflicht die Fortführung einzelner Unternehmen aufgrund ihrer besonderen Lage unmöglich macht. Sie muß diese Wirkung als Regel haben, den Effekt also bei ihrer Anwendung regelmäßig hervorrufen".

Davon kann im vorliegenden Kontext keine Rede sein. Voraussetzung für die Anerkennung eines grundrechtlichen Schutzgutes wäre im übrigen auch hier, daß die LPGs darauf vertrauen konnten, nicht mit „erdrosselnden" Abfindungsansprüchen belastet zu werden. Ein solches Vertrauen zu begründen war § 44 LwAnpG 1990 angesichts seiner Unbestimmtheit jedoch nicht geeignet. Die Konkretisierung der §§ 44 und 49 LwAnpG durch das 1. LwAnpÄndG sowie die Einfügung von § 51a können vor diesem Hintergrund nicht als Eigentumsbeschränkung bewertet werden.

69 BGHZ 127, 320, 324 – zur § 64a LwAnpG zum Eigentumsübergang grundstücksunabhängiger Waldbestände.

70 BVerfGE 4, 7, 17 – st. Rspr.

71 BVerfG, 1 BvR 48/94 (47) – LPG-Altschulden.

72 Der Zeitpunkt des Inkrafttretens des LwAnpG 1990, § 70 Abs. 2; GBl. DDR I/1990, 642 ff. vom 20. Juli 1990.

73 BVerfG, 1 BvR 48/94 (48) – LPG-Altschulden.

74 BVerfGE 78, 232, 243; 93, 121, 137 m.w.N. – Vermögenssteuer.

75 Siehe dazu Huber, Konkurrenzschutz im Verwaltungsrecht, 1991, S. 488 ff; Ders., aaO (Fn. 55), S. 137 ff.

2. *Zur objektiv berufsregelnden Tendenz der Abfindungsvorschriften*

a) Wenn auch Art. 14 Abs. 1 GG in diesem Zusammenhang auszuscheiden hat, so greifen die hier in Rede stehenden §§ 44, 49 und 51a LwAnpG doch in die den LPGs und ihren Nachfolgeorganisationen zustehende Freiheit der Berufsausübung ein. Anders als die sämtliche Wirtschaftszweige umfassende Altschuldenregelung[76] begründen die genannten Bestimmungen nämlich spezifische Verpflichtungen der LPGs und ihrer Nachfolgeunternehmen. Sie stehen daher notgedrungen in einem engen Zusammenhang mit der Fortsetzung ihrer Geschäftstätigkeit und besitzen konsequenterweise auch die von der Rechtsprechung geforderte objektiv berufsregelnde Tendenz.[77] Das ergibt nicht zuletzt der Blick auf § 49 Abs. 3 LwAnpG, der belegt, daß der Gesetzgeber die Erhaltung der Wirtschaftskraft der LPGs und ihrer Nachfolgeeinrichtungen sowie die bei ihnen vorhandenen Arbeitsplätze an zentraler Stelle mit in seine Abwägung einbezogen hat.[78]

b) Trotz ihres Eingriffscharakters scheitern die Regelungen über den Abfindungsanspruch jedoch nicht am Maßstab des Art. 12 Abs. 1 GG. Als Berufsausübungsregelungen werden sie vielmehr durch vernünftige Erwägungen des Gemeinwohls gerechtfertigt[79] und entsprechen daher insbesondere den Anforderungen des Übermaßverbotes. Die Absicht des Gesetzgebers, DDR-Unrecht, auch solches der Zwangskollektivierung, wieder rückgängig zu machen, ist ein gewichtiges öffentliches Interesse, das seine Wurzeln im Sozialstaatsprinzip,[80] im Rechtsstaatsprinzip, und viele meinen sogar im Charakter der Eigentumsgarantie als objektiver Wertentscheidung[81] findet. Dies ist, zumal angesichts der Einzigartigkeit der historischen Situation,[82] daher ohne weiteres geeignet, auch Grundrechtsschranken zu Lasten Dritter zu rechtfertigen, zumal wenn die betroffene Grundrechtsposition – wie beim LPG-Vermögen – in einer sachlichen Beziehung zu dem Unrechtstatbestand steht.

3. *§ 51a LwAnpG und das Rückwirkungsverbot*

Einer gesonderten Betrachtung bedarf schließlich der Umstand, daß § 51a LwAnpG Abfindungsansprüche auch solchen Mitgliedern zuerkennt, die bereits

76 BVerfG, 1 BvR 48/94 (50) – LPG-Altschulden.
77 Siehe dazu auch BVerfG 13, 181, 186; 37, 1, 18.
78 Siehe dazu auch unter III.3.
79 Grundlegend BVerfGE 7, 377, 405 ff.
80 BVerfGE 84, 90, 129 ff; zum Lastenausgleichsrecht schon BVerfGE 27, 253, 270 ff; Huber, (Fn. 29), S. 286 f; Papier, FS 180 Jahre Carl Heymanns Verlag, 1995, S. 147, 153 f.
81 Badura, DVBl. 1990, 1256 ff; Schmidt-Jortzig, FS 180 Jahre Carl Heymanns Verlag, 1995, S. 207, 221 f.
82 E. Klein, aaO (Fn. 51).

vor dem 7. Juli 1991, dem Tag des Inkrafttretens des 1. LwAnpÄndG, aus der LPG ausgeschieden sind. Im Hinblick auf die Inventarbeiträge betrifft dies sogar vor dem 16. März 1990 ausgeschiedene Mitglieder und deren mögliche Erben (§ 51a Abs. 2 Satz 1 LwAnpG). Denn hier stellt sich die Frage nach dem Rückwirkungsverbot.

a) Zur verfassungsrechtlichen Beurteilung „rückwirkender" Gesetze hat das BVerfG bekanntlich unterschiedliche Fallgruppen und Voraussetzungen entwikkelt, deren terminologische Zuordnung in jüngster Zeit allerdings mitunter Schwierigkeiten bereitet. Während lange Zeit zwischen einer grundsätzlich unzulässigen „echten" oder „retroaktiven" und einer grundsätzlich zulässigen „unechten" oder „retrospektiven" Rückwirkung unterschieden wurde,[83] will namentlich der Zweite Senat des BVerfG heute zwischen einer „Rückbewirkung von Rechtsfolgen" und der sogenannten tatbestandlichen Rückanknüpfung differenzieren.[84] Dabei soll es sich bei letzterer im Grunde um gar kein Rückwirkungsproblem handeln, sondern um eine reguläre Schrankenziehung grundrechtlicher Schutzgüter. Demgegenüber wird bei der sogenannten Rückbewirkung von Rechtsfolgen der zeitliche Anwendungsbereich der Norm vor den Zeitpunkt ihrer Verkündung verlegt und ist als „echt" rückwirkende Regelung verfassungsrechtlich in besonderem Maße rechtfertigungsbedürftig – sei es am Maßstab von Art. 20 Abs. 3 GG oder an dem der einschlägigen Grundrechte.

b) Ein solcher Fall liegt hier vor. Denn § 51a LwAnpG bewirkt zum einen, daß die vor dem 7. Juli 1991 ausgezahlten Abfindungsansprüche auf entsprechende Anforderung nochmals auf den Prüfstand gestellt werden können.[85] Er verleiht, was noch weiterreicht, Abfindungsansprüche erstmals auch an solche LPG-Mitglieder, die noch vor dem Inkrafttreten des LwAnpG 1990 aus der LPG ausgeschieden sind.

Soweit der Gesetzgeber die Abfindungsansprüche des § 44 Abs. 1 Nr. 1 LwAnpG auch den Erben zukommen läßt, konnte er dagegen an eine bestehende Regelung anknüpfen, und zwar an § 45 Abs. 6 LPGG-DDR. Durch den Einigungsvertrag ursprünglich bis Ende 1991 aufrechterhalten,[86] gewährte dieser den Erben von LPG-Mitgliedern einen Rückzahlungsanspruch hinsichtlich der Pflichtinventarbeiträge. Deshalb kann zumindest § 51a Abs. 2 Satz 1 LwAnpG als (bloße) Konkretisierung einer bereits geltenden Regelung begriffen werden. Im übrigen fehlt es jedoch an entsprechenden Anknüpfungspunkten.

c) Allerdings ist auch eine Rückbewirkung von Rechtsfolgen ausnahmsweise zulässig, wenn sie durch zwingende Gründe des Gemeinwohls gerechtfertigt wird bzw. sich die Betroffenen auf schutzwürdiges Vertrauen nicht berufen können. Neben einem Bagatellvorbehalt hat die Rechtsprechung dabei insbesondere auf un-

83 BVerfGE 88, 384, 403; 75, 246, 279; 48, 403, 415; Hesse, Grundzüge des Verfassungsrechts der Bundesrepublik Deutschland, 20. Aufl., 1995, S. 218.

84 BVerfGE 87, 48, 53; 78, 249, 283; 72, 302, 321; 72, 200, 241.

85 Schweizer, aaO (Fn. 5), S. 128 f.

86 Siehe Kap. VI, Sachgeb. A, Abschnitt III, Nr. 2 EV; sowie § 69 Abs. 1, 2 LwAnpG i.d.F. d. Bek. vom 7. Juli 1991.

klare und verworrene Rechtslagen abgestellt, um ein schutzwürdiges Vertrauen auszuschließen.

Das dürfte angesichts der erheblichen Unbestimmtheit von §§ 44, 49 LwAnpG 1990 auch für den Abfindungsanspruch gelten, und – angesichts der insoweit bestehenden Regelungslücke im LwAnpG 1990 – selbst im Hinblick auf den Kreis der Anspruchsberechtigten. Zu Recht hat der BGH deshalb bislang auch keinen Anlaß gesehen, in den ihm unterbreiteten Fällen einen – entscheidungserheblichen – Verstoß des § 51a LwAnpG gegen das Rückwirkungsverbot anzunehmen, weil es insoweit stets an einem schutzwürdigen Vertrauen mangelte.[87]

VI. Die Bedeutung von Abfindungsvereinbarungen

Die Grundrechte, insbesondere das Eigentum, haben in erster Linie die Aufgabe, die Autonomie und Dispositionsmöglichkeiten des einzelnen zu schützen, und dies primär auch nur gegenüber dem Staat. Sie stehen deshalb grundsätzlich zur Disposition des Berechtigten, so daß die privatautonome Verfügung zu Lasten eines grundrechtlich geschützten Interesses als das identifiziert werden muß, was es ist: Grundrechtsverwirklichung.[88]

Vor diesem Hintergrund läßt das Gesellschaftsrecht vertragliche Vereinbarungen grundsätzlich zu, die dem ausscheidenden Gesellschafter im Interesse des Unternehmensfortbestandes weniger an Abfindung zubilligen, als ihm nach den Grundsätzen des Benachteiligungsverbotes und § 738 BGB eigentlich zustünde, d.h. weniger als den – eigentumskräftig geschützten[89] – vollen wirtschaftlichen Wert seines Anteils.[90] Konsequenterweise begründet auch das LwAnpG, soweit es in § 44 Abs. 1 die Höhe unterschiedlicher Abfindungsansprüche festlegt, keine Pflicht, die so konturierten vermögenswerten Rechte tatsächlich einzufordern. Hätte der Gesetzgeber anderes gewollt, so hätte er hier – ähnlich wie im Vermögensrecht – ein öffentlich-rechtliches Regime der Wiedergutmachung begründen müssen, das privatautonomen Entscheidungen nur in begrenztem Umfang zugänglich wäre.[91] Der BGH hat dem Rechnung getragen und einen vollständigen oder teilweisen Verzicht auf den Abfindungsanspruch auf individualvertraglicher Basis grundsätzlich anerkannt – in den Grenzen des § 138 BGB.[92]

87 BGHZ 127, 327, 332; BGH WM 1993, 1760; AgrarR 1993, SH S. 51; 1993, 89; 1994, 299; 1995, 26; Wenzel, AgrarR 1995, 1, 7.
88 Huber, aaO (Fn. 55), S. 273 f.
89 BVerfGE 14, 263, 283.
90 BGHZ 116, 359, 365; BGH NJW 1993, 2101, 2102.
91 Allerdings wäre wohl auch hier zumindest eine Antragstellung erforderlich gewesen.
92 BGHZ 124, 199; BGH AgrarR 1994, 298; Wenzel, AgrarR 1995, 1, 6.

Spätestens seit der berühmt-berüchtigten Bürgen-Entscheidung des BVerfG[93] ist allerdings auch den von der Strahlkraft der Privatautonomie geblendeten Zeitgenossen bewußt, daß dies nicht das letzte Wort sein muß. Die grundrechtliche Schutzpflicht – hier für die ausscheidenden Mitglieder einer LPG – und ihre Ausstrahlungswirkung auf das Privatrecht fordern nämlich auch den Richter, sich dort schützend und fördernd vor die grundrechtlich abgesicherten Abfindungsansprüche der Mitglieder zu stellen, wo diese nicht in der Lage sind, selbst für deren interessenadäquate Realisierung zu sorgen. Deshalb kann im vorliegenden Kontext Art. 14 Abs. 1 Satz 1 GG den Landwirtschaftsrichter (§ 65 LwAnpG 1991) durchaus dazu zwingen, Abfindungsvereinbarungen zwischen einer LPG und ihren Mitgliedern die Anerkennung zu versagen, wenn es beiden an der erforderlichen Vertragsparität fehlte. Daß dies im Verhältnis von LPG und Mitglied häufig der Fall sein wird, ist mehrfach angeklungen und durch die Erfahrungen und Ermittlungsergebnisse der ZERV hinreichend belegt.[94]

Entsprechend den methodischen Gegebenheiten richterlicher Rechtsbildung kommt es dabei freilich auf die Gegebenheiten des Einzelfalls an, so daß von einem generellen Verdikt über sämtliche Abfindungsvereinbarungen nicht die Rede sein kann. Geboten ist jedoch eine gewissenhafte und nachhaltige Aufklärung der konkreten Umstände jedes einzelnen Vertrages, des rechtsgeschäftlichen Willens ebenso wie des nachvertraglichen Verhaltens der LPG.[95] Ein non liquet wird dabei allerdings zu Lasten der LPGs gehen müssen.[96]

VII. Resümee

Gegen die gesetzliche Ausgestaltung des Abfindungsanspruchs durch das 1. LwAnpÄndG gibt es aus grundrechtsdogmatischer Sicht letztlich kaum etwas zu erinnern. Es überrascht beinahe, wie blaß die Rolle der Grundrechte im vorliegenden Kontext bleibt, jener wertentscheidenden Grundsatznormen, deren Ausstrahlungswirkung sonst dazu beiträgt, nahezu alle Bereiche unserer Rechtsordnung „umzukrempeln". Bei der Bewältigung der enormen politischen, wirtschaftlichen und sozialen Interessengegensätze im Transformationsprozeß treten sie erkennbar hinter die politische Gestaltungsmacht des Gesetzgebers zurück. Hier geht es offenkundig um mehr als um bloßen Verfassungsvollzug, wäre die Integrationskraft des BVerfG überfordert. Die im Grunde nur marginalen Korrekturen am Transformationsprogramm von Regierung und Parlament, auf die sich das BVerfG beschränkt hat, belegen dies eindrucksvoll. Methodisch hat das Gericht

93 BVerfG NJW 1994, 36 ff.
94 Kittlaus, aaO (Fn. 21), S. 179, 189 ff.
95 Wenzel, aaO (Fn. 92).
96 Zur Geltung des Amtsermittlungsgrundsatzes in diesem Zusammenhang Wenzel, AgrarR 1995, 1, 10.

diesen Gestaltungsspielraum meist durch die These von der Einzigartigkeit der historischen Situation untermauert, und auf diese Weise sowohl die Prärogative des Gesetzgebers bei der Konkretisierung des Übermaßverbotes akzeptiert, als auch normative Gestaltungsspielräume selbst dort hingenommen, wo es um die Durchbrechung geltender Verfassungsrechtssätze ging.[97] Von den Mauerschützen[98] über die Bodenreform,[99] von der Warteschleifenregelung[100] zu den Vorschriften über die personelle Erneuerung des öffentlichen Dienstes,[101] von zahllosen berufsrechtlichen Transformationsvorschriften[102] bis zu den LPG-Altschulden[103] – nie war die Gestaltungsmacht von Regierung und Parlament größer als seit 1990. Für den Abfindungsanspruch des LwAnpG stehen die höchstrichterlichen Worte aus Karlsruhe zwar noch aus. Es ist jedoch unwahrscheinlich, daß sie das hier skizzierte Bild nachhaltig verändern werden. Sollte sich über die Bewältigung der DDR-Erblasten am Ende gar eine Neubestimmung des funktionell-rechtlichen Verhältnisses von Bundesverfassungsgericht und Gesetzgeber ankündigen?

97 Klein, aaO (Fn. 51), S. 127 ff.

98 BVerfG, Beschl. vom 24. Oktober 1996, 2 BvR 1851/94 u.a. Zwar handelt es sich insoweit nicht direkt um eine Entscheidung des Gesetzgebers. Immerhin hat das BVerfG jedoch Art. 17 und 18 EV sowie den Art. 315 ff. EGStGB i.d.F. d. EV entnommen, daß der Gesetzgeber eine Strafverfolgung für rechtsstaatswidrige Maßnahmen nach allgemeinen Grundsätzen wollte, Umbr. S. 47.

99 BVerfGE 84, 90 ff; 94, 12 ff.

100 BVerfGE 84, 133 ff.

101 BVerfG, DVBl. 1995, 789 ff.

102 Zu den Anpassungsregelungen im notariellen Gebührenrecht siehe etwa BVerfG, Beschl. vom 28. Juni 1995, 1 BvR 420/90; Beschl. vom 17. Juli 1995, 1 BvR 1173/94; dazu näher Huber, FS Kriele, S. 389 ff.

103 BVerfG, Urteil vom 8. April 1997, 1 BvR 48/94.

Bericht über die Diskussion

von

Wiss. Mitarbeiterin CORINNA BURG, Halle

Im Anschluß an die Referate von *Miosge* und *Grundmann* entwickelte sich eine Diskussion mit reger Beteiligung. In der Quintessenz lagen die Positionen meist nicht recht weit auseinander.

I. Verfassungsrechtliche Fragen

Als Vertreter des öffentlichen Rechts begrüßte *Huber* den verfassungsrechtlichen Ansatz, mit dem der Referent *Grundmann* die Probleme der LPG anging. Zweifel hätte er jedoch hinsichtlich einer Anwendung des Grundgesetzes auf Vorgänge unter DDR-Recht. Insofern verwies er auf das Bodenreform-Urteil des BVerfG, das Enteignungen zu Zeiten der DDR gerade nicht auf der Grundlage von Art. 14 GG beurteilte, sondern unter dem Gesichtspunkt einer Verletzung des Gleichheitsgrundsatzes. Auch für das Strafrecht sei nur der Internationale Pakt über bürgerliche und politische Rechte als übergeordneter Maßstab herangezogen worden, nicht hingegen das Grundgesetz. Auch meinte er, aufgrund von § 43 LwAnpG 1990, der ein Kündigungsrecht für LPG-Mitglieder vorsah, hätte man schon vor dem Inkrafttreten des Einigungsvertrages nicht mehr von einem Verstoß gegen die negative Vereinigungsfreiheit ausgehen können. Letztlich befürwortete er in diesem Zusammenhang jedoch nachdrücklich die im Referat entwickelte und auf den Gleichheitsgrundsatz gestützte These, Abfindungsansprüche der Genossen könnten in den verschiedenen Konstellationen nicht unterschiedlich berechnet werden, da hier nur bundesdeutsches Recht betroffen sei.

Grundmann teilte den Ausgangspunkt, DDR-Recht sei nicht am Grundgesetz zu messen. Der entscheidende Gesichtspunkt sei hier jedoch, daß die Zwangskollektivierung perpetuiert würde, wenn der Gesetzgeber sie in die neue Zeit hineintragen wollte. Er hob dabei den Umstand hervor, daß bei Zwangskollektivierungen von irgendeinem Zustimmungsakt, der allein die Mehrheitsmacht legitimieren könnte, keine Rede sein könne – was allgemeine Zustimmung fand. Solange kein Austritt möglich sei, sei die negative Vereinigungsfreiheit unmittelbar betroffen, und eine Abfindung unter Buchwert wirke de facto ebenso. Ganz unabhängig von der Eigentumsfrage sei die negative Vereinigungsfreiheit deswegen de facto tangiert, weil der Bundesgesetzgeber Satzungsautonomie und Mehrheitsmacht eingeführt habe, unter deren Ausnutzung die Mehrheit den Austritt der Minderheit etwa durch Geringbewertung der Abfindungsansprüche de facto erschweren könne –

und dies für eine Vereinigung, in die der Ausscheidende nicht freiwillig eingetreten ist. Der Zwang wirke so fort.

Für die verfassungsrechtlichen Fragen, stellte *Wenzel* in diesem Zusammenhang klar, sei als Zäsur nicht der 03.10.1990 anzusetzen, da bereits im Juni des gleichen Jahres mit dem Verfassungsgrundsätzegesetz das Eigentum in einer Art. 14 GG vergleichbaren Form in der DDR garantiert wurde. Schon das LwAnpG 1990 sei deshalb an diesem verfassungsrechtlichen Grundsatz zu messen. Des weiteren gab er zu bedenken, daß bei der Betrachtung der Abfindungsregeln immer auch das Interesse der verbleibenden Mitglieder mit abzuwägen sei, da auch diese den verfassungsrechtlichen Schutz genießen würden.

Spoerr trat den von *Huber* geäußerten Bedenken entgegen und unterstützte die im Referat vertretenen Auffassungen zum verfassungsrechtlichen Rahmen im Grundsatz. Zwar sei Art. 9 GG in der Tat nicht auf DDR-Recht anzuwenden, dennoch gehe es um die Verletzung des Grundgesetzes durch den Bundesgesetzgeber. Der Bundesgesetzgeber sei in Fällen der Handhabung von DDR-Unrecht nicht so frei wie in Fällen, in denen grundrechtlich verfaßte Rechtspositionen völlig fehlen. Das zeige die Rechtsprechung zu den Restitutionen. Für die hier zur Diskussion stehende Frage der Mitgliedschaft seien Art. 14 GG und das Sozialstaatsprinzip heranzuziehen. Die These sei zu unterstreichen, daß der Art. 14 GG nach Ausgestaltung insbesondere bei der PGH verlange und die „Abstinenz" des Gesetzgebers zu verurteilen sei.

Grundmann verwies weiter auf das BGH-Urteil zur Regelungsmacht von Spitzenverbänden des Sports aus jüngster Zeit. Dort wurde zwar ein Verstoß gegen die negative Vereinigungsfreiheit verneint, obwohl das privatautonom Gesetzte auf Außenseiter erstreckt wurde, also Verbandsrecht auf Personen, die nicht durch freiwilligen Eintritt die Satzungsmacht legitimiert haben. Hierin stünden sich Außenstehender im Spitzensport und Zwangsverpflichteter in der LPG oder PGH gleich. Der BGH hätte jedoch diese Einschränkung der negativen Vereinigungsfreiheit nur deswegen gutgeheißen, weil andernfalls die entsprechende Tätigkeit, der Wettkampfsport, gänzlich unmöglich gemacht würde.

II. Mehrheitsmacht und Satzungsautonomie

Grundmanns erwähnte These von der Rechtfertigung der Mehrheitsmacht allein durch freiwilligen Eintritt oder sonstigen Zustimmungsakt war Ausgangspunkt einer ersten Frage von *Teichmann*: Müsse man nicht die in Zwangsverbänden getroffenen Mehrheitsentscheidungen notgedrungen akzeptieren, weil andernfalls diese Gesellschaften handlungsunfähig würden? *Grundmann* wollte dem zwar für manche Fälle zustimmen, jedoch nicht für die von ihm erörterten. Bei der Frage nach der Gültigkeit von Mehrheitsentscheidungen sei danach zu differenzieren, ob sie die Quote beträfen oder das operationale Geschäft. Nur wenn auch Letztere für ungültig erklärt würden, würde die Gesellschaft handlungsunfähig und damit zuletzt sogar das Investment der Minderheit entwertet. Das Verbot einer Änderung der Quote werfe dieses Problem jedoch nicht auf.

Teichmann warf sodann die weitere Frage auf, inwiefern bereits abgeschlossene Abwicklungsfälle wiederaufgerollt werden können: Seien Abfindungsvereinbarungen bindend, und wie wären gegebenenfalls entstehende Nachfolgeansprüche zu handhaben? Könnte nicht ein Wegfall der Geschäftsgrundlage angenommen werden? *Grundmann* wollte in dieser Frage vom Instrument des Vertrages ausgehen und von den anerkannten Durchbrechungen des Grundsatzes pacta sunt servanda, insbesondere auf der Grundlage der Bürgschaftsrechtsprechung des BVerfG und unter Heranziehung der Grundsätze über den Wegfall der Geschäftsgrundlage. Gerade in der Bürgschaftsrechtsprechung spiele das Element fehlender Informierung oder ausgeübten Zwanges eine Rolle. Sei Zwang gegeben, sei zudem wiederum der Gesichtspunkt der Verletzung der negativen Vereinigungsfreiheit zu berücksichtigen. Auch *Wenzel* bezog zu schon getroffenen Abfindungsvereinbarungen Stellung: Auszugehen sei vom Grundsatz pacta sunt servanda, was auch der Senat für Landwirtschaftssachen beim BGH in seiner Rechtsprechung stets betont habe. Einzige Lösungsmöglichkeiten böten die §§ 134, 138, 242 und – besonders wichtig – 779 BGB.

III. Zur Höhe der Abfindung

Wenzel ging sodann auf Sachverhalte ein, die dem Senat vermehrt vorgelegen haben. Die Frage der angemessenen Barabfindung in § 36 LwAnpG sei kontrovers diskutiert worden und bilde den eigentlichen Knackpunkt. Das Verhältnis zu § 44 LwAnpG war in der Praxis sehr unterschiedlich beurteilt worden. Die Untergerichte hätten zwischen 10 % und 60 % des wahren Wertes bei der Abfindung zugesprochen, wofür sie sich zum Teil auf entsprechende Gesellschaftsstatuten beriefen. *Grundmann* verstand *Wenzels* Ausführungen, auch diejenigen zum Verfassungsgrundsätzegesetz eher als Zustimmung denn als Frage. Er griff vor allem die angeschnittene Frage nach der Höhe der Abfindung auf, wies darauf hin, daß das Grundsatzurteil des Senats, das von einem vollen Wertausgleich ausging, umfassend der im Referat vertretenen Konzeption entspräche, und ging sodann vor allem auf § 44 I LwAnpG ein. Eine Verteilung nach Nr. 2 und 3 sei vor allem im Normalfall sachgerecht, in dem annähernd das gesamte Vermögen, jedenfalls mindestens 80 % hiervon nach Nr. 2 verteilt wird. Denkbar sei jedoch auch, daß, wie im sog. „Röhrenurteil“, dies nicht der Fall sei. Von dem Vermögen, das nicht schon nach Nr. 1 zu restituieren ist, um Enteignungswirkungen rückgängig zu machen, könne beispielsweise manchmal bei Anlegung der in Nr. 2 genannten Kriterien nur 30 % auf den Faktor Kapital zu verteilen sein. In diesen Fällen dürfe der Rest nicht nach Nr. 3 verteilt werden, also zu 50 % auf den Faktor Arbeit und zu 50 % auf den in der Gesellschaft verbleibenden Reservefonds. Dies würde nämlich eine Zuordnung von insgesamt 35 % auf den Faktor Arbeit bedeuten. Der Gesetzgeber gehe hingegen vom Primat des Kriteriums Kapital aus. Auch spreche § 36 LwAnpG dagegen, in diesem Fall ebenfalls 35 % aus Gründen des Unternehmensinteresses dem Reservefonds zuzuordnen.

Wenzel referierte demgegenüber die vom Senat in der „Röhrenentscheidung" eingenommene gegenteilige Grundposition, nach der durchaus mehr Vermögen nach Nr. 3 als nach Nr. 2 verteilt werden könne. Ergebnis seien gut ausgestattete verbleibende Agrarunternehmen. *Bayer* stimmte *Grundmann* zu, daß volle Entschädigung zu gewähren sei und das Bestandsinteresse gering zu bewerten sei.

IV. Übertragbarkeit der Lösungen ins sonstige Gesellschaftsrecht

Einen weiteren Fragenkomplex leitete *Goette* mit der Überlegung ein, leider habe es die Wissenschaft lange Zeit bei der Lösung der Fälle an ihrer Mithilfe fehlen lassen. In der Sache wies er darauf hin, daß sich dem gesellschaftsrechtlichen Senat, für den er spreche, die Frage der Höhe der Abfindung bei der PGH bisher noch nicht stellte. In Zukunft stünden aber ähnlich gelagerte Fragen, zu denen der Landwirtschaftssenat für die LPG infolge des kürzeren Rechtsweges nach § 65 LwAnpG aufgrund der Sonderzuständigkeit in Landwirtschaftssachen bereits entschieden hat, auch hier an. Eine Übertragung der Lösungsmodelle auf die PGH sei nicht zweifelsfrei und bedürfe einer sorgfältigen Überprüfung. *Grundmann* gab darauf zu bedenken, daß zwar zur Quote noch nicht entschieden sei, daß das im Referat zitierte Urteil zum Grund der Abfindung jedoch befürchten lasse, daß der gesellschaftsrechtliche Senat sich generell und auch in Zukunft gegen die Übertragbarkeit von LPG-Recht auf die PGH aussprechen werde.

Im Anschluß daran warf *Hirte* die Frage auf, ob die Lösung nach § 44 Abs. 1 Nr. 3 2. Alt. LwAnpG, nach der ein Teil des Vermögens in einem Reservefonds der Gesellschaft verbleibt und so das Unternehmensbestandsinteresse gefördert wird, vielleicht auf das allgemeine Gesellschaftsrecht übertragen werden könne. Dabei müsse der wichtige Unterschied, daß hier Zwangsverbände vorliegen, berücksichtigt werden. *Grundmann* hielt solch einen Ansatz für fragwürdig, weil das Gesetz einen Spezialfall regeln wolle; demgegenüber seien im sonstigen Gesellschaftsrecht – wie sich aus Wortlaut oder Gesetzgebungshistorie meist eindeutig ergibt – die meisten Fälle dahin geregelt worden, daß das ganze Gesellschaftsvermögen zu verteilen ist. Hätte der Gesetzgeber mit seiner Regelung eines Spezialgebietes eine generelle neue Linie einführen wollen, so hätte er dies viel deutlicher machen müssen. Der entscheidende Unterschied liege jedoch nicht im Zwangsverbandscharakter, denn bei Zwangsverbänden sei die Bildung eines Reservefonds eher schlechter zu begründen. Die Sonderregelung sei wohl mit der Furcht um ein massenweises Sterben von Unternehmen in den neuen Bundesländern zu erklären. Zu erwägen wäre allenfalls ein Schluß a maiore, wonach es ungerecht erschiene, daß ein unter Zwang eingetretener Gesellschafter nur aus 90 % des Vermögens abgefunden werden solle, ein freiwillig eingetretener Gesellschafter hingegen aus 100 %. In der PGH sei eine Übertragung allerdings aufgrund der ähnlichen Faktenlage erwägenswert, soweit es hier an einer ähnlich präzisen Gesetzgeberaussage wie im sonstigen Gesellschaftsrecht fehle. Auch *Bayer* war der Meinung, daß diese Regelung als Sonderfall nicht auf das allgemeine Gesellschaftsrecht zu übertragen sei.

V. Zu Treupflicht und Wertermittlung

Die Anwendbarkeit der Treupflicht in einer Zwangsgemeinschaft lehnte *Röhricht* ab, wohingegen *Teichmann* sie befürwortete. *Grundmann* wies in diesem Zusammenhang darauf hin, daß er zur Frage der Quotenveränderung im Referat den letztgenannten Standpunkt vertreten habe.

Auf Fragen von *Hommelhoff* führte *Miosge* zum rechtstatsächlichen Befund aus, daß in den nächsten Monaten die Entscheidung über das Wie der Eigenkapitalbildung anstehe. In diesem Zusammenhang formulierte er mit Hinblick auf die Verkehrswertrechtsprechung des BGH als Ausblick die Frage, ob der wahre Wert des Unternehmens nach der Substanzwert- oder der Ertragswerttheorie zu ermitteln sei und ob dies bei der LPG überhaupt einen Unterschied mache.

Abfindung aus Anlaß der Umwandlung

Bestimmung der Beteiligung und Umwandlungs-induzierte Abfindung bei LPG und PGH

von

Rechtsanwalt Fritz Lohlein, Brandenburg

I.

Betrachtet man den Hintergrund der Streitigkeiten um Abfindungen und Ausgleichszahlungen im Zusammenhang mit der Umstrukturierung von LPG und PGH, stellt man regelmäßig fest, daß die – auf Kosten der Unternehmen – informierten und beratenen Leitungskader die große Mehrheit der Mitglieder durch Fehlinformationen, Ausnutzung der faktischen Machtpositionen, Androhung von Benachteiligungen und anderem dazu gebracht haben, den von der Leitung vorgeschlagenen Umstrukturierungsmodellen zuzustimmen. Die wohlinformierte Minderheit hat die Mehrheit manipuliert; die Sittenwidrigkeit des Verhaltens der Verantwortlichen liegt nie weit entfernt. Die Beteiligung der Mitglieder, um die sich bei der strukturellen Anpassung der LPG und PGH alles dreht, sollte auf diese Weise zugunsten der Unternehmen und der ausgewählten zukünftigen Anteilseigner gedrückt werden. Einige wenige haben sich zu Lasten der breiten Masse Vorteile verschaffen können, weil zur maßgeblichen Zeit weder brauchbare Beratung in zumutbarer Weise erlangt werden konnte, noch die Verwaltungsbehörden und Gerichte in der Lage waren, die ihnen zugewiesenen Überwachungsaufgaben zu erledigen. In der entscheidenden Zeit funktionierte die Justiz praktisch nicht. Die Zuständigkeiten wechselten von der Kreisverwaltung zum Registergericht. Das wenige vorhandene Personal war nicht besonders ausgebildet und sollte dann noch mit einer Rechtsmaterie zu Rande kommen, zu der es keinerlei erläuternde Literatur oder gar gefestigte Rechtsprechung gab. Meines Erachtens ist die Übertragung der allgemeinen Grundsätze des deutschen Gesellschaftsrechts auf die Umwandlung von LPG und PGH daher nur eingeschränkt zulässig. Natürlich sind Rechtssicherheit, Gläubigerschutz und Schutz der Minderheit Gesichtspunkte, die auch hier beachtet werden müssen. Doch darf man grobe Verstöße gegen das Gesetz nicht mit dem Hinweis auf verstrichene Anfechtungsfristen bestehen lassen. Schließlich ergibt sich zwar aus dem Landwirtschaftsanpassungsgesetz, daß die Beschlüsse zur Umwandlung und zur Verteilung des Vermögens gerichtlich nachprüfbar sind, wie das aber geschehen soll, ergibt sich aus dem Gesetz nicht unmittelbar. Es verwundert daher nicht, daß die Mitglieder sich nicht nur übervorteilt fühlen, sondern gleichzeitig wehrlos, weil nach ihrer Erfahrung bei Gericht ein einfacher und wirksamer Rechtsbehelf gegen das Handeln der Vorstände ihrer Unternehmen nicht gegeben ist.

II.

In der Tat ist die Handhabung des gerichtlichen Verfahrens wenig effektiv und meines Erachtens mit Art. 103 Abs. 1 GG nicht zu vereinbaren, soweit es um die Ermittlung des maßgeblichen Eigenkapitals und die Bestimmung der Beteiligung geht.

Das Landwirtschaftsanpassungsgesetz hat mit § 44[1] das bloße Mitgliedschaftsrecht in der LPG durch eine Vermögensbeteiligung ergänzt. Die Beteiligung entspricht nicht nur mit ihrem Nominalwert der dem ausscheidenden Mitglied zu zahlenden Abfindung, sondern ist gleichzeitig der Maßstab für die quotale Beteiligung des LPG-Mitglieds. Die quotale Beteiligung ist die Grundlage für die Bestimmung der Barabfindung nach § 36 Abs. 1, ebenso für die Berechnung einer eventuellen baren Zuzahlung nach § 28 Abs. 2 und ist schließlich nach § 42 Abs. 1 auch der Verteilungsschlüssel des Liquidationserlöses.

Für die Berechnung der aus dem Vermögen der LPG abzuleitenden Beteiligung hat sich die Bezeichnung „Personifizierung" eingebürgert. Aus dem Gesetz ergibt sich nicht unmittelbar, daß es für diese Personifizierung eines Beschlusses der Mitgliederversammlung der LPG bedarf. Dieser ist aber erforderlich und muß spätestens im Zuge der Umwandlung erfolgen, da nach § 26 Abs. 1 der Umwandlungsbeschluß die Beteiligung bestimmen muß, die die LPG-Mitglieder am Unternehmen neuer Rechtsform erhalten. Die Bestimmung der Beteiligung im Unternehmen neuer Rechtsform setzt aber voraus, daß zuvor eine wirksame Personifizierung des Eigenkapitals der LPG erfolgt ist, was ebenso einen Beschluß der Mitgliederversammlung erfordert, wie ein wirksames Barabfindungsangebot. Eine wirksame Personifizierung liegt jedoch bei der Mehrzahl der Umwandlungsbeschlüsse nicht vor. Die Mitteilung der Beteiligung, auf die das Mitglied einen Anspruch hat,[2] hilft daher im Zweifel nicht weiter, da die Beteiligung nicht wirksam bestimmt worden ist.

Eine für alle Mitglieder der LPG verbindliche Zuordnung des verteilbaren Eigenkapitals auf die Beteiligungen der LPG-Mitglieder ist durch gesellschaftsrechtlichen Akt nur noch bei der LPG in Liquidation möglich, weil bei umstrukturierten LPG das Unternehmen neuer Rechtsform dafür nicht mehr zuständig ist. Die Beteiligung an der LPG muß daher im Einzelfall durch das Gericht festgestellt werden, unabhängig davon, ob die Beteiligung dann nach § 44 Abs. 1 gleichzeitig der Höhe nach dem Abfindungsanspruch entspricht oder ob die Beteiligung im Unternehmen neuer Rechtsform weitergeführt wird mit der möglichen Folge eines Anspruchs auf bare Zuzahlung oder ob die Beteiligung gegen eine angemessene Barabfindung aufgegeben wird.

1 §§ ohne weitere Angabe sind immer LwAnpG.
2 BGH AgrarR 1994, 156–157.

Das Fehlen oder die Nichtigkeit des Beschlusses über die Personifizierung kann unbefristet geltend gemacht werden. Eine Form ist dafür nicht vorgeschrieben. Es ist daher unbefristet ein Antrag auf gerichtliche Bestimmung der Beteiligung an der LPG zulässig. Dies gilt auch für die Umwandlung nach altem Recht.

Die Bestimmung der Beteiligung an der LPG durch das Gericht bringt immer die Möglichkeit eines Eingriffs in die Rechte anderer LPG-Mitglieder mit sich. Schon der Streit über die Frage, bei welcher LPG die Mitgliedschaft besteht oder bestand, ist geeignet, in die Rechte anderer LPG-Mitglieder einzugreifen. Es steht nur ein bestimmter Vermögenswert zur Verteilung zur Verfügung, so daß eine Erhöhung der Zahl der Mitglieder oder der Beteiligung eines Mitglieds zwangsläufig zu Lasten der Beteiligungen aller anderen LPG-Mitglieder gehen muß. Die Berücksichtigung von Fondsausgleich und anderen den Inventarbeiträgen gleichstehenden Leistungen reduziert den für die Verteilung auf die Ansprüche nach § 44 Abs. 1 Nr. 2 und 3 verfügbaren Anteil am Eigenkapital. Die zusätzliche Berücksichtigung von Arbeitsjahren verringert den auf das einzelne Arbeitsjahr entfallenden Betrag.

Aber bereits die im Vorfeld der Bestimmung der Beteiligung des einzelnen LPG-Mitglieds durchzuführende Ermittlung des verteilbaren Eigenkapitals durch das Gericht hat einen Einfluß auf alle Beteiligten. Wird das verteilbare Vermögen zu hoch bestimmt, wird auch der nominale Beteiligungswert des antragstellenden LPG-Mitglieds zu hoch festgestellt. Dadurch wiederum reduziert sich das auf die anderen LPG-Mitglieder entfallende Vermögen, wenn später festgestellt wird, daß das verteilbare Eigenkapital niedriger ist. Solche im Ergebnis sich widersprechende Gerichtsentscheide sind Realität, wie die Beschlüsse des BGH [3, 4] zeigen. Beide Beschlüsse betrafen die gleiche LPG zum gleichen Zeitpunkt. Das Amtsgericht hatte das nach Bedienung der Inventarbeiträge verbleibende Eigenkapital der LPG von 27,4 Mio DM so verteilt, daß 80 % davon auf die Anspruchsgrundlagen nach § 44 Abs. 1 Nr. 2 entfielen und nur jeweils 10 % auf Arbeitsleistung und die gesetzliche Rücklage, die dadurch ca. 9,2 % des gesamten Vermögens ausmachte. Mit dem Beschluß vom 01.07.1994 hat der BGH die Entscheidung des Landwirtschaftsgerichts bestätigt während mit dem Beschluß BGHZ 131, 268-274 die Röhrentheorie entwickelt wurde, wonach mangels eines abweichenden Beschlusses nur die Mindestvergütung für Verzinsung und Bodennutzung zu gewähren ist und der überschießende Betrag des Eigenkapitals zu gleichen Teilen auf Arbeitsleistung und gesetzliche Rücklage verteilt werden muß. Dadurch blieben von der Verteilung auf die Beteiligung der LPG-Mitglieder 10,8 Mio DM, das sind 36,5 % des gesamten Eigenkapitals der LPG, ausgenommen, viermal soviel wie im vorhergehenden Beschluß.

3 BGH, 01.07.1994, BLw 102/93 (nicht veröffentlicht).
4 BGHZ 131, 268–274.

Bei jedem Streit um die Beteiligung dem Grunde oder der Höhe nach werden also nicht nur die Rechte der unmittelbar am Verfahren Beteiligten berührt, sondern die Rechte aller LPG-Mitglieder. Sie sind materiell Betroffene.[5] Als solche haben sie nach Artikel 103 Abs. 1 GG einen Anspruch, in dem Verfahren zu Wort kommen zu können.

In der Praxis muß ein Antragsteller individuell seinen Anspruch durchsetzen und beziffern. Ist er dazu nicht in der Lage, weil ausreichende Informationen über das Vermögen der LPG nicht vorhanden sind, wird ein Stufenverfahren durchgeführt. Sind mehrere Antragsteller vorhanden, werden deren Verfahren im allgemeinen durch das gesamte Auskunftsverfahren hindurch zur gemeinsamen Verhandlung und Entscheidung verbunden. Nach meiner Auffassung ist die Verbindung jedoch der falsche Ansatz.

Richtig ist wohl die Beteiligung aller Antragsteller an einem Verfahren. In dem nach § 65 Abs. 2 hier anzuwendenden Verfahren in Landwirtschaftssachen sind die Bestimmungen des Gesetzes über die freiwillige Gerichtsbarkeit sinngemäß anzuwenden. Nach dem FGG ist Beteiligter im materiellen Sinn jede Person, deren Rechte und Pflichten durch die vom Gericht zu treffende Regelung unmittelbar berührt werden oder berührt werden können. Materiell Beteiligte müssen schon um ihrer Stellung willen zum Verfahren zugezogen werden. Im Landwirtschaftsverfahren nach dem FGG bestehen dabei die verfahrenrechtlichen Probleme des Zivilprozesses nicht. Dabei kommt es nicht darauf an, ob diese Person in dem Verfahren auch aufgetreten ist. In diesem Sinne sind alle Antragsteller Beteiligte an allen Verfahren, aber nicht nur diese, sondern auch die Mitglieder der LPG, die keinen Antrag gestellt haben.[6] Das allgemeine Umwandlungsrecht nimmt auf diese Problematik Rücksicht und stellt im Spruchverfahren besondere Bestimmungen bereit, die ein solches Massenverfahren aller Beteiligten praktikabel machen. Die Interessen der nicht am Verfahren Teilnehmenden werden durch einen gemeinsamen Vertreter gewahrt. Die Ausschlußfrist zur Antragstellung sorgt dafür, daß die Zahl der Antragsteller nicht uferlos wird.

Der Landwirtschaftsrichter kann alle Antragsteller der gleichen LPG zum ersten Verfahren beiziehen. Aber auch die nicht antragstellenden LPG-Mitgliedern müssen berücksichtigt werden.[7] Dem Nachzügler kann das Gericht noch nicht einmal entgegenhalten, daß das Eigenkapital und dessen Zuordnung aufgrund der Sachkenntnis des Gerichts aus dem früheren Verfahren bestimmt wird, weil dadurch das rechtliche Gehör beeinträchtigt wird. Zur Wahrung des rechtlichen Gehörs kann für die formell nicht am Verfahren Beteiligten daher von der Bestellung eines Pflegers nach § 1913 BGB nicht abgesehen werden. Auch wenn Namen und Anschriften aller Mitglieder bekannt sein sollten, stehen die Beteiligten nicht

5 Schlosser, JZ 1967, 431 ff.
6 Für eine GmbH: BVerfG NJW 1982, 1635, 1636.
7 BVerfG NJW 1982, 1635, 1636.

fest, denn die Mitglieder, die wirksame Vereinbarungen abgeschlossen haben, sind nicht mehr beteiligt. Durch die Zuziehung aller Beteiligten wird das Verfahren allgemein verbindlich, wie das § 36 Abs. 2 voraussetzt.

Das hier aufgezeigte Verfahren ist zunächst umständlich und zeitraubend, auf die Dauer aber doch verfahrensökonomisch. Es wird in einem einzigen Verfahren, maximal in zwei, einheitlich geklärt, welche nominalen Beteiligungswerte den LPG-Mitgliedern zustehen. Nur für den Fall, daß die Mitgliedschaft spätestens am 31.12.1990 geendet hat, sind Beteiligungsverhältnisse sowohl auf diesen Stichtag als auch auf den nächstfolgenden Bilanzstichtag festzustellen, denn für alle anderen LPG-Mitglieder gilt im Falle der Umstrukturierung die Teilungs- oder Umwandlungsbilanz, im Falle der Liquidation die der Liquidationseröffnungsbilanz zugrundeliegende Schlußbilanz als die maßgebliche Bilanz. Wird die Mitgliedschaft in der LPG beendet, ist in der maßgeblichen Bilanz der Abfindungsanspruch des Mitglieds als Verbindlichkeit auszuweisen. Letzte maßgebliche Bilanz ist demnach die Umwandlungsbilanz.[8] Dies gilt auch dann, wenn die Umwandlungsbilanz auf einen Stichtag vor der Umwandlungsversammlung erstellt wird, was aus technischen Gründen unumgänglich ist, und das LPG-Mitglied seine Kündigung erst nach dem Stichtag der Umwandlungsbilanz erklärt.

III.

Die vom Gericht zu bestimmende Beteiligung orientiert sich am Wert des Unternehmens, wobei in der Praxis immer noch die Meinung überwiegt, der Wert des Unternehmens richte sich nach dem Buchkapital der LPG, obwohl der BGH mit überzeugenden Argumenten der Theorie von der gesetzlichen Buchwertklausel eine deutliche Absage erteilt hat.[9] Der BGH stellt zutreffend auf den wirklichen Wert ab, wobei sich fragt, was der wirkliche Wert ist und wie er ermittelt wird.

Es versteht sich von selbst, daß es einen wirklichen Wert im Sinne eines objektiven, für jedermann maßgeblichen Wertes nicht gibt. Der Wert ist keine objektive Eigenschaft eines Gegenstandes,[10] sondern das Ergebnis von anderen äußeren Umständen. Er ist durch Angebot und Nachfrage bestimmt, wobei die Nachfrage davon abhängt, welchen Nutzen der Eigentümer aus dem Gegenstand ziehen kann. Dies gilt nicht nur für einen einzelnen Gegenstand, sondern auch für die Summe von Gegenständen und damit für ein Unternehmen: Sein Nutzwert ist stets sub-

8 Für Ansprüche nach § 51 a BGH AgrarR 1994, 297–298; BGH 24.11.1993, BLw 19/93, BGHZ 124, 192–199 kann insoweit nicht gefolgt werden.

9 BGH AgrarR 1994, 158–159.

10 Herrschende Meinung, z. B. SOERGEL/HEFERMEHL, Komm. z. BGB, 12. Aufl., 1988, § 119 Rdn. 51.

jektbezogen. Es kommt darauf an, wer mit dem Unternehmen etwas machen kann und will. Ein Käufer ermittelt den Wert eines Kaufobjektes anders als ein Verkäufer.

Um feststellen zu können, wie hoch der Wert des Unternehmens ist, muß daher geklärt werden, wozu die Wertbestimmung dient.

Sowohl im Rahmen des § 44 Abs. 1 als auch des § 36, und des § 28 Abs. 2 ist der Wert des Unternehmens und der Beteiligungen im Verhältnis der Mitglieder zueinander zu ermitteln. In § 44 Abs. 1 geht es um den Wert des Unternehmens als ganzes, aus dem dann die nominalen Beteiligungen und daraus wiederum die quotalen Anteile zu ermitteln sind. Bei der Barabfindung ist der Wert der Anteile im Verhältnis zum Wert der Gesellschaft zu ermitteln und bei der baren Zuzahlung geht es darum, dem Gesellschafter einen baren Ausgleich zu zahlen für den Fall, daß der Wert des Geschäftsanteils im neuen Unternehmen hinter dem Wert des Mitgliedschaftsrechts in der LPG zurückbleibt. Gesucht ist damit immer ein Preis, sei es des gesamten Unternehmens, sei es des Anteils, also das, was beim Verkauf erlöst werden kann.

Zur Ermittlung dieses hypothetischen Veräußerungserlöses stehen mehrere Methoden zur Verfügung. Die zu wählende Methode hängt ebenfalls vom Bewertungszweck ab. Soll, wie hier, die Bewertung zu einem für alle Beteiligten verbindlichen Wert führen – Errechnung der nominalen Beteiligungen, der quotalen Anteile und deren Werte – muß ein für alle Beteiligten akzeptabler Wert gefunden werden. Die Sicht nur eines Beteiligten genügt nicht. Die mehreren Beteiligten haben unterschiedliche Vorstellungen und zwischen diesen gilt es zu vermitteln. Insbesondere ist das Gleichheitsprinzip[11] zu beachten, das eine sachlich nicht gerechtfertigte, unterschiedliche Behandlung der Mitglieder verbietet.

Die Bewertung verfolgt aber nicht nur den Zweck, eine für alle Beteiligten verbindliche Bestimmung der Beteiligung zu finden, sondern insbesondere die Folgen der de-facto-Enteignung der Inventareinbringer im Zuge der Zwangskollektivierung soweit wie möglich zu beseitigen.[12] Dieser Bewertungszweck gebietet es, die Bewertungsmethode zu wählen, die zum höchstmöglichen Anteil der Inventarbeinbringer führt. Fortführungsgesichtspunkte des Unternehmens können dem nicht entgegenstehen, denn der Gesetzgeber geht davon aus, daß die Fortführung des Unternehmens der LPG nur möglich ist, wenn mindestens die Hälfte aller Inventareinbringer und zwei Drittel aller LPG-Mitglieder für die Umwandlung stimmen und dann Mitgliedschaftsrechte im neuen Unternehmen halten. Auch trägt § 44 Abs. 1 der Fortführung bereits dadurch Rechnung, daß für die Ermittlung der Abfindung des ausgeschiedenen LPG-Mitglieds nicht der gesamte vorhandene Wert herangezogen wird. Vielmehr wird von der Verteilung auf die Beteiligungen als Abfindungsansprüche ein Vermögensanteil ausgeklammert, der genauso hoch ist wie der auf Arbeitsleistung verteilte Vermögenswert.

11 K. Schmidt, Gesellschaftsrecht, 2. Aufl., 1992, S. 378 f.
12 BGHZ 131, 260–267.

Subjektiv hängt der Wert eines Gegenstandes davon ab, welchen Nutzen der Eigentümer daraus ziehen kann. Dies gilt auch für ein gesamtes Unternehmen. Wertbestimmender Faktor für die betriebswirtschaftliche Bewertungstheorie ist daher die Summe des zukünftig erzielbaren Nutzens. Der Unternehmenswert ist der Zukunftserfolgswert, der genaugenommen der abgezinste Überschuß aller zukünftigen Einnahmen über alle zukünftigen Ausgaben ist.[13] Eine solche Einnahmeüberschußrechnung ist rechtlich zulässig, praktisch aber nicht durchführbar, weshalb nicht auf Einnahmen und Ausgaben abgestellt wird, sondern auf Erträge und Aufwendungen. Vereinfachend spricht man daher von Ertrag und Ertragswert. Ergänzt man den Ertragswert um den Wert des neutralen Vermögens, kommt man zum Unternehmenswert. Diese Methode der betriebswirtschaftlichen Bewertungslehre wird auch von der Rechtsprechung anerkannt.[14]

Landwirtschaftliche Betriebe sind aber chronisch unrentabel. Die erwirtschafteten, abgezinsten Erträge führen zu einem Ertragswert, der weit unterhalb des Substanzwerts liegt. Es ist dann wirtschaftlich vernünftiger, das Unternehmen abzuwickeln und die Vermögenswerte zu verkaufen, wenn der Liquidationserlös höher ist als der Ertragswert zuzüglich des eventuellen neutralen Vermögens. Der Liquidationswert stellt deshalb bei der Ertragswertmethode die Wertuntergrenze für das Unternehmen dar.[15] Liquidationswert ist dabei die Summe der Preise, die sich erzielen lassen, wenn die einzelnen Vermögensgegenstände veräußert werden. Von der Summe der Einzelveräußerungspreise sind dann die Schulden und die Liquidationskosten abzuziehen, woraus sich der Nettoliquidationswert ergibt. Gleichzeitig ist der Liquidationswert ein fiktiver Wert, denn sein Ansatz zwingt nicht zur Liquidation. Er ist ausschließlich das Resultat hypothetischer Überlegungen. Es ist ein Substanzwert, bei dem ein hypothetischer Veräußerungserlös tatsächlichen Schulden und Risikien sowie fiktiven Kosten gegenübergestellt wird.

Bei der Bewertung von LPG ist nach meiner Auffassung der Ertragswert in Form des Liquidationswerts nicht anzusetzen, weil damit das Ziel nicht ausreichend berücksichtigt wird, die Folgen der Zwangskollektivierung soweit wie möglich auszugleichen. Dieses Ziel läßt sich nicht dadurch erreichen, daß man die Vermögensgegenstände der LPG mit hypothetischen Veräußerungserlösen ansetzt und neben tatsächlichen Schulden und Belastungen auch fiktive Kosten wertmindernd abzieht. Bei der Ermittlung des Liquidationswerts wird nicht berücksichtigt, daß das ganze hypothetisch verkaufte Unternehmen tatsächlich fortgeführt wird und sich dadurch Chancen ergeben und Kosten vermieden werden, die mit der Summe der Nettoeinzelveräußerungserlöse nicht erfaßt werden können.

Diese Möglichkeit bietet der Substanzwert. Dabei sind der Bewertung weder die Anschaffungspreise, noch die Buchwerte, noch spätere tatsächliche Verkaufs-

13 Grossfeld, Unternehmens- und Anteilsbewertung im Gesellschaftsrecht, 3. Aufl., 1994, S. 22.

14 OLG Düsseldorf, DB 1992, 1034, 1037.

15 Piltz, Die Unternehmensbewertung in der Rechtsprechung, 3. Aufl., 1994, S. 189.

preise zugrunde zu legen. Vielmehr sind die Gegenstände mit dem Wert anzusetzen, den ein Erwerber des ganzen Betriebes im Rahmen des Gesamtkaufpreises für das einzelne Wirtschaftsgut zahlen würde, wobei von einer Fortführung des Betriebes durch den Erwerber auszugehen ist. Diese, der Substanzwertermittlung durch den BGH[16] zugrundeliegende Linie entspricht dem Teilwert des Einkommensteuergesetzes (§ 6 Abs. 1 Satz 3 EstG). Die Betriebswirtschaftslehre verwendet den Begriff Teilrekonstruktionswert.

Maßgeblich für die Bewertung des einzelnen Vermögensgegenstandes ist der Wiederbeschaffungswert unter Berücksichtigung notwendiger Abschreibungen, die insbesondere auch die wirtschaftliche Entwertung angemessen berücksichtigen.[17] Das kaufmännische Vorsichtsprinzip findet keine Anwendung. Daraus folgt, daß nicht von den historischen Anschaffungskosten gemindert um Abschreibungen auszugehen ist, weil ansonsten stille Reserven nicht aufgedeckt würden. Diese werden aber im Rahmen des Gesamtkaufpreises für das fortzuführende Unternehmen aufgedeckt.

Auch nichtaktivierungsfähige Werte sind zu erfassen, da sich der Wertansatz nicht im reinen Substanzwert losgelöst vom Unternehmen erschöpft. Vielmehr ist der wirtschaftliche Gesamtzusammenhang zu berücksichtigen. Dies kann im konkreten Fall durchaus zu einer Bewertung über dem Einzelveräußerungspreis führen, was sich insbesondere bei Gebäuden zeigt.[18] Bei einem Gebäude, das die LPG errichtet hat, steht ihr nach den Bestimmungen des Sachenrechtsbereinigungsgesetzes ein Ankaufsrecht für das Grundstück zu. Dabei kann der Gebäudeeigentümer begünstigt nach dem Halbteilungsgrundsatz das Grundstück, auf dem das Gebäude errichtet ist, im Endeffekt für deutlich weniger als die Hälfte des Wertes erwerben. Die zutreffende Bewertung des Gebäudes im Zusammenhang mit dem fortzuführenden Unternehmen erfordert die Berücksichtigung dieser Erwerbschance.

Steuerliche Wertansätze sind unzulässig. Daraus folgt auch, daß kurzfristige Preisschwankungen unberücksichtigt bleiben. Auch eine unterschiedliche Bewertung von betriebsnotwendigen und betriebsneutralen Gegenständen gibt es nicht. Vielmehr erfolgt die Bewertung nach dem zukünftig möglichen Verwendungszweck, was im Einzelfall zur Folge haben kann, daß ein nicht verwendbares Gebäude mit DM 0 zu bewerten ist.

Aus dem Grundsatz der Bewertung im wirtschaftlichen Gesamtzusammenhang folgt, daß für Kosten im Zusammenhang mit einzelnen Vermögensgegenständen, die mit Sicherheit auf das Unternehmen zukommen werden, ein Bewertungsabschlag durchgeführt werden muß. So sind sicher entstehende Sanierungskosten

16 Z. B. BGH BB 1981, 1128.
17 BGH BB 1961, 348.
18 BGH BB 1961, 348.

bei Grundstücken zu berücksichtigen. Die Wahrscheinlichkeit des Entstehens, die für den Ansatz von Rückstellungen ausreicht, reicht hier jedoch nicht. Nur fiktive Kosten, zum Beispiel nicht anfallende Verkaufskosten oder auch nicht anfallende Liquidationskosten, sind insgesamt nicht abzusetzen.

Bilanzierungshilfen wie Sonderverlustkonto und korrespondierende Sonderrücklage nach § 17 Abs. 4 DM-BilG bleiben völlig außer Ansatz.

Bei der Ermittlung des Substanzwertes werden die stillen Reserven fiktiv aufgelöst, die Buchwerte also tatsächlich weitergeführt. Die Bewertung des Unternehmens im Rechtsstreit erfordert also nicht, wie immer wieder behauptet wird, eine nachträgliche Änderung bereits geprüfter und festgestellter Bilanzen. Die häufig anzutreffende Fragestellung an einen Sachverständigen im Beweisbeschluß, ob die einzelnen Bilanzposten und das Eigenkapital zutreffend ermittelt worden sind und gegebenfalls die maßgebliche Bilanz zu korrigieren ist, ist daher falsch. Sie veranlaßt den Sachverständigen eben nicht, die Bilanz auf stille Reserven und deren Höhe hin zu überprüfen. Einem landwirtschaftlichen Sachverständigen ist ein solches Vorgehen auch eher fremd. Ich halte daher die Einschaltung von Wirtschaftsprüfern für erforderlich, die dann gegebenenfalls ihrerseits für die Bewertung einzelner Vermögensgegenstände Sachverständige beauftragen, soweit sie selbst aus eigener Sachkenntnis zur Bewertung nicht in der Lage sind.

IV.

Ist das Eigenkapital unter Aufdeckung der stillen Reserven aufgrund der maßgeblichen Bilanz ermittelt und stehen die Parameter nach § 44 Abs. 1 Nr. 1 bis 3 fest, können die Beteiligungen bestimmt werden. Das Mitglied kann verlangen, daß ihm seine Beteiligung vom abfindungspflichtigen Unternehmen mitgeteilt wird.[19] Ist die Beteiligung bekannt und nicht strittig, ist für das ausgeschiedene LPG-Mitglied ein Zahlungsantrag möglich und nach der Rechtsprechung des BGH auch erforderlich. Ein gleiches gilt für den Anspruch auf bare Zuzahlung nach § 28 Abs. 2. Ist die Höhe der Beteiligung nicht bekannt oder strittig, kann der Antragsteller nach der Rechtsprechung des BGH in einem Stufenverfahren sich die Einsicht in die Unterlagen verschaffen, die zur Ermittlung des Unternehmenswerts erforderlich sind, um so den vermeintlichen Beteiligungsanspruch der Höhe nach beziffern zu können.[20]

Ein solches Stufenverfahren in entsprechender Anwendung von § 254 ZPO ist aber jedenfalls im Verfahren zur Bestimmung der angemessenen Abfindung nicht möglich. Der Antrag betreffend eine Abfindung nach § 36 ist nicht auf Zahlung, sondern auf Feststellung gerichtet und muß nicht beziffert werden. Der Anspruch

19 BGH AgrarR 1994, 156–157.
20 BGH AgrarR 1994, 159.

nach § 36 entspricht dem Anspruch nach § 212 UmwG, der im Spruchverfahren nach §§ 305 ff UmwG geltend zu machen ist. Auch die Vergleichbarkeit mit dem Spruchverfahren nach § 306 AktG ist durchaus gegeben, weil die Interessenlage der Beteiligten weitgehend identisch ist. Im aktienrechtlichen Spruchstellenverfahren über die Kompensation, die den Minderheitsaktionären anzubieten ist, ist wie im umwandlungsrechtlichen Spruchverfahren aber anerkannt, daß der Antragsteller ein dem Auskunftsrecht im Stufenverfahren entsprechendes Recht zur Einsicht in die von den Unternehmen für die Bewertung herangezogenen Unterlagen nicht hat.[21] Die ursprünglich sehr restriktive Rechtsprechung ist in jüngster Zeit differenzierender geworden. Bewertungsgutachten sind wohl unter dem Gesichtspunkt der Gewährung rechtlichen Gehörs den Antragstellern zur Verfügung zu stellen,[22] wobei jedoch dafür bestimmte Auflagen gemacht oder für Teile auch Beschränkungen ausgesprochen werden können. Die Beteiligten haben keinen Anspruch auf lückenlose Mitteilung aller für das Gutachten erheblichen Tatsachen und können auch nicht die Einzelerläuterung oder Vorlage von Unterlagen und Belegen verlangen, auch wenn auf diesen die Berechnungen des Gutachtens aufbauen.[23] Diese Beschränkung ist zwingende Konsequenz aus dem Amtsermittlungsgrundsatz einerseits und einem Interesse des betroffenen Unternehmens an der Nichtverbreitung geschäftlicher Verhältnisse, insbesondere Plandaten für die Zukunft, andererseits, die die Aktionäre als Auswirkung der Treuepflicht zu akzeptieren haben. Abgesehen davon, daß Zukunftspläne für die Bewertung einer LPG keine Rolle spielen, kann hier aber bei der LPG-Umwandlung eine solche Treuepflicht nicht festgestellt werden: Im Gegensatz zu den Aktionären einer Aktiengesellschaft wurden die Mitglieder der LPG im allgemeinen nicht aufgrund freier Willensentscheidung dort Mitglieder.

Daraus folgt, daß dem Antragsteller zur Gewährung des rechtlichen Gehörs im Verfahren nach § 36 durchaus Einsicht gewährt werden muß in alle Unterlagen, die dem Gericht zur Wertermittlung vorgelegt werden. Das Gericht wird auf einer umfassenden Vorlage von Unterlagen und Belegen bestehen müssen, was zur Folge haben kann, daß nicht alle vorgelegten Unterlagen entscheidungserheblich sind. Dem Antragsteller sind aber zur Wahrung des rechtlichen Gehörs nicht nur die vorliegenden und vom Gericht für entscheidungserheblich erachteten Unterlagen zur Verfügung zu stellen, sondern auch solche, die das Gericht für nicht entscheidungserheblich hält. Der Antragsteller kann Anregungen an das Gericht machen, welche Unterlagen vorzulegen sind. Verlangt das Gericht die Vorlage dieser Unterlagen nicht, hat der Antragsteller kein Recht auf Einsicht. Er kann gegebenenfalls nur die Verletzung der Amtsermittlungspflicht rügen.

21 BGH DB 1966, 1763.
22 OLG Frankfurt AG 1989, 444.
23 OLG Frankfurt AG 1989, 444.

Welche Unterlagen sich das Gericht vorlegen lassen muß, hängt vom Verfahrenszweck ab. Steht die Beteiligung fest, und ist nur die Abfindung nach § 36 zu bestimmen, können weniger Unterlagen ausreichend sein, als dies der Fall ist, wenn zunächst die Beteiligungen nach § 44 Abs. 1 bestimmt werden müssen. Da jedoch, wie vorstehend unter II. dargelegt, die Überprüfung einzelner Bilanzpositionen nicht ausreicht, um den wirklichen Wert des Unternehmens festzustellen, dürfte nur im Ausnahmefall ein Gericht aufgrund eigener Sachkenntnis in der Lage sein, eine zutreffende Unternehmensbewertung durchzuführen. Dies gilt insbesondere dann, wenn das vorlagepflichtige Unternehmen der Anforderung zur Vorlage der Unterlagen nur zögernd und unvollständig nachkommt. In derartigen Fällen wird das Gericht seiner Verpflichtung zur Aufklärung des Sachverhalts nur dadurch gerecht werden können, daß ein geeigneter Sachverständiger beauftragt wird, den wahren Wert des Unternehmens zu ermitteln.

Auch wenn nach dem Wortlaut von § 28 Abs. 2 der Antragsteller einen bezifferten Antrag stellen muß, gilt für das Verfahren nichts grundsätzlich Abweichendes. Es soll hier nicht darauf eingegangen werden, wann Ansprüche nach § 28 Abs. 2 überhaupt denkbar und wann sie begrifflich ausgeschlossen sind. Jedenfalls ist bei Umwandlung der LPG in eine eingetragene Genossenschaft, deren Statut keine von § 73 Abs. 2 GenG abweichende Auseinandersetzungsregel enthält, ein Anspruch auf bare Zuzahlung in der Höhe gegeben, die dem Abfindungsanspruch nach § 36 abzüglich dem gewährten Geschäftsanteil entspricht. Beide Bestimmungen haben zum Ziel, dem LPG-Mitglied seine quotale Beteiligung an der LPG zu gewährleisten, § 36 durch Zahlung der Abfindung, bei § 28 Abs. 2 durch Zahlung eines zusätzlichen Geldbetrages, wenn die Beteiligung hinter dem quotalen Anteil an der LPG zurückbleibt. Die gleiche Zielsetzung erfordert eine verfahrensrechtlich gleiche Behandlung, soweit sich nicht etwas Abweichendes daraus ergibt, daß im Falle des § 28 Abs. 2 der Anspruch beziffert werden muß.

V.

Die vorstehenden Überlegungen gelten für PGH im wesentlichen sinngemäß, auch wenn die Abfindungsregeln der LPG nicht übertragbar sind. Die PGH-Verordnung verweist in § 5 Abs. 1 auf den Anteil des Mitglieds am unteilbaren Fonds, der wie das Eigenkapital eine ausschließlich buchhalterische Größe ist. Diese hat mit dem Wert des Unternehmens nichts zu tun. Vielmehr wurde der unteilbare Fonds durchaus den politischen Bedürfnissen angepaßt, indem Neubewertungen der Vermögenswerte durchgeführt oder Passivposten auf Anordnung des Rat des Kreises ausgebucht wurden. Die darauf beruhenden Veränderungen des Ergebnisses wurden zum Teil zur Zuführung zu den Fonds, zum Teil zur Abführung an den Staatshaushalt verwendet. Insbesondere führten die Abführungen an den Staatshaushalt, die unabhängig vom erwirtschafteten Ergebnis festgesetzt wurden, ohne weiteres zu Veränderungen der Fonds der PGH.

Nach dem 01.07.1990 entfiel der politische Eingriff auf die Bildung des unteilbaren Fonds der PGH, doch ändert dies nichts daran, daß es sich nach wie vor bei diesem um eine buchhalterische Größe handelt. Diese buchhalterische Größe ist aber ungeeignet zur Verteilung auf im Unternehmen verbleibende und ausscheidende Mitglieder, weil sie den wirklichen Wert des Unternehmens nicht abbildet.

Auch hier gilt, daß ein reiner Buchwertansatz des verteilbaren Vermögens weder der Zweckbestimmung der PGH-Verordnung entspricht, noch mit Art. 14 GG zu vereinbaren ist.

§ 5 PGH-VO bezweckt die gleichmäßige Verteilung des PGH-Vermögens auf alle Mitglieder der PGH, sei es, daß sie ausscheiden, sei es, daß sie in einer umgewandelten PGH das Unternehmen fortführen oder sei es, daß sie neben der umgewandelten PGH auf genossenschaftlicher Basis einen Teil des Unternehmens weiterführen. Auch hier geht es um die Verteilung des Unternehmenswertes unter Aufdeckung der stillen Reserven,[24] so daß die Bewertung entsprechend der Bewertung bei der LPG durchzuführen ist. Das Fortführungsinteresse der Unternehmen ist durch § 5 Abs. 3 PGH-VO ausreichend gewahrt.

Ist das gerichtliche Verfahren der LPG-Mitglieder zur Durchsetzung ihrer Ansprüche schon problematisch, gilt dies für PGH-Mitglieder um so mehr. Sie sind auf das Erkenntnisverfahren verwiesen, eine Amtsermittlungspflicht gibt es nicht. Mit den Grundsätzen eines fairen Verfahrens ist das wohl nicht vereinbar, wie bereits dem Feldmühle-Urteil des Bundesverfassungsgerichts[25] zu entnehmen ist.

Der Lösungsansatz kann nach meiner Meinung nur dahin gehen, insgesamt im PGH-Verfahren die Beweislast umzukehren, weil ansonsten die PGH-Mitglieder vor einer nicht lösbaren Aufgabe stehen.

VI.

Wie im Gesellschaftsrecht allgemein kommt auch bei LPG und PGH dem Verfahrensrecht erhebliche Bedeutung zu, wenn es um die Durchsetzung der Rechte der Verbandsmitglieder geht. Das Fehlen eines mit dem Spruchverfahren nach dem sechsten Buch des Umwandlungsgesetzes vergleichbaren Verfahrens macht sich dabei äußerst nachteilhaft bemerkbar. Dies gilt insbesondere im Hinblick darauf, daß in den strittigen Fällen weit überwiegend die Minderheit die Mehrheit übervorteilt hat. Es ist daher eine wesentliche Aufgabe der Rechtsprechung, durch eine sensible Handhabung des Verfahrensrechts den Ausgleich der Interessen möglichst aller Beteiligten zu ermöglichen.

24 BGH ZIP 1996, 1682.
25 BVerfGE 14, 263, 287.

Die Umwandlungs-induzierte Abfindung

von

Professor Dr. Sigurd Littbarski, Frankfurt (Oder)

Inhaltsübersicht

I. Einleitung

Über die Problematik der Umwandlungs-induzierten Abfindung nach § 36 Landwirtschaftsanpassungsgesetz[1] sprechen zu wollen erweist sich insofern als nicht ganz einfach, als sie im untrennbaren Zusammenhang mit dem im 3. Abschnitt des LwAnpG geregelten Verfahren zur „Umwandlung von landwirtschaftlichen

1 Gesetz zur Änderung des Landwirtschaftsanpassungsgesetzes und anderer Gesetze vom 3. Juli 1991, BGBl. I S. 1410, zuletzt geändert durch Gesetz vom 20. Dezember 1996, BGBl. I S. 2082, nachfolgend LwAnpG genannt.

Produktionsgenossenschaften durch Formwechsel" in den §§ 23–38 LwAnpG steht und daher dieses Verfahren zum besseren Verständnis im einzelnen in die Betrachtung einbezogen werden müßte. Wenn dies dennoch allenfalls rudimentär geschieht, erfolgt ein solches Vorgehen aus der Erwägung, daß die Grundfragen der Umwandlung volkseigener und genossenschaftlicher Unternehmen sowie der Kompensation für ausscheidende Genossenschaftsmitglieder bereits Gegenstand der vorhergehenden Beiträge waren und daher zur Vermeidung von Wiederholungen hierauf verzichtet werden kann.

Somit steht im Mittelpunkt der weiteren Erörterung die das Angebot der Barabfindung und die die Annahme des Angebots regelnde Vorschrift des § 36 LwAnpG, wobei wegen der Verweisung in § 36 Abs. 3 LwAnpG, wonach bei der Bemessung der Barabfindung § 44 Abs. 1 LwAnpG zu berücksichtigen sei, auch diese Bestimmung eine angemessene Beachtung finden wird.[2] In der Sache heißt dies, daß es nachfolgend darum gehen wird, besonders umstrittene, die Umwandlungs-induzierte Abfindung betreffende Fragen zu klären. Zu diesen gehören die der Bestimmung der „angemessenen Barabfindung", der Anwendbarkeit von Ausschlußfristen bei der Geltendmachung von Ansprüchen, der Heranziehung der Grundsätze des § 138 Abs. 1 und 2 BGB im Hinblick auf bereits abgefundene frühere LPG-Mitglieder sowie schließlich der Möglichkeit des Bestehens von Auskunfts- und Einsichtsrechten ausscheidender oder bereits ausgeschiedener LPG-Mitglieder.

II. Der Begriff der „angemessenen Barabfindung"

1. Ausgangspunkt

Auszugehen ist davon, daß weder § 36 LwAnpG noch andere Vorschriften des LwAnpG den Begriff der „angemessenen Barabfindung" näher bestimmen. Vielmehr heißt es im § 36 Abs. 1 Satz 1 LwAnpG lapidar, daß die LPG jedem Mitglied im Umwandlungsbeschluß den Erwerb seiner umgewandelten Anteile oder Mitgliedschaftsrechte gegen eine angemessene Barabfindung anzubieten habe. Ergänzend spricht § 36 Abs. 3 LwAnpG davon, daß bei der Bemessung der Barabfindung § 44 Abs. 1 LwAnpG zu berücksichtigen sei. Nach dieser Vorschrift steht ausscheidenden Mitgliedern ein Abfindungsanspruch in Höhe des Wertes ihrer Beteiligung an der LPG zu, wobei der Wert der Beteiligung einen Anteil am Eigenkapital der LPG darstellt und diese Anteile nach einem in § 44 Abs. 1 Satz 2 Nr. 1–3 LwAnpG geregelten – hier nicht näher zu erläuternden – Verfahren zu berechnen sind.

2 Näher hierzu unter II.

Aber auch die Begründungen zu den §§ 36 und 44 LwAnpG in der Fassung vom 3. Juli 1991 sind insoweit wenig aussagekräftig. Während sich bezüglich des § 36 Abs. 1 und 3 LwAnpG im Hinblick auf die hier interessierende Problematik überhaupt keine Stellungnahme findet,[3] heißt es hinsichtlich § 44 Abs. 1 LwAnpG,[4] daß der in Abs. 1 festgelegte Abfindungsanspruch die gesellschaftsrechtliche Beteiligung der LPG-Mitglieder konkretisiere und daher auch bei der Bemessung der Barabfindung gemäß § 36 Abs. 3 LwAnpG und der baren Zuzahlung gemäß § 28 Abs. 2 LwAnpG zu berücksichtigen sei.

2. *Meinungsstand*

Angesichts dieser sehr vagen Formulierungen nimmt es nicht wunder, daß sich zunächst die Literatur und später auch die Rechtsprechung um eine nähere Bestimmung der Bemessung der „angemessenen Barabfindung“ bemüht haben.

a) Auffassungen in der Literatur

Eine in der Literatur vertretene Auffassung[5] geht dahin, daß das Angebot auf Barabfindung hinter dem Abfindungsanspruch nach § 44 Abs. 1 LwAnpG zurückbleiben dürfe, da diese Vorschrift bei der Bemessung der Barabfindung nur zu berücksichtigen sei und daher nur sichergestellt werden solle, daß wie bei § 44 Abs. 1 LwAnpG die Wertschöpfung durch Grund und Boden, Kapital und Arbeit berücksichtigt werde. Die Bemessung der Höhe des Barabfindungsangebots solle ausschließlich durch den Ertragswert des Unternehmens bestimmt werden, so daß sie bei unrentablen landwirtschaftlichen Unternehmen auch weit unter dem Substanzwert liegen könne.[6]

Eine andere, von *Sell* vertretene Ansicht[7] hält es für zulässig, für die Höhe des Barabfindungsangebots von einem Richtwert von 50–60 % des nach § 44 Abs. 1 LwAnpG errechneten Wertes auszugehen. Allerdings soll § 44 Abs. 1 Satz 1 Nr. 1 LwAnpG auch für das Barabfindungsangebot die unterste Grenze sein, um die anläßlich der Umwandlung ausscheidenden Mitglieder nicht zu benachteiligen.

Weiterhin wird im Schrifttum die Meinung vertreten,[8] daß das Barabfindungsangebot zumindest nicht hinter der Abfindung nach § 44 Abs. 1 LwAnpG zurück-

3 Vgl. BT-Drucks. 12/404, S. 16.
4 BT-Drucks. 12/404, S. 17.
5 Vgl. Neixler/Schramm/Behr, AgrarR 1993, 65; Lachmann, AgrarR 1993, 97, 99.
6 So Neixler/Schramm/Behr, AgrarR 1993, 65 f.
7 Sell, AgrarR 1993, Sonderheft LwAnpG, S. 16, 21.
8 Schweizer, Das Recht der landwirtschaftlichen Betriebe nach dem Landwirtschaftsanpassungsgesetz, 2. Aufl., 1994, S. 128 ff; Ders., ZIP 1996, 320, 321; Remus, DtZ 1993, 364; Feldhaus, Das Landwirtschaftsanpassungsgesetz, 1991, S. 20; Nies, in: Rechtshandbuch Vermögen und Investitionen in der ehemaligen DDR, § 36 LwAnpG Rdn. 10.

bleiben dürfe, da diese Bestimmung sich am Substanzwert orientiere und als dessen untere Grenze anzusehen sei.

Am weitesten geht in der Literatur schließlich *Lohlein*,[9] nach dem das Barabfindungsangebot gem. § 36 LwAnpG immer höher sein müsse als der Abfindungsanspruch nach § 44 LwAnpG, weil die umgewandelten Anteile quotal dem Anteil am Eigenkapital der LPG entsprächen und die entsprechend § 44 Abs. 1 Satz 2 Nr. 3 LwAnpG der LPG verbleibende Rücklage bei der Barabfindung mit zur Auszahlung gelange.

b) Die Auffassung des BGH

Der BGH hatte erstmals in einer Entscheidung vom 18. Dezember 1995[10] Gelegenheit, sich zur Frage der Angemessenheit der Barabfindung zu äußern. In dem dem BGH zugrundeliegenden Fall war der Antragsteller Mitglied einer LPG, deren Mitgliederversammlung Ende 1991 die Umwandlung in die Antragsgegnerin, eine eingetragene Genossenschaft, beschlossen hat. Der Umwandlungsbeschluß sah das Angebot einer Barabfindung „in Höhe der möglichen Beteiligung" vor, wobei die Antragsgegnerin die Höhe der Beteiligung durch einen weiteren Beschluß noch bestimmen sollte. Der Antragsteller hat seine Mitgliedschaft gekündigt, ein Barabfindungsangebot der Antragsgegnerin abgelehnt und die gerichtliche Bestimmung einer angemessenen Barabfindung beantragt.

Der BGH gelangte zu dem Ergebnis, daß die Barabfindung an § 44 Abs. 1 LwAnpG zu orientieren sei und daher eine Barabfindung nur dann als angemessen bezeichnet werden könne, wenn sie den Anspruch nach dieser Vorschrift nicht unterschreite.

Zur Begründung weist der BGH nach Wiedergabe des Meinungsstandes in der Literatur sowie der Äußerungen der Gesetzesverfasser in den Gesetzesmaterialien zum LwAnpG darauf hin, daß anhand des Wortlautes und der Entstehungsgeschichte des Gesetzes nicht geklärt werden könne, welche der in der Literatur vertretenen Ansichten den Vorzug verdiene.[11] Immerhin mache aber die Begründung zu § 44 LwAnpG deutlich, daß der Gesetzgeber die sich aus § 44 Abs. 1 LwAnpG ergebende gesellschaftsrechtliche Beteiligung an der LPG auch bei der Barabfindung berücksichtigt wissen wollte. Da diese Beteiligung einen Anteil am Eigenkapital der LPG darstelle und die prozentualen Beteiligungsverhältnisse der Mitglieder sich durch die Umwandlung nicht ändern sollten, stehe damit fest, daß die umgewandelten Anteile oder Mitgliedschaftsrechte nach § 36 Abs. 1 Satz 1 LwAnpG

9 Lohlein, AgrarR 1994, 177, 181.
10 BGHZ 131, 260 = ZIP 1996, 346 ff; hierzu Schweizer, ZIP 1996, 320 ff, und Gramse, in: EWiR § 36 LwAnpG, 1/96, 325 f.
11 BGH, ZIP 1996, 346, 347.

quotal dem Anteil am Eigenkapital gem. § 44 Abs. 1 Satz 2 LwAnpG entsprächen.[12] Dies gelte unabhängig von der neuen Rechtsform des Unternehmens. Unterschiede zwischen der Abfindung nach § 44 LwAnpG und der Barabfindung nach § 36 LwAnpG könnten sich nur dann ergeben, wenn die Bewertung des Eigenkapitals nach § 44 LwAnpG nach anderen Maßstäben zu erfolgen hätte als die Bewertung des Kapitals des neuen Unternehmens, an dem die verbliebenen Mitglieder entsprechend ihrem umgewandelten Anteil beteiligt seien oder wenn der Anteil an dem neuen Unternehmen nicht in vollem Umfange abgefunden werden müßte.[13]

Unter Bezugnahme auf seine frühere Rechtsprechung[14] betont der BGH weiterhin,[15] daß das nach § 44 Abs. 6 LwAnpG aufgrund der Bilanz zu ermittelnde Eigenkapital nicht der nach Buchwerten ermittelte Bilanzwert des Unternehmens, sondern sein tatsächlicher Wert, d. h. der Verkehrswert aller Vermögensgegenstände sei, die nach den Grundsätzen ordnungsgemäßer Buchführung sämtlich zu erfassen seien. Dasselbe gelte für den der Barabfindung zugrundeliegenden Wert des neuen Unternehmens. Dies ergebe sich schon daraus, daß die aus Anlaß der Umwandlung ausscheidenden Mitglieder nicht schlechter gestellt sein dürften als die vorher durch Kündigung Ausgeschiedenen. Sie hätten ihr Ausscheiden – anders als im Falle der Kündigung – nicht veranlaßt und dürften schon aus diesem Grunde nicht benachteiligt werden.

Auch muß nach Ansicht des BGH[16] das aus Anlaß der Umwandlung ausscheidende Mitglied das erhalten, was seine umgewandelte gesellschaftsrechtliche Beteiligung an dem neuen Unternehmen tatsächlich wert sei. Unter angemessener Barabfindung sei daher nicht weniger als die volle Abfindung des Anteils zu verstehen. Auch dies ergebe sich aus dem Benachteiligungsverbot und der gesellschaftsrechtlichen Regelung des § 738 BGB, wonach ein ausscheidender Gesellschafter – vorbehaltlich einer abweichenden vertraglichen Vereinbarung – nach dem vollen wirtschaftlichen Wert seines Anteils abzufinden sei.

Schließlich hebt der BGH hervor,[17] daß die Barabfindung nach § 36 LwAnpG auch den Zweck verfolge, die enteignende Wirkung der staatlich verfolgten Zwangskollektivierung nicht zu perpetuieren, sondern im Verhältnis von Mitglied und Nachfolgeunternehmen der LPG weitgehend rückgängig zu machen.

12 BGH, ZIP 1996, 346, 347.
13 BGH, ZIP 1996, 346, 347.
14 BGH ZIP 1996, 346, 347 unter Bezugnahme auf BGHZ 124, 199 ff; BGH AgrarR 1994, 177.
15 BGH, ZIP 1996, 346, 348.
16 BGH, ZIP 1996, 346, 348.
17 BGH, ZIP 1996, 346, 348.

3. *Folgerungen aus der Entscheidung des BGH für die Praxis*

Die Folgerungen, die aus der Entscheidung des BGH für die Praxis zu ziehen sind, sind beachtlich.

Einmal bereitet die Entscheidung des BGH vom 8. Dezember 1995 der recht weit verbreiteten Praxis ein Ende, wonach aufgrund der Unterscheidung des LwAnpG zwischen Abfindungen bei Umwandlung nach § 36 LwAnpG und bei Kündigung gemäß § 44 LwAnpG im Falle der Umwandlung erheblich geringere Beträge gezahlt wurden.[18]

Zum anderen steht aufgrund dieser Entscheidung nunmehr fest, daß die Barabfindung auf der Grundlage des tatsächlichen Unternehmenswertes, d. h. nach dem Verkehrswert aller Vermögensgegenstände des Unternehmens zu berechnen ist. Damit ist zugleich der Streit über die maßgebliche betriebswirtschaftliche Wertermittlungsmethode beendet, wie *Gramse*[19] zutreffend hervorgehoben hat. Somit wird das zunehmend von Mißtrauen gekennzeichnete Verhältnis der Mitglieder zu den Nachfolgeunternehmen von Auseinandersetzungen über Bewertungsfragen weitgehend entlastet.[20] Zugleich bestätigt der BGH hiermit seine früher geäußerte Auffassung[21] zu § 44 LwAnpG, wonach für die Vermögensauseinandersetzung die tatsächlichen Werte und nicht die reinen Buchwerte maßgeblich sein sollen.[22]

Offengelassen hat demgegenüber der BGH die Beantwortung der Frage, ob die angemessene Barabfindung nach § 36 Abs. 1 LwAnpG die Abfindung nach § 44 Abs. 1 LwAnpG übersteigen kann. Entscheidend für das Fehlen einer Antwort ist im Ausgangsfall der Umstand gewesen, daß nach den aufgrund des eingeholten Gutachtens unangefochten getroffenen Feststellungen des Beschwerdegerichts das Eigenkapital der Antragsgegnerin nur zur Erfüllung von Ansprüchen nach § 44 Abs. 1 Satz 2 Nr. 1 LwAnpG ausreichte, und selbst dies nur mit einer Quote von 34,67 %.

4. *Eigene Stellungnahme*

a) *Allgemeine Wertung*

Soweit der BGH in der Entscheidung vom 8. Dezember 1995 Gelegenheit hatte, zur Barabfindung Stellung zu nehmen, kann ihm uneingeschränkt zugestimmt

18 Vgl. auch Schweizer, ZIP 1996, 320.
19 Vgl. Gramse, aaO (Fn. 10), 325, 326.
20 Gramse, aaO (Fn. 10), 326.
21 BGH, ZIP 1996, 346, 348, unter Bezugnahme auf BGHZ 124, 99 ff; BGH, AgrarR 1994, 177.
22 Vgl. auch Schweizer, ZIP 1996, 320, 321 f.

werden. Daher soll zur Vermeidung von Wiederholungen auf die zutreffenden Ausführungen des BGH verwiesen werden.

b) Berücksichtigung der Erwägungen des Feldmühle-Urteils des Bundesverfassungsgerichts

Klarstellend sei allerdings darauf aufmerksam gemacht, daß der BGH[23] für seine These, wonach das aus Anlaß der Umwandlung ausscheidende Mitglied auch das erhalten müsse, was seine umgewandelte „gesellschaftsrechtliche Beteiligung" an dem neuen Unternehmen tatsächlich wert sei, an die Feldmühle-Entscheidung des Bundesverfassungsgerichts[24] anknüpft, um sicherzustellen, daß der Beteiligungswert und damit der Abfindungsanspruch auf der Grundlage des wirklichen Wertes des fortgeführten Unternehmens, einschließlich des inneren Wertes unter Einbeziehung der stillen Reserven, errechnet wird.[25]

Ob die Anknüpfung an die Feldmühle-Entscheidung des Bundesverfassungsgerichts in der vom BGH gewählten Art – der BGH verweist lapidar nur auf BVerfGE 14, 263[26] – ohne weiteres verständlich ist, muß bezweifelt werden. Immerhin geht es bei dieser Entscheidung vor allem darum, die dem Gesetzgeber in Art. 14 Abs. 1 Satz 2 GG erteilte Ermächtigung zur Inhaltsbestimmung des Eigentums dadurch zu konkretisieren, daß der Gesetzgeber einen Auftrag zur Ausgestaltung erhält, den die Eigentumsgarantie als Garantie eines Rechtsinstituts benötigt, um ihre Funktion im Gemeinwesen zu erfüllen. Dabei muß der Gesetzgeber nach Auffassung des Bundesverfassungsgerichts[27] in Ausübung der ihm durch Art. 14 Abs. 1 Satz 1 GG erteilten Ermächtigung, Inhalt und Schranken des Eigentums zu bestimmen, sowohl die Wertentscheidung des Grundgesetzes zugunsten des Privateigentums beachten als auch alle übrigen Verfassungsnormen, insbesondere den Gleichheitssatz, das Grundrecht der freien Entfaltung der Persönlichkeit und das Prinzip der Rechts- und Sozialstaatlichkeit. Erst im weiteren Verlauf der Entscheidung verdeutlicht das Bundesverfassungsgericht,[28] daß zwar Art. 14 Abs. 3 Satz 3 GG durch den Hinweis auf die Abwägung zwischen den Interessen der Allgemeinheit und der Beteiligten für die Enteignung eine geringere als die volle Entschädigung zulasse, daß aber für eine solche Abwägung im Verhältnis zwischen Gleichstehenden jeder Grund fehle. Berücksichtigt man dies, hätte es nahegelegen, daß der BGH sogleich hierauf eingegangen wäre. So aber wohnt der im Ergebnis unein-

23 BGH, ZIP 1996, 346, 348.
24 BVerfGE 14, 263 ff.
25 BGH, ZIP 1996, 346, 348 unter Bezugnahme auf BGH, NJW 1967, 1464.
26 BGH, ZIP 1996, 346, 348.
27 BVerfGE 14, 263 ff.
28 BVerfGE 14, 263, 284.

geschränkt zu begrüßenden Begründung eine gewisse, in der Sache vermeidbare Unklarheit inne.

c) Verhältnis des Barabfindungsangebots nach § 36 Abs. 1 LwAnpG zum Abfindungsanspruch gemäß § 44 Abs. 1 LwAnpG

Folgt man grundsätzlich der Auffassung des BGH, wonach die Barabfindung nach § 36 Abs. 1 LwAnpG an § 44 Abs. 1 LwAnpG zu orientieren sei und daher nur dann als angemessen bezeichnet werden könne, wenn sie den Anspruch nach dieser Vorschrift nicht unterschreite, so stellt sich die weitere, vom BGH wegen der Besonderheiten des Ausgangsfalles nicht zu beantwortende Frage, ob die angemessene Barabfindung gem. § 36 Abs. 1 LwAnpG auch die Abfindung nach § 44 Abs. 1 LwAnpG übersteigen kann.

Auszugehen ist davon, daß der BGH eine gewisse Sympathie für die Auffassung von *Lohlein*[29] hegt,[30] der – wie gezeigt[31] – die Ansicht vertritt, daß das Barabfindungsangebot nach § 36 LwAnpG immer höher sein müsse als der Abfindungsanspruch nach § 44 LwAnpG, weil die umgewandelten Teile quotal dem Anteil am Eigenkapital der LPG entsprächen und die entsprechend § 44 Abs. 1 Satz 2 Nr. 3 LwAnpG der LPG verbleibende Rücklage bei der Barabfindung mit zur Auszahlung gelange. Anderenfalls wäre der Hinweis des BGH kaum verständlich, wonach hier offenbleiben könne, unter welchen Voraussetzungen und in welchem Umfang es möglich sei, daß die Barabfindung die Abfindung nach § 44 Abs. 1 LwAnpG übersteige.

Auch gegenüber dieser Lösung sind wegen der Schutzbedürftigkeit des Abzufindenden grundsätzlich keine Bedenken zu erheben. Zu fragen ist nur, unter welchen Voraussetzungen an ein Übersteigen des Abfindungsanspruchs nach § 44 Abs. 1 LwAnpG durch das Barabfindungsangebot gemäß § 36 Abs. 1 LwAnpG zu denken ist. Einmal kommt hierfür der Lösungsansatz von *Lohlein*[32] in Betracht. Zum anderen erscheint es aber auch möglich, daß jedenfalls dann ein Übersteigen des Abfindungsanspruchs durch das Barabfindungsangebot in Erwägung zu ziehen ist, wenn anders als im Ausgangsfall das Eigenkapital der Gesellschaft nicht nur zur Erfüllung der Ansprüche nach § 44 Abs. 1 Satz 1 LwAnpG ausreicht, sondern auch eine volle Quote zuläßt. Schließlich ist – worauf noch näher einzugehen sein wird[33] – auch an den Fall zu denken, bei dem das ausscheidende Mitglied mit der Annahme des Barabfindungsangebots gleichzeitig unterschrieben hat, daß damit alle Ansprü-

29 Lohlein, AgrarR 1994, 177, 181.
30 Ähnlich bereits Schweizer, ZIP 1996, 320, 321.
31 Vgl. hierzu unter II.2.a).
32 Lohlein, AgrarR 1994, 177, 181; hierzu unter II.2.a).
33 Vgl. hierzu unter II.4.c).

che gegen die LPG bzw. das LPG-Nachfolgeunternehmen abgegolten seien oder auf die Geltendmachung weiterer Ansprüche verzichtet werde. Wurde dem die Unterschrift Leistenden zugleich angedroht, daß er unter Umständen überhaupt keine Abfindung bekäme, käme – wie noch zu zeigen sein wird[34] – unter Umständen in einem solchen Fall zugleich ein Verstoß gegen § 138 Abs. 1 und/oder Abs. 2 BGB in Betracht, der aufgrund dieses Umstandes gegebenenfalls ein Übersteigen des Abfindungsanspruchs nach § 44 Abs. 1 LwAnpG durch das Barabfindungsangebot nach § 36 Abs. 1 LwAnpG rechtfertigte.

III. Zur Anwendbarkeit der Ausschlußfrist des § 36 Abs. 2 LwAnpG bei der Geltendmachung von Ansprüchen

1. Ausgangspunkt

Ein weiteres, unter anderem auch in der Entscheidung des BGH vom 8. Dezember 1995[35] angesprochenes Problem betrifft die Frage der Anwendbarkeit der Ausschlußfrist des § 36 Abs. 2 LwAnpG bei der Geltendmachung von Ansprüchen.

Gemäß § 36 Abs. 2 LwAnpG kann das Angebot nach Abs. 1, also das Angebot auf eine angemessene Barabfindung, nur binnen zwei Monaten nach dem Tage angenommen werden, an dem die Eintragung der neuen Rechtsform in das Register des Sitzes des neuen Unternehmens nach § 33 LwAnpG als bekanntgemacht gilt. Ist nach § 37 Abs. 2 LwAnpG ein Antrag auf Bestimmung der Barabfindung durch das Gericht gestellt worden, so kann gemäß § 36 Abs. 2 Satz 2 LwAnpG das Angebot binnen zwei Monaten nach dem Tage angenommen werden, an dem die Entscheidung im Bundesanzeiger bekanntgemacht worden ist. Macht – wie es in § 37 Abs. 2 LwAnpG heißt – ein Mitglied geltend, daß eine im Umwandlungsbeschluß bestimmte Barabfindung, die ihm nach § 36 LwAnpG anzubieten war, zu niedrig bemessen sei, so hat auf seinen Antrag das Gericht die angemessene Barabfindung zu bestimmen. Das gleiche gilt, wenn die Barabfindung nicht oder nicht ordnungsgemäß angeboten und eine Klage gegen die Wirksamkeit des Umwandlungsbeschlusses nicht oder nicht fristgemäß erhoben oder rechtskräftig abgewiesen oder zurückgenommen worden ist.

Können im Verhältnis zum vagen Begriff der angemessenen Barabfindung die Bestimmungen der im § 36 Abs. 2 LwAnpG sowie im § 37 Abs. 2 LwAnpG geregelten Ausschlußfristen als auf den ersten Blick relativ eindeutig bezeichnet werden und steht dem auch nicht der Bericht zum Gesetzesentwurf[36] entgegen, da er sich

34 Vgl. hierzu unter II.4.c).
35 BGH, ZIP 1996, 346 f.
36 Vgl. BT-Drucks. 12/404, S. 16.

mit einer Wiedergabe des später Gesetz gewordenen Gesetzestextes begnügt, ist doch zu prüfen, ob die Ausschlußfrist des § 36 Abs. 2 LwAnpG strikt anzuwenden ist oder ob Ausnahmen von dieser Ausschlußfrist denkbar sind und ihr damit eine bei Ausschlußfristen unübliche größere Flexibilität verleihen.

2. *Die Auffassung des BGH*

Der BGH hat erstmals in einer Entscheidung vom 22. Februar 1994[37] in Abweichung vom Landwirtschaftsgericht als Vorinstanz davon gesprochen, daß es beim Fehlen eines Barabfindungsangebots keinesfalls gerechtfertigt sei, von einer Annahmefrist im Sinne von § 36 Abs. 2 Satz 1 LwAnpG ab Bekanntmachung der Registereintragung nach § 33 LwAnpG auszugehen und daraus auf eine gleichlautende Antragsfrist (Ausschlußfrist) für die gerichtliche Geltendmachung der angemessenen Barabfindung zu schließen, weil – wie das Landwirtschaftsgericht meinte – ein „erloschenes Angebot nicht mehr überprüft werden könne“. Die Antragsberechtigung folgt hier nach Ansicht des BGH[38] vielmehr aus § 37 Abs. 2 Satz 2 LwAnpG, so daß der Antragsteller das Angebot binnen zwei Monaten nach dem Tag annehmen kann, an dem die Entscheidung des Gerichts im Bundesanzeiger bekanntgemacht worden ist. Dies ergibt sich nach Auffassung des BGH[39] daraus, daß es beim Fehlen eines Angebots schon am Bezugspunkt, nämlich einer Annahmefrist im Sinne von § 36 Abs. 2 Satz 1 LwAnpG mangele.

Sowohl im Beschluß vom 1. Juli 1994[40] als auch in der eingangs geschilderten Entscheidung des BGH vom 8. Dezember 1995[41] hat dieser seine bisherige Rechtsprechung bestätigt, wonach für den Antrag auf gerichtliche Feststellung eines angemessenen Barabfindungsangebots nach § 37 Abs. 2 LwAnpG jedenfalls in den Fällen keine Ausschlußfrist besteht, in denen ein in Beschlußform unterbreitetes Angebot nicht vorliegt. Hierfür reicht – wie der BGH in dem Beschluß vom 8. Dezember 1995[42] hervorgehoben hat – nicht aus, daß die Mitgliederversammlung in den Umwandlungsbeschluß eine Formulierung aufgenommen hat, daß ausscheidenden Mitgliedern eine Barabfindung „in Höhe der möglichen Beteiligung“ angeboten werde. Ein in Beschlußform unterbreitetes Angebot liege nur dann vor, wenn das Mitglied in der Lage sei zu erkennen, was das Angebot auf seine Person bezogen im Ergebnis konkret bedeute. Dazu sei es zwar nicht erforderlich, daß das Angebot die Höhe des Abfindungsbetrages personenbezogen konkret berechne.

37 BGHZ 125, 166, 171 f.
38 BGHZ 125, 166, 171.
39 BGHZ 125, 166, 172.
40 BGH AgrarR 1995, 23, 24.
41 BGH ZIP 1996, 346 f.
42 BGH ZIP 1996, 346 f.

Vielmehr sei eine abstrakte Beschreibung der Leistung ausreichend. Voraussetzung sei allerdings, daß sie es dem Mitglied ermögliche, die Abfindungsleistung gegebenenfalls unter Hinzuziehung eines Sachverständigen konkret zu ermitteln.

Folge dieser Auffassung ist, daß der Antrag nach § 37 Abs. 2 LwAnpG bis zum Ablauf der fünfjährigen Verjährungsfrist für die von § 3 b LwAnpG a. F. erfaßten Fälle bzw. bis zum Ablauf der zehnjährigen Verjährungsfrist für die dem § 3 b LwAnpG n. F. unterfallenden Streitigkeiten gestellt werden kann.[43]

Anders sieht nach Meinung des BGH[44] hingegen die Rechtslage dann aus, wenn die LPG unter Geltung des LwAnpG vom 29. Juni 1990,[45] also noch zur Zeit der Geltung des LwAnpG der DDR, die Umwandlung beschlossen hat, die Registereintragung aber erst nach Neufassung des LwAnpG vom 3. Juli 1991[46] erfolgt ist. In diesem Fall soll auf die Umwandlung das alte Recht Anwendung finden mit der Folge, daß auch ein Anspruch auf Barabfindung nur innerhalb der Frist des § 40 Abs. 1 LwAnpG von 1990 geltend gemacht werden kann.

Nach § 40 Abs. 1 Satz 1 LwAnpG von 1990 kann ein Mitglied, das seine Mitgliedschaft im Zusammenhang mit der Umwandlung seiner LPG in eine eingetragene Genossenschaft beenden will, dies spätestens bis zwei Monate nach dem Tage, an dem die entsprechende Registereintragung öffentlich bekanntgemacht worden ist, erklären. Zur Begründung weist der BGH darauf hin,[47] daß das LwAnpG vom 3. Juli 1991 entscheidende Veränderungen gegenüber der bisherigen Rechtslage gebracht habe. Dies ergebe sich schon daraus, daß nach § 30 LwAnpG von 1990 der Umwandlungsbeschluß ein Barabfindungsangebot nicht enthalten mußte, während dieses nach § 36 Abs. 1 LwAnpG von 1991 zwingend vorgeschrieben sei. Dies folge aber auch daraus, daß nach dem alten Recht die erforderlichen Abstimmungsmehrheiten nicht die Dimension des neuen Rechts hatten. Zudem werde in den Gesetzesmaterialien des LwAnpG von 1991 das Problem einer Übergangsbestimmung mit keinem Wort erwähnt.

Schließlich sprechen nach Ansicht des BGH[48] auch verfassungsrechtliche Bedenken gegen eine umfassende Geltung der neuen Umwandlungsvorschriften auf bereits früher beschlossene Umwandlungsvorgänge. Nach der ständigen Recht-

43 § 3 b LwAnpG a. F. ist durch Art. 1 Nr. 1 a des Vierten Gesetzes zur Änderung des Landwirtschaftsanpassungsgesetzes vom 20. Dezember 1996 mit Wirkung vom 31. Dezember 1996 außer Kraft getreten und durch § 3 b LwAnpG n. F. ersetzt worden, BGBl. I, S. 2082.

44 BGH DtZ 1995, 283 ff.

45 Gesetz über die strukturelle Anpassung der Landwirtschaft an die soziale und ökologische Marktwirtschaft in der Deutschen Demokratischen Republik – Landwirtschaftsanpassungsgesetz – vom 29. Juni 1990, GBl. DDR I, Nr. 42, S. 642.

46 Gesetz zur Änderung des Landwirtschaftsanpassungsgesetzes und anderer Gesetze vom 3. Juli 1991, BGBl. I, S. 1410.

47 BGH DtZ 1995, 283, 284.

48 BGH DtZ 1995, 283, 284; zu weiteren, an dieser Stelle nicht näher zu diskutierenden Aspekten, die für die Geltung des alten Rechts streiten, vgl. WENZEL, AgrarR 1995, 1, 2.

sprechung des Bundesverfassungsgerichts zur Rückwirkung von Gesetzen[49] hätten dafür Rechtssätze zu gelten, die aus dem Rechtsstaatsprinzip herzuleiten seien. Die Rechtsunterworfenen sollten grundsätzlich darauf vertrauen dürfen, daß ihr dem jeweils geltenden Recht entsprechendes Verhalten von der Rechtsordnung als rechtens anerkannt bleibe und der Gesetzgeber an abgeschlossene Tatbestände keine ungünstigeren Folgen knüpfe, als sie im Zeitpunkt der Vollendung dieser Tatbestände voraussehbar waren, also eine echte Rückwirkung vorliege.

3. Eigene Stellungnahme

Sowohl im Ergebnis als auch in der Begründung kann der Rechtsprechung des BGH zu § 36 Abs. 2 LwAnpG uneingeschränkt zugestimmt werden.

Soweit ein Barabfindungsangebot gänzlich fehlt, ist es es evident, daß die Ausschlußfrist des § 36 Abs. 2 Satz 1 LwAnpG nicht zu laufen beginnen kann, da ein fehlendes Angebot schon von der Logik her auch nicht nach dieser Vorschrift angenommen werden kann. Dann ist es aber nur konsequent und entspricht auch den gesetzgeberischen Intentionen, in einem solchen Falle die Antragsberechtigung aus § 37 Abs. 2 Satz 2 LwAnpG abzuleiten und über die auf diese Bestimmung anwendbare Regelung des § 36 Abs. 2 Satz 2 LwAnpG eine Annahmefrist von zwei Monaten seit Bekanntmachung der Entscheidung im Bundesanzeiger zu statuieren.

Aber auch die Überlegungen des BGH zu den Fällen, in denen ein in Beschlußform unterbreitetes Angebot nicht vorliegt, treffen den Kern der Sache und werden in interessenabwägender Art den Besonderheiten derartiger Fallgestaltungen gerecht. Auf der einen Seite wird der Mitgliederversammlung aufgegeben, sich nicht nur mit pauschalen Äußerungen gegenüber dem Mitglied zu begnügen, sondern statt dessen ein auf die Person des betroffenen Mitgliedes zugeschnittenes konkretes Angebot zu unterbreiten. Auf der anderen Seite wird dem Mitglied eine aus seiner Mitgliedschaft herleitbare und damit akzeptable Mitwirkungspflicht zur Ermittlung der Höhe der ihm zustehenden Abfindungsleistung auferlegt. Eine solche Mitwirkungspflicht ist dem Mitglied um so mehr zuzumuten, als es nicht das Erlöschen seiner Ansprüche durch Ablauf der Ausschlußfrist zu befürchten hat, sondern ihm vielmehr mit fünf bzw. gegebenenfalls sogar zehn Jahren recht lange Verjährungsfristen für die Geltendmachung und Durchsetzbarkeit der Ansprüche zugute kommen.

Soweit es schließlich um die Gemengelage der Geltung des alten und neuen LwAnpG geht, in der der Umwandlungsbeschluß noch zu Zeiten der Geltung des LwAnpG der DDR erfolgt ist, die Registereintragung aber erst nach Inkrafttreten

49 BGH DtZ 1995, 283, 284 unter Bezugnahme auf BVerfGE 13, 261, 271; 30, 272, 285; 45, 142, 167 ff; vgl. auch BGHZ 120, 361, 364.

der Neufassung des LwAnpG am 3. Juli 1991 vorgenommen wurde, ist es aus Gründen der Rechtssicherheit und Rechtsklarheit nur konsequent, sich für die Anwendbarkeit der Vorschriften des LwAnpG von 1990 zu entscheiden, und zwar selbst dann, wenn man berücksichtigt, daß die Umwandlung erst mit der Registereintragung abgeschlossen ist. Maßgeblicher Anknüpfungspunkt der Rückwirkungsproblematik ist – wie der BGH[50] im Anschluß an das Bundesverfassungsgericht[51] zutreffend hervorhebt – das Vertrauen der Bürger, daß ihr Handeln unter einer bestimmten Rechtsordnung anerkannt bleibe, weil sie ihre Dispositionen danach ausrichteten. Demgegenüber kommt dem registerrechtlichen Vollzugsakt, auf den die Mitglieder der LPG keinen Einfluß haben, keine entscheidende Bedeutung mehr zu. Vielmehr liegt – auch aus der Sicht der Mitglieder der LPG – die entscheidende Handlung für die Umwandlung in einem entsprechenden Mitgliederbeschluß. Anderenfalls läge in der Tat ein Fall der grundsätzlich unzulässigen sogenannten echten Rückwirkung im Sinne der Rechtsprechung des Bundesverfassungsgerichts vor. Daß aber im Ausgangsfall eine eine echte Rückwirkung ausnahmsweise ermöglichende Fallgestaltung gegeben wäre, ist aufgrund der sehr strengen Anforderungen, die das Bundesverfassungsgericht[52] für unumgänglich hält, nicht ersichtlich.

IV. Zur Sittenwidrigkeit des Handelns der LPG beim Ausscheiden einzelner Mitglieder

1. Die Auffassung von Schweizer

Der Antrag auf angemessene Barabfindung nach § 37 Abs. 2 LwAnpG soll nach Ansicht von *Schweizer*[53] dann nicht fristgebunden sein und damit zur Unanwendbarkeit der Ausschlußfrist des § 36 Abs. 1 Satz 2 LwAnpG führen, wenn das ausscheidende Mitglied mit der Annahme des Barabfindungsangebots gleichzeitig unterschrieben hat, daß damit auf alle Ansprüche gegen die LPG bzw. das LPG-Nachfolgeunternehmen oder auf die Geltendmachung weiterer Ansprüche verzichtet werde und zudem die Unterschrift geleistet wurde, weil den Betreffenden angedroht worden sei, daß sie ansonsten überhaupt keine Abfindung bekämen. Die abgefundenen Genossenschaftsbauern seien – so führt *Schweizer*[54] im Anschluß an eine Entscheidung des BGH vom 1. Juli 1994[55] aus – an das von ihnen angenomme-

50 BGH DtZ 1995, 283, 285; vgl. auch Wenzel, AgrarR 1995, 1, 2 mit weiteren Einzelheiten.
51 BVerfGE 30, 272, 285.
52 Vgl. BVerfGE 72, 200, 258 ff.
53 Schweizer, ZIP 1996, 320, 322 f.
54 Schweizer, ZIP 1996, 320, 322.
55 BGH AgrarR 1994, 198; hierzu Schweizer, EWiR § 138 BGB, 7/94, 957 f.

ne Barabfindungsangebot oder an sonst geschlossene Abfindungsvereinbarungen nur insoweit gebunden, als diese nicht gegen die guten Sitten verstießen.

Nach § 138 Abs. 2 BGB sei – so hebt *Schweizer*[56] weiter hervor – „insbesondere" ein Rechtsgeschäft wegen Wuchers nichtig, durch das jemand unter Ausbeutung der Zwangslage, der Unerfahrenheit, des Mangels an Urteilsvermögen oder der erheblichen Willensschwäche eines anderen sich oder einem Dritten für eine Vermögensleistung Vermögensvorteile versprechen oder gewähren lasse, die in einem auffälligen Mißverhältnis zu der Leistung stünden. Eine solche Unerfahrenheit könne gerade auch bei Bürgern in den neuen Bundesländern vorliegen. Die Unerfahrenheit könne aber auch in mangelnder Fachkenntnis in bestimmten Bereichen gesehen werden. Nach § 138 Abs. 1 BGB könne die Individualvereinbarung nichtig sein, wenn der Begünstigte aus verwerflicher Gesinnung handele, was dann vorliegen könne, wenn die wirtschaftliche oder intellektuelle Macht ausgenutzt werde. Dies sei besonders zu prüfen, wenn solche Verzichtserklärungen von (älteren) LPG-Mitgliedern, Traktoristen und Melkern auf Vorlage oder Anraten von Rechtsanwälten oder dem Vorsitzenden der LPG unterschrieben worden seien. Eine verwerfliche Gesinnung des Begünstigten könne dann vorliegen, wenn er sich vorsätzlich oder grob fahrlässig der Einsicht verschließe, daß sich das LPG-Mitglied auf die ungünstige Verzichtserklärung nur aus Mangel an Urteilsvermögen einlasse.

Schweizer befindet sich mit seinem Grundgedanken, daß in Fällen der vorliegenden Art ein Verstoß gegen § 138 Abs. 1 BGB oder sogar gegen § 138 Abs. 2 BGB in Betracht komme, in guter Gesellschaft mit anderen Fachleuten dieser zwangsläufig erst seit wenigen Jahren bekannten, rechtlich höchst komplizierten und nur von wenigen in allen Verästelungen wirklich durchschauten Materie.

2. *Die Auffassung von* Lohlein

So weist *Lohlein*[57] als ausgewiesener Spezialist in Sachen LwAnpG zu Beginn eines Beitrages mit dem Titel „Vermögensauseinandersetzung, Bewertung und Auskunftsanspruch" darauf hin, daß der Unmut der ausgeschiedenen LPG-Mitglieder, der im Zusammenhang mit der Privatisierung der Landwirtschaft in den neuen Bundesländern entstanden sei, insbesondere darauf zurückzuführen sei, daß viele Nachfolgeunternehmen nur Bruchteile des tatsächlichen Werts des Vermögens und auch nur sehr spät verteilten. Die Vermögensauseinandersetzung werde von einer nicht unerheblichen Anzahl von LPG-Nachfolgebetrieben gegenüber

56 Schweizer, ZIP 1996, 320, 322 f.
57 Lohlein, AgrarR 1994, 177.

den ausscheidenden Mitgliedern mit äußerster Härte und Arroganz betrieben.[58] Tiefenprüfungen der Landwirtschaftsministerien hätten ergeben, daß fast 40 % der vorgelegten Bilanzen der ehemaligen LPGs gefälscht worden seien.[59] In zahlreichen Fällen hätten sich die Rechtsnachfolger der landwirtschaftlichen Produktionsgenossenschaften auch mit Hilfe von Manipulationen zu Lasten der Grundeigentümer zusätzlich bereichert.[60] Mit Unterstützung und Anleitung durch ihre rechtlichen Berater enthielten die LPG-Nachfolgeunternehmen den Mitgliedern der LPGs die zur Feststellung und Durchsetzung ihrer Beteiligungsrechte erforderlichen Informationen vor. Soweit sie Informationen erteilten, seien diese widersprüchlich, willkürlich und nicht nachvollziehbar.[61]

3. Die Auffassung von Wenzel

Etwas differenzierter, wenn auch durchaus deutlich die unübersehbaren Schwächen des Umwandlungsprozesses in der Landwirtschaft der ehemaligen DDR aufzeigend, sieht es *Wenzel*[62] als der zuständige Berichterstatter für Landwirtschaftssachen im Landwirtschaftssenat des BGH in einer Abhandlung über „Probleme der Vermögensauseinandersetzung und Umwandlung der Landwirtschaftlichen Produktionsgenossenschaften in der Rechtsprechung des BGH". Ausgehend von der Prämisse, daß in der Zeit des Umbruchs vor allem auf seiten der Unternehmensleitungen verantwortungsvolles Handeln geboten gewesen wäre, hebt *Wenzel*[63] hervor, daß viele LPG-Vorstände ihrer Fürsorge- und Sorgfaltspflicht sowie der unternehmerischen Herausforderung gerecht geworden seien. Sie hätten die Mitglieder nach bestem Wissen aufgeklärt und die Umwandlung nach kompetenter Beratung unter Beachtung der Mitgliederinteressen betrieben. Rechtsstreitigkeiten seien daraus im nennenswerten Umfang nicht erwachsen.

Andere – so führt *Wenzel*[64] weiter aus – hätten die vorhandene Unkenntnis der Genossenschaftsbauern und die Unsicherheiten in der rechtlichen Beurteilung zur Wahrnehmung von Partikularinteressen ausgenutzt und die Vermögensauseinandersetzung sowie Umwandlung am Gesetz vorbei betrieben. So wäre es vorgekom-

58 LOHLEIN, AgrarR 1994, 177, unter Bezugnahme auf SELL, AgrarR, Sonderheft LwAnpG, 1993, S. 16.
59 LOHLEIN, AgrarR 1994, 177, unter Bezugnahme auf das „Handelsblatt", Nr. 68/1993.
60 LOHLEIN, AgrarR 1994, 177, unter Bezugnahme auf die „Frankfurter Allgemeine Zeitung", Nr. 253/1993.
61 LOHLEIN, AgrarR 1994, 177.
62 WENZEL, AgrarR 1995, 1 f.
63 WENZEL, AgrarR 1995, 1.
64 WENZEL, AgrarR 1995, 1 f.

men,[65] daß der Mitgliederbestand durch Versammlungsbeschluß einer Minderheit von mehreren hundert auf ca. 30 reduziert, die Vermögensauseinandersetzung durch eine sogenannte übertragende Umwandlung angegangen oder die Umwandlung in eine vom Gesetz nicht zugelassene Rechtsform vorgenommen und als Barabfindung nur ein geringer Bruchteil (10 % und weniger) des gemäß § 44 Abs. 1 LwAnpG errechneten Betrages angeboten worden sei. Unter der Drohung, sonst gar nichts zu erhalten oder aus Furcht vor einem immer noch als wirksam empfundenen Unterdrückungssystem hätten viele Genossenschaftsbauern das völlig unzureichende Angebot angenommen. Anderen Anspruchsberechtigten hätte die Vollversammlung oder ein selbstherrlicher Vorstand eine Abfindung einfach abgesprochen. Manche Vorstände hätten sich auch die Schwierigkeiten beim Aufbau einer funktionierenden Rechtspflege sowie die verbreitete Hemmung, zu Gericht zu gehen, zunutze gemacht und hätten eine Abfindungszahlung unter Verweisung auf den Rechtsweg rundweg abgelehnt.[66]

4. Eigene Stellungnahme

In Anbetracht derartiger Äußerungen spricht auf den ersten Blick viel dafür, in Fällen der vorliegenden Art Verstöße gegen § 138 Abs. 1 BGB bzw. gegebenenfalls gegen § 138 Abs. 2 BGB zu bejahen und damit zur Sittenwidrigkeit bzw. zum Wucher und damit zur Nichtigkeit derartiger Vereinbarungen zwischen den LPGs und den ausgeschiedenen Mitgliedern zu gelangen.

Bei genauerem Hinsehen ist jedoch eine erheblich differenziertere Betrachtungsweise erforderlich, und zwar aus mehreren Gründen.

a) Berücksichtigung des tatsächlichen Geschehens beim Ausscheiden des Mitglieds aus der LPG

So fehlen schon im Hinblick auf das tatsächliche Geschehen bei Umwandlungen von LPGs wirkliche und in der Sache nachvollziehbare Belege für die Richtigkeit der behaupteten Unregelmäßigkeiten. Dafür genügt es nämlich nach allgemeinen beweisrechtlichen Grundsätzen nicht, daß die Betroffenen nur die Behauptung aufstellen, es sei zu Manipulationen, Einschüchterungen, Drohungen oder Übervorteilungen gekommen. Gefordert sind vielmehr belegbare Nachweise, die nur

65 Wenzel, AgrarR 1995, 1, 2, unter Bezugnahme auf Dehne, AgrarR, Sonderheft LwAnpG, 1993, S. 28 f; Sell, AgrarR, Sonderheft LwAnpG, 1993, S. 16 f; Lohlein, AgrarR 1994, 177.

66 Wenzel, AgrarR 1995, 1, 2, mit weiteren Einzelheiten.

unter Berücksichtigung der Besonderheiten des Einzelfalles erbracht werden können.

Aber auch die Äußerungen in der Literatur, auf die sich *Schweizer* für seine Auffassung berufen könnte, sind nur sehr begrenzt verwertbar, da sie – soweit ersichtlich – einmal nicht aus einem unmittelbaren Erleben resultieren, sondern nur die Folgerungen und rechtlichen Wertungen aus den Schilderungen Betroffener darstellen. Zudem krankt die gesamte Darstellung in der Literatur daran, daß sie voll von Bezugnahmen auf Stellungnahmen anderer ist, die sich ebenfalls mit der Problematik schriftlich auseinandergesetzt haben, so daß der Außenstehende schwer zu beurteilen vermag, inwieweit von den Autoren die Richtigkeit der Äußerungen anderer noch einmal überprüft wurde. Gerade in einer so emotionsgeladenen Atmosphäre sind eindeutige, jederzeit nachweisbare Belege unerläßlich.

Wie wichtig ein derartiges Vorgehen ist, zeigt exemplarisch der Beschluß des BGH vom 1. Juli 1994,[67] auf den *Schweizer*[68] im Zusammenhang mit dem Satz Bezug nimmt, wonach die abgefundenen Genossenschaftsbauern an das von ihnen angenommene Barabfindungsangebot oder an sonst geschlossene Abfindungsvereinbarungen nur insoweit gebunden seien, als diese nicht gegen die guten Sitten verstießen. Sieht man sich nämlich diesen Beschluß etwas genauer an, der auch von *Schweizer*[69] besprochen wurde, so erkennt man, daß der BGH in diesem Falle im Einklang mit dem Landwirtschaftsgericht zu dem Ergebnis gelangt ist, daß das Mitglied und die LPG grundsätzlich an eine Abfindungsvereinbarung gebunden seien, mit der die Mitgliedschaft einvernehmlich aufgehoben und gleichzeitig die Höhe der Abfindung festgelegt wurde. Rechtsfehlerfrei – so führt der BGH aus[70] – halte das Landwirtschaftsgericht die geschlossene Vereinbarung nicht für sittenwidrig (§ 138 BGB). Auf der Grundlage einer Anhörung des Antragstellers stelle es fest, daß diesem am 19. Dezember 1990 nur gesagt worden sei, daß beim Unterbleiben der Unterschrift unter die Vereinbarung die darin vorgesehene Auszahlung des Abschlagsbetrages nicht möglich sei. Der Antragsteller habe zwar zunächst Bedenken gehabt, dann aber schließlich doch unterschrieben, um die Abschlagszahlung zu erhalten. Auch ergäben sich – so der BGH[71] – bei einer zusammenfassenden Würdigung von Inhalt, Beweggrund und Zweck des Rechtsgeschäfts, insbesondere auch der Umstände seines Zustandekommens, keine Anhaltspunkte für eine Sittenwidrigkeit. Auf den Antragsteller wäre kein unzulässiger Druck ausgeübt worden – der Hinweis, es sei ohne Unterschrift unmöglich, die vorgesehene Abschlagszahlung zu zahlen, habe nämlich der Rechtslage entsprochen.

67 BGH, AgrarR 1994, 298 f; WM 1994, 1766 f.
68 Schweizer, ZIP 1996, 320, 322 in Fn. 19.
69 Schweizer, EWiR § 138 BGB, 7/94, 957 f.
70 BGH AgrarR 1994, 298, 299.
71 BGH AgrarR 1994, 298, 299 unter Bezugnahme auf BGHZ 107, 92, 97.

In Anbetracht einer derartigen, zu Recht vorsichtig abwägenden Argumentation des BGH kann nur dringend davor gewarnt werden, vorschnell schon aus tatsächlichen Gründen zur Sittenwidrigkeit von Verträgen im Zusammenhang mit der Umwandlung von LPGs zu gelangen. Zwar soll – um dies deutlich hervorzuheben – nicht bestritten werden, daß es in der Vergangenheit in Einzelfällen mit Sicherheit zu rechtlich unzulässigen Unregelmäßigkeiten gekommen ist und unter diesen Umständen von der Rechtsprechung auch mit dem Verdikt der Sittenwidrigkeit und Nichtigkeit der Vereinbarung geantwortet werden kann. Pauschale Behauptungen jedoch, die die Besonderheiten des jeweiligen Einzelfalles weitgehend unberücksichtigt lassen, helfen nicht weiter.

b) Voraussetzungen der Sittenwidrigkeit nach § 138 BGB

Unabhängig davon bestehen aber auch deshalb Bedenken an dem Ansatz von *Schweizer*,[72] da seine Überlegungen zu einseitig an den Interessen der wie auch immer bereits abgefundenen LPG-Mitglieder orientiert sind. *Schweizer* verkennt, daß es bei § 138 BGB stets um die Sittenwidrigkeit des Rechtsgeschäfts, nicht des Handelns der Beteiligten geht. Ein Rechtsgeschäft ist nach ständiger, im Ergebnis zutreffender Rechtsprechung[73] gem. § 138 Abs. 1 BGB nichtig, wenn es nach seinem aus der Zusammenfassung von Inhalt, Beweggrund und Zweck zu entnehmenden Gesamtcharakter mit den guten Sitten nicht zu vereinbaren ist.

Hiervon kann in den die Umwandlung von LPGs betreffenden Fällen aber nicht ohne weiteres die Rede sein. Vielmehr hat man strenge Anforderungen an das Vorliegen sittenwidriger Rechtsgeschäfte bzw. des Wuchers zu stellen. Anderenfalls bliebe der Umstand unberücksichtigt, daß die – inzwischen bereits ausgeschiedenen – LPG-Mitglieder freiwillig das Barabfindungsangebot der LPG angenommen, auf die Geltendmachung weiterer Ansprüche ausdrücklich verzichtet haben und danach aus der Gesellschaft ausgeschieden sind. Eine Annahme des Barabfindungsangebots, verbunden mit dem Verzicht auf weitere Ansprüche sowie dem Ausscheiden aus der LPG ist in den Grenzen der Privatautonomie aber durchaus zulässig[74] und kann nicht von vornherein mit dem Verdikt der Sittenwidrigkeit einer derartigen Vereinbarung belegt werden.

Dies gilt selbst dann, wenn man eine Unerfahrenheit im Umgang mit Geschäftspartnern, Rechtsanwälten der Gegenseite sowie mit Vorschriften zugrunde legt. Denn diese Unerfahrenheit muß gerade bei der für die wirtschaftliche Existenz unter Umständen maßgeblichen Frage des Fortbestehens einer Mitgliederstellung

72 Schweizer, ZIP 1996, 320, 322 f; vgl. auch Ders., EWiR § 138 BGB, 7/94, 957 f.

73 Vgl. nur BGHZ 86, 82, 88; 107, 92, 97; BGH ZIP 1989, 219, 220; BGH AgrarR 1994, 298, 299.

74 Vgl. BGH AgrarR 1994, 298, 299.

in der LPG und ihrer Nachfolgegesellschaft bzw. des Ausscheidens aus einer LPG dadurch kompensiert werden, daß sich das rechtsunkundige LPG-Mitglied einen sachkundigen Rechtsrat einholt. Immerhin gilt es zu beachten, daß – was offensichtlich verkannt wird – auch die Bürger der ehemaligen DDR nicht in einem rechtsfreien Raum lebten und sich auch dessen täglich aufs neue bewußt wurden, indem sie sich innerhalb und außerhalb der sie beschäftigenden Betriebe und staatlichen Einrichtungen gegebenenfalls juristischen Rat einholten.

c) Spätere Wertsteigerungen als Kriterien für die Sittenwidrigkeit?

Eine andere Beurteilung im Hinblick auf die Möglichkeit der Sittenwidrigkeit der Vereinbarung zwischen der LPG und ihrem inzwischen ausgeschiedenen Mitglied ergibt sich auch nicht daraus, daß nach dessen Ausscheiden eine – unter Umständen auch erhebliche – Wertsteigerung an dem von diesem früher gehaltenen Anteil eingetreten ist. Selbst wenn nämlich der Betroffene das Barabfindungsangebot nur deshalb angenommen hat, um sich wenigstens eine geringe Abfindung zu sichern, ohne zugleich mit einer späteren Wertsteigerung zu rechnen, verbleibt doch das Risiko des finanziell sich als nachteilig erweisenden zu frühen Ausscheidens aus der LPG bei deren ehemaligem Mitglied. Auch eine solche Entwicklung ist Ausdruck der Vertragsfreiheit und wird daher von den Grundsätzen der Privatautonomie gedeckt.

d) Berücksichtigung der Rechtsprechung zu Bürgschaften mittelloser Bürgen?

Sprechen alle diese bisher aufgezeigten Gründe gegen die Annahme einer Sittenwidrigkeit der Vereinbarung zwischen der LPG und ihrem ehemaligen Mitglied und damit verbunden auch gegen den Ansatz von *Schweizer*, so liegt es doch nahe zu fragen, ob bezüglich der eventuellen Sittenwidrigkeit einer solchen Vereinbarung die von der Rechtsprechung[75] entwickelten und immer mehr in das Blickfeld des allgemeinen Interesses rückenden Grundsätze zu übermäßigen Bürgschaften mittelloser Bürgen[76] entsprechend herangezogen werden können.[77] Hat doch nach

75 Vgl. aus der kaum noch überschaubaren Rechtsprechung aus jüngster Zeit BGH, ZIP 1997, 406 f; BGH, WM 1997, 465 ff; OLG Köln, WM 1997, 1095; jeweils mit weiteren Nachweisen.

76 Umfassend hierzu FREY, WM 1996, 1612 ff; HORN, WM 1997, 1081 ff; jeweils mit zahlreichen Nachweisen.

77 Auf diesen Aspekt hat auch *Hommelhoff* im Zusammenhang mit der Diskussion dieses Referates hingewiesen und eine Übertragung der insofern gefundenen Ergebnisse auf das Problem der Abfindungsvereinbarungen angeregt; vgl. hierzu auch den Diskussionsbericht von BLUHM, S. 182; vgl. ferner HORN, WM 1997, 1081.

einer Reihe von Urteilen des BGH sowie unterer Instanzen das Bundesverfassungsgericht[78] in seiner vielfach diskutierten und teilweise auch stark kritisierten Leitentscheidung aus dem Jahre 1993[79] zur Unwirksamkeit von Angehörigenbürgschaften als entscheidend für die Sittenwidrigkeit einer Bürgschaft darauf abgestellt, ob sie eine ungewöhnlich starke Belastung des Bürgen bringe und ein Vertragsschluß aufgrund „strukturell ungleicher Verhandlungsstärke" vorliege.

Abgesehen davon, daß bereits der BGH in einer Vielzahl von ihm entschiedener Fälle nur sehr restriktiv sich für die Sittenwidrigkeit der Bürgschaftsverträge ausgesprochen hat und selbst das Bundesverfassungsgericht die Sittenwidrigkeit der Bürgschaft als einen Ausnahmetatbestand ansieht, der gegenüber dem Prinzip der Vertragsfreiheit eng zu begrenzen sei,[80] spricht doch entscheidend gegen die pauschale Übernahme dieser Grundsätze auf Abfindungsvereinbarungen im Recht der LPG der Umstand, daß man ebenso wie bei den verschiedenen Varianten der Bürgschaftsverträge nur durch die Bildung einer Reihe von Fallgruppen dieser Problematik annähernd gerecht werden könnte. Diese Arbeit kann jedenfalls im vorliegenden Zusammenhang nicht geleistet werden, so daß der Gedanke nicht weiter verfolgt werden soll, auch wenn es lohnenswert wäre, das vorhandene Fallmaterial unter diesem Blickwinkel einmal zu sichten.

V. Auskunfts- und Einsichtsrechte ausscheidender bzw. bereits ausgeschiedener LPG-Mitglieder

Abschließend sei kurz die Frage aufgeworfen, ob und gegebenenfalls in welchem Umfang den ausscheidenden bzw. den bereits ausgeschiedenen LPG-Mitgliedern Auskunfts- und Einsichtsrechte zur Ermittlung ihrer Abfindungsansprüche gegen die LPG bzw. deren Nachfolgeorganisation zustehen.

1. Die Auffassung des BGH

Der BGH hat erstmals in einer Entscheidung vom 24. November 1993[81] zu dieser Frage Stellung genommen. Er gelangte zu dem Ergebnis, daß zur Ermittlung des Abfindungsanspruchs dem ausgeschiedenen oder ausscheidenden Mitglied gegen die LPG bzw. deren Nachfolgeorganisation ein umfassendes Auskunfts- und Einsichtsrecht in alle maßgebenden Unterlagen zustehe. Zur Begründung wies der

78 Vgl. BVerfGE 89, 214 ff.
79 Vgl. Droeschke, BW 1994, 725 ff; Rittner, NJW 1994, 3330 ff. Kritisch Wiedemann, JZ 1994, 411 ff; Adomeit, NJW 1994, 2467 ff; Zöllner, AcP 196 (1996), 1 ff.
80 Vgl. BVerfGE 89, 214 ff.
81 BGHZ 124, 199 ff.

BGH darauf hin,[82] daß das Einsichtsrecht dem ausscheidenden bzw. bereits ausgeschiedenen LPG-Mitglied die Möglichkeit verschaffe, sich selbst ein Bild über die Grundlagen zu machen, die für die Ermittlung des Abfindungsanspruchs von Bedeutung sind. Insoweit sollen nach Ansicht des BGH die von der Rechtsprechung für das Einsichtsrecht des ausgeschiedenen Gesellschafters einer Personengesellschaft entwickelten Grundsätze entsprechend gelten. Da der Abfindungsanspruch sich nach dem Anteil am Eigenkapital richte und das Eigenkapital aufgrund der Bilanz zu ermitteln sei, die nach der Beendigung der Mitgliedschaft als ordentliche Bilanz aufgestellt werden muß, § 44 Abs. 6 LwAnpG, sei im allgemeinen diese die für die Berechnung des Abfindungsanspruches maßgebliche Grundlage, in die das Mitglied Einsicht nehmen dürfe. Hierauf ist nach Ansicht des BGH das Auskunfts- und Einsichtsrecht jedoch nicht beschränkt, weil die „ordentliche Bilanz" den kaufmännischen Bewertungsvorschriften und den Grundsätzen ordnungsgemäßer Buchführung entsprechen müsse, §§ 243, 252 f HGB.

Um dies zu prüfen zu können, habe das Mitglied deswegen das Recht, alle Unterlagen einzusehen, die hierfür von Bedeutung seien. Das könnten die Vorbilanzen, Jahresabschlußberichte, Prüfberichte, Bücher und einzelne Papiere sein. Auch Unterlagen über in der Vergangenheit abgeschlossene Geschäfte, wie Kaufverträge, Einzelbelege oder Wertgutachten über einen Geschäftsgegenstand gehörten hierzu, wenn sie zur Prüfung benötigt wurden, ob das in der maßgebenden Bilanz ausgewiesene Eigenkapital dem nach den Grundsätzen ordnungsgemäßer Buchführung ermittelten tatsächlichen Wert aller Vermögensgegenstände entspreche. Denn für die Vermögensauseinandersetzung seien die so ermittelten tatsächlichen Werte und nicht die reinen Buchwerte maßgebend.

2. *Die Auffassung von* Lohlein

Lohlein[83] stimmt dem Ansatz des BGH grundsätzlich zu, konkretisiert diesen aber noch etwas. Auszugehen ist nach seiner Ansicht davon, daß eine Auskunftspflicht bestehe, die zwar nicht im LwAnpG direkt normiert sei, die sich aber aus dem inzwischen zum Gewohnheitsrecht erstarkten Grundsatz ergebe, daß nach Treu und Glauben eine Auskunftspflicht bestehe, wenn nach den zwischen den Parteien bestehenden Rechtsbeziehungen der Berechtigte in entschuldbarer Weise über den Umfang seines Rechts im ungewissen sei und er sich die zur Vorbereitung und Durchsetzung seines Anspruchs erforderlichen Auskünfte nicht auf zumutbare Weise selbst beschaffen könne, der Verpflichtete dagegen sie unschwer zu geben vermöge.

82 BGHZ 124, 199, 202.
83 Lohlein, AgrarR 1994, 177, 181.

Leitet *Lohlein* den Auskunftsanspruch zunächst aus dem Gewohnheitsrecht ab, heißt es nur einige Zeilen weiter unten,[84] daß das LPG-Mitglied einen umfassenden Auskunftsanspruch nach § 260 BGB habe. Die Auskunft, die die LPG dem Mitglied zu erteilen habe, sei eine Wissenserklärung und bedürfe grundsätzlich der Schriftform. Da das Vermögen der LPG ohne Frage ein Inbegriff von Gegenständen sei, müsse die LPG ein Bestandsverzeichnis vorlegen. Das Bestandsverzeichnis müsse Passiva und Aktiva geordnet und übersichtlich enthalten, also den Grundsätzen ordnungsgemäßer Buchführung entsprechen. Die Vorlage von Belegen und das Angebot, diese mündlich zu erläutern, reichten nicht aus. Die Angaben müßten so genau und verständlich sein, daß das LPG-Mitglied auch ohne fremde Hilfe in der Lage sei, seine Ansprüche zu überprüfen. Da die Auskünfte dazu dienten, das LPG-Mitglied in die Lage zu versetzen, den Wert seiner Beteiligung zu ermitteln, wozu es im allgemeinen ohne fremde Hilfe nicht in der Lage sei, könne es zur Durchsetzung dieses Wertermittlungsanspruchs einen von der LPG unabhängigen Sachverständigen heranziehen. Auch sei das Mitglied berechtigt, von den vorgelegten Unterlagen Fotokopien anzufertigen, müsse aber dafür die Kosten tragen.[85]

Die vorstehenden Grundsätze sollen nach *Lohlein*[86] nicht nur gelten, wenn das Mitglied aus der LPG ausscheidet und sein Anspruch gemäß § 44 LwAnpG zu berechnen sei. Sie sollen vielmehr auch dann gelten, wenn das Mitglied aus der umgewandelten LPG ausscheidet und eine Barabfindung gem. § 36 LwAnpG beanspruche. Zur Begründung weist *Lohlein*[87] darauf hin, daß das Gericht zwar nach § 37 Abs. 2 LwAnpG auf Antrag des Mitglieds die angemessene Barabfindung zu bestimmen habe. Jedoch entbinde dies nicht das Mitglied von seiner prozessualen Verpflichtung, die Umstände vorzutragen, die nach seiner Auffassung die angebotene Abfindung unangemessen niedrig machten. Dies sei dem Mitglied jedoch nur dann möglich, wenn es auch alle die Auskünfte erhalte, die das aus der LPG ausgeschiedene Mitglied zu erhalten habe. Anders gäbe es nämlich keine Möglichkeit, die Beteiligungsquote des Mitglieds am Eigenkapital der LPG zu ermitteln, wobei diese Beteiligungsquote wiederum die Grundlage für die Berechnung des Barabfindungsangebots bilde.

3. *Eigene Stellungnahme*

Wie die vorstehenden Ausführungen gezeigt haben, bestehen in der Rechtsprechung und in der Literatur Einigkeit darüber, daß den ausscheidenden bzw. ausgeschiedenen LPG-Mitgliedern Auskunfts- und Einsichtsrechte zur Durch-

84 Lohlein, AgrarR 1994, 177, 181.
85 Lohlein, AgrarR 1994, 177, 181.
86 Lohlein, AgrarR 1994, 177, 181.
87 Lohlein, AgrarR 1994, 177, 181.

setzbarkeit ihrer Ansprüche zustehen müßten. Uneinig ist man sich nur darüber, woraus diese Auskunfts- und Einsichtsrechte herzuleiten sind, da diese Frage das LwAnpG nicht regelt. In der Sache dürfte es aber auch angesichts des Fehlens einer normierten Anspruchsgrundlage unerheblich sein, worauf man die Auskunfts- und Einsichtsrechte der ausscheidenden bzw. bereits ausgeschiedenen LPG-Mitglieder gründet. Mit genauso gutem Recht könnte man nämlich an das allgemeine Informationsrecht denken, das jedem Mitglied in einem Personenverband zustehen soll und das sogar als ein mitgliedschaftliches Grundrecht bezeichnet wird.[88] Entscheidend ist vielmehr allein, daß die Interessen der ausscheidenden bzw. bereits ausgeschiedenen LPG-Mitglieder an einer sachgerechten Rechtsverfolgung gewahrt werden. Eine solche Rechtsverfolgung ist aber nur dann möglich, wenn die Betroffenen über alle die Informationen verfügen, die für die Durchsetzung der Rechte gegenüber der LPG bzw. der LPG-Nachfolgeorganisation vonnöten sind. Daher ist es auch wenig sinnvoll, den Eindruck zu erwecken, als könne man enumerativ alle die Auskunfts- und Einsichtsrechte nennen, die für die Betroffenen von Bedeutung sind. Vielmehr kommt es auch hier auf den Einzelfall an zu entscheiden, was der Anspruchsteller konkret an Informationen zur sachgerechten Rechtsverfolgung benötigt.

VI. Zusammenfassung

Insgesamt ist festzuhalten, daß es im Bereich der Umwandlungs-induzierten Abfindung gelungen ist, weitgehend nachvollziehbare und damit der Praxis dienliche Grundsätze zur Lösung zahlreicher, mit dem LPG-Recht zusammenhängender Fragen aufzustellen. Insbesondere hat hieran einen maßgeblichen Anteil der Landwirtschaftssenat des BGH, der trotz der Kürze der Zeit seit Bekanntwerden der Problematik des LPG-Rechts eine Vielzahl von Entscheidungen getroffen und dabei regelmäßig Schneisen in das Dickicht ungelöster Probleme geschlagen hat. Gerade in einer Zeit, in der immer häufiger die Kritik auch an der höchstrichterlichen Rechtsprechung die Regel ist, sollte nicht versäumt werden, auch einmal auf derartig positive Entwicklungen in der Rechtsprechung hinzuweisen. Dies gilt um so mehr, als es sich bei der Umwandlungs-induzierten Abfindung um eine höchst komplizierte Rechtsmaterie handelt, die aufgrund der persönlichen Betroffenheit vieler sehr emotionsgeladen ist und daher auch aus richterlicher Sicht nur ausgesprochen vorsichtig abwägend beurteilt werden kann.

88 Vgl. statt vieler K. Schmidt, Gesellschaftsrecht, 3. Aufl. 1997, S. 625 ff sowie MünchKomm-Ulmer, BGB, Band 5, 3. Auflage 1997, § 716 Rdn. 4 ff mit weiteren Einzelheiten und Nachweisen; zu den Auskunfts- und Einsichtsrechten ferner Littbarski, Einstweiliger Rechtsschutz im Gesellschaftsrecht, 1996, S. 3 f, 76 ff und 185 ff mit weiteren Nachweisen.

Bericht über die Diskussion

von

Wiss. Mitarbeiter Carsten Bluhm, Frankfurt (Oder)

Die in der 3. Abteilung unter Vorsitz von *Pleyer* geführte Diskussion zu den von *Littbarski* und *Lohlein* betreffend die Umwandlungs-induzierte Abfindung gehaltenen Referaten konzentrierte sich zunächst auf das von *Lohlein* aufgeworfene Problem der Beteiligung sämtlicher LPG-Mitglieder an einem gerichtlichen Verfahren zur Durchsetzung eines einzelnen Abfindungsanspruchs. Einigkeit herrschte unter den Diskutanten darüber, daß die derzeitige Rechtslage, nach der über die Höhe des abfindungsrelevanten Eigenkapitals im Rahmen eines derartigen Verfahrens nur als Vorfrage und lediglich mit Wirkung zwischen den unmittelbar am Verfahren Beteiligten entschieden werde, zu Ungerechtigkeiten und Abweichungen bei der Feststellung des Eigenkapitals führen könne. Insbesondere *Wenzel* merkte an, daß zur Beseitigung der Gefahr unterschiedlicher Eigenkapitalfeststellungen bezüglich derselben LPG in voneinander unabhängigen Verfahren eine grundsätzliche Beteiligung aller LPG-Mitglieder an einem Verfahren, wie sie etwa das WEG für die Wohnungseigentümer vorsehe, zu befürworten sei. Der Anregung *Lohleins*, ein solches Ergebnis im Wege richterlicher Rechtsfortbildung herbeizuführen, fügte *Hommelhoff* einen Hinweis auf eine Entscheidung des Bundesverfassungsgerichts vom 9. Februar 1982[1] an, nach welcher die im GmbHG nicht geregelte verfahrensrechtliche Beteiligung der Mitgesellschafter im Falle der Auflösungsklage eines Gesellschafters gegen eine GmbH ein Gebot der Gewährung rechtlichen Gehörs sei. Vor dem Hintergrund des Scheiterns der in Art. 1 Nr. 6 des Entwurfs zur Novelle des LwAnpG vorgesehenen gerichtlichen Feststellung des Eigenkapitals mit Wirkung für und gegen alle bestand allerdings Konsens, daß eine planwidrige Gesetzeslücke in dieser Verfahrensfrage nicht mehr konstatiert werden könne.

Gegenstand der Erörterung war des weiteren die Bemessung der Höhe des angemessenen Barabfindungsangebots nach § 36 LwAnpG, welcher *Lohlein* zufolge immer dann der Substanzwert der LPG zugrunde zu legen sei, wenn dieser den Ertragswert übersteige. Sowohl *Hommelhoff* als auch *Wenzel* waren diesbezüglich der Meinung, daß jedenfalls die Rechtsprechung des BGH-Erbrechtssenats zu § 2049 BGB, die die Auseinandersetzung eines Landguts nach Substanzwertgesichtspunkten ablehnt, weil dadurch die Erhaltung eines leistungsfähigen landwirtschaftlichen Betriebes gefährdet werden könne, nicht auf die Ermittlung der Höhe

1 BVerfGE 60, 7.

eines Barabfindungsangebots nach dem LwAnpG zu übertragen sei. § 2049 BGB schreibe nämlich nun einmal vor, daß für die Auseinandersetzung eines Landguts grundsätzlich der Ertragswert anzusetzen sei, während es an einer entsprechenden Regelung im LwAnpG fehle. Maßgeblich für die Feststellung der richtigen Methode zur Bewertung einer LPG sei, so *Wenzel*, vielmehr – wie auch sonst im Unternehmensrecht – der jeweilige Bewertungsanlaß. Dessen Klärung blieb an dieser Stelle offen.

Widerspruch fand schließlich der Standpunkt *Littbarskis*, daß eine Anwendbarkeit des § 138 Abs. 1 und Abs. 2 BGB auf Fälle, in denen ehemalige LPG-Mitglieder ein Barabfindungsangebot angenommen oder sonstige Abfindungsvereinbarungen mit der LPG bzw. dem LPG-Nachfolgeunternehmen geschlossen haben, nicht generell mit einer strukturellen Unterlegenheit der Abgefundenen gerechtfertigt werden könne. *Schweizer* gab in diesem Zusammenhang zu bedenken, daß die ehemaligen LPG-Mitglieder den Leitungsorganen der abfindungspflichtigen Unternehmen bei Abschluß solcher Vereinbarungen durchaus häufig im Hinblick auf ihre theoretischen und praktischen Möglichkeiten zur Ermittlung des tatsächlichen Werts aller Vermögensgegenstände weit unterlegen gewesen seien. Dies gelte insbesondere für bereits in den Jahren 1990/91 abgeschlossene Verträge, da zu diesem Zeitpunkt aufgrund der geringen Anwaltsdichte und der noch herrschenden erheblichen Rechtsunsicherheit in Fragen der Umgestaltung der LPGs effektiver Rechtsschutz nicht immer leicht zu erlangen gewesen sei. Über § 138 Abs. 1 und Abs. 2 BGB müsse daher gegebenenfalls die Bindung ehemaliger LPG-Mitglieder an solche Abfindungsvereinbarungen beseitigt und ihnen damit das Fortbestehen des Antragsrechts nach § 37 Abs. 2 LwAnpG zugestanden werden. Mit allgemeiner Zustimmung wurde sodann der Beitrag *Hommelhoffs* bedacht, der auf die im Bereich der Kreditsicherheiten naher Familienangehöriger geführte intensive Debatte zu § 138 BGB als Korrekturinstrument für bestimmte Rechtsgeschäfte hinwies und eine Übertragung der insofern gefundenen Ergebnisse auf das diskutierte Problem der Abfindungsvereinbarungen anregte.

Beschlußmängel und Heilung

Die Rechtsprechung zu anfechtbaren und nichtigen Beschlüssen anläßlich der Umwandlung von LPG und PGH

von

Richter am OLG Reinhard Hillmann, Oldenburg

I. Nach der Wende und der Änderung der Wirtschaftsverfassung mußten die planwirtschaftlichen Genossenschaften, also die Landwirtschaftliche Produktionsgenossenschaft (LPG), die Produktionsgenossenschaft des Handwerks (PGH) und deren Kooperative Einrichtungen (KE), in juristische Personen oder Handelsgesellschaften umgewandelt werden, um unter den neuen Verhältnissen bestehen zu können. Gesetzliche Grundlagen dafür boten das Landwirtschaftsanpassungsgesetz,[1] das die Umwandlung durch Formwechsel in eine eingetragene Genossenschaft ermöglichte, und die Verordnung über die Gründung, Tätigkeit und Umwandlung von Produktionsgenossenschaften des Handwerks,[2] die die Umwandlung in eingetragene Genossenschaften, Personal- oder Kapitalgesellschaften gestattete. In den Jahren 1990/91 beschlossen deshalb eine Vielzahl von Voll- und Hauptversammlungen über die Umwandlung ihrer Genossenschaft. Damit einher ging eine Umschichtung im Mitgliederbestand; nicht alle Mitglieder waren bereit, in der neuen Rechtsform mitzuarbeiten. Über deren Beteiligung am Vermögen der Genossenschaft war ebenfalls zu beschließen. Dabei trafen das Interesse der Genossenschaft, ihr Vermögen möglichst ungeschmälert auf die neue Rechtsform zu übertragen, und das der ausscheidenden Mitglieder an einer möglichst hohen Abfindung aufeinander; ausscheidende Mitglieder wurden oft gegenüber verbleibenden benachteiligt.

Aus diesem Bereich stammt der Hauptteil des vorliegenden Fallmaterials. Ehemalige Mitglieder forderten ihre Beteiligung am Vermögen der LPG, PGH oder KE ein; diese berief sich auf Beschlüsse, die diese Ansprüche einschränkten oder zunichte machten. Die Wirksamkeit derartiger Beschlüsse war dann als Vorfrage zu entscheiden. Eher die Ausnahme ist es, daß Beschlüsse unmittelbar mit der Nichtigkeits- oder Anfechtungsklage angegangen wurden.[3] Weitere Fallkonstellation ist die vom Registergericht aufgrund von Mängeln der Umwandlung betriebene Amtslöschung.[4]

1 §§ 27 ff LwAnpG vom 29.6.1990, DDR GBl. I, S. 642; §§ 23 ff der Neufassung vom 3.7.1991, BGBl. I, S. 1418.
2 PGH-VO vom 8.3.1990, DDR GBl. I, S. 164; geändert durch das Hemmnissebeseitigungsgesetz vom 22.3.1991, BGBl. I, S. 766, 787
3 Vgl. aber BGH ZIP 1995, 873.
4 OLG Rostock ZIP 1994, 1062; OLG Brandenburg ZIP 1995, 1457.

II. Das rechtliche Instrumentarium für die Überprüfung von Beschlüssen einer LPG oder PGH hat der Gesetzgeber nicht zur Verfügung gestellt. Die Rechtsprechung hat diese Lücke durch die entsprechende Anwendung der §§ 241 ff AktG geschlossen.[5] Damit gilt auch hier die Unterscheidung zwischen Beschlüssen, die wegen der Gesetzwidrigkeit des Rechtsgeschäfts keine Rechtswirkungen entfalten, also nichtig sind, worauf sich jedermann in beliebiger Weise auch außerhalb einer Nichtigkeitsklage berufen kann, und Beschlüssen, die trotz Gesetzeswidrigkeit nur per Anfechtungsklage und darauf ergehendes rechtskräftiges Urteil für nichtig erklärt werden können. Der für das Genossenschaftsrecht zuständige 2. Zivilsenat des BGH beruft sich dafür auf die vergleichbare Grundstruktur von PGH und Produktivgenossenschaft des Genossenschaftsgesetzes. Das rechtfertige es, die allgemeinen genossenschaftsrechtlichen Prinzipien zur Frage der Wirksamkeit und Anfechtbarkeit von Generalversammlungsbeschlüssen anzuwenden. Allerdings mußte er sich dabei mit der Entscheidung des Gesetzgebers der PGH-VO auseinandersetzen, der die direkte Anwendung des Genossenschaftsgesetzes auf zum Zeitpunkt der Wende bestehende PGHs gerade nicht angeordnet hat. Das tut er mit der Erwägung, das Genossenschaftsgesetz stelle dennoch den verbindlichen Maßstab für die Ausgestaltung der Verhältnisse in der Produktionsgenossenschaft dar.[6] Der Landwirtschaftssenat des BGH verweist zur Begründung auf die Anwendung der aktienrechtlichen Grundsätze bei eingetragener Genossenschaft und GmbH und stellt knapp fest, daß dasselbe für die LPG zu gelten habe.[7] Diese Auffassung hat sich durchgesetzt und wird nicht in Zweifel gezogen. Sie steht im Einklang mit der vom BGH betriebenen Angleichung von Aktien-, GmbH- und Genossenschaftsrecht mit dem Ziel einer möglichst weitgehenden Harmonisierung der Handhabung gleichgelagerter Probleme des Verbandsrechts.[8]

III. Aus der Unterscheidung zwischen Nichtigkeit und bloßer Anfechtbarkeit folgt die Geltung der Grundsätze der unterbliebenen oder nicht fristgerechten Anfechtung von Beschlüssen. Das voliegende Fallmaterial zeigt nämlich, daß zahlreiche den Beschlüssen anhaftende Mängel nur deren Anfechtbarkeit begründen. Im einzelnen läßt es sich in die folgenden Gruppen unterteilen:

1. Verletzung des rechtlichen Gehörs und damit der genossenschaftlichen Treuepflicht etwa beim Ausschluß von Mitgliedern;[9]
2. Beschlußunfähigkeit der Vollversammlung;[10]

5 Für die LPG: BGHZ 126, 335, 338 f; für die PGH: BGHZ 132, 84, 91 ff.
6 BGHZ 132, 84, 91 ff.
7 BGHZ 126, 335, 338 f.
8 Goette, DStR 1996, 1213.
9 BGHZ 132, 84; BGH NJ 1996, 529.
10 BGHZ 126, 335.

3. Verstoß gegen Grundprinzipien der LPG wie die Gleichbehandlung der Mitglieder, Verstoß gegen deren gesetzliche Grundlagen[11] und
4. Verstoß gegen die gesetzlichen Grundlagen der Umwandlung nach dem LwAnpG und der PGH-VO.[12]

Als Nichtigkeitsgrund nennt § 241 AktG zunächst Mängel der Einberufung. Das Recht der DDR kennt aber keine ins einzelne gehenden Regeln für die Einberufung einer Vollversammlung.[13] Im vorhandenen Fallmaterial spielt dieser Gesichtspunkt keine Rolle; Verstöße wird es trotzdem gegeben haben.[14] Der Nichtigkeitsgrund der fehlenden Beurkundung ist rechtstatsächlich ebenfalls bedeutungslos. Es bleiben die Nichtigkeitsgründe des § 241 Nr. 3 AktG. Voraussetzung ist zum einen ein Verstoß gegen Rechtsvorschriften, die ausschließlich oder überwiegend die Genossenschaftsgläubiger oder öffentliche Interessen schützen. Darum geht es hier aber in der Regel nicht; betroffen sind durchweg die Rechte von Mitgliedern. Zum anderen geht es um mit dem Wesen der Genossenschaft nicht zu vereinbarende Beschlüsse. Das aktienrechtliche Schrifttum billigt diesem Tatbestand nur Auffangfunktion zu[15] oder mißt ihm jedenfalls keine rechtspolitische Bedeutung bei.[16] Das genossenschaftsrechtliche Schrifttum fordert, daß der Beschluß in ganz eindeutiger Weise in einem absoluten Widerspruch zu den Strukturprinzipien der Genossenschaft steht.[17] Der Nichtigkeitsgrund des Verstoßes gegen die guten Sitten ist wiederum rechtstatsächlich bedeutungslos.

Ordnet man das vorhandene Fallmaterial diesen Kategorien zu, so ist die Nichtigkeit des Beschlusses jedenfalls nicht die Regel. Die Beschlußunfähigkeit der Vollversammlung, die Verletzung der Treuepflicht und viele Verstöße gegen Gesetz und Satzung bzw. die Musterstatuten von LPG und PGH führen, von schweren Fehlern abgesehen, nur zur Anfechtbarkeit des Beschlusses. Schwere Fehler hat die Rechtsprechung etwa dann angenommen, wenn anläßlich der Umwandlung ausscheidende Mitglieder nicht am Vermögen der LPG beteiligt wurden[18] oder wenn einem Beschluß über die Beendigung der Mitgliedschaft jede rechtliche Grundlage

11 BGH WM 1993, 1760; NJ 1995, 33; NJ 1996, 529.
12 BGH ZIP 1996, 1146; ZIP 1995, 422; OLG Rostock ZIP 1994, 1062; OLG Brandenburg ZIP 1995, 1457; BGH NJ 1996, 529.
13 Vgl. BGH ZIP 1994, 1523, 1524.
14 Vgl. etwa die Beispiele bei Aden, DZWiR 1994, 253, 254.
15 Hüffer, in: Geßler/Hefermehl/Eckardt/Kropff, Komm. z. AktG, 1984, § 241 Rdn. 43; Hüffer, Komm. z. AktG, 2. Aufl., § 241 Rdn. 21.
16 Zöllner, in: Kölner Komm. z. AktG, 1985, § 241 Rdn. 98; K. Schmidt, in: Großkomm. z. AktG, 4. Aufl., 1996, § 241 Rdn. 54.
17 Müller, Komm. z. GenG, 1976, § 51 Rdn. 15; Meyer/Meulenbergh/Beuthien, Komm. z. GenG, 12. Aufl., 1983, § 51 Rdn. 7.
18 BGH WM 1993, 1760, 1762.

fehlte.[19] Ansonsten hätten die betroffenen Mitglieder, wollten sie sich später auf die Unwirksamkeit des Beschlusses berufen, durchweg Anfechtungsklage erheben müssen, was sie in der Praxis nicht und schon gar nicht innerhalb der Monatsfrist der §§ 246 Abs. 1 AktG und 51 Abs. 1 GenG getan haben. Auf die Unwirksamkeit des Beschlusses, oft entscheidende Vorfrage für den Ausgang des Rechtsstreits zwischen Mitglied und Genossenschaft, könnte sich das Mitglied dann nicht mehr berufen. Der Landwirtschaftssenat des BGH hat in einem Fall, der eine beschlußunfähige LPG-Vollversammlung zum Gegenstand hatte, diese Konsequenz gezogen.[20] Hingegen vertritt der 2. Zivilsenat des BGH die Auffassung, daß sich ein Mitglied wegen der besonderen mit der Umwandlung der Rechtsordnung der ehemaligen DDR einhergehenden Umstände ausnahmsweise auch nach Ablauf der ansonsten zwingenden Frist auf einen Anfechtungsgrund berufen darf.[21] Eine solche Korrektur erscheint geboten; denn zum einen waren die in den Musterstatuten vorgesehenen Anfechtungsverfahren, nämlich die Anrufung des übergeordneten Staatsorgans oder des Rates des Kreises, obsolet geworden oder nicht mehr durchführbar, zum anderen bestand zum damaligen Zeitpunkt Unsicherheit, auf welcher rechtlichen Grundlage Beschlüsse angefochten werden konnten. Die unterlassene Erhebung einer Anfechtungsklage darf dem klagenden Mitglied deshalb nicht ohne weiteres vorgehalten werden.[22]

Einen anderen Weg, trotz fehlender oder nicht fristgerechter Anfechtung zu einer Unwirksamkeit des Beschlusses zu gelangen, zeigen andere Entscheidungen des BGH auf.[23] Mängel wie der Verstoß gegen die Treuepflicht oder den genossenschaftsrechtlichen Gleichsbehandlungsgrundsatz, die regelmäßig nur die Anfechtbarkeit begründen, können wegen der Art und Schwere der Rechtsverletzung auch die Nichtigkeit des Beschlusses rechtfertigen. Diese Erwägung vermag im Hinblick auf das für alle Beteiligten nur schwer überschaubare Übergangsrecht ebenfalls angemessene Einzelfallentscheidungen zu ermöglichen.

IV. Bei Umwandlungsbeschlüssen relativiert sich die Unterscheidung zwischen Anfechtbarkeit und Nichtigkeit aus einem weiteren Grund, nämlich der Heilungsmöglichkeit nach den §§ 37 Abs. 2 LwAnpG a. F., 34 Abs. 3 LwAnpG n. F. Danach lassen Mängel der Umwandlung bzw. des Formwechsels die Wirkungen der Eintragung der neuen Rechtsform in das Register unberührt. Die Frage, ob dies ausnahmslos für jeden Mangel unabhängig von seiner Art und Schwere gilt oder

19 BGH NJ 1995, 33.
20 BGHZ 126, 335, 338.
21 BGHZ 132, 84, 95; Maßstäbe dafür kann die Handhabung der Anfechtungsfrist im GmbH-Recht liefern, vgl. dazu Scholz/K. Schmidt, Komm. z. GmbHG, 8. Aufl., 1993, § 45 Rdn. 142 ff; Lutter/Hommelhoff, Komm. z. GmbHG, 14. Aufl., 1995, Anh. § 47 Rdn. 59 f.
22 So auch Goette, DStR 1996, 1213.
23 BGH NJ 1996, 529, 530; WM 1993, 1760, 1762.

welche Mängel einer Heilung entgegenstehen, hat die Rechtsprechung mehrfach beschäftigt.[24]

Die Heilungsvorschrift des LwAnpG ist dem früheren § 352 a AktG nachgebildet. Das am 1.1.1995 in Kraft getretene Umwandlungsgesetz enthält gleichlautende Vorschriften in § 20 Abs. 2 für die Verschmelzung und in § 202 Abs. 3 für den Formwechsel. Alle diese Heilungsvorschriften sind Ausdruck der allgemeinen Tendenz, gesellschaftsrechtliche Organisationsakte möglichst zu erhalten und der einmal eingetragenen neuen Rechtsform umfassenden Bestandsschutz zu gewähren. Sie tragen dem Gesichtspunkt Rechnung, daß mit der Umwandlung vollendete Tatsachen geschaffen worden sind, deren Auswirkungen nur unter großen praktischen und rechtlichen Schwierigkeiten rückgängig gemacht werden können. In ihren Interessen verletzten Mitgliedern bleibt, wenn es ihnen nicht gelungen ist, die Eintragung im Handelsregister zu verhindern, die Möglichkeit, Schadensersatzansprüche gegenüber denjenigen Leitungsorganen zu erheben, die für die Mängel verantwortlich sind.[25]

Die Rechtsprechung hat sich für eine sehr weitgehende Heilungswirkung entschieden; in den bisher entschiedenen Fällen ist sie trotz teilweise schwerwiegender Beschlußmängel stets zu einer Heilung der nichtigen Umwandlung durch Eintragung im Register gelangt.

Dem ist grundsätzlich zuzustimmen. Eine Differenzierung nach Art und Schwere des Mangels widerspräche nicht nur der Intention des Gesetzgebers, sie brächte zudem Unsicherheiten in der Rechtsanwendung mit sich. Die praktischen Auswirkungen eines weniger weitreichenden Bestandsschutzes wären weder überschaubar noch hinnehmbar. Bekanntlich sind, was angesichts der tatsächlichen und rechtlichen Schwierigkeiten bei der Umstellung der Landwirtschaft in der DDR unausweichlich war, Umwandlungen von LPGs in einer Vielzahl von Fällen mit schwersten Mängeln behaftet. Rückabwicklungen in größerer Zahl würden unerwünschte Folgen für den Rechtsverkehr haben. Erträglich wird dieses Ergebnis dadurch, daß den in ihren Interessen verletzten Mitgliedern als Ausgleich ein Schadensersatzanspruch gegen die handelnden Organe zusteht. Dabei ist allerdings nicht geklärt, ob Schadensersatz in Form der Naturalrestitution gefordert werden kann oder ob nur Geldersatz geschuldet wird.[26] Das weitere in diesem Zusammen-

24 BGH ZIP 1995, 422, 426 mit Anmerkungen Lohlein, 426; und Neixler, EWiR 1995, 601; ZIP 1996, 1146 mit Anmerkungen Lohlein; EWiR 1996, 711; Tombrink, AgrarR 1996, 358; und Drygala, WuB II N. § 34 LwAnpG 1.96; OLG Rostock ZIP 1994, 1062, 1065 mit Anmerkungen Lohlein; Neixler, EWiR 1994, 595; Sirotzki, VIZ 1994, 630; Aden, DZWiR 1994, 253; OLG Brandenburg ZIP 1995, 1457.

25 Vgl. dazu Decher, in: Lutter, Komm. z. UmwG, 1995, § 202 Rdn. 29, 30; Dehmer, Komm. z. UmwG, 2. Aufl., 1996, § 20 Rdn. 95 ff; § 202 Rdn. 11 f; Grunewald, in: Geßler/Hefermehl/Eckardt/Kropff, Komm. z. AktG, 1991, § 352 a Rdn. 2 f.

26 Vgl. dazu Decher, aaO (Fn. 25), § 202 UmwG Rdn. 30; Lohlein, ZIP 1995, 1065, 1067; OLG Rostock ZIP 1995, 1062, 1065.

hang zur Rechtfertigung eines umfassenden Bestandsschutzes gebrauchte Argument, es sei Sache der Mitglieder, sich rechtzeitig gegen den Umwandlungsbeschluß zu wehren, trägt hier wegen der besonderen Verhältnisse der Übergangszeit allerdings nicht.

Die Rechtsprechung macht jedoch zwei Ausnahmen von dieser Heilungswirkung. Zum einen muß überhaupt ein Umwandlungsbeschluß vorliegen. Das kann angesichts einer Vielzahl von Beschlüssen mit unklarem Inhalt[27] im Einzelfall durchaus zweifelhaft sein. Erforderlich ist dann eine den wirklichen Willen und die objektive Bedeutung der Erklärung erforschende interessengerechte Auslegung des Beschlusses, zu der die Rechtsprechung in den bisher entschiedenen Fällen auch gegriffen hat. Dabei hat sie es im Sinne der sogen. Andeutungstheorie ausreichen lassen, wenn der Wille zur Unwandlung in dem Beschluß einen zwar unvollkommenen, aber noch hinreichenden Ausdruck gefunden hat.

Die zweite Ausnahme betrifft den „numerus clausus" der Umwandlungsmöglichkeiten. Der Beschluß muß eine vom Gesetz vorgesehene neue Rechtsform zum Gegenstand haben.[28] Eine ohnehin nur vermeintliche Umwandlung, die auf einem Beschluß beruht, der einen Formwechsel in einen vom Gesetz nicht zur Verfügung gestellten Rechtsträger neuer Rechtsform zum Gegenstand hat, die also eigentlich gar kein Formwechsel ist, kann in der Tat nicht durch die Eintragung im Handelsregister Bestandskraft erlangen.[29]

Von diesen beiden Ausnahmefällen abgesehen genießen damit die durch formwechselnde Umwandlung aus einer LPG entstandenen neuen Rechtsformen nach Registereintragung umfassenden Bestandsschutz. Hingegen ist die Rechtslage bei der PGH höchstrichterlich nicht geklärt. Die PGH-VO enthält eine Heilungsvorschrift nicht. Es dürften jedoch keine Bedenken bestehen, die Heilungsvorschrift des LwAnpG im Wege der Rechts- oder Gesetzesanalogie[30] auf die PGH anzuwende.[31] Bei der Umwandlung der PGHs hat es ähnliche Probleme gegeben wie bei der der LPGs. Der Gesetzgeber der PGH-VO dürfte eine Heilungsvorschrift schlicht vergessen haben. Aus dem neuen Umwandlungsrecht folgt, daß eine Heilungsvorschrift bei allen Arten der Umwandlung unentbehrlich ist. Auch der durch formwechselnde Umwandlung aus einer PGH entstandenen neuen Rechtsform sollte daher nach Eintragung im Handelsregister ein umfassender Bestandsschutz gewährt werden.

V. Insgesamt läßt sich danach feststellen, daß das vorhandene und von der Rechtsprechung auch angewandte rechtliche Instrumentarium ausreicht, die im

27 Vgl. etwa OLG Rostock ZIP 1994, 1062; und OLG Brandenburg ZIP 1995, 1457.
28 BGH ZIP 1996, 1146, 1148 f.
29 So auch Dehmer aaO (Fn. 25), § 202 UmwG Rdn. 12.
30 Zu deren Voraussetzungen vgl. etwa BGH ZIP 1995, 322, 323 f.
31 So auch Sirotzki, VIZ 1994, 630, 631.

Zusammenhang mit der Umwandlung der planwirtschaftlichen Genossenschaften aufgetretenen Probleme zu bewältigen. Unregelmäßigkeiten und Mißbräuchen kann durch eine flexible, den besonderen Umständen der damaligen Zeit und des jeweiligen Einzelfalles Rechnung tragenden Handhabung der Anfechtungsfrist, durch eine sorgfältige Ermittlung und Auslegung der der Umwandlung zugrundliegenden Vorgänge daraufhin, ob wirklich ein gesetzlich zulässiger identitätswahrender Formwechsel vorliegt, und dadurch, daß Mängel, die regelmäßig nur die Anfechtbarkeit eines Beschlusses herbeiführen, wegen ihrer Art und Schwere und im Hinblick auf die Besonderheiten des rechtlich und tatsächlich schwer überschaubaren Übergangsrechts als Nichtigkeitsgründe gewertet werden, begegnet werden.

Anfechtbare und nichtige Beschlüsse – Möglichkeiten und Grenzen der Heilung fehlerhafter Umwandlungen

von

Professor Dr. Michael Kort, Dresden

Inhaltsübersicht

I. Einleitung

1. Unterscheidung zwischen einfachen gesellschaftsrechtlichen Akten und Strukturentscheidungen

Hinter dem Thema „Anfechtbare und nichtige Beschlüsse – Möglichkeiten und Grenzen der Heilung fehlerhafter Umwandlungen“ verbergen sich zwei unterschiedliche Fragestellungen, die allerdings keineswegs isoliert nebeneinanderstehen, sondern durchaus zusammenhängen: Zum einen geht es um die Abgrenzung und die Rechtsfolgen verschiedener Arten von Beschlußmängeln bei Umwandlungsvorgängen im Recht der neuen Bundesländer, zum anderen um die

Rechtsfolgen fehlerhafter Umwandlungsvorgänge selbst, und hierbei insbesondere um die Reichweite einer möglichen Fehlerfolgenbegrenzung.

Der doppelten Fragestellung des Themas liegt eine *Institutionenbildung im Gesellschaftsrecht* zugrunde, wie sie kürzlich wieder dezidiert von *Karsten Schmidt*[1] gefordert wurde: Im Gesellschaftsrecht ist zwischen dem einfachen gesellschaftsrechtlichen Akt auf der einen Seite, insbesondere dem schlichten Gesellschafterbeschluß, und der gesellschaftsrechtlichen Strukturgründung und Strukturänderung auf der anderen Seite zu unterscheiden. Die Fehlerfolgen grundlegender gesellschaftsrechtlicher Akte, also der Strukturgründung und der Strukturänderung, beurteilen sich nach anderen Regeln als die Fehlerfolgen einfacher gesellschaftsrechtlicher Akte. Dieser Befund ist freilich keine singuläre Erkenntnis eines Sondergesellschaftsrechts der neuen Bundesländer, sondern betrifft das deutsche Gesellschaftsrecht in toto, ja ist darüber hinaus sogar Wesenselement des europäischen Gesellschaftsrechts, wie etwa die gesonderte Behandlung der Strukturänderungen „Verschmelzung" und „Spaltung" in der dritten bzw. sechsten gesellschaftsrechtlichen Richtlinie zeigt. In Umsetzung dieser Richtlinien sehen auch die einzelnen europäischen Rechtsordnungen in allerdings sehr unterschiedlicher Ausprägung eine Differenzierung zwischen einfachen gesellschaftsrechtlichen Akten einerseits und gesellschaftsrechtlichen Strukturänderungen andererseits vor.

2. *Strukturänderungen im Umwandlungsrecht der neuen Bundesländer*

Was unterfällt der „Strukturgründung" bzw. der „Strukturänderung"? Mit „Strukturgründung" ist die Entstehung der Gesellschaft gemeint. Unter Strukturänderungen sind Maßnahmen der Reorganisation der verfaßten Körperschaft zu verstehen, die eine grundlegende Änderung der Verfassung der betroffenen Gesellschaft bewirken.

Zu den Strukturänderungen zählen neben dem Abschluß von Beherrschungs- und Gewinnabführungsverträgen, der Eingliederung sowie der Kapitalerhöhung und -herabsetzung die verschiedenen Formen der Umwandlung, also die Verschmelzung, die Spaltung, die Vermögensübertragung und der Formwechsel. Für die hier interessierenden Fragen der Umwandlung von LPG und PGH sind die Umwandlungsformen des Formwechsels und der Spaltung von besonderem Interesse. Das LwAnpG sieht eine Teilung, also eine Spaltung von LPG, gegebenenfalls verbunden mit einer Verschmelzung, in §§ 4 ff vor. Ferner findet sich dort in §§ 23 ff die Möglichkeit eines Formwechsels in eine eingetragene Genossenschaft, eine Personengesellschaft oder eine Kapitalgesellschaft. In jedem Fall bedarf es einer Eintragung der jeweiligen Strukturänderung gemäß §§ 10, 19 und 31 LwAnpG.

1 K. Schmidt, Gesellschaftsrecht, 3. Aufl., 1997, S. 162.

Die PGH-VO betrifft die Gründung von PGH gemäß § 2 und die Umwandlung gemäß §§ 4 ff als Formwechsel der PGH in eine Personen- oder Kapitalgesellschaft. Auch hier bedarf in jedem Fall die Strukturgründung oder -änderung einer Registereintragung. Das Spaltungsgesetz wiederum sieht die Möglichkeit der Spaltung von Unternehmen vor, die sich in der Hand der Treuhandanstalt befinden. Auch für das Wirksamwerden einer solchen Spaltung bedarf es einer Registereintragung gemäß § 9 SpaltungsG. Die *Registereintragung* nimmt somit für sämtliche Strukturgründungs- und Strukturänderungsfälle des Rechts der neuen Bundesländer eine zentrale Funktion ein, die mit der Bedeutung der Registereintragung im gesamtdeutschen Gesellschaftsrecht, so insbesondere derjenigen nach dem UmwG 1994, vergleichbar ist.

3. Bestandsschutz im Beschlußmängel- und Umwandlungsrecht

Bereits an dieser Stelle sei eine These aufgestellt, die es im folgenden zu begründen gilt: Das Recht der Beschlußmängel und das Recht der Strukturänderungsfehler im Gesellschaftsrecht der neuen Bundesländer unterliegen im Grundsatz *keinen* Abweichungen vom allgemeinen, also gesamtdeutschen Gesellschaftsrecht, sondern sind eingebettet in die allgemeine gesellschaftsrechtliche Entwicklung. Weder die Besonderheiten des Übergangs von sozialistischen zu privatwirtschaftlichen Eigentums- und Verbandsformen noch die große Geschwindigkeit, mit der sich diese Vorgänge vollzogen, vermögen ein Sonderrecht der neuen Bundesländer qua Gesetzes- oder Richterrecht in Hinblick auf Beschlußmängel und Strukturänderungsfehler zu rechtfertigen. Vielmehr zeichnet sich im Gesellschaftsrecht des neuen Bundesgebiets wie im gesamtdeutschen Recht eine gemeinsame Linie ab, die es im folgenden nachzuzeichnen gilt:

Beschlußmängel beurteilen sich im bundesdeutschen Recht, soweit Gesellschaften mit körperschaftsrechtlicher Struktur betroffen sind, also insbesondere bei AG, GmbH und Genossenschaft, einheitlich nach dem Beschlußmängelrecht der §§ 241 ff AktG. Diesen Normen ist ein *beschränkter* Bestandsschutz des fehlerhaften schlichten Gesellschafterbeschlusses zu entnehmen.[2] Fehlerhaften Strukturgründungen und -änderungen kommt hingegen ein *viel weitreichenderer Bestandsschutz* zu, der auf einer Anwendung der Lehre von der fehlerhaften Gesellschaft beruht, teilweise aber auch, insbesondere bei Umwandlungsvorgängen, über das Konzept der fehlerhaften Gesellschaft hinausweist.

Die Lehre von der fehlerhaften Gesellschaft läßt sich auch auf die Strukturänderungen des Gesellschaftsrechts anwenden: Kommen ein Willensakt, etwa ein Spaltungsbeschluß gemäß § 7 Spaltungsgesetz, und die Registereintragung als kon-

2 Dazu im einzelnen unten II.

stitutiver Formalakt zusammen, so hat die eingetragene Strukturänderung zumindest vorläufig Bestand. Dieser Bestandsschutz ergibt sich nicht nur aus der Lehre von der fehlerhaften Gesellschaft, sondern ist teilweise auch gesetzlich abgesichert. So heißt es in § 34 Abs. 3 LwAnpG, daß Mängel des Formwechsels einer LPG in eine andere Gesellschaftsform die in § 34 Abs. 1 LwAnpG vorgesehenen Wirkungen der Registereintragung „unberührt“ lassen. Als Wirkung der Eintragung ist insbesondere das Weiterbestehen der LPG in der im Umwandlungsbeschluß vorgesehen neuen Rechtsform gemäß § 34 Abs. 1 Nr. 1 LwAnpG zu nennen. Mit anderen Worten ist der Formwechsel trotz Fehlerhaftigkeit zumindest vorläufig wirksam.

Entsprechendes gilt für das Spaltungsgesetz. Auch dort heißt es in § 10 Abs. 2, daß Mängel der Spaltung die Eintragung „unberührt“ lassen. Die Registereintragung hat somit auch bei der fehlerhaften Spaltung die Universalsukzession auf die durch die Spaltung entstehenden neuen Gesellschaften zur Folge. Neben diesen Normen, die die Wirkung der Registereintragung von Strukturänderungen in Anlehnung an die alte Umwandlungsvorschrift des § 352 a AktG und quasi im Vorgriff auf das UmwG 1994 regeln, gibt es noch die Heilungsvorschrift des § 12 SpaltungsG, die im Gegensatz zu den bisher genannten Normen eine echte Heilung von Mängeln vorsieht, nämlich beim Vermögensübergang von ehemals sozialistischen Wirtschaftseinheiten auf neue Kapitalgesellschaften, die durch Umwandlung dieser sozialistischen Wirtschaftseinheiten aufgrund der UmwVO 1990 oder aufgrund des THG 1990 entstanden sind.

Bis auf diesen Sonderfall des § 12 SpaltungG handelt es sich bei den genannten Vorschriften nicht oder zumindest nicht in erster Linie um gesetzgeberische Einzelüberlegungen, die hauptsächlich durch den Umbruch im Beitrittsgebiet geprägt sind, sondern um eine konsequente Normierung von Überlegungen zum Bestandsschutz eingetragener Strukturänderungen, der gesetzlich in ähnlicher Form nunmehr im gesamtdeutschen Umwandlungsrecht in §§ 20 Abs. 2, 131 Abs. 2, 176 Abs. 1, 177 Abs. 1, 202 Abs. 3 UmwG seinen Niederschlag gefunden hat. Dort ist für die Verschmelzung, die Spaltung, die Vermögensübertragung und den Formwechsel jeweils vorgesehen, daß Mängel dieser Strukturänderungen die Wirkungen der Eintragung unberührt lassen, also insbesondere das Entstehen und Erlöschen von Rechtsträgern sowie den Vermögensübergang auf neue Rechtsträger qua Gesamtrechtsnachfolge. Bei den Umwandlungsnormen des ostdeutschen und des gesamtdeutschen Umwandlungsrechts handelt es sich – wie bereits angedeutet – nicht nur um eine Anwendung der Lehre von der fehlerhaften Gesellschaft, sondern um ein Konzept erweiterten Bestandsschutzes. Während nämlich die Lehre von der fehlerhaften Gesellschaft bloß von einem vorläufigen Bestand der fehlerhaften Strukturentscheidung ausgeht, gilt für Umwandlungsvorgänge, daß sie *endgültig bestandsfest* sind und nur in ganz außergewöhnlichen Fällen wegen des verfassungsrechtlich gewährleisteten Mitgliederschutzes[3] rückabzuwickeln sind. Es besteht (das sei hier schon vorweggenommen) keine Veranlassung, den eingetragenen Umwandlungsvorgang rückgängig zu machen. Weder das Verfassungsrecht noch Überlegungen zum bloß vorläufigen Bestandsschutz im Sinne der Lehre von der fehlerhaften Gesellschaft können eine generelle Beschränkung des Bestandsschutzes der eingetragenen fehlerhaften Umwandlung begründen. Angebracht sind vielmehr lediglich *Randkorrekturen* in extremen Ausnahmefällen.

Die Eintragung von Umwandlungsvorgängen bewirkt zwar keine eigentliche „Heilung" von Strukturänderungsfehlern, denn das Geltendmachen von Mängeln bleibt auch nach der Eintragung möglich. Die Eintragung schließt jedoch die Zerstörung der einmal eingetragenen fehlerhaften Umwandlung aus. Das Geltendmachen von Schadenersatzansprüchen, gegebenenfalls sogar flankiert von einer auf Fehlerfeststellung abzielenden Beschlußmängelklage, bleibt aber auch nach der Eintragung möglich. Solche Beschlußmängel- oder Schadenersatzklagen können aber nicht mehr auf eine Naturalrestitution im Sinne eines Rückgängigmachens der eingetragenen Umwandlung abzielen. Ausnahmen von diesem Grundsatz bestehen nur in Extremfällen.

II. Anfechtbare und nichtige Beschlüsse

1. Kein genereller Bestandsschutz

Anfechtbare und nichtige Beschlüsse bei Umwandlungsvorgängen nach ostdeutschem Recht unterliegen grundsätzlich den Regeln über die Anfechtbarkeit und Nichtigkeit gemäß §§ 241 ff AktG. Diesem Befund steht die Aussage des BGH in einer Entscheidung des V. Senats vom 2.12.1994[4] und in einer Entscheidung des landwirtschaftsrechtlichen Senats vom 3.5.1996[5] nicht entgegen, daß es eine allgemeine Tendenz gebe, gesellschaftsrechtliche Akte möglichst zu erhalten. Diese auch in der Begründung zum Umwandlungsbereinigungsgesetz 1994[6] enthaltene Formulierung ist zu pauschal. Es besteht im deutschen Gesellschaftsrecht keineswegs eine Tendenz, gesellschaftsrechtliche Akte gleich welcher Art möglichst zu erhalten. Ein derartig weites Verständnis des Bestandsschutzes würde die Funktion der Beschlußmängelklage aushebeln und die Mitgliedschaftsrechte des Gesellschafters in ganz wesentlichen Bereichen erheblich beschneiden. Vielmehr besteht lediglich eine Tendenz zur Erhaltung strukturgründender und -erhaltender gesellschaftsrechtlicher Organisationsakte. Letzteres dürfte mit der Formulierung in den

3 Dazu K. SCHMIDT, aaO (Fn. 1), S. 165.
4 BGH WM 1995, 434, 436 f.
5 BGH ZIP 1996, 1146, 1148.
6 BT-Drucks. 12/6699, S. 91.

Gesetzesmaterialien zum UmwBerG und in den BGH-Entscheidungen allerdings auch nur gemeint sein.

Anders als Strukturänderungen selbst unterliegen Beschlüsse, auch solche des Übergangsrechts der neuen Bundesländer, im Grundsatz dem allgemeinen Beschlußmängelrecht. Das gilt zum einen für Beschlüsse, die ihrerseits nicht Basis der Strukturänderung sind, sondern nur anläßlich einer Strukturänderung oder in deren Folge gefaßt werden. Eingeschränkt, nämlich bis zur Eintragung der Strukturänderung, gilt das allgemeine Beschlußmängelrecht aber auch für den Strukturänderungsbeschluß selbst, etwa für einen Spaltungsbeschluß oder einen Beschluß über den Formwechsel.

2. *Anwendung von §§ 241 ff AktG analog*

Zustimmung verdient die Auffassung des landwirtschaftsrechtlichen Senats des BGH in einer Entscheidung vom 2.3.1995,[7] daß es sich bei Beschlußmängelklagen gegen die nach der Wiedervereinigung gefaßten Beschlüsse der Mitgliederversammlung einer LPG oder der Bevollmächtigtenversammlung einer juristisch selbständigen Zwischengenossenschaftlichen Einrichtung (ZGE) nicht um landwirtschaftliche Streitigkeiten mit der Konsequenz einer Verkürzung des Instanzenwegs gemäß § 65 LwAnpG alter Fassung handelt. Vielmehr findet qua Lückenschließung auch auf Beschlüsse von Wirtschaftsvereinigungen alter, sozialistischer Rechtsform, zum Beispiel solcher aufgrund des bis zum 31.12.1991 weitergeltenden LPG-Gesetzes, das bundesdeutsche Genossenschaftsrecht entsprechende Anwendung. Über die hier nicht weiter interessierenden Details dieser Entscheidung hinaus wird angesichts der Anwendung genossenschaftsrechtlicher Grundsätze und damit der §§ 241 ff AktG analog deutlich, daß es eben keine allgemeine Tendenz zur Erhaltung gesellschaftsrechtlicher Akte gibt, sondern eine effektive gerichtliche Wirksamkeitskontrolle von Beschlüssen der Wirtschaftsvereinigungen alter, sozialistischer Form durch Lückenschließung gewährleistet werden muß. Hierin zeigt sich ein weiteres Beispiel für eine Institutionenbildung im Gesellschaftsrecht: Bei körperschaftlich verfaßten Verbandsformen wirken die §§ 241 ff AktG systembildend. Die Beschlußmängelklage ist einerseits Individualrecht,[8] andererseits aber auch gesellschaftsbezogenes Recht.[9] Sie ist Ausfluß des Mitglied-

7 BGH ZIP 1995, 873, 874.

8 Windbichler, in: Timm, Mißbräuchliches Aktionärsverhalten, 1990, S. 35, 41.

9 Dazu Immenga, GmbHR 1973, 5, 6; Boujong, FS Kellermann, 1991, S. 1, 6; – zu den Strukturelementen der Anfechtungsklage ferner K. Schmidt, FS Semler, 1993, S. 329, 335 ff; Mülbert, Aktiengesellschaft, Unternehmensgruppe und Kapitalmarkt, 1995, S. 55 ff; Pflugradt, Leistungsklagen zur Erzwingung rechtmäßigen Vorstandsverhaltens in der Aktiengesellschaft, 1990, S. 65 ff.

schaftsrechts des Verbandsmitglieds,[10] das auf gesetzes- und satzungsmäßige Betätigung des Verbands gerichtet ist. Sie dient insofern dem Rechtsschutz, der gerade auch im Gesellschafts- und Umwandlungsrecht der neuen Bundesländer in Hinblick auf das Vertrauen des einzelnen Verbandsmitglieds in die neue, kapitalistische Wirtschaftsverfassung eine nicht unerhebliche Rolle spielt.

Umgekehrt gewährleistet die entsprechende Anwendung von §§ 241 ff AktG einen gewissen, wenn auch eingeschränkten Bestandsschutz von Beschlüssen.[11] So beschränkt bekanntlich § 241 AktG die Nichtigkeitsgründe durch Aufzählung eines numerus clausus. § 242 AktG sieht die Möglichkeit einer Heilung der Nichtigkeit vor, und § 246 Abs. 1 AktG enthält eine kurz bemessene Frist für die Anfechtungsklage. Die analoge Anwendung von §§ 241 ff AktG im GmbH-Recht, im Genossenschaftsrecht und im Recht der neuen Bundesländer gewährleistet ein ausgewogenes Verhältnis zwischen effektivem Rechtsschutz einerseits und Rechtssicherheit durch beschränkten Bestandsschutz andererseits.[12] Sie ist daher zu befürworten.

3. Treuepflicht- und Gleichbehandlungsverstöße: Anfechtungs- oder Nichtigkeitsgründe?

Mit Fragen der Unterscheidung von Anfechtungs- und Nichtigkeitsklage und der zeitlichen Begrenzung der Anfechtungsklage hatte sich der II., also der gesellschaftsrechtliche Senat des BGH in einem Urteil vom 26.2.1996[13] zu beschäftigen. Es ging in dieser Entscheidung darum, daß der Kläger, Mitglied einer PGH, gegen einen Beschluß vom 26.11.1991 nicht innerhalb der Anfechtungsfrist vorgegangen war. Der Senat kam zu dem Ergebnis, daß bei der Beschlußfassung der Generalversammlung einer Genossenschaft über die Ausschließung eines Mitglieds dem Auszuschließenden rechtliches Gehör aus dem Gesichtspunkt der genossenschaftlichen Treuepflicht zu gewähren sei. Eine Treuepflichtverletzung führe allerdings nur zur Anfechtbarkeit des Beschlusses. Dem ist zuzustimmen: Auch bei der Etablierung der Treuepflicht handelt es sich um ein weiteres Beispiel rechtsformübergreifender Institutionenbildung im Gesellschaftsrecht, wobei allerdings in jüngerer

10 So ZÖLLNER, Kölner Komm. z. AktG, 1. Aufl., 1970 ff, § 243 Rdn. 9; ferner KNOBBE-KEUK, FS Ballerstedt, 1975, S. 239, 246.

11 Zur Funktion der §§ 241 ff AktG, die Geltendmachung von Fehlern ähnlich zu beschränken, wie es die Lehre von der fehlerhaften Gesellschaft bzw. §§ 275 ff tun, siehe WIEDEMANN, Gesellschaftsrecht, Bd. I, 1980, S. 151 ff; KÜBLER, Gesellschaftsrecht, 4. Aufl., 1994, S. 316; ROTH, Handels- und Gesellschaftsrecht, 4. Aufl., 1994, S. 211 f.

12 Zur Rechtssicherheitsfunktion von §§ 241 ff AktG HUECK, Gesellschaftsrecht, 19. Aufl., 1991, S. 248; HÜFFER, Komm. z. AktG, 3. Aufl., 1997, § 241 Rdn. 1, § 246 Rdn. 1; K. SCHMIDT, in: Großkomm. z. AktG, 4. Aufl., 1992, § 241 Rdn. 24.

13 BGHZ 132, 84 = ZIP 1996, 674.

Zeit oft vergessen wird, daß die Treuepflicht rechtsform- und realformbezogen sehr unterschiedlich ausgeprägt sein kann. Eine Treuepflichtverletzung führt in aller Regel lediglich zur Anfechtbarkeit des entsprechenden Beschlusses.[14] Ganz ausnahmsweise wird man in einem Treuepflichtverstoß jedoch auch einen Nichtigkeitsgrund erblicken können, nämlich dann, wenn der Treuepflichtverstoß mit dem Wesen des Verbands gemäß § 241 Nr. 3 AktG analog nicht zu vereinbaren ist oder sonst einer der Fälle des § 241 Nr. 3 AktG analog vorliegt. Nach insofern zutreffender Auffassung des BGH[15] war das im genannten Fall nicht gegeben. Die Einhaltung der Treuepflicht gehört nicht zu den tragenden Prinzipien des Genossenschaftsrechts. Auch kann ein Treuepflichtverstoß im allgemeinen keinen Nichtigkeitsgrund gemäß § 241 Nr. 4 AktG analog bilden, also gegen das Wesen des Verbands verstoßen. Der Gesellschafter bzw. der Genosse ist vielmehr auf die *Anfechtungsklage* verwiesen.

Dem Umstand, daß der Kläger in der Entscheidung des II. Senats vom 26.2.1996 die Anfechtungsfrist hat verstreichen lassen, versuchte der Senat durch folgende Überlegung abzuhelfen: Der Kläger könne sich wegen der besonderen, mit der Umwandlung der Rechtsordnung der ehemaligen DDR einhergehenden Umstände ausnahmsweise auch nach Ablauf der ansonsten zwingenden Frist auf die Nichtgewähr des rechtlichen Gehörs berufen.[16] Es habe Unsicherheit über die Anwendbarkeit des Genossenschaftsrechts geherrscht, die dem Kläger nicht zum Nachteil gereichen könne. Einer solche Ausschaltung der Anfechtungsfrist wegen der Besonderheiten des Übergangsrechts ist jedoch entgegenzuhalten, daß es sich bei der Anfechtungsfrist um eine *materielle Ausschlußfrist* handelt, die eine Wiedereinsetzung in den vorigen Stand oder ein ähnliches zivilprozessuales Instrument nicht kennt.[17] Der BGH hätte vielmehr allenfalls unter einem anderen Gesichtspunkt über die Versäumung der Anfechtungsfrist hinweghelfen können, wenn er sich nämlich der von *Lutter/Hommelhoff*[18] für das GmbH-Recht vertretenen Auffassung angeschlossen hätte, daß außerhalb des Aktienrechts die Anfechtungsfrist erst mit Kenntniserlangung des Beschlußmangels beginnt. Dieser Auffassung steht allerdings ihrerseits der Gedanke entgegen, daß für eine solche Ungleichbehandlung der AG und anderer Gesellschaftsformen kein Grund besteht.

Aus Rechtssicherheitsgründen ist der Kreis der Nichtigkeitsgründe auch im Recht der neuen Bundesländer sehr beschränkt. Zustimmung verdient deshalb eine Entscheidung des landwirtschaftsrechtlichen Senats des BGH vom 1.7.1994,[19] die zu dem Ergebnis gelangt, daß die Beschlußunfähigkeit einer LPG-Vollversamm-

14 K. Schmidt, aaO (Fn. 12), § 243 AktG Rdn. 48.
15 BGH ZIP 1996, 674, 677.
16 BGH ZIP 1996, 674, 677.
17 K. Schmidt, aaO (Fn. 12), § 246 AktG Rdn. 13.
18 Lutter/Hommelhoff, Komm. z. GmbHG, 14. Aufl., 1995, Anh. § 47 Rdn. 59.
19 BGH DtZ 1994, 349.

lung, die am 24.10.1990 einen Beschluß faßte, nicht nur nach altem sozialistischen Recht, sondern auch nach bundesdeutschem Recht lediglich zur Anfechtbarkeit führte. Die fehlerhafte Einberufung als Nichtigkeitsgrund gemäß § 241 Nr. 1 AktG analog und die Beschlußunfähigkeit als bloßer Anfechtungsgrund sind nämlich zu unterscheiden.

Unklar hinsichtlich der Anwendung von §§ 241 ff AktG analog ist hingegen ein früherer Beschluß des landwirtschaftlichen Senats des BGH vom 9.6.1993.[20] Nach dieser Entscheidung ist ein unter Geltung des LwAnpG 1990 gefaßter Beschluß einer LPG-Vollversammlung, der Abfindungsansprüche ihrer ehemaligen Mitglieder gemäß § 44 LwAnpG ausschloß, wegen Verstoßes gegen den Grundsatz der Gleichbehandlung der Mitglieder „unwirksam".[21] Das Prinzip der Gleichbehandlung der Mitglieder sei ein Grundprinzip des LPG-Rechts. Selbst wenn man dem zustimmen wollte, so ergibt sich hieraus entgegen der Terminologie des Senats keine Unwirksamkeit des Beschlusses. Eine Beschlußunwirksamkeit lag vielmehr nach *DDR-Rechtsterminologie* vor. Nach bundesdeutschem Recht ist ein Beschluß unwirksam, der fehlerhaft ist, aber durch Zustimmung eines Mitglieds oder Dritten wirksam werden kann.[22] Die Unwirksamkeit beruht demgemäß nicht auf einem Gesetzesverstoß, sondern ist Folge des zwar gesetzeskonformen, aber unvollständigen rechtsgeschäftlichen Tatbestands. Ein Beschluß, der wie derjenige in der Entscheidung vom 9.6.1993 unter Verstoß gegen den Gleichbehandlungsgrundsatz gefaßt wird, ist nicht unwirksam, sondern in aller Regel anfechtbar.[23] Die früher bisweilen vertretene Auffassung, ein Verstoß gegen den Gleichbehandlungsgrundsatz führe zur Unwirksamkeit, ist heute überholt.[24] Demgemäß hätte der BGH auf die Frage der Anfechtungsfrist eingehen müssen.

Ein weiteres Urteil des gesellschaftsrechtlichen Senats des BGH vom 26.2.1996[25] nahm auf die Entscheidung des landwirtschaftsrechtlichen Senats vom 9.6.1993 Bezug und führte klarstellend aus, daß Verstöße gegen die Treuepflicht oder gegen den Gleichbehandlungsgrundsatz in aller Regel nur die Anfechtbarkeit begründen. Jedoch könnten Art und Schwere der möglichen Rechtsverletzung bei einer Umwandlung ausnahmsweise auch einen Nichtigkeitsgrund abgeben. Dies gelte „vor allem deshalb, weil es sich um für die Beteiligten nur schwer überschaubares Übergangsrecht handelt". Im Gegensatz zur Entscheidung des landwirtschaftsrechtlichen Senats differenziert dieses Urteil zutreffend zwischen Anfechtbarkeit und Nichtigkeit, ohne die nicht einschlägige Kategorie unwirksamer Beschlüsse heranzuziehen.

20 BGH WM 1993, 1760.
21 BGH WM 1993, 1760, 1762.
22 K. Schmidt, aaO (Fn. 1), S. 449.
23 BGHZ 116, 359, 372; – auch BGH NJ 1996, 529, 530.
24 K. Schmidt, aaO (Fn. 12), § 243 AktG Rdn. 44 m.w.N.
25 BGH NJ 1996, 529, 530.

Auch ist dem gesellschaftsrechtlichen Senat zu folgen, was die Möglichkeit eines qualitativen Umschlagens eines Anfechtungsgrundes in einen Nichtigkeitsgrund betrifft. Zwar kann nicht jeder Anfechtungsgrund bloß wegen des Grades seiner Schwere zum Nichtigkeitsgrund werden, denn dem steht der numerus clausus von Nichtigkeitsgründen gemäß § 241 AktG (analog) entgegen. Wohl aber kann ein Beschluß Mitgliedschaftsrechte so gravierend verletzen, daß Nichtigkeit gemäß § 241 Nr. 3 AktG (analog) gegeben ist. Zur Begründung einer solchen Nichtigkeit gemäß § 241 Nr. 3 AktG analog genügt allerdings entgegen dem BGH nicht der pauschale Hinweis auf schwer überschaubares Übergangsrecht oder auf die allgemeine Rechtsunsicherheit und Rechtsunkenntnis zur Übergangszeit. Vielmehr ist in jedem Einzelfall darzulegen, wieso ausnahmsweise die Nichtigkeit eines Beschlusses in Betracht kommt. So war etwa in einer weiteren Entscheidung des landwirtschaftsrechtlichen Senat des BGH vom 1.7.1994[26] ein Auflösungsbeschluß nichtig, den die Vollversammlung einer LPG zu einem Zeitpunkt faßte, als das LwAnpG vom 29.6.1990 noch nicht in Kraft getreten war, denn erst dieses Gesetz eröffnete die Möglichkeit der Auflösung einer LPG. Der Auflösungsbeschluß entbehrte daher der materiellrechtlichen Grundlage, er verstieß gegen Grundprinzipien des LPG-Rechts. Die Grundregeln der Auflösbarkeit eines Verbands können zum Wesen dieses Verbands im Sinne von § 241 Nr. 3 AktG (analog) gehören.[27]

4. Zeitpunkt der Fehlerhaftigkeit des Beschlusses

Die Fehlerhaftigkeit eines Beschlusses beurteilt sich grundsätzlich nach dem Zeitpunkt der Beschlußfassung. Daher war gemäß einer Entscheidung des landwirtschaftsrechtlichen Senats des BGH vom 3.5.1996[28] der am 21.3.1991 gefaßte Beschluß einer LPG-Vollversammlung, die LPG in eine AG umzuwandeln, der in Unkenntnis der späteren Neufassung des LwAnpG vom 3.7.1991, die erst eine solche Umwandlungsmöglichkeit vorsah, nichtig. Die Nichtigkeit resultierte aus einem Verstoß gegen das Wesen der die LPG damals betreffenden Gesetzesvorschriften.

Nach einer Entscheidung des OLG Rostock vom 14.3.1994[29] kann die Nichtigkeit eines Beschlusses jedoch ausgeschlossen sein, wenn eine anstehende gesetzliche Neuregelung den Beschlußfassenden bei der Beschlußfassung bekannt war, weil der Beschluß dann unter der zulässigen Rechtsbedingung des Inkrafttretens dieser Neuregelung gefaßt wurde. Der BGH[30] neigte in der bereits genannten Ent-

26 BGH VIZ 1995, 37, 38.
27 K. SCHMIDT, aaO (Fn. 12), § 241 AktG Rdn. 58.
28 BGHZ 132, 353 = ZIP 1996, 1146.
29 OLG Rostock ZIP 1994, 1062, 1064 mit Anm. LOHLEIN.
30 BGH ZIP 1996, 1146.

scheidung vom 26.2.1996 ebenfalls zu dieser Auffassung. Einen Ausschluß der Nichtigkeit oder Anfechtbarkeit eines Beschlusses, der in Hinblick auf eine spätere Gesetzesänderung erfolgt, wird man jedoch nur dann befürworten können, wenn sich die spätere Rechtslage bereits konkret abzeichnet, also letztlich nur dann, wenn nur noch Formalakte für das Inkrafttreten eines Gesetzes fehlen. Die Möglichkeit zur Geltendmachung von Beschlußmängeln würde unerträglich verkürzt, wenn man jegliche spätere Gesetzesänderung als Legitimationsgrundlage eines Beschlusses ansehen könnte, der noch in Unkenntnis der späteren Entwicklung gefaßt wurde.

Insgesamt betrachtet neigt die Rechtsprechung demgemäß auch keineswegs dazu, in späteren Gesetzen quasi ex post Legitimationsgrundlagen für zunächst fehlerhafte Beschlüsse zu sehen. Unzutreffend ist in diesem Zusammenhang der Hinweis des OLG Rostock in der genannten Entscheidung vom 14.3.1994[31] auf die Maßgeblichkeit der Eintragungsvoraussetzungen zum Eintragungszeitpunkt, wie sie im Registerverfahren besteht; denn die Rechtmäßigkeitsüberprüfung im Wege des Beschlußmängelverfahrens und diejenige durch das Registergericht ergänzen sich zwar, unterliegen aber nicht denselben Voraussetzungen, wie schon die unterschiedliche Kontrolldichte beider Verfahren zeigt, denn der Registerrichter darf keineswegs jeden Anfechtungsgrund als Basis einer Entscheidung über die Aufhebung der Eintragung anführen.

III. Strukturänderungen

1. Reichweite der Bestandskraft

Der Überblick über das Beschlußmängelrecht der neuen Bundesländer hat gezeigt, daß sich die Prinzipien und Institute des bislang westdeutschen Gesellschaftsrechts durchaus auf Vorgänge der Übergangszeit im Beitrittsgebiet übertragen lassen. Ein eigenständiges Sonderrecht der neuen Bundesländer ist somit für das Beschlußmängelrecht der Übergangszeit nicht erforderlich und wäre auch im Hinblick auf die Aufgabe einer Schaffung einheitlicher Strukturen des gesamtdeutschen Gesellschaftsrechts bedenklich.

Ähnlich wie bei Beschlußmängeln stellt sich insofern die Lage bei *Strukturänderungen* dar: Auch für Fehler und Fehlerfolgen von Strukturänderungen gilt, daß sich kein Sonderrecht der neuen Bundesländer gebildet hat und sich auch nicht bilden sollte.

31 OLG Rostock ZIP 1994, 1062, 1064.

Wie bereits eingangs dargestellt, erreichen Strukturänderungen, die eine konstitutive Registereintragung erfordern, auch bei Fehlerhaftigkeit mit der Registereintragung einen hohen Grad an Bestandsfestigkeit.

Auch Fehler von Strukturänderungen, wie etwa solche bei Umwandlungsvorgängen nach dem Recht der neuen Bundesländer, sind mittels der Beschlußmängelklage geltend zu machen. Dabei ist jedoch zu berücksichtigen, daß der Strukturänderungsbeschluß und die Strukturänderung selbst eine *rechtliche Einheit* bilden, wie *Hommelhoff*[32] zutreffend herausgearbeitet hat. Aus dieser rechtlichen Einheit resultiert ein Fehlerfolgengleichlauf, der dazu führt, daß nach der Eintragung nicht nur Fehler der Strukturänderung selbst, sondern auch Mängel der der Strukturänderung zugrundeliegenden Beschlüsse nur noch eingeschränkt geltend gemacht werden können.

Wie weit reicht nun der Bestandsschutz fehlerhafter Strukturänderungen im Recht der neuen Bundesländer? Im gesamtdeutschen Recht findet sich das radikalste Konzept für die Bestandskraft fehlerhafter Strukturänderungen im UmwG 1994. Dort führt die erfolgreiche Beschlußmängelklage nicht zur Beseitigung der Strukturänderung und deren Wirkungen. Als gesetzgeberisches Motiv[33] hierfür wird genannt, daß eine Wiederherstellung des status quo ante schon tatsächlich nicht mehr möglich ist und auch gegebenenfalls den Interessen eines Teils der Gesellschafter zuwiderlaufen kann. Der bereits für das Rechtsinstitut der „fehlerhaften Gesellschaft" bedeutsame Gesichtspunkt der rechtlichen und faktischen Unmöglichkeit der Rückabwicklung kehrt hier wieder: Rechtsfolge einer erfolgreichen Geltendmachung von Fehlern ist nicht die Abwicklung mit ex-tunc-Wirkung. Aber auch eine ex-nunc-Beseitigung des fehlerhaften Umwandlungsvorgangs ist nicht Folge der erfolgreichen Geltendmachung von Beschlußmängeln. Insofern gehen das UmwG 1994, aber auch das LwAnpG über das Konzept der „fehlerhaften Gesellschaft" hinaus, das eine ex-nunc-Auflösung und -Abwicklung vorsieht. Das Konzept des UmwG 1994 und des LwAnpG erteilen zugleich der von *Hommelhoff*[34] Anfang der neunziger Jahre vorgeschlagenen, bloß vorläufigen Eintragung der Strukturänderung bei laufendem oder drohendem Beschlußmängelverfahren eine Absage. Das UmwG und das LwAnpG gehen vielmehr von einer endgültigen Bestandskraft der Eintragung aus. Das gilt nach dem UmwG 1994 für alle Umwandlungsformen und ebenso nach dem LwAnpG für alle dort vorgesehenen Umwandlungsvorgänge nach dem Recht der neuen Bundesländer. Die Schwierigkeit der Rückabwicklung mag bei einzelnen Umwandlungsvorgängen graduell unterschiedlich sein. Der in die Zukunft weisende Bestandsschutz eingetragener Um-

32 Hommelhoff, ZHR 158 (1994), 11, 17 f.
33 Begründung zu § 16 Abs. 3 Satz 6 EUmwG, BT-Drucks. 12/6699, S. 90.
34 Hommelhoff, ZGR 1990, 447, 466; Ders., ZHR 158 (1994), 11, 33.

wandlungsvorgänge besteht jedoch unabhängig vom Grad der Schwierigkeiten der Umwandlung.

2. Auslegung von § 352 a AktG alter Fassung

Soweit auch heute noch teilweise die endgültige Bestandskraft eingetragener fehlerhafter Umwandlungsvorgänge bestritten wird,[35] ist dem das Verständnis von § 352 a AktG alter Fassung als Ausgangsvorschrift eines umwandlungsrechtlichen Bestandsschutzes entgegenzuhalten. Die Begründung zum Regierungsentwurf von § 352 a AktG a. F.[36] führte aus, sämtliche Mängel der die Umwandlung (dort: eine Verschmelzung) vorbereitenden Rechtshandlungen könnten nur zu Ansprüchen gegen diejenigen Personen führen, die für sie verantwortlich seien. Auf die Wirksamkeit der einmal eingetragenen Umwandlung und ihrer Rechtsfolgen hätten sie dagegen keinen Einfluß. Bereits die Begründung zu § 352 a AktG a. F. lief somit auf das Konzept einer Weiterverfolgung von Schadenersatzansprüchen nach der Eintragung der Umwandlung unter Ausschluß der Vernichtbarkeit der Umwandlung auch für die Zukunft hinaus. § 352 a AktG a. F. und nunmehr etwa § 20 Abs. 2 UmwG 1994 sowie § 34 Abs. 3 LwAnpG sind *nicht* lediglich Ausprägung des Prinzips der „fehlerhaften Gesellschaft",[37] sondern weisen über dieses Konzept hinaus. Andernfalls wäre die jeweilige Umwandlung bloß bis zum Zeitpunkt der rechtskräftigen Feststellung ihrer Fehlerhaftigkeit wirksam, nicht hingegen für die Zukunft.

3. Endgültige Bestandskraft, aber verfassungsrechtliche Grenzziehung

Die Anordnung dauerhafter Bestandsfestigkeit ergibt sich auch aus der zutreffenden Auslegung von § 34 Abs. 3 LwAnpG durch den V. Senats des BGH in der bereits genannten Entscheidung vom 2.12.1994[38]. Der BGH hatte dort die Frage zu klären, ob die Umwandlung einer LPG in eine GmbH dauerhaften Bestand aufgrund der Eintragung haben könne, obgleich der Umwandlungsbeschluß möglicherweise deshalb fehlerhaft war, weil die Mitglieder der LPG nicht mit den Gründern der GmbH identisch waren. Der BGH stellte unter Berufung auf Parallelen der Gesetzgebungsgeschichte von § 34 Abs. 3 LwAnpG und von § 352 a AktG a. F.

35 So etwa bei Heiss, Die Spaltung von Unternehmen im deutschen Gesellschaftsrecht, 1995, S. 86 f.

36 BT-Drucks. 9/1065, S. 19 f.

37 So aber tendenziell K. Schmidt, AG 1991, 131, 135 ff; deutlicher Ders., ZGR 1991, 373, 377.

38 BGH WM 1995, 434 = ZIP 1995, 422 mit Anm. Lohlein.

fest, daß dem Wortlaut von § 34 Abs. 3 LwAnpG keinerlei Einschränkungen zu entnehmen seien.[39] Damit setzte sich der Senat von einem anders lautenden, zurecht kritisierten Beschluß des BezG Cottbus vom 1.9.1992[40] ab, das angenommen hatte, die Eintragung der fehlerhaften Umwandlung einer LPG in eine Genossenschaft erschöpfe sich in einer Rechtswirkung gegenüber Dritten gemäß § 15 HGB. Diese Auffassung des BezG Cottbus hat Anklänge an ein einschränkendes Verständnis der fehlerhaften Gesellschaft, das diese nicht als vollwirksame Gesellschaft, sondern lediglich als Rechtsscheintatbestand betrachtet. Eine solche Auffassung der fehlerhaften Strukturentscheidung unterschätzt jedoch die Bedeutung der durch Gesellschafterakt ins Leben getretenen Organisationsstruktur.

Zuzustimmen ist vielmehr dem V. Senat in der genannten Entscheidung vom 2.12.1994,[41] daß die Wirksamkeit des eingetragenen Formwechsels nicht durch Fehler des zugrundeliegenden Gesellschafterbeschlusses in Frage gestellt werden kann. Unter Offenlassen der Frage eines Anspruchs auf Rückabwicklung für die Zukunft stellte sich der Senat desweiteren die Frage, ob das vom LwAnpG intendierte Ziel eines identitätswahrenden Rechtsformwechsels nicht eine solche Auslegung gebiete, daß Mängel, die der Umwandlung deren spezifischen Charakter der Identitätswahrung nehmen, die Wirksamkeitsanordnung des § 34 Abs. 3 LwAnpG ausschließen. In concreto verneinte der BGH[42] zwar das Vorliegen eines derartigen Mangels, da der Beschluß jedenfalls auf eine identitätswahrende Umwandlung gerichtet gewesen sei, betonte aber, daß möglicherweise eine *verfassungskonforme Auslegung* zu einer Einschränkung von § 34 Abs. 3 LwAnpG führen könne, falls die Wirksamkeitsanordnung zu einer gravierenden Beeinträchtigung von Mitgliedschaftsrechten führen würde und ihr wegen ihrer enteignenden Wirkung auch verfassungsrechtliche Bedenken entgegenstehen können.[43] Darauf wird noch zurückzukommen sein.

Die Anordnung der dauerhaften Wirksamkeit läßt sich insbesondere beim Formwechsel nicht allein auf Rückabwicklungsschwierigkeiten stützen. Solche Schwierigkeiten sprechen zwar gegen eine echte ex-tunc-Abwicklung. Eine ex-nunc-Abwicklung wäre aber denkbar. Insofern sind Rückabwicklungsschwierigkeiten zwar ein bedeutender Aspekt, aber nicht ausschlaggebend für den Bestandsschutz. Ein Bestandsschutz ist beim fehlerhaften *Formwechsel* vielmehr deshalb angebracht, weil die einmal eingetragene Körperschaft nur nach den gesetzlichen Bestimmungen der §§ 275 ff AktG, 75 ff GmbHG, 94 ff GenG abgewickelt werden kann. Das gilt unabhängig davon, ob sie durch Neugründung oder durch Rechtsformwechsel entstanden ist. Eine Möglichkeit zur Vernichtung des eingetragenen Rechtsformwechsels besteht somit nicht, sondern allenfalls eine Möglichkeit zur

39 BGH WM 1995, 434, 436 f.
40 BezG Cottbus ZIP 1992, 1503 ; – kritisch NEIXLER, EWiR § 34 LAnpG 1/92, 1217.
41 BGH WM 1995, 434.
42 BGH WM 1995, 434, 437.
43 Ähnlich WENZEL, AgrarR 1995, 1, 2 f; sowie OLG Brandenburg ZIP 1995, 1457, 1459.

Vernichtung der aus dem Rechtsformwechsel entstandenen Gesellschaft in neuer Rechtsform durch Klageerhebung mit dem Ziel, die Gesellschaft selbst, falls für diese selbst Nichtigkeitsgründe vorliegen, für nichtig erklären zu lassen.[44]

Ein entsprechender Bestandsschutz besteht auch für die fehlerhafte Spaltung, nämlich nunmehr „gesamtdeutsch" in § 131 Abs. 2 UmwG. Für die von der Treuhandanstalt gehaltenen Unternehmen bestand schon vorher die Möglichkeit der Spaltung zwecks Erleichterung der Privatisierungsaufgabe der Treuhandanstalt im Spaltungsgesetz. Dieses Gesetz entspricht im wesentlichen den Regelungen, die nunmehr das UmwG allgemein für die Zerlegung von Unternehmen in einem einheitlichen Vorgang durch Gesamtrechtsnachfolge vorsieht. Mängel der Spaltung lassen deren Wirkungen gemäß § 10 Abs. 2 SpaltungsG unberührt. Das entspricht der Bestandsschutzanordnung des alten § 352 a AktG für die Verschmelzung. Das Spaltungsgesetz ordnet damit entgegen einer von *Manuela Heiss*[45] kürzlich geäußerten Auffassung aus Gründen der Rechtssicherheit, insbesondere auch zum Schutz der Mitglieder der aufgespaltenen Einheiten, eine endgültige Bestandswirkung der eingetragenen fehlerhaften Spaltung an.

§ 10 Abs. 2 SpaltungsG bewirkt aber keine Heilung von Spaltungsmängeln.[46] Die Möglichkeit zur Erhebung oder Weiterverfolgung einer Beschlußmängelklage bleibt vielmehr auch nach der Eintragung der Spaltung bestehen, nur führt ihre erfolgreiche Geltendmachung nicht zum Fortfall der Spaltungswirkung, sondern dient lediglich als Grundlage für Schadenersatzansprüche.

Es fragt sich allerdings, ob nicht in *Ausnahmefällen* eine Einschränkung des dauerhaften Bestandsschutzes geboten ist. Zwar hatten sowohl der V. Senat des BGH in der bereits genannten Entscheidung vom 2.12.1994[47] als auch der landwirtschaftsrechtliche Senat des BGH in der ebenfalls bereits genannten Entscheidung vom 3.5.1996[48] festgestellt, daß hinsichtlich des Bestandsschutzes eingetragener Umwandlungen nach dem LwAnpG grundsätzlich nicht nach Art und Schwere der Mängel zu differenzieren ist. Das entspricht der ganz herrschenden Ansicht, wie sie auch zum UmwG 1994 vertreten wird, und zeigt erneut die Parallelität der Behandlung von Umwandlungen allgemeiner Art und besonderen Umwandlungen nach dem Recht der neuen Bundesländer.

Jedoch ist in extremen Fällen eine Ausnahme von der Bestandsfestigkeit eingetragener Umwandlungsvorgänge zu machen. *Martens*[49] hatte schon 1986 zum alten

44 Ähnlich für das LwAnpG SCHWEIZER, Das Recht der landwirtschaftlichen Betriebe nach dem Landwirtschaftsanpassungsgesetz, 2. Aufl., 1994, S. 121.

45 HEISS, aaO (Fn. 35), S. 86.

46 NEYE, in: Rädler/Raupach/Bezzenberger, Vermögen in der ehemaligen DDR, 1991 ff, § 10 SpTrUG Rdn. 11.

47 BGH ZIP 1995, 422, 424.

48 BGH ZIP 1996, 1146, 1148.

49 MARTENS, AG 1986, 57, 63 f.

westdeutschen Umwandlungsrecht geäußert, daß eine schrankenlose Bestandswirkung der Eintragung fehlerhafter Umwandlungsvorgänge zu einem weitgehenden Sanktionsverzicht führen würde, der in Hinblick auf Art. 14 GG bedenklich sei, da Ansprüche gegen diejenigen Personen, die für die Mängel verantwortlich seien, keinen ausreichenden Gesellschafterschutz bieten. *Kraft*[50] wies zutreffend darauf hin, daß Voraussetzung für die Zulässigkeit der gesetzlichen Anordnung einer dauerhaften Wirksamkeit fehlerhafter Umwandlungsvorgänge sei, daß die berechtigten Interessen aller Beteiligter gewahrt würden. Dazu gehöre, daß ihnen *wirksame Rechtsbehelfe* gegen derartige Mängel zur Verfügung gestellt und sie für einen eventuellen Verlust ihrer Mitgliedschaft voll entschädigt würden. Außerdem schütze Art. 14 GG die Mitgliedschaft in der Person des Inhabers.[51]

Diesem Befund von *Martens* und *Kraft* ist zuzustimmen. Hieraus ergibt sich aber entgegen ihrer Auffassung nicht, daß die Wirksamkeitsanordnungen eingetragener Umwandlungsvorgänge nach altem Aktienrecht sowie, von Umwandlungsvorgängen nach dem Recht der neuen Bundesländer und von solchen nach dem UmwG 1994 in toto in Frage zu stellen sind. Vielmehr geben die Überlegungen von *Martens* und *Kraft* sowie parallele Überlegungen von *Stein*[52] zu den verfassungsrechtlichen Grenzen der Heilungswirkung von § 242 AktG bei Satzungsnormen lediglich Veranlassung, *Randkorrekturen* der Wirksamkeitsanordnung eingetragener Umwandlungsvorgänge vorzunehmen.

Gegen die Argumentation von *Martens* und *Kraft* spricht, daß bei Umwandlungsvorgängen durchaus ein angemessener Ausgleich für den rechtswidrigen Verlust oder die rechtswidrige Beeinträchtigung der Mitgliedschaft gewährleistet ist. Fraglich ist allerdings, ob trotz des Bestehens der Möglichkeit zu geldwertem Ausgleich die durch den dauerhaften Bestandsschutz fehlerhafter Umwandlungsvorgänge verursachte Beeinträchtigung der Mitgliedschaft *verfassungsrechtlich* hinnehmbar ist. Zur Beantwortung dieser Frage ist das „Feldmühle"-Urteil des BVerfG[53] aus dem Jahr 1962 heranzuziehen, das den verfassungsrechtlich gewährleisteten Inhalt der Mitgliedschaft betrifft. Diese Entscheidung enthält unmittelbar keine Ausführungen zu den Rechtsfolgen fehlerhaft zustande gekommener Strukturänderungen, sondern beschäftigt sich mit der Frage, ob es verfassungsrechtlich bedenklich ist, wenn eine Strukturänderung zwar gesetzmäßig zustande gekommen ist, das Gesetz aber einen Mehrheitsbeschluß für ausreichend erachtet und damit potentiell ein Mißbrauch der Mehrheitsmacht möglich ist. Das BVerfG hielt gesetzliche Mehrheitserfordernisse dann für zulässig, wenn wirksame Möglichkeiten zur Abwehr eines Mißbrauchs der Mehrheitsmacht zur Verfügung stehen. Einen

50 Kraft, Kölner Komm. z. AktG, 1. Aufl., 1970 ff, § 352 a Rdn. 27.
51 Ähnlich für die Umwandlung nach dem LwAnpG Lohlein, ZIP 1994, 1065, 1066.
52 Stein, ZGR 1994, 472, 483 ff.
53 BVerfGE 14, 263.

solchen ausreichenden Schutz vor Machtmißbrauch bieten die Anfechtungs- und die Nichtigkeitsklage.

Die Anordnung der dauerhaften Wirksamkeit fehlerhafter Umwandlungsvorgänge steht im Einklang mit den Ausführungen des BVerfG im „Feldmühle"-Urteil. Dem Gesellschafter steht die Beschlußmängelklage zu, gerichtet auf Verhinderung der Eintragung der Umwandlung, denn die Beschlußmängelklage führt in aller Regel zur Registersperre. Kommt es dennoch zur Eintragung, verbleiben allerdings nur Schadenersatzansprüche. Damit hat der Gesetzgeber des LwAnpG, des Spaltungsgesetzes und des UmwG 1994 das Verhältnis von Mehrheit und Minderheit der Gesellschafter aber nicht willkürlich gestaltet. Bei Körperschaften kann sich das Mitgliedschaftsrecht nach der Rechtsprechung des BVerfG, wenn ansonsten effektiver Rechtsschutz gewährleistet[54] ist, in eine Art von gesellschaftsrechtlichem Auseinandersetzungsanspruch verwandeln, der auf eine Entschädigung in Geld gerichtet ist.

4. Kriterien und Beispiele für Randkorrekturen dauerhaften Bestandsschutzes

Ist somit im Grundsatz die Anordnung dauerhaften Bestandsschutzes verfassungsrechtlich unbedenklich, so können dennoch eine verfassungsrechtlich unerträgliche Beschneidung von Mitgliedschaftsrechten oder ein schwerer inhaltlicher Verstoß gegen zwingendes Gesetzesrecht einer Anordnung duerhaften Bestandsschutzes entgegenstehen, wenn Interessen der Öffentlichkeit in einem Maße beeinträchtigt werden, daß die Perpetuierung des Gesetzesverstoßes im öffentlichen Interesse nicht hingenommen werden kann.

Als Anhaltspunkt hierfür kann zum einen § 144 Abs. 2 FGG herangezogen werden: Wenn ein fehlerhafter Umwandlungsbeschluß nicht einmal gelöscht werden kann, so besteht erst recht keine Veranlassung, die gesetzlich angeordnete Bestandswirkung teleologisch zu reduzieren und der Beschlußmängelklage ausnahmsweise nach Eintragung noch Vernichtungswirkung einzuräumen. Zum anderen ist daran zu denken, die in §§ 275 Abs. 1 AktG, 75 Abs. 1 GmbHG zum Ausdruck kommende Regelung zur Beantwortung der Frage heranzuziehen, welche Umwandlungsfehler die Bestandswirkung ausschließen. Mit anderen Worten kommen dafür nur solche Mängel in Betracht, deren Schwere derjenigen bei Mängeln der Gesellschaft gemäß §§ 275 Abs. 1 AktG, 75 Abs. 1 GmbHG entspricht.

Außerdem scheidet eine Anerkennung der fehlerhaften Umwandlung als wirksam dann aus, wenn ein für sie grundlegender Willensakt *gänzlich* fehlt, wie das OLG Brandenburg am 29.3.1995[55] in einem Beschluß zu § 34 Abs. 3 LwAnpG

54 Zum effektiven Rechtsschutz bei Art. 14 Abs. 1 GG auch BVerfGE 49, 252, 257.
55 OLG Brandenburg ZIP 1995, 1457, 1458.

zutreffend feststellte. Im zu beurteilenden Fall war der Wille der LPG-Vollversammlung, eine identitätswahrende formwechselnde Umwandlung der LPG in eine neue Rechtsform vorzunehmen, durchaus, wenn auch fehlerhaft, zum Ausdruck gekommen. Ein Willensakt lag daher vor. Für fehlerhafte Umwandlungsvorgänge nach dem Recht der neuen Bundesländer gilt ebenso wie für solche nach dem UmwG 1994 und sonstige Strukturänderungen, daß der Bestandsschutz neben der Registereintragung das Vorliegen eines auf die konkrete Strukturänderung gerichteten willensgetragenen, wenn auch fehlerhaften Organisationsakts verlangt.

Der landwirtschaftsrechtliche Senat des BGH stellte dementsprechend in der bereits genannten Entscheidung vom 3.5.1996[56] für die Frage einer teleologischen Reduzierung von § 34 Abs. 3 LwAnpG zutreffend darauf ab, ob ein auf den konkret geplanten Formwechsel einer LPG in eine AG gerichteter Willensakt der Gesellschafter überhaupt vorlag. Der Senat hielt einen solchen Willensakt für gegeben, weil zwar nicht zum Zeitpunkt der Beschlußfassung, wohl aber zum Zeitpunkt der Eintragung die beabsichtigte Umwandlung der LPG in eine AG möglich war. Dem ist zuzustimmen: Zwar ist für die Feststellung der Fehlerhaftigkeit einer Umwandlung und damit für die Möglichkeit der Erhebung einer Beschlußmängelklage auf den Zeitpunkt des Umwandlungsbeschlusses abzustellen, für die Fehlerfolgen der eingetragenen Umwandlung ist hingegen angesichts der sehr weitreichenden Bestandsschutzanordnung auf den Eintragungszeitpunkt abzustellen. Die zum Zeitpunkt der Eintragung mögliche Umwandlung der LPG in eine AG war zwar zum Zeitpunkt der Beschlußfassung nicht möglich, es lag aber – und das ist ausreichend – ein auf die eingetragene Umwandlung der LPG in eine AG gerichteter, wenn auch fehlerhafter Willensakt der Gesellschafter vor.

Zusammenhängend mit dem Erfordernis eines auf die konkrete Umwandlung gerichteten Willensakts kann die Wirksamkeit des Umwandlungsvorgangs auch dann ausscheiden, wenn die Umwandlung zu einer Umgehung oder offenen Durchbrechung des numerus clausus an Umwandlungsformen führt, wie er im LwAnpG, im Spaltungsgesetz und im UmwG 1994 vorgesehen ist. Jedoch liegt ein solcher Verstoß gegen den numerus clausus an Umwandlungsformen nicht schon dann vor, wenn die rechtlichen Rahmenbedingungen für eine bestimmte Umwandlungsform nicht in jeder Hinsicht eingehalten worden sind. Daher läßt sich eine teleologische Reduzierung der Wirksamkeitsanordnung entgegen *Lohlein*[57] nicht mit dem pauschalen Hinweis vornehmen, daß sich derjenige, der sich außerhalb des Rechts bewege, nicht auf ihm günstige Vorschriften berufen könne.

Als weitere – fiktive – Beispiele für Randkorrekturen der Bestandsschutzanordnung gemäß § 34 Abs. 3 LwAnpG lassen sich mit *Schweizer*[58] folgende Fälle nen-

56 BGH ZIP 1996, 1146, 1149.
57 Lohlein, ZIP 1995, 426, 428.
58 Schweizer, aaO (Fn. 44), S. 122.

nen: Eine LPG-Vollversammlung beschließt die Umwandlung in eine GmbH ohne weiteren Beschlußinhalt. Später erfolgt eine Unterschriftsleistung unter die inzwischen ausgearbeitete Satzung nur durch die LPG-Mitglieder, die dem Umwandlungsbeschluß zugestimmt haben. Oder: Eine LPG beruft mehrere Teilversammlungen nach Brigaden ein, von denen jede einen Umwandlungsbeschluß trifft.

5. Keine Randkorrekturen wegen der Übergangsverhältnisse?

Im übrigen besteht entgegen einer gewissen Tendenz einiger Oberlandesgerichte der neuen Bundesländer[59] keine Veranlassung, die ja ohnehin nur ganz ausnahmsweise bei schwersten Umwandlungsmängeln gebotene teleologische Reduktion der Bestandserhaltungsvorschriften nun ihrerseits wegen der besonderen Verhältnisse der Übergangszeit nicht vorzunehmen. Vielmehr ist auch und gerade in der Übergangszeit dem verfassungsrechtlich gewährleisteten Mitgliederschutz ein hoher Rang einzuräumen. Allerdings sind – soweit ersichtlich – alle obergerichtlichen Entscheidungen in den neuen Bundesländern zugunsten der Bestandsfestigkeit eingetragener Strukturänderungen ergangen – und das zu Recht. Insofern bleibt eine in Extremfällen durchaus gebotene Reduzierung des Bestandsschutzes de facto bislang bloße Theorie.

6. Abwicklung ausnahmsweise nicht bestandsfester Umwandlungsfälle

Was passiert nun, wenn ein Umwandlungsvorgang ganz ausnahmsweise derart fehlerhaft ist, daß er nicht bestandsfest ist? Im Fall des Formwechsels ist dann unter entsprechender Heranziehung von §§ 275 ff AktG, 75 ff GmbHG, 94 ff GenG selbst in den Fällen einer teleologischen Reduktion der Bestandsanordnung davon auszugehen, daß der Formwechsel *vorläufig* Bestand hat, also der Rechtsträger als vorläufig in neuer Rechtsform bestehend anzusehen ist. Die gesellschaftsrechtlichen Akte nach der Eintragung des Formwechsels beurteilen sich bis zum erfolgreichen Abschluß des Beschlußmängelverfahrens nicht nach dem Recht der ursprünglichen Form, sondern nach dem Recht der neuen Rechtsform.[60] Mit erfolgreichem Abschluß der Beschlußmängelklage kommt es zu einer Rückkehr des Rechtsträgers ex lege in den status quo ante, also zu einem erneuten Formwechsel in die ursprüngliche Rechtsform. Diese allgemein für den Formwechsel geltenden Ausführungen finden auch auf das LwAnpG Anwendung. Ist demgemäß der Formwechsel trotz § 34 Abs. 3 LwAnpG ganz ausnahmsweise nicht bestandsfest,

59 OLG Rostock ZIP 1994, 1062; OLG Dresden, Beschluß vom 13.6.1996, Az. 5 W 0560/95.
60 A.A. wohl ZÖLLNER, aaO (Fn. 10), § 372 AktG Rdn. 10 ff sowie BAUMBACH/HUECK, Komm. z. AktG, 13. Aufl., 1968, § 372 Rdn. 2 (jeweils für das alte Recht).

so gilt mit erfolgreichem Abschluß der Beschlußmängelklage das Unternehmen wieder als LPG mit der Konsequenz der Auflösung gemäß § 69 Abs. 3 LwAnpG.

Im Fall der Spaltung, die nach dem SpaltungsG eine Spaltung zur Neugründung ist, erfordert die Abwicklung, wenn die Spaltung ganz ausnahmsweise entgegen § 10 Abs. 2 SpaltungsG keine Bestandskraft entfaltet, eine Nichtigkeitsklage gegen die aufgrund der Spaltung neu entstandenen Gesellschaften mit ex-nunc-Wirkung unter anschließender Liquidation. Voraussetzung hierfür ist das Vorliegen eines Grundes für die Nichtigkeit der neuen Rechtsträger, der etwa in einem Satzungsmangel bestehen kann, der seinerseits aus der fehlerhaften Spaltung resultiert. Die fehlerhafte Spaltung ist somit in keinem Fall als ex tunc nichtig anzusehen, sondern es erfolgt nur eine Abwicklung ex nunc unter Liquidation neu entstandener Rechtsträger.

Rechtstechnisch ist die Abwicklung fehlerhafter Umwandlungsvorgänge somit denkbar. Auch für die Abwicklung gravierend fehlerhafter Umwandlungsvorgänge gilt im übrigen, daß es im Grundsatz kein Sonderrecht der neuen Bundesländer gibt, wenn auch im einzelnen – etwa im Hinblick auf die Auflösungsvorschrift des § 69 Abs. 3 LwAnpG – durchaus vom allgemeinen Umwandlungsrecht verschiedene Rechtsfolgen gegeben sein mögen.

7. Bestandsschutz auch für PGH-Umwandlungen

In der PGH-VO finden sich keine Wirksamkeitsanordnungen für fehlerhafte, eingetragene PGH-Umwandlungen. Der PGH-VO ist aber nicht zu entnehmen, daß die fehlerhafte, eingetragene PGH-Umwandlung keinen dauerhaften Bestand haben soll. Vielmehr spricht die Tendenz zur Erhaltung grundlegender Umwandlungsvorgänge, wie sie im LwAnpG und im UmwG 1994 ihren Niederschlag gefunden hat, für einen dauerhaften Bestandsschutz eingetragener PGH-Umwandlungen bis auf die oben beschriebenen Randkorrekturen. Daher sind die Bestanderhaltungsnormen des LwAnpG und des UmwG 1994 analog anzuwenden, so daß auch die Fehlerhaftigkeit der Umwandlung einer PGH die Wirkungen der Eintragung gemäß § 6 PGH-VO unberührt läßt.

IV. Resümee

Als Resümee ist festzuhalten: Es gibt, was das Beschlußmängelrecht und das Recht fehlerhafter Umwandlungsvorgänge im Beitrittsgebiet betrifft, kein vom früher westdeutschen und heute gesamtdeutschen Gesellschaftsrecht zu unterscheidendes echtes Sonderrecht. Vielmehr fügt sich das Gesellschaftsrecht der neuen Bundesländer ohne Lücken in das Gebäude des deutschen Gesellschaftsrechts ein, wenn auch mit einigen Eigenheiten, die aus seinem Charakter als Übergangsrecht resultieren.

Bericht über die Diskussion

von

Wiss. Mitarbeiter Udo Pfeifer, Jena

I. Im Mittelpunkt der Diskussion stand die von *Kort* vertretene These, daß das Beschlußmängelrecht in dem speziellen Übergangsrecht der neuen Bundesländer im Gleichklang mit dem allgemeinen Gesellschaftsrecht stünde und insoweit keine Besonderheiten aufweise. Schon der erste Diskussionsteilnehmer meldete hiergegen Bedenken an. Es sei zu berücksichtigen, daß in den Fällen der Umwandlung von LPG und PGH der Umwandlungsbeschluß oft nicht dem wahren Willen der Gesellschafter entspräche, so daß ein besonderer Rechtfertigungsdruck für einen dauerhaften Bestandsschutz vorläge. Zudem sei zu berücksichtigen, daß insbesondere bei den LPG ursprüngliche Zwangsgemeinschaften vorlägen, die nicht auf dem freien Zusammenschluß der Mitglieder beruhten. Dieser Sondersituation werde eine uneingeschränkte Übernahme der Regeln des allgemeinen bundesdeutschen Gesellschaftsrechts nicht gerecht. Vielmehr müßten hier andere Konsequenzen gezogen werden, die im Grundsatz auf eine stärkere Einschränkung der Bestandskraft hinauslaufen müßten.

Eine grundsätzliche Bestätigung dieser Ansicht war sogleich aus den Reihen der Mitglieder des *Bundesgerichtshofes* zu vernehmen. Die Rechtsprechung strebe bei der Bewältigung des DDR-Übergangsrechtes eher punktuelle Lösungen an, um der einmaligen Umbruchsituation gerecht zu werden. Eine Einbettung dieser Probleme in das allgemeine Gesellschaftsrecht würde dies indes behindern.

II. Ein weiterer Teilnehmer erhob unter Bezugnahme auf das neue UmwG Zweifel daran, daß das Gesetz von einem grundsätzlich dauerhaften Bestandsschutz bei Strukturänderungen ausginge. Die dahingehende Darstellung *Korts* sei keineswegs zwingend. So sei etwa bei der Verschmelzung das Argument der Nichtspaltbarkeit von Rechtsträgern, das bislang gegen eine Entschmelzung und damit für eine unantastbare Bestandskraft angeführt worden ist, durch die Einführung der Spaltung im Spaltungsgesetz sowie im neuen UmwG weggefallen. Bei dem bei der Umwandlung von LPG und PGH in Rede stehenden Formwechsel sei eine Rückabwicklung ex nunc ohnehin unproblematisch möglich. Unter diesen Umständen wären systematisch durchaus andere Ergebnisse erreichbar, was vor allem dazu genutzt werden sollte, die begrenzten Rechte der Genossen ehemaliger LPG und PGH zu erweitern.

Kort widersprach dieser Ansicht. Zwar stünden mit dem neuen UmwG jederzeit Umwandlungsformen zur Verfügung, um eine einmal vollzogene Strukturmaßnahme – zumindest für die Zukunft – rückabzuwickeln. Die Frage des Bestandsschutzes sei hiervon jedoch zu trennen. Aus § 16 Abs. 3 UmwG, der eine Rückabwicklung einer Umwandlung ausdrücklich ausschließt, ergäbe sich klar die Intention des Gesetzgebers, eine einmal vollzogene Umwandlung trotz schwerer Mängel unter allen Umständen in ihrem Bestand zu erhalten. Es sei wohl kaum möglich, gegen diese eindeutige Aussage des Gesetzes durchschlagende Gegenargumente zu finden.

III. Der nächste Diskussionsteilnehmer ging in seinen Ausführungen der Frage nach, ob nicht der Bestandsschutz für die Zukunft bei strukturändernden Beschlüssen nur eine Verfestigung der Lehre von der fehlerhaften Gesellschaft darstellte.

In diesen Fällen läge die Legitimation für den Bestand der Gesellschaft in der zwar fehlerhaften, aber frei getroffenen, vom Willen der Gesellschafter getragenen Vereinbarung. Gerade diese Situation läge aber bei einer Mehrheitsentscheidung, bei der die Minderheit übergangen wird, nicht vor. Demzufolge ließen sich die Wertungen gegenüber der fehlerhaften Gesellschaft nicht auf fehlerhafte Umstrukturierungen übertragen. Insbesondere könne der Umwandlungsentscheidung keine Legitimationswirkung hinsichtlich des Bestandsschutzes zukommen, eine solche Wirkung könne allenfalls in der Eintragung liegen. Das wiederum würde zweierlei voraussetzen: zum einen eine materielle Kontrolle des Beschlusses durch das Registergericht und zum anderen eine ausreichende Information der von der Umwandlung betroffenen und über sie befindenden Mitglieder. Fehle eine dieser Voraussetzungen, so könne auch die Eintragung keinen dauerhaften Bestandsschutz legitimieren.

Hiergegen gab *Kort* zu bedenken, daß eine solche Rechtswirkung von Legitimationsdefiziten bei Informations- und Aufklärungsmängeln zum „Kippen“ des gesamten Systems der Umstrukturierungen führen könne. Dies sollte vermieden werden. Nachzudenken wäre allerdings darüber, in extremen Fällen fehlender Legitimation Ausnahmen zu machen.

IV. Auch bei Annahme eines dauerhaften Bestandsschutzes könnten – so ein weiterer Teilnehmer – akzeptable Lösungen gefunden werden, die den praktischen Sonderproblemen bei der Umwandlung von LPG und PGH gerecht werden. Zu denken wäre dabei etwa an eine Art „interne“ Naturalrestitution. Zu Unrecht ausgeschlossenen Genossen einer LPG oder PGH würden durch eine rein interne Verschiebung der Beteiligungen entsprechend ihrer vorherigen Mitgliedschaft auch an der umgewandelten Gesellschaft beteiligt. Somit wäre es möglich, die übergangenen Interessen des einzelnen zu wahren, ohne die Irreversibilität der Strukturmaßnahme selbst anzugreifen.

Ein Vertreter des *Bundeslandwirtschaftsministeriums* erwiderte hierauf, daß ein solcher Innenausgleich an den Bedürfnissen der betroffenen Landwirte vorbeiginge. Diese hätten häufig gar kein Interesse, in der neu strukturierten Gesellschaft oder Genossenschaft zu verbleiben. Vielmehr ginge es für sie meist allein um eine angemessene Abfindung.

Notwendig wäre daher eine Regelung, die ihnen die freie Entscheidung darüber läßt, ob sie entsprechend ihrer Rechtsstellung an der neuen Gesellschaft beteiligt werden oder gegen eine Abfindung ausscheiden.

Ein Vertreter des *Bundesgerichtshofes* relativierte daraufhin das Problem der zu Unrecht ausgeschlossenen LPG-Genossen. Nach dem Gesetz sei ein Formwechsel, bei dem Mitglieder aus der Gesellschaft hinausgedrängt werden, gar nicht zulässig. Sei es dennoch dazu gekommen, so läge ein Nichtigkeitsgrund vor, aufgrund dessen die Eintragung die Umwandlungswirkungen nicht herbeiführen konnte. Ein wirksamer Formwechsel, bei dem Mitglieder zu Unrecht ausgeschlossen worden sind, sei also regelmäßig nicht denkbar.

V. Abschließend spachen die beiden Referenten *Kort* und *Hillmann* zur Diskussion. *Kort* bekräftigte nochmals seine These von der grundsätzlichen Gleichbehandlung von Beschlußmängeln nach dem allgemeinen Gesellschaftsrecht und dem Übergangsrecht der neuen Bundesländer. Sowohl die gesetzlichen Grundlagen als auch die bislang ergangene Rechtsprechung habe insoweit gleiche Strukturen offenbart. Die bestehenden Unterschiede lägen allein im rechtstatsächlichen Raum.

Auch *Hillmann* betonte, daß die allgemeine Systematik durchaus für die Sondersituation in den neuen Bundesländern passe. Sie ließe genug Raum, um dem Einzelfall durch Differenzierungen nach der Schwere des Mangels oder eine individuelle Beschlußauslegung gerecht zu werden.

Rechtsprobleme kooperativer Einrichtungen

Die vermögensrechtliche Stellung der Beteiligten kooperativer Zusammenschlüsse außerhalb des Rechts der Landwirtschaft

von

Rechtsanwalt GUNTHER PIEFKE, Dresden

Inhaltsübersicht

Einleitung

Die Volkswirtschaft und damit das Wirtschaftsrecht der DDR war geprägt vom sozialistischen Eigentum an den Produktionsmitteln zum einen und darauf basierend die zentrale Leitung und Planung der Volkswirtschaft. So agierte auch nach der sozialistischen bzw. kommunistischen Idee zum Wohle aller der Staat im Idealfalle als „einheitliches Ganzes" (der sogenannte „produktive Gesamtarbeiter").[1] Andererseits kam die Volkswirtschaft in der sozialistischen DDR nicht umhin, rechtlich selbständige Wirtschaftseinheiten – sogenannte Struktureinheiten – zu schaffen, die ihrerseits wiederum zusammenarbeiteten, also kooperativ agierten.[2] Das gesamte sozialistische Wirtschaftsrecht ist damit letztendlich Kooperationsrecht. Diese Kooperation der Wirtschaftseinheiten wiederum führt auch heute noch zu erheblichen Rechtsfragen, wenn zum Zwecke der Kooperation Vermögenswerte zusammengeführt wurden, sei es, daß hierdurch eine neue, rechtsfähige Wirtschaftseinheit entstand oder lediglich die beteiligten Wirtschaftsein-

1 HOCHBAUM, in: Autorenkollektiv unter Leitung von Heuer, Wirtschaftsrecht, Lehrbuch, 1985, S. 66.

2 Politische Ökonomie des Kapitalismus und des Sozialismus, Lehrbuch für das marxistisch-leninistische Grundlagenstudium, Herausgeberkollektiv unter Leitung von Richter, 1988, S. 600.

heiten Vermögen zu einem gemeinsamen Zwecke „hielten", ohne daß hierbei eine neue juristische Person entstand.

Vollzogen sich diese Zusammenschlüsse alleine zwischen in Volkseigentum stehenden Wirtschaftseinheiten, sind die sich ergebenden Fragen hinsichtlich der vermögensrechtlichen Stellung der Beteiligten im Falle der Auflösung einer eingegangenen Kooperation aber auch im Falle ihres wie auch immer gearteten Fortbestehens relativ einfach zu beantworten. Auch mit dem 01.07.1990, dem Stichtag der Umwandlung einer Vielzahl von Wirtschaftseinheiten nach dem Treuhandgesetz,[3] und sodann dem 03.10.1990,[4] dem Zeitpunkt der Wiedervereinigung beider deutscher Staaten und der damit einhergehenden überwiegenden Substituierung[5] des Rechts der DDR durch das der Bundesrepublik Deutschland, ergeben sich keine grundsätzlichen Veränderungen.

Wesentlich schwieriger zu beantworten ist die Frage der vermögensrechtlichen Stellung der Beteiligten im Falle kooperativer Zusammenschlüsse zwischen Wirtschaftseinheiten unterschiedlicher Eigentümer, also solchen, an denen zumindest eine weitere Form des sozialistischen Eigentums[6] beteiligt war. Nachfolgend soll daher zuerst auf kooperative Zusammenschlüsse von in Volkseigentum stehenden Wirtschaftseinheiten[7] und sodann auf kooperative Zusammenschlüsse von Wirtschaftseinheiten unterschiedlicher Eigentumsformen[8] eingegangen werden. Hierbei wird sodann noch unterschieden zwischen Zusammenschlüssen ohne eigene Rechtspersönlichkeit[9] und Zusammenschlüssen mit eigener Rechtspersönlichkeit.[10]

I. Kooperative Zusammenschlüsse von in Volkseigentum stehenden Wirtschaftseinheiten

Der sozialistische Staat konnte das Volkseigentum, das letztendlich Staatseigentum[11] war, je nach den Anforderungen der sozialistischen Strukturierung der

3 Gesetz zur Privatisierung und Reorganisation des volkseigenen Vermögens (Treuhandgesetz) vom 17.06.1990, GBl. I, S. 300.

4 Vertrag zwischen der Bundesrepublik Deutschland und der Deutschen Demokratischen Republik über die Herstellung der Einheit Deutschlands – Einigungsvertrag vom 31.08.1990, BGBl. II, S. 889.

5 Artikel 8 des Einigungsvertrages, aaO (Fn. 4).

6 Artikel 10 der Verfassung der Deutschen Demokratischen Republik vom 06.04.1968 in der Fassung des Gesetzes vom 07.10.1974, GBl. I, S. 432.

7 Sub I.

8 Sub II.

9 Sub II. 1.

10 Sub II. 2.

11 Instruktiv hierzu LANGE, DtZ 1991, 329, 331, Fn. 18.

Wirtschaft jederzeit neu gegründeten oder bestehenden Wirtschaftseinheiten zuweisen, ohne daß hierdurch Ausgleichsansprüche einer Wirtschaftseinheit entstanden. An der eigentumsrechtlichen Lage änderte sich hierdurch nichts. Die Vermögensgegenstände blieben nach wie vor im einheitlichen Volkseigentum bestehen. Es änderte sich lediglich die „Verwaltungszuständigkeit", welche seit der Neufassung des Vertragsgesetzes 1982[12] auch durch den Gesetzgeber als Fondsinhaberschaft[13] bezeichnet wurde. Insofern läßt sich von einem allgemeinen Grundsatz des sozialistischen Wirtschaftsrechts sprechen, daß der sozialistische Staat die Organisationsstruktur der volkseigenen Wirtschaft – so die Formulierung in § 35 Abs. 1 Kombinatsverordnung[14] – jederzeit ändern konnte, ohne daß hierdurch Ausgleichsansprüche derjenigen Wirtschaftseinheit, der Vermögenswerte entzogen werden, entstanden.

Rechtsfähige Zusammenschlüsse von Wirtschaftseinheiten, welche in Volkseigentum standen, an denen wiederum andere Wirtschaftseinheiten beteiligt sind, kennt das Recht der DDR im Bereich des Volkseigentums mit einer großen Ausnahme grundsätzlich nicht. Dies erklärt sich aus dem Prinzip der Leitung der volkseigenen Wirtschaft, die Beteiligungsverhältnisse zwischen Wirtschaftseinheiten grundsätzlich nicht vorsah. Eine Ausnahme hiervon stellen die Kombinate dar, die letztendlich in der Vermögenszuweisung zwischen Kombinatsbetrieb einerseits und Kombinat andererseits einem Beteiligungsverhältnis entsprachen.

Das Treuhandgesetz hat mit seinem § 12 dieses Beteiligungsverhältnis festgeschrieben. Veräußerungen konnten auch im Zwangsfalle ab dem 01.07.1990 nur gegen angemessenes Entgelt erfolgen. Andererseits war auch hier vor dem 01.07.1990 ohne Ausgleich für das Kombinat ein Austritt eines Kombinatsbetriebes nach den zuvor dargestellten Grundsätzen möglich – die sogenannte Neuunterstellung – und ist auch in einer Vielzahl von Fällen erfolgt.

Nicht rechtsfähige kooperative Zusammenschlüsse, etwa zum Zwecke der Durchführung gemeinsamer Investitionen, waren jedoch unter den volkseigenen Wirtschaftseinheiten – im Gegensatz zu den rechtsfähigen Zusammenschlüssen – üblich. Ihre rechtliche Regelung erhielten diese nicht rechtsfähigen Kooperationsgemeinschaften zwischen den in Volkseigentum stehenden Wirtschaftseinheiten bis zum Inkrafttreten des Vertragsgesetzes vom 01.07.1982 durch die Kooperati-

12 Gesetz über das Vertragssystem in der sozialistischen Wirtschaft (Vertragsgesetz) vom 25.03.1982, GBl. I, S. 293.

13 Tatsächlich war die Fondsinhaberschaft mehr als eine bloße „Verwaltungszuständigkeit". Sie hatte auch einen anderen Inhalt als die sogenannte operative Verwaltung – siehe hierzu SCHÜSSELER, Theoretische Probleme des Volkseigentumsrechts – Thesen, Staat und Recht, 1976, S. 32 ff.

14 Verordnung über die volkseigenen Kombinate, Kombinatsbetriebe und volkseigenen Betriebe vom 08.11.1979, GBl. I, S. 355.

onsverordnung,[15] danach durch das Vertragsgesetz.[16] Flankiert wurden diese Regelungen durch die Richtlinie über gemeinsame Investitionen[17] und sodann die Verordnung über die Vorbereitung und Durchführung von Investitionen.[18] Aber auch hier konnte wiederum nur Volkseigentum entstehen, da nur volkseigene Wirtschaftseinheiten beteiligt waren.

Die Bildung gemeinsamer Fonds war unzulässig,[19] so daß stets auch nur eine Wirtschaftseinheit Fondsinhaber wurde. Auch im Falle des Ausscheidens eines Beteiligten aus der Gemeinschaft, hatte dieser keinen Anspruch auf Erstattung seiner bisher eingebrachten Finanzierungsanteile,[20] was sich damit erklären läßt, daß hinsichtlich der Bildung der Gemeinschaft durch den Staat über den durch den jeweiligen Beteiligten eingebrachten Vermögenswert disponiert wurde, der Vermögenswert quasi dem Gemeinschaftszwecke zugewiesen wurde und im Falle des Ausscheidens eines Mitglieds der Gemeinschaft feststand, daß dieses den ehemals eingebrachten Vermögenswert nicht mehr benötigte, insofern auch kein Anlaß für eine (auch nur anteilsmäßige) Zurückführung bestand.

Ohnehin endete eine solche Kooperationsgemeinschaft mit dem Erreichen ihres Zweckes, im Falle von Investitionsgemeinschaften der Fertigstellung der Investition. Im Anschluß hieran reduzierte sich der kooperative Charakter zu einem reinen Austausch- oder Nutzungsverhältnis. Die Beteiligten schlossen Liefer- und Leistungsverträge oder Nutzungsverträge.[21]

II. Kooperative Zusammenschlüsse von Wirtschaftseinheiten unterschiedlicher Eigentumsformen

1. Zusammenschlüsse von Wirtschaftseinheiten unterschiedlicher Eigentumsformen ohne eigene Rechtspersönlichkeit

Ebenfalls hier waren als rechtliche Grundlage die Kooperationsverordnung und sodann das Vertragsgesetz zu berücksichtigen, welche von der Richtlinie über gemeinsame Investitionen bzw. der Verordnung über die Vorbereitung und Durch-

15 Verordnung über die vertragliche Sicherung der Kooperation für volkswirtschaftlich strukturbestimmende Erzeugnisse und Erzeugnisgruppen vom 21.12.1967, GBl. II, S. 43.
16 Hier dessen §§ 73 bis 77.
17 Richtlinie über gemeinsame Investitionen vom 26.09.1972, GBl. II, S. 642.
18 Verordnung über die Vorbereitung und Durchführung von Investitionen vom 30.11.1988, GBl. I, S. 287.
19 § 76 Abs. 2 Vertragsgesetz.
20 Siehe hierzu Ziffer I, 9. der Richtlinie über gemeinsame Investitionen.
21 Siehe hierzu auch die konkretisierenden Regelungen der Verordnung über die Vorbereitung und Durchführung von Investitionen, §§ 60 und 62.

führung von Investitionen flankiert wurden. Aber auch wenn die §§ 73 bis 77 des Vertragsgesetzes für alle Wirtschaftseinheiten im Sinne des § 2 des Vertragsgesetzes, also auch für sozialistische Genossenschaften, ihre rechtsfähigen Betriebe und Einrichtungen sowie Betriebe von Parteien und gesellschaftlichen Organisationen galten, hat doch der Gesetzgeber ihren Hauptanwendungsbereich für die Kooperation von Wirtschaftseinheiten, welche in Volkseigentum standen, gesehen.[22]

Mit der Beteiligung von Wirtschaftseinheiten unterschiedlicher Arten des sozialistischen Eigentums an gemeinsamen Investitionen nach §§ 73 ff des Vertragsgesetzes ergaben sich – notwendigerweise – besondere vermögensrechtliche Probleme im Verhältnis der Kooperationspartner, was den Vorsitzenden der Staatlichen Plankommission in der Richtlinie über gemeinsame Investitionen unter Ziffer I. 2. veranlaßte, ausdrücklich festzulegen, daß sich an gemeinsamen Investitionen auch gesellschaftliche Organisationen bei voller Wahrung der Eigentumsrechte an den von ihnen eingebrachten Anteilen beteiligen können. Nichts anderes galt, auch wenn darauf nicht ausdrücklich hingewiesen wurde, für sozialistische Genossenschaften – also die dritte Form des sozialistischen Eigentums. Auch diese konnten sich an gemeinsamen Investitionen beteiligen. Auch hier waren ihre Eigentumsrechte zu wahren, was sodann auch in der Verordnung über die Vorbereitung und Durchführung von Investitionen unter § 53 Abs. 3 bestätigt wurde.

Die §§ 73 ff des Vertragsgesetzes gehen weiter davon aus, daß auch stets zumindest eine im Volkseigentum stehende Wirtschaftseinheit, also Kombinat, Kombinatsbetrieb oder eigenständiger volkseigener Betrieb, an der gemeinsamen Investition beteiligt war. Denkbar waren allerdings auch gemeinsame Investitionen ohne Beteiligung einer solchen Wirtschaftseinheit.

Wurden gemeinsame Investitionen von Wirtschaftseinheiten unterschiedlicher Arten des sozialistischen Eigentums durchgeführt, so kam der im Volkseigentum stehenden Wirtschaftseinheit grundsätzlich die Investitionsführerschaft und damit auch die Fondsinhaberschaft – also die Verwaltungsbefugnis – an dem Gegenstand der Investition zu.[23] Die Bildung gemeinsamer Fonds, also eine mehreren Wirtschaftseinheiten zustehende Fondsinhaberschaft, war nach § 76 des Vertragsgesetzes auch im Falle der Kooperation von Wirtschaftseinheiten unterschiedlicher Eigentumsformen unzulässig.

Diese Unzulässigkeit der Bildung gemeinsamer Fonds hat jedoch ihre Ursache nicht in der eigentumsrechtlichen Dogmatik des Rechts der DDR, sondern ist

22 Dies ist insbesondere an § 76 Abs. 2 Satz 1 Vertragsgesetz zu erkennen – siehe hierzu näher nachfolgend.

23 Dies, weil grundsätzlich davon ausgegangen wurde, daß die volkseigene Wirtschaftseinheit gegenüber zum Beispiel der beteiligten genossenschaftlichen Wirtschaftseinheit für die Leitung und Unterhaltung der Gemeinschaftseinrichtung die besten Voraussetzungen besitzt.

vielmehr auf das Prinzip der Einzelleitung der Volkswirtschaft bei in Volkseigentum stehenden Wirtschaftseinheiten zurückzuführen, dem im Falle der Bildung gemeinsamer Fonds und damit auch gemeinsamer Entscheidungsbefugnis nicht Rechnung getragen wäre.[24] Da die §§ 73 ff des Vertragsgesetzes aber auf die Beteiligung zumindest einer in Volkseigentum stehenden Wirtschaftseinheit abstellen, war eine gemeinsame Fondsinhaberschaft dann nicht ausgeschlossen, wenn lediglich nicht volkseigene Wirtschaftseinheiten beteiligt sind und auch nicht etwa sondergesetzliche Regelungen, wie etwa die §§ 10 ff LPG-Gesetz die gemeinsame Fondsinhaberschaft ohnehin ausdrücklich zuließen. In Frage kamen hierfür Kooperationen unter nicht landwirtschaftlichen Genossenschaften.

Das grundsätzliche Verbot der Bildung gemeinsamer Fonds und die Übertragung der Fondsinhaberschaft auf eine volkseigene Wirtschaftseinheit, soweit eine solche beteiligt war, sagen jedoch nichts über die vermögensrechtliche Stellung der beteiligten Wirtschaftseinheiten innerhalb der Kooperationsgemeinschaft während ihres Bestehens und sodann bezogen auf das neue Wirtschaftsgut nach Durchführung der Investition aus. Es ist grundsätzlich zwischen der Verwaltungsbefugnis – also der Fondsinhaberschaft – einerseits und der eigentumsrechtlichen Lage andererseits zu unterscheiden.

Es wurde bereits darauf hingewiesen, daß Abschnitt I Ziffer 2 a. E. der Richtlinie über gemeinsame Investitionen bestimmte, daß im Falle der Beteiligung gesellschaftlicher Organisationen deren Eigentumsrechte voll zu wahren sind. Ziffer 7 stellte klar, daß die durch die gemeinsame Investition geschaffenen Grundmittel Volkseigentum sind, wenn an der gemeinsamen Investition ein staatliches oder wirtschaftsleitendes Organ bzw. ein volkseigener Betrieb oder eine volkseigene Einrichtung beteiligt sind. Ausgenommen hinsichtlich des entstehenden Volkseigentums waren nach dieser Ziffer die Anteile gesellschaftlicher Organisationen und, wie sich aus der Verordnung über die Vorbereitung und Durchführung von Investitionen ergibt, die Anteile sozialistischer Genossenschaften.

Dies ist der grundlegende Unterschied zwischen kooperativen Zusammenschlüssen nach den §§ 73 ff Vertragsgesetz von allein in Volkseigentum stehenden Wirtschaftseinheiten, wie sie zuvor dargestellt wurden – hier entstand lediglich Volkseigentum –, gegenüber den kooperativen Zusammenschlüssen nach §§ 73 ff Vertragsgesetz, an denen Wirtschaftseinheiten verschiedener Formen des sozialistischen Eigentums beteiligt waren. Im letzteren Falle entstand eine eigentumsrechtliche Beteiligung der nicht volkseigenen Wirtschaftseinheiten an der gemeinsamen Investition, die auch über den Zeitpunkt der Zweckerreichung, also der Vollendung der Investition, hinaus reichte.

24 Siehe hierzu näher: SCHÜSSELER, in: Autorenkollektiv unter Leitung von Heuer, Wirtschaftsrecht, Lehrbuch, 1985, S. 255.

Im Gegensatz zu den kooperativen Zusammenschlüssen von nur in Volkseigentum stehenden Wirtschaftseinheiten reduzierte sich daher in diesen Fällen der Zusammenschluß mit Zweckerreichung nicht auf einen sodann noch – unter Umständen noch näher zu definierenden – Nutzungs- oder Leistungsvertrag, sondern die Beteiligten waren nach wie vor noch durch ihre Beteiligung an dem durch die Investition geschaffenen Vermögensgegenstand durch eine vermögensrechtliche Beziehung miteinander verbunden. Regelungen dafür, wie dieses Miteinanderverbundensein näher gestaltet ist, enthält jedoch weder das Vertragsgesetz, noch enthalten sie die die §§ 73 ff näher ausfüllende Richtlinie über gemeinsame Investitionen bzw. deren Nachfolgeregelung, die Verordnung über die Vorbereitung und Durchführung von Investitionen. Allerdings kann auf die das Vertragsgesetz ergänzenden Regelungen des ZGB,[25] namentlich die §§ 34 ff über das gemeinschaftliche Eigentum zurückgegriffen werden.[26]

Dieses Miteinanderverbundensein muß nunmehr weiter eingeordnet werden. In Betracht kommt die Einordnung des gemeinschaftlichen Eigentums als bloßes Miteigentum nach ZGB § 34 Abs. 2 Satz 1, erste Alternative, oder ZGB § 34 Abs. 2 Satz 1, zweite Alternative, dem sogenannten Gesamteigentum. Hierbei dürfte jedoch bereits das Erfordernis der Separierung und Zuordnung der unterschiedlichen Eigentumsanteile zu den unterschiedlichen Arten des sozialistischen Eigentums für Miteigentum sprechen. Dieses Ergebnis findet sodann seine Bestätigung in der Verordnung über die Sicherung des Volkseigentums bei Baumaßnahmen von Betrieben auf vertraglich genutzten nichtvolkseigenen Grundstücken[27] vom 07. April 1983, welche für den umgekehrten Fall bestimmt, daß im Falle bedeutender Erweiterungs- und Erhaltungsarbeiten an nicht volkseigenen Gebäuden ein volkseigener Miteigentumsanteil am Gebäude entsteht.[28] Folge ist gleichzeitig das Entstehen eines separaten Gebäudeeigentums, da sich ansonsten der Miteigentumsanteil auf Grundstück und Gebäude bezöge.

Die weitere Frage ist, ob einer solchen Eigentumsgemeinschaft unter Umständen der Charakter einer BGB-Gesellschaft zukommt. Diese Frage stellt sich allerdings erst mit der Anwendbarkeit bundesdeutschen Gesellschaftsrechts und setzt damit voraus, daß das zuvor dargestellte Miteigentumsverhältnis bis zum Einsetzen der Anwendbarkeit bundesdeutschen Gesellschaftsrechtes überhaupt Bestand hatte.

25 Zivilgesetzbuch der Deutschen Demokratischen Republik vom 19.06.1975, GBl. I, S. 465.

26 Siehe zur Problematik der Ausgestaltung gemeinschaftlicher Eigentumsrechte SCHÜSSELER, aaO (Fn. 24).

27 Verordnung über die Sicherung des Volkseigentums bei Baumaßnahmen von Betrieben auf vertraglich genutzten nichtvolkseigenen Grundstücken vom 07.04.1983, GBl. I, S. 129.

28 § 3 Abs. 2 der Verordnung, wobei legal definiert bedeutende Erweiterungs- und Erhaltungsmaßnahmen gemäß § 2 Nr. 2 solche waren, die den Wert des nichtvolkseigenen Grundstücks um mindestens 30.000 M erhöhen.

Auf den ersten Blick könnte hier § 11 des Treuhandgesetzes, welcher bestimmt, daß diejenige Wirtschaftseinheit, welche Fondsinhaberin ist, mit dem 01.07.1990 auch Eigentümerin des in ihrer Fondsinhaberschaft stehenden Vermögens wird, Schwierigkeiten bereiten. Denn auch bei Beteiligung von Wirtschaftseinheiten unterschiedlicher Arten des sozialistischen Eigentums wurde grundsätzlich Fondsinhaber eine volkseigene Wirtschaftseinheit. Nach dem Wortlaut des § 11 Treuhandgesetz wäre diese sodann auch Eigentümerin geworden. Die übrigen beteiligten nicht volkseigenen Wirtschaftseinheiten hätten mit dem 01.07.1990 plötzlich ihr Miteigentum verloren. Hierbei ist allerdings zu sehen, daß das Treuhandgesetz und damit auch § 11 des Treuhandgesetzes davon ausgeht, daß der Fondsinhaber Fondsinhaber von Volkseigentum ist. Vor diesem Hintergrund wird man zu dem Ergebnis kommen müssen, daß § 11 des Treuhandgesetzes an der eigentumsrechtlichen Lage, also Miteigentum, nichts ändert.

Aufgrund des nicht untergegangenen Eigentumsanteils stellt sich somit tatsächlich die Frage, ob nicht die Miteigentümer letztendlich Gesellschafter einer BGB-Gesellschaft waren. Diese Frage wird man jedoch in der Regel verneinend beantworten müssen. Der DDR-Gesetzgeber wollte lediglich den Eigentumsanteil der nicht volkseigenen Wirtschaftseinheiten an der gemeinsam geschaffenen Investition wahren, welcher auch über die Zeitdauer der eigentlichen Kooperation hinaus, also die Durchführung der Investitionsmaßnahme Bestand haben sollte. Die Verfolgung eines gemeinsamen Zweckes durch die an der Kooperation danach Beteiligten war in der Regel nicht gegeben, so daß BGB-Gesellschaftsrecht grundsätzlich keine Anwendung finden kann.

So wurden grundsätzlich auch – anders als in manchen Fällen der Nutzung volkseigenen Vermögens in der Landwirtschaft[29] – keine Regelungen dahingehend getroffen, daß der nicht volkseigene Miteigentumsanteil am wirtschaftlichen Erfolg des Fondsinhabers teilhaben sollte.

2. Zusammenschlüsse von Wirtschaftseinheiten unterschiedlicher Eigentumsformen mit eigener Rechtspersönlichkeit

§ 73 Abs. 4 des Vertragsgesetzes bestimmt, daß, soweit Gemeinschaften zur Erfüllung bestimmter wirtschaftlicher Aufgaben die Rechtsfähigkeit benötigen, Bildung, Aufgaben und Stellung dieser Gemeinschaften in speziellen Rechtsvorschriften zu regeln sind. Eine solche Gemeinschaft stellten die Großhandelsgesellschaften dar, welche auf Basis der Verordnung über die Bildung von Großhandels-

29 Siehe hierzu Urteil des BGH VA 1997, 300 = WM 1997, 881.

gesellschaften[30] allerdings auch bereits zuvor, gegründet wurden. Der Bundesgerichtshof hatte Anfang des Jahres 1997 über die vermögensrechtliche Stellung der Beteiligten eines solchen kooperativen Zusammenschlusses zu entscheiden.[31] Auch bei den Zusammenschlüssen mit eigener Rechtspersönlichkeit stellen sich ähnliche Fragen wie bei den Zusammenschlüssen ohne eigene Rechtspersönlichkeit. Zum einen gilt es, unter dem Recht der DDR die vermögensrechtliche Beteiligung der nicht volkseigenen Wirtschaftseinheit zu qualifizieren und sodann das Schicksal dieser Beteiligung nach dem 30.06.1990 bzw. dem 02.10.1990 zu beleuchten.

a) Die vermögensrechtliche Stellung bis zum 30.06.1990

Die Verordnung über die Bildung von Großhandelsgesellschaften bestimmte, daß die neuen Großhandelsgesellschaften aus den volkseigenen Großhandelskontoren und den Großhandelsbetrieben der Konsumgenossenschaft gebildet werden.[32] Diese waren juristische Personen.[33] Es handelt sich somit auch hier um einen kooperativen Zusammenschluß von Wirtschaftseinheiten unterschiedlicher Formen des sozialistischen Eigentums.

Sie bestimmte weiter, daß die *Gesellschaftsanteile* der Gesellschafter in Höhe der eingebrachten Grund- und Umlaufmittel begründet werden, wobei allerdings die mit Eigenmitteln finanzierten Grundmittel der konsumgenossenschaftlichen Gesellschafter in Eigentum der Konsumgenossenschaften verblieben. Auch diese in Eigentum der konsumgenossenschaftlichen Gesellschafter verbleibenden Grundmittel bestimmten die Höhe des Gesellschaftsanteils. Allerdings hatten die konsumgenossenschaftlichen Gesellschafter keinerlei Mitspracherechte in der neu gegründeten Gesellschaft. Auch waren die konsumgenossenschaftlichen Gesellschafter nicht am Ertrag der Gesellschaft beteiligt. Ihnen wurde lediglich eine auf den Umsatz der Großhandelsgesellschaft mit den konsumgenossenschaftlichen Einzelhandelsbetrieben bezogene Vergütung, die sogenannte Umsatzvergütung, gezahlt. Diese Umsatzvergütung war allerdings nicht Gewinnbeteiligung im eigentlichen Sinne, sondern vielmehr lediglich eine Ausgleichszahlung für den durch die Großhandelsgesellschaft im Vertrieb gegenüber dem konsumgenossenschaftlichen Einzelhandel erzielten Gewinn.[34]

Anders verhielt sich dies hinsichtlich des weiteren Mitgesellschafters, welcher nicht etwa das vormalige Großhandelskontor war, denn diese wurden liqui-

30 Verordnung über die Bildung von Großhandelsgesellschaften vom 10.03.1960, GBl. I, S. 183.

31 BGH ZIP 1997, 656.

32 § 1 der Verordnung.

33 § 3 Abs. 1 Satz 1 der Verordnung.

34 Siehe hierzu § 8 der Verordnung.

diert.[35] Vielmehr war Mitgesellschafter der Staat als Inhaber des volkseigenen Gesellschaftsanteils. Dieser leitete entsprechend der Strukturierung der volkseigenen Wirtschaft die neu entstandenen Großhandelsgesellschaften alleine, welche entweder bezirks- oder kreisgeleitet waren. Der Staat hatte damit die gleiche Stellung wie im Fall rein volkseigener Wirtschaftseinheiten. Die Bedeutung der zusätzlich gegründeten handelsökonomischen Räte[36] war gering.

Auch wenn somit die Konsumgenossenschaften nach der Verordnung über die Bildung von Großhandelsgesellschaften einen Gesellschaftsanteil innehatten, war dieser quasi „eingefroren" und damit völlig entwertet. Die Stellung eines vollwertigen Gesellschafters nach bundesrepublikanischem Gesellschaftsrecht kam ihnen nicht zu. Insofern kann man durchaus sagen, daß hier eine Art Enteignung der Konsumgenossenschaften vorgenommen wurde.

Die vermögensrechtliche Beteiligung der Konsumgenossenschaften läßt sich damit in Kategorien des bundesdeutschen Gesellschaftsrecht als gesellschaftsrechtliche Beteiligung schwer einordnen. Nach der Ausgestaltung der Verordnung über die Bildung von Großhandelsgesellschaften hatten diese am ehesten den Inhalt einer stillen Beteiligung, allerdings mit dem grundlegenden Unterschied, daß sie Gesellschafter des Unternehmensträgers waren und von einer eigentlichen Gewinnbeteiligung nicht die Rede sein konnte.[37] So ging die klagende Großhandelsgesellschaft in dem vom BGH entschiedenen Fall erstinstanzlich lediglich von einer partiarischen Beteiligung aus.[38]

b) Die vermögensrechtliche Stellung ab dem 01.07.1990

Bereits zum 01.07.1990, also dem Inkrafttreten des Treuhandgesetzes, stellt sich die Frage des weiteren Schicksals der Großhandelsgesellschaften und damit auch des zuvor dargestellten Gesellschaftsanteils der Konsumgenossenschaften an diesen.

Konkret stellen sich drei Fragen:

1. Sind die Großhandelsgesellschaften, die nicht 100%ig volkseigene Wirtschaftseinheiten waren, einer Umwandlung nach dem Treuhandgesetz zugänglich?
2. Wird im Falle einer Umwandlung nach dem Treuhandgesetz die Treuhandanstalt, wie es eigentlich § 1 Abs. 4 des Treuhandgesetzes bestimmt, alleinige Ge-

35 So wurden die neu gegründeten Großhandelsgesellschaften in der Regel unter der gleichen Registernummer der zuvor im Register der volkseigenen Wirtschaft eingetragenen Großhandelskontore eingetragen.

36 Siehe hierzu § 5 der Verordnung.

37 Zur stillen Beteiligung siehe nur K. Schmidt, Gesellschaftsrecht, 2. Aufl. 1991, S. 1540 ff.

38 Siehe hierzu Möllers, VIZ 1995, 699, Fn. 34.

sellschafterin oder bleibt der konsumgenossenschaftliche Gesellschaftsanteil auch an der sodann entstandenen Kapitalgesellschaft erhalten?

3. Für den Fall, daß sich der konsumgenossenschaftliche Gesellschaftsanteil an der Kapitalgesellschaft fortsetzt, stellt sich die weitere Frage, ob die Konsumgenossenschaften vollwertige Gesellschafter nach GmbHG entsprechend der Höhe ihres Anteils geworden sind, oder der Gesellschaftsanteil weiterhin „eingefroren" ist, ähnlich wie er es bereits zuvor nach der Verordnung über die Bildung von Großhandelsgesellschaften war.

Obwohl das Treuhandgesetz nur auf volkseigene Wirtschaftseinheiten unmittelbar Anwendung findet, ist der Bundesgerichtshof in seiner Entscheidung vom 17.02.1997 von einer analogen Anwendung des § 11 des Treuhandgesetzes auch auf die Großhandelsgesellschaften ausgegangen, da ansonsten die Treuhandanstalt ihre Aufgabe zur Privatisierung des volkseigenen Anteils an den Großhandelsgesellschaften nicht hätte erfüllen können. Dies bedeutet wohl eine Umwandlung schon zum 01.07.1990 und nicht erst zum 03.10.1990, wovon noch die Vorinstanz, das Oberlandesgericht Dresden, ausgegangen war.

Entgegen der Vorinstanz war der Bundesgerichtshof auch der Auffassung, daß der an den Großhandelsgesellschaften bestehende genossenschaftliche Anteil nicht untergegangen ist, also nicht in wörtlicher Anwendung des § 1 Abs. 4 des Treuhandgesetzes der bzw. die entstehenden GmbH-Anteile alleine auf die Treuhandanstalt übergegangen sind. Auch hier wird man im Ansatz dem Bundesgerichtshof zustimmen müssen, da in der Tat der Gesetzgeber des Treuhandgesetzes bei Erlaß des Gesetzes Wirtschaftseinheiten, bei denen eine Mischbeteiligung vorlag, nicht im Blicke hatte. Insofern führt § 1 Abs. 4 des Treuhandgesetzes sicherlich nicht dazu, daß die nach dem Recht der DDR bestehenden Beteiligungsverhältnisse untergehen.[39]

Problematisch erscheint allerdings das Ergebnis des Bundesgerichtshofes, daß mit der Umwandlung der Großhandelsgesellschaft entsprechend § 11 des Treuhandgesetzes der bzw. die genossenschaftlichen Anteile zu vollwertigen GmbH-Anteilen erstarkten, also der zuvor als „eingefroren" umschriebene Gesellschaftsanteil der Konsumgenossenschaften schlagartig „entfroren" wurde.

So besteht die Problematik der Entscheidung des Bundesgerichtshofes für die Praxis unter anderem darin, daß die Treuhandanstalt auch Großhandelsgesellschaften im Wege des share-deal privatisiert hat und daher in der Praxis es sich nicht allein um die Frage der Höhe der Beteiligung der Konsumgenossenschaften an den Großhandelsgesellschaften und damit etwa der Beteiligung an einem Li-

39 Entsprechend haben allerdings auch die Konsumgenossenschaften, soweit sie noch Eigentümer von Vermögensgegenständen der Großhandelsgesellschaften, wie zum Beispiel Grundstücken, waren, ihr Eigentum mit der Umwandlung hieran nicht verloren.

quidationserlös, der meist ohnehin negativ ist, dreht. Ohnehin stellt sich die Frage, ob man eine Norm eines Gesetzes, das in sich eine geschlossene Regelung darstellen soll, zur Lösung des Problems in Analogie heranziehen können soll, wenn das gesamte Gesetz auf die Alleingesellschafterstellung der Treuhandanstalt abstellt.

Gerade der Fall der Großhandelsgesellschaften zeigt aufgrund des Spektrums der zur Lösung der hiermit einhergehenden Problematik vertretenen Ansichten, wie teilweise schwer zu fassen die Konstruktionen des Rechts der DDR mit dem Recht der Bundesrepublik Deutschland bzw. dem Übergangsrecht des DDR-Gesetzgebers sind. Betrachtet man die Stellung des konsumgenossenschaftlichen Gesellschafters in den Großhandelsgesellschaften näher, so handelt es sich bei wirtschaftlicher Betrachtungsweise am ehesten um eine stille Beteiligung, allerdings, wie bereits zuvor erwähnt, mit der Besonderheit, daß der Gesetzgeber der Verordnung über die Bildung von Großhandelsgesellschaften die Beteiligung der Konsumgenossenschaft als Beteiligung am Unternehmensträger ausgestaltet hat.

Es wäre vor diesem Hintergrund vielleicht nicht zu mutig gewesen, wenn man trotz der Beteiligung des konsumgenossenschaftlichen Gesellschafters an der Großhandelsgesellschaft im Zuge der Umwandlung nach dem Treuhandgesetz diese lediglich als stille Beteiligung an der sodann entstandenen GmbH ausgestaltet hätte.

Zum Gesellschaftsrecht sozialistischer Kooperationen

von

Professor Dr. Ursula Stein, Dresden*

Inhaltsübersicht

I. Einleitung

Der staatlich forcierte Konzentrationsprozeß in der sozialistischen Planwirtschaft und die Vielzahl agrarstruktureller Maßnahmen in 40 Jahren DDR haben bis zur Wende ein Wirtschaftssystem mit vielfachen Verschränkungen und komplizierten Beteiligungsverhältnissen entstehen lassen. Auch wenn diese Zusammenschlüsse schon Jahrzehnte zurückliegen, stellt ihre Rückabwicklung und Entflechtung die Rechtsprechung auch heute noch vor schwierige gesellschaftsrechtliche Fragen. Als besonders konfliktträchtig erweist sich dabei, wie die Zahl der einschlägigen Prozesse zeigt, der Bereich der landwirtschaftlichen Kooperationen, auf die ich mich deshalb mit Rücksicht auf unser knappes Zeitbudget im wesentlichen beschränken werde.

Zentrales Problem bei der gesellschaftsrechtlichen Beurteilung sozialistischer Kooperationsformen ist das Zusammentreffen unterschiedlicher Formen des sozialistischen Eigentums – Volkseigentum einerseits, genossenschaftliches Eigentum andererseits – in einer Wirtschaftseinheit; denn diese Eigentumsformen blieben auch im Rahmen der Kooperation regelmäßig als solche bestehen und den Partnerbetrieben zugeordnet. Das wirft zunächst die Frage nach dem Fortbestand solcher Beteiligungen im Laufe einer bewegten Konzentrationsgeschichte auf. Zugleich be-

* Für wertvolle Hilfe bei der Zusammenstellung und Aufbereitung des Materials danke ich Frau stud. iur. *Jana Fickert*, Dresden.

reitet es konstruktive Schwierigkeiten bei ihrer zutreffenden gesellschaftsrechtlichen Einordnung zu Zwecken der Umstrukturierung und Rückabwicklung.

Probleme wirft auch die Unterscheidung zwischen kooperativen Zusammenschlüssen mit und ohne eigene Rechtspersönlichkeit auf. Hier ist schon die Ermittlung der einschlägigen Vorschriften des DDR-Rechts nicht immer einfach; denn häufig läßt sich nicht einmal eindeutig feststellen, ob und inwieweit bestimmte Regelungen nur für die eine oder auch für die andere Kooperationsform gelten.[1] Außerdem hielten sich die Kooperationspartner in der Praxis keineswegs immer an die für ihren speziellen Fall vorgesehene rechtliche Kooperationsgrundlage.[2] Schwierig zu beurteilen ist hier aber vor allem die Frage, unter welchen Voraussetzungen von einer rein vermögensrechtlichen Beteiligung der Kooperationspartner auszugehen ist und wann eine gesellschaftsähnliche Zusammenarbeit anzunehmen ist.

Mein Vortrag befaßt sich nicht mit kooperativen Zusammenschlüssen volkseigener Wirtschaftseinheiten; hierzu hat Herr Rechtsanwalt *Piefke* alles Wesentliche gesagt. Ich stimme mit ihm darin überein, daß sich aus gesellschaftsrechtlicher Sicht hier keine spezifischen Probleme stellen.

Mein Referat ist so aufgebaut, daß ich zunächst die gesellschaftsrechtlichen Fragen von Kooperationsformen ohne eigene Rechtspersönlichkeit behandle und sodann auf die Probleme eingehe, die rechtsfähige Kooperationen stellen. In beiden Fällen treten Sonderprobleme auf, wenn unterschiedliche Eigentumsformen beteiligt sind. Ich werde deshalb hierauf ein besonderes Augenmerk richten.

II. Nichtrechtsfähige Kooperationsformen

1. Beteiligung von Wirtschaftseinheiten mit gleichem Eigentumsstatus

Die Kooperation zwischen verschiedenen LPG und von LPG mit anderen sozialistischen Wirtschaftseinheiten einschließlich volkseigener Güter (VEG) – Trägern von Volkseigentum – war schon im LPG-Gesetz von 1959 vorgesehen[3] und

1 Beispielhaft ist hier das Musterstatut für Kooperative Einrichtungen (KE) der LPG, VEG, GPG sowie der sozialistischen Betriebe der Nahrungsgüterwirtschaft und des Handels vom 1.11.1972, GBl. DDR II, S. 781 (MSt/KE 1972), zu nennen, dessen Prinzipien gem. Ziff. 3 Abs. 2 entsprechend dem Entwicklungsstand der jeweiligen KE sinngemäß gelten.

2 So etwa in der Entscheidung BGH ZIP 1994, 1523 = DtZ 1994, 404, wo einer nichtrechtsfähigen KE das ausschließlich für rechtsfähige KE geltende Musterstatut für Kooperative Einrichtungen der LPG, GPG, VEG und anderen sozialistischen Betrieben der Land-, Forst- und Nahrungsgüterwirtschaft vom 8.6.1988, GBl. DDR, Sonderdruck Nr. 1310 (MSt/KE 1988), zugrunde lag; gem. Ziff. 3 des Ministerratsbeschlusses desselben Datums, ebd., ließ das MSt/KE 1988 die Tätigkeit nichtrechtsfähiger KE im Sinne des § 13 Abs. 4 LPG-Gesetz unberührt.

3 § 23 LPG-Gesetz vom 3.6.1959, GBl. DDR I, S. 577.

wurde seit 1982 in den §§ 10 ff LPG-Gesetz geregelt. Hier ist auch die Unterscheidung zwischen rechtsfähigen und nichtrechtsfähigen Kooperationsformen angelegt. Die Kooperations-Regeln des LPG-Gesetzes gehen den allgemeinen Vorschriften der §§ 73 ff VertragsG über Organisationsverträge[4] als speziellere Regelungen grundsätzlich vor.[5]

Wozu dienten Kooperationen im Bereich der Landwirtschaft? § 10 Abs. 1 LPG-Gesetz beschreibt das ideologische Programm:

> „Die Kooperation ist eine Grundvoraussetzung für die weitere politische, ökonomische und soziale Entwicklung jeder LPG und für die Ausschöpfung aller Potenzen des genossenschaftlichen Eigentums. Sie eröffnet ständig neue Möglichkeiten, um in der sozialistischen Landwirtschaft mehr, besser und billiger zu produzieren, den einheitlichen landwirtschaftlichen Reproduktionsprozeß planmäßig und mit hohem Nutzen für die LPG und die Gesellschaft zu gestalten, die Einführung industriemäßiger Methoden der landwirtschaftlichen Produktion schrittweise fortzusetzen sowie insgesamt die gesellschaftliche Entwicklung auf dem Lande aktiv zu fördern."

Solche Kooperationsbeziehungen wurden allerdings keineswegs freiwillig eingegangen, wie § 11 Abs. 1 Satz 1 LPG-Gesetz aber glauben machen will, wenn es dort heißt:

> „Die Kooperation wird durch die LPG und ihre Kooperationspartner freiwillig und nach den Grundsätzen der Gleichberechtigung und des gegenseitigen Vorteils aller Kooperationspartner organisiert."

Tatsächlich hatten die landwirtschaftlichen Betriebe keineswegs die freie Wahl, sondern mußten entsprechend den politischen Vorgaben gezwungenermaßen kooperieren.

a) Die einfache Kooperation nach § 12 LPG-Gesetz

Die einfachste Form der Zusammenarbeit war die nichtrechtsfähige Kooperation nach § 12 LPG-Gesetz; zugrunde lag ihr eine Kooperationsvereinbarung.[6] Die Vertreter der beteiligten Betriebe bildeten einen Kooperationsrat, der einstimmig zu entscheiden hatte (§ 12 Abs. 2 Satz 4 LPG-Gesetz). Die Kooperation konnte gemeinsame Fonds für genau definierte Zwecke bilden, doch stand die Fondsinhaberschaft nicht der Kooperation als solcher, sondern allen Partnern gemeinschaftlich

4 Die sogenannten „Verträge über die gemeinschaftliche Lösung von Aufgaben" des 4. Kap. des 3. Teils des VertragsG vom 25.3.1982, GBl. DDR I, S. 293.

5 Vgl. Arlt/Krauss, Komm. z. LPG-Gesetz vom 2.7.1982, 1989, § 16 Anm. 3; Bommel/Wissmann, ZGR 1997, 206, 235 mit weiteren Nachweisen.

6 Vgl. § 16 Abs. 1 LPG-Gesetz; Arlt/Krauss, aaO (Fn. 5), § 12 LPG-Gesetz Anm. 1, § 16 LPG-Gesetz Anm. 1.

zu;[7] die Verwaltung der Fonds wurde in der Regel auf den Kooperationsrat übertragen.[8] Regeln über die Auflösung dieser Kooperationsform existierten schon deshalb nicht, weil sie nur ein Zwischenschritt sein sollte zu einer „weiteren Vertiefung der Kooperationsbeziehungen als zutiefst ideologische Aufgabe der Ausschöpfung aller Potenzen des genossenschaftlichen Eigentums".[9]

Über die Auflösung einer solchen Kooperation nach § 12 LPG-Gesetz hatte das OLG Dresden 1995 zu entscheiden.[10] Es ging dabei um Ansprüche eines Partnerbetriebes aus der angeblich Ende Juni 1990 beschlossenen Auflösung eines gemeinsamen Finanzfonds. Das war eine Art Solidaritätsfonds, der dazu diente, die Fehlbeträge finanzschwacher LPG auszugleichen und ihnen Investitionen zu ermöglichen, und zwar in Form verlorener Zuschüsse. Jeder Partner war aufgrund der Kooperationsvereinbarung dazu verpflichtet, entsprechend seiner Finanzkraft dem Fonds Mittel zur Verfügung zu stellen. Diejenige LPG, die bisher offenbar den Zahlmeister gespielt hatte, möchte sich nun bei einer der begünstigten LPG schadlos halten. Sie behauptet, man habe einstimmig, wie das Gesetz es verlangt, einen Beschluß folgenden Inhalts gefaßt: Auflösung des Fonds und Verteilung der liquiden Finanzmittel entsprechend den Einzahlungsbeträgen, zusätzliche Verpflichtung der begünstigten LPG, die erhaltenen Mittel anteilig zurückzuzahlen.

Diese Behauptung der klagenden LPG war natürlich genauso glaubhaft wie die Vorstellung, die Europäische Union würde aufgelöst und die Mitgliedsstaaten würden einstimmig beschließen, alle je erhaltenen Subventionen aus den Fördertöpfen der Gemeinschaft an die Nettozahler der Union anteilig zurückzuzahlen. Da ein solcher Beschluß selbstverständlich auch hier nicht nachweisbar war, wurde die Klage gegen die begünstigte LPG abgewiesen.

aa) Auflösung der Kooperation und Ausscheiden von Partnerbetrieben

Gesellschaftsrechtlich ist die Entscheidung unter mehreren Gesichtspunkten von Interesse. Zunächst stellt sich die Frage nach der Auflösbarkeit der Kooperation und der Möglichkeit des Ausscheidens von Partnern, die das DDR-Recht wie auch das Übergangsrecht nicht regeln. Da das LPG-Gesetz in § 12 Abs. 2 Satz 4 für

7 §§ 12 Abs. 3 Satz 1, 26 Abs. 1 LPG-Gesetz; vgl. dazu Arlt/Krauss, aaO (Fn. 5), § 26 LPG-Gesetz Anm. 1.2.1.

8 Arlt/Krauss, aaO (Fn. 5), § 12 LPG-Gesetz Anm. 3.1.

9 So die Musterkooperationsvereinbarung für die Kooperation von LPG und VEG vom 12.6.1985, GBl. DDR I, S. 207 (MKV 1985), Präambel und Ziff. I. 1.; ähnlich auch § 10 Abs. 1 LPG-Gesetz.

10 OLG Dresden vom 14.7.1995 – 14 U 104/95; die hiergegen gerichtete Revision wurde vom BGH nicht angenommen, vgl. Nichtannahmebeschluß vom 7.10.1995 – II ZR 218/95. Die OLG-Entscheidung wird besprochen von Bommel/Wissmann, ZGR 1997, 206, 236 f.

alle Beschlüsse des Kooperationsrates und, wie das OLG Dresden[11] mit Recht folgerte, somit auch für den Auflösungsbeschluß Einstimmigkeit forderte, wären die Partner bei fehlendem Konsens weiterhin an die Kooperation gebunden geblieben. Darin sieht die klagende LPG eine verfassungswidrige Einschränkung ihrer wirtschaftlichen Handlungsfreiheit. Diese Garantie war nämlich gleichzeitig mit der Gewährleistung des Privateigentums an Produktionsmitteln durch das VerfassungsgrundsätzeG vom 17. Juni 1990[12] in die Verfassung der DDR übernommen worden und galt deshalb schon im Zeitpunkt der angeblichen Beschlußfassung der Kooperationspartner.

Das Argument, eine erzwungene Fortdauer der Mitgliedschaft in der Kooperation verstoße gegen die Verfassung der DDR, hätte freilich nur dann Gewicht, wenn die klagende LPG keine andere Möglichkeit besessen hätte, aus der Kooperation auszuscheiden. Ein solches Austrittsrecht eröffnete ausdrücklich nur das Musterstatut für Kooperative Einrichtungen von 1988,[13] das freilich nur für rechtsfähige Kooperationsformen galt und außerdem das Ausscheiden eines Partners wiederum von einem einstimmigen Beschluß der Bevollmächtigtenversammlung abhängig machte.[14] Ein frei ausübbares, einseitiges Kündigungsrecht war dem System zwischenbetrieblicher Kooperation von Wirtschaftseinheiten der DDR fremd.[15]

bb) Das anwendbare Recht

Es fragt sich daher, ob es bei dem Einstimmigkeitserfordernis des LPG-Gesetzes bewendet oder ob hier von einer Regelungslücke im Altrecht der DDR auszugehen ist, die möglicherweise durch entsprechende Anwendung der Regeln über die BGB-Gesellschaft geschlossen werden könnte. Daß für die Lückenschließung bei nichtrechtsfähigen landwirtschaftlichen Kooperationsformen das Recht der BGB-Gesellschaft prinzipiell herangezogen werden kann, wurde von der Recht-

11 OLG Dresden vom 14.7.1995 – 14 U 104/95.

12 Art. 2 und 3 des Gesetzes zur Änderung und Ergänzung der Verfassung der Deutschen Demokratischen Republik vom 17.6.1990, (VerfassungsgrundsätzeG), GBl. DDR I, S. 299.

13 Ziff. 56 MSt/KE 1988, aaO (Fn. 2); ähnlich auch schon Ziff. 13 MSt/KE 1972, aaO (Fn. 1).

14 Ziff. 56 Abs. 1 i.V.m. Ziff. 42 Abs. 1 MSt/KE 1988, aaO (Fn. 2).

15 Vgl. hierzu auch DEHNE, AgrarR 1993, 165, 167, Fn. 41; DIES., AgrarR 1994, 11, die darauf hinweist, daß es solcher Ansprüche schon deshalb nicht bedurfte, weil bei wirtschaftlicher Notwendigkeit von Umstrukturierungen stets die erforderlichen Beschlüsse herbeigeführt wurden.

sprechung inzwischen mehrfach entschieden[16] und wird auch in der Lehre befürwortet;[17] das ist freilich höchst problematisch, weil das bundesdeutsche Gesellschaftsrecht einschließlich des Rechts der BGB-Gesellschaft in der DDR bis zum Inkrafttreten der Währungs-, Wirtschafts- und Sozialunion am 1. Juli 1990[18] nicht galt. Welches Recht auf organisationsrechtlich relevante Vorgänge anwendbar ist, die vor diesem Zeitpunkt lagen, läßt sich nicht ohne weiteres beantworten, weil der Einigungsgesetzgeber es versäumt hat, allgemeines intertemporales Gesellschaftskollisionsrecht zu schaffen. Er sah hierzu keine Notwendigkeit, weil er nicht erkannte, daß das Übergangsrecht, das diese Frage vermeintlich abschließend regelte, erhebliche Lücken aufwies und insbesondere Kooperationsformen der Landwirtschaft nur teilweise erfaßte.

Soweit die Rechtsprechung auch für die Zeit vor dem 1. Juli 1990 bundesdeutsches Gesellschaftsrecht heranzieht, ist bemerkenswert, daß dies in keiner Entscheidung überhaupt näher begründet wird. Jedenfalls werden dafür keine anderen Gründe genannt, als sie auch sonst üblicherweise für die Analogiebildung innerhalb unseres Rechtssystems angeführt werden. Die entsprechende Anwendbarkeit bundesdeutschen Gesellschaftsrechts ist aber keineswegs selbstverständlich; denn die übergangsrechtlichen intertemporalen Kollisionsregeln der Art. 232 § 1 und Art. 233 § 2 EGBGB verweisen nun einmal auf das Recht der DDR als Schuld- und Eigentumsstatut. Gleiches gilt nach den spezifischen Regeln des Übergangskollisionsrechts für Dauerschuldverhältnisse wie beispielsweise den Verein (Art. 231 § 2 EGBGB) oder Miete, Pacht und Arbeitsverhältnis (Art. 232 §§ 2, 3 und 5 EGBGB) für die Zeit vor dem 3. Oktober 1990. Lücken im DDR-Recht sind deshalb auch für gesellschaftsrechtliche Fragen nach dem allgemeinen intertemporalen Kollisionsrechtsgrundsatz, daß „Zustandekommen, Inhalt und Wirkung eines Schuldverhältnisses nach dem Recht zu beurteilen sind, das zur Zeit der Verwirklichung des Entstehungstatbestandes galt",[19] grundsätzlich durch DDR-Recht zu schließen,

16 BGH ZIP 1994, 1523 = DtZ 1994, 404; BGH WM 1994, 1895; BGH WM 1997, 881 = DStR 1997, 586 m. Anm. GOETTE; BGH DStR 1997, 1055 m. Anm. GOETTE; anders bei Organisationsakten, die bereits in der Vergangenheit abgeschlossen waren; hier hält der BGH allein das Altrecht der DDR für maßgeblich, z.B. BGH WM 1994, 1895; BGH WM 1997, 883.

17 Z.B. von DEHNE, AgrarR 1993, 165, 168 ff; HILLMANN, DB 1995, 1215, 1219; dazu auch BOMMEL/WISSMANN, ZGR 1997, 206, 236.

18 Vertrag über die Schaffung einer Währungs-, Wirtschafts- und Sozialunion zwischen der Bundesrepublik Deutschland und der Deutschen Demokratischen Republik vom 18.5.1990, BGBl. II, S. 537; erst das am 1. Juli 1990 in Kraft getretene Gesetz über die Inkraftsetzung von Rechtsvorschriften der Bundesrepublik Deutschland in der Deutschen Demokratischen Republik vom 21.6.1990 (sogenanntes Mantelgesetz), GBl. DDR I, S. 357, ordnete in §§ 17 ff die Geltung des bundesdeutschen Gesellschaftsrechts in der DDR ab dem 1. Juli 1990 an.

19 Vgl. BGH NJW 1993, 259, 260; SOERGEL/HARTMANN, Komm. z. BGB, 12. Aufl., 1996, Art. 232 EGBGB Rdn. 3.

soweit spezifisches Übergangsrecht fehlt. Hingegen bedarf die entsprechende Anwendung z.B. der Regeln über die BGB-Gesellschaft oder des GmbHG besonderer Rechtfertigung.

Bei der Ermittlung der im konkreten Fall anwendbaren Normen ist daher zunächst einmal im DDR-Recht selbst zwischen planmäßigen und planwidrigen Regelungslücken zu unterscheiden. Wo eine Beendigung der Kooperation oder ein Ausscheiden von Partnern aus ideologischen Gründen von vornherein nicht vorgesehen war, kann ein solches Austrittsrecht oder die Beendigungsmöglichkeit der gesamten Kooperation aus dem Altrecht selbst nicht hergeleitet werden. Dennoch kann diese planmäßige Lücke nicht ohne weiteres mit bundesdeutschem Recht geschlossen werden. Denn der Einigungsgesetzgeber hat sich aus wohlerwogenen Gründen dafür entschieden, die Formalorganisation der DDR in der vorgefundenen Form in die Marktwirtschaft zu transponieren. Das verbietet es, Vorgänge organisationsrechtlicher Art schon vor dem Inkrafttreten des bundesdeutschen Gesellschaftsrechts in Ermangelung spezieller Übergangsregeln an dessen Maßstäben zu messen. DDR-rechtlich vorgeschriebene mitgliedschaftliche Bindungen erfordern daher grundsätzlich Beachtung, soweit deren Weitergeltung nicht gegen die DDR-Verfassung verstößt,[20] in die bereits am 17. Juni 1990 durch Art. 2 und 3 des Verfassungsgrundsätze-Gesetzes mit den Berufs-, Gewerbe- und Vereinigungsgrundrechten Elemente der freiheitlichen Wirtschaftsordnung der Bundesrepublik Deutschland eingeführt wurden.[21] Erst wenn sich weitergeltende Vorschriften des Altrechts als verfassungswidrig erweisen, kommt man überhaupt zu der Frage, ob und gegebenenfalls welche Abwicklungsregeln heranzuziehen sind. Auch hier wäre wiederum zunächst nach Vorschriften des DDR-Rechts zu suchen, die vergleichbare Sachverhalte regeln, und ihre Analogiefähigkeit zu prüfen. Nur bei vollständiger Normenleere ließe sich dann gewissermaßen hilfsweise auf bundesdeutsches Gesellschaftsrecht zurückgreifen.

Bei planwidrigen Regelungslücken, die im Bereich kooperativer Zusammenschlüsse nicht selten anzutreffen sind, muß ihre Ausfüllung ebenfalls zunächst anhand von analogiefähigen Vorschriften des DDR-Rechts oder des Übergangsrechts unternommen werden. Im Unterschied zur Rechtslage bei planmäßigen Lücken spielen hier verfassungsrechtliche Erwägungen nur insofern eine Rolle, als diejenige Norm, die für analogiefähig befunden wird, selbst wiederum an der Verfassung zu messen ist.

Nicht vertiefen will ich hier die Frage, ob prinzipiell für analogiefähig gehaltene Vorschriften des DDR-Rechts nicht bei ihrer Anwendung im Zusammenhang mit der Beendigung von Kooperationen oder mit dem Ausscheiden und der Abfin-

20 Zur verfassungskonformen Auslegung von DDR-Altrecht anhand der Maßstäbe von Art. 2 und 3 des (VerfassungsgrundsätzeG) aaO (Fn. 12); vgl. auch BGH NJW 1993, 259, 260; OLG Dresden vom 14.7.1995 – 14 U 104/95; OLG Dresden, OLG-Rp. Dresden 1997, 205.

21 VerfassungsgrundsätzeG vom 17.6.1990, aaO (Fn. 12).

dung von Mitgliedern an die durch Umstellung der Wirtschaftsverfassung entfallenen oder zumindest grundlegend veränderten Zwecke von Kooperationen angepaßt, also im Lichte ihrer neuen Funktion umgedeutet werden müssen. Darüber wird man für das Gesellschaftsrecht noch im einzelnen nachzudenken haben.[22] Ich stehe aber einer solchen Umdeutung, die sich von freier Rechtsschöpfung nur dem Namen nach unterscheidet, skeptisch gegenüber und meine, daß die verfassungsrechtliche Kontrolle als weitergeltend angenommenen DDR-Rechts hinreichenden Schutz bietet.

Nach diesem Exkurs über grundsätzliche Fragen des anwendbaren Rechts komme ich zurück zur Ausgangsfrage, ob den Kooperationspartnern ein einseitiges Kündigungsrecht eingeräumt werden muß, wenn die Beendigung der Kooperation überhaupt ausgeschlossen war bzw. nur einstimmig beschlossen werden konnte. Es handelt sich dabei um eine planmäßige Regelungslücke, die auf der ideologischen Vorgabe stetig engerer Zusammenarbeit der einzelnen sozialistischen Wirtschaftseinheiten im Interesse fortschreitender Zentralisierung der gesamten Produktionsweise des sozialistischen Wirtschaftssystems beruhte; das schloß eine Auflösung eingegangener Kooperationsbeziehungen prinzipiell aus. Auch die Zubilligung eines einseitigen Kündigungsrechts für austrittswillige Partner entsprechend § 723 BGB wäre systemwidrig. Denn nach dem Recht der DDR stand jedes Austrittsrecht aus kooperativen Zusammenschlüssen, soweit es überhaupt als zulässig angesehen wurde, stets unter dem ideologisch bedingten Vorbehalt, daß die Aufgabenerfüllung der Kooperation durch die Herauslösung der Anteile des betreffenden Partners nicht beeinträchtigt werden durfte.[23] Zwar konnte von einer sinnvollen Aufgabenerfüllung einer landwirtschaftlichen Kooperation schon von dem Zeitpunkt an nicht mehr die Rede sein, als die Reprivatisierung aller LPG für den DDR-Gesetzgeber beschlossene Sache war. Doch trat an die Stelle der weggefallenen Primäraufgabe der Kooperationsbeziehung zumindest das Ziel der Erhaltung des Verbandsvermögens, um seine geordnete und wirtschaftlich sinnvolle Verwendung im Zuge der Abwicklung oder Reorganisation der einzelnen Partnerbetriebe zu ermöglichen.[24] Diesem legitimen und grundsätzlichen verfassungsrechtlichen Bedenken nicht ausgesetzten Ziel dient die Aufrechterhaltung der Mitgliedschaft in dem kooperativen Zusammenschluß. Deshalb erscheint es mir zutreffend,

22 Allg. hierzu etwa Horn, Das Zivil- und Wirtschaftsrecht im neuen Bundesgebiet, 2. Aufl., 1993, S. 124 ff; Oetker, JZ 1992, 608 ff; Drobnig, DtZ 1994, 86, 89 jeweils mit weiteren Nachweisen.

23 Vgl. Ziff. 56 Abs. 3 MSt/KE 1988, aaO (Fn. 2), und Ziff. 13 Abs. 1 MSt/KE 1972, aaO (Fn. 1); vgl. auch OLG Dresden, OLG-Rp. Dresden 1997, 205 zur Parallelfrage bei rechtsfähigen KE.

24 So auch OLG Dresden, OLG-Rp. Dresden 1997, 205.

wenn das OLG Dresden[25] das Einstimmigkeitserfordernis auch weiterhin für maßgeblich hält.

Nicht zuzustimmen ist dem Gericht dagegen, wenn es von der Weitergeltung des Konsensprinzips und damit vom Fortbestand des Finanzfonds auch nach dem 1. Juli 1990 ausgeht. Denn spätestens mit Herstellung der Währungs- und Wirtschaftsunion[26] wurden sämtliche genossenschaftlichen Fond also auch die gemeinschaftlichen Fonds der Kooperation, aufgelöst.[27] Dadurch wurde die Zweckerreichung der Kooperation unmöglich, und das führt entsprechend dem nunmehr anwendbaren[28] § 726 BGB zu ihrer Beendigung. Die Abwicklung des Fonds hatte somit kraft Gesetzes zu erfolgen – nach §§ 730 ff BGB –, eines Beschlusses der Kooperationspartner bedurfte es hierfür nicht. Allerdings konnte die klagende LPG im Wege der Auseinandersetzung gemäß § 733 Abs. 2 BGB lediglich ihren Anteil an den vorhandenen Fondsmitteln verlangen; darüber hinausgehende Ausgleichsansprüche gegen einzelne Kooperationspartner lassen sich auf die Abwicklungsregeln der BGB-Gesellschaft nicht stützen.

Zwar begründet § 735 Satz 1 BGB eine Nachschußpflicht der Gesellschafter, soweit das Gesellschaftsvermögen zur Rückerstattung der Einlagen nicht ausreicht. Auch kann dieser Anspruch unmittelbar von den einzelnen Gesellschaftern gegen ihre Mitgesellschafter geltend gemacht werden, sofern die Nachschüsse lediglich zur Rückerstattung der Einlagen benötigt werden.[29] Doch paßt hier der gesetzliche Maßstab der Verlusttragungspflicht nicht, nach dem sich die Nachschußpflicht des § 735 BGB bestimmt. Wenngleich auch die einfache Kooperation grundsätzlich ein eigenes ökonomisches Ergebnis auf der Grundlage des Betriebsplanes zu erzielen hatte,[30] so sind doch Gewinnerzielung und Verlusttragung durch die Gesellschafter Kategorien, für die bei dieser Art der Kooperation jeder sinnvolle Anknüpfungspunkt fehlt. Es war ja gerade Zweck des Finanzfonds als einer Art Ausgleichskasse, daß die potenteren LPG im Ergebnis für die Verluste aufzukommen hatten. Auch deshalb scheiden unmittelbare Ansprüche zwischen den Kooperationspartnern aus.

25 OLG Dresden, vom 14. 7. 1995 – 14 U 104/95, vgl. auch Fn. 10.

26 Nachweise in Fn. 18.

27 Gem. § 1 Abs. 1 und 2 Nr. 3 DMBilG hatten auch landwirtschaftliche Produktionsgenossenschaften zum 1. Juli 1990 eine DM-Eröffnungsbilanz zu erstellen, nachdem bereits durch das Gesetz zur Änderung und Ergänzung des LPG-Gesetzes vom 6.3.1990, GBl. DDR I, S. 133, und durch das erste LwAnpG vom 29.6.1990, GBl. DDR I, S. 642, schrittweise die Unteilbarkeit genossenschaftlicher Fonds aufgehoben worden war; vgl. hierzu auch Dehne, AgrarR 1993, 165, 170 f.

28 Gemäß § 17 des sogenannten Mantelgesetzes, aaO (Fn. 18), traten die §§ 705 ff BGB zum 1. Juli 1990 auf dem Gebiet der DDR in Kraft.

29 Vgl. Ulmer, Münchener Komm. z. BGB, 3. Aufl., 1997, § 735 Rdn. 6.

30 So die MKV 1985, aaO (Fn. 9), Ziff. 3 S. 4.

cc) Die Qualifizierung der Kooperation als gesellschaftsähnlicher Zusammenschluß

Jenseits der Einzelprobleme der Abwicklung stellt sich bei einer einfachen Kooperation die grundsätzliche Frage, ob im Hinblick auf einen gemeinsamen Finanzfonds der vorliegenden Art überhaupt von einem gesellschaftsähnlichen Zusammenschluß ausgegangen werden kann, auf den die gesellschaftsrechtlichen Auseinandersetzungsregeln des BGB entsprechende Anwendung finden. Da eine Rückzahlung geleisteter Einlagen bei Austritt eines Partnerbetriebes ohnehin nur insoweit in Betracht kommt, wie der Fonds noch valutiert, ließe sich der Anspruch ohne weiteres auch nach gemeinschaftsrechtlichen Regeln (§ 752 BGB) oder über das Bereicherungsrecht (§§ 812, 818 Abs. 2 BGB) verwirklichen.

Gegen die Annahme eines gesellschaftsähnlichen Beteiligungsverhältnisses an einem solchen Finanzfonds könnte insbesondere sprechen, daß er nichts anderes war als eine Art staatlich forcierte Zwangssubventionierung finanzschwacher durch finanzstarke LPG. Denn die Fondsmittel dienten allein dazu, Fehlbeträge bei einzelnen LPG auszugleichen und ihnen aus eigener Kraft nicht finanzierbare Investitionen zu ermöglichen. Der Binnenzweck des Fonds beschränkte sich damit auf die Abschöpfung liquider Finanzmittel bei den reichen LPG und ihre Umverteilung auf die armen.

Im Ergebnis wird man wohl dennoch von einem gemeinsamen Zweck solcher Fonds schon im Hinblick darauf auszugehen haben, daß die Finanzhilfen zumindest theoretisch auf Gegenseitigkeit angelegt waren[31] und die mit den Fondsmitteln getätigten Investitionen in den einzelnen LPG wenigstens mittelbar auch den anderen Kooperationspartnern zugute kamen. Auch dürfte eine isolierte Betrachtung des Fondszwecks dem tatsächlichen Charakter und den ideologischen Zielen dieser Kooperationsform nicht gerecht werden. Denn Gesamtzweck der Kooperation war die gemeinsame Erfüllung der speziell für die Kooperation festgesetzten Planvorgaben[32] durch jeden einzelnen der Mitgliedsbetriebe, und diesem übergeordneten Ziel diente letztlich auch die Umverteilung der innerhalb der Kooperation insgesamt verfügbaren finanziellen Ressourcen.

b) Die Kooperative Einrichtung nach § 13 LPG-Gesetz

Eine engere und organisatorisch stärker verselbständigte Form zwischenbetrieblicher Zusammenarbeit zwischen LPG und anderen Wirtschaftseinheiten war

31 Vgl. hierzu § 11 Abs. 1 LPG-Gesetz sowie Ziff. 3 S. 3 MKV 1985, aaO (Fn. 9); Arlt, Agrarrecht für Staats- und Wirtschaftsfunktionäre, 3. Aufl., 1984, S. 80; Arlt/Krauss, aaO (Fn. 5), § 11 LPG-Gesetz Anm. 1.1.

32 Vgl. hierzu Ziff. 5 Abs. 1 MKV 1985, aaO (Fn. 9); Arlt/Krauss, aaO (Fn. 5), § 12 LPG-Gesetz Anm. 1.

die sog. Kooperative Einrichtung nach § 13 LPG-Gesetz. Zweck dieser Kooperationsform war die Schaffung und Unterhaltung gemeinsamer Betriebe oder Einrichtungen, die der Aufgabenerfüllung der beteiligten Partner dienten.[33] Im Unterschied zur einfachen Kooperation unterhielt die Kooperative Einrichtung einen eigenständigen, von den kooperierenden Partnern getrennten Betrieb, der mit eigenen materiellen und finanziellen Fonds ausgestattet war und über ein eigenes Arbeitskollektiv verfügte. Die von den Trägerbetrieben der Kooperativen Einrichtung in die einzelnen Fonds eingebrachten Mittel wurden gemeinschaftliches Eigentum der Trägerbetriebe, ihre jeweiligen Anteile an den Fonds waren jedoch gesondert auszuweisen und erweitert zu reproduzieren.[34] Die Leitung der Kooperativen Einrichtung oblag den Trägerbetrieben in Form eines von den bevollmächtigten Versammlungen zu wählenden Rats der Kooperativen Einrichtung und des Betriebsleiters („Leiter der Kooperativen Einrichtung").[35]

Zusammenschlüsse in Form der Kooperativen Einrichtung konnten juristische Person oder nichtrechtsfähiges Gemeinschaftsunternehmen sein. Rechtsgrundlage war im letzteren Fall eine Kooperationsvereinbarung, im ersten Fall ein Statut.[36] Für beide Organisationsformen galten verbindliche Musterstatute und Musterkooperationsvereinbarungen. Allerdings wurde in der Praxis diese Unterscheidung offenbar nicht strikt eingehalten; denn auch eine nichtrechtsfähige Kooperative Einrichtung konnte bereits ein Statut haben, bevor sie oder sogar ohne daß sie durch Registrierung Rechtsfähigkeit erlangte.[37]

Spezielle Regeln über die Auflösung nichtrechtsfähiger Kooperativer Einrichtungen, das Ausscheiden von Trägerbetrieben oder ihre Abfindung sah das DDR-Recht in der einschlägigen Musterkooperationsvereinbarung nicht vor.[38] Das hatte zwei Gründe: Zum einen wurden in dieser Rechtsform vor allem Nebenbetriebe sowie Einrichtungen sozialer oder kultureller Art betrieben,[39] für deren Auflösung entweder kein wirtschaftliches Bedürfnis ersichtlich war oder deren Abwickung wegen des geringen Umfangs ihres Vermögens keine nennenswerten Probleme aufwarf; zum anderen hatten nichtrechtsfähige Kooperative Einrichtungen häufig als Zwischenstufe zu der ideologisch erwünschten Intensivierung der Kooperation in rechtsfähiger Form bloßen Übergangscharakter, so etwa die bekannten „Kooperativen Abteilungen Pflanzenproduktion" (KAP), die in den siebziger Jahren im

33 Arlt/Krauss, aaO (Fn. 5), § 13 LPG-Gesetz Anm. 1.
34 Vgl. Ziff. 12 Abs. 1 Satz 1 MSt/KE 1972, aaO (Fn. 1); Dehne, AgrarR 1993, 165, 167 mit weiteren Nachweisen.
35 Siehe dazu im einzelnen Arlt/Krauss, aaO (Fn. 5), § 13 LPG-Gesetz Anm. 2.
36 Arlt, aaO (Fn. 31), S. 83; Arlt/Krauss, aaO (Fn. 5), § 16 LPG-Gesetz Anm. 1; Bommel/Wissmann, ZGR 1997, 206, 235.
37 Vgl. Ziff. 3 Abs. 2 Satz 2 MSt/KE 1972, aaO (Fn. 1); so auch in der Entscheidung BGH ZIP 1994, 1523 = DtZ 1994, 404: nichtrechtsfähige KE mit MSt/KE 1988, aaO (Fn. 2).
38 MKV 1985, aaO (Fn. 9).
39 Arlt/Krauss, aaO (Fn. 5), § 13 LPG-Gesetz Anm. 4.

Zuge einer Neuordnung der landwirtschaftlichen Kooperation als Zwischenschritte zu größerer Spezialisierung und industrieller Produktionsweise zunächst aus bestehenden Wirtschaftseinheiten ausgegliedert und in nichtrechtsfähigen Kooperativen Einrichtungen neu zusammengefaßt wurden. Ihre Auflösung oder das Ausscheiden von Trägerbetrieben war zwar nach dem insoweit auf nichtrechtsfähige Kooperative Einrichtungen sinngemäß anwendbaren Musterstatut 1972[40] aus volkswirtschaftlichen Gründen möglich.[41] Es war aber an dieselben Bedingungen geknüpft, wie sie zuvor schon für die einfache Kooperation dargelegt wurden: Konsens aller Beteiligten auch über den weiteren Verbleib der eingebrachten Fondsmittel, kein wirtschaftlicher Nachteil für die Kooperative Einrichtung. Eine Abfindung, die den vollen Anteilswert realisiert hätte, war nicht vorgesehen.[42]

Regelungslücken können auch hier grundsätzlich durch das Recht der BGB-Gesellschaft geschlossen werden, da die in die Kooperative Einrichtung eingebrachten Grund- und Umlaufmittel gemeinsames genossenschaftliches Eigentum der Trägerbetriebe wurden. Einseitige Kündigungen sind aber aus denselben Gründen wie bei der einfachen Kooperation ausgeschlossen. Doch war bei der Kooperativen Einrichtung eine Art Gewinn- und Verlustbeteiligung ihrer Trägerbetriebe vorgesehen, die deren Anteile an den gemeinsamen Fonds wertmäßig erhöhte oder verringerte,[43] so daß für die Entscheidung über die Abfindung die erforderlichen Anknüpfungsmomente für eine Anwendung des § 735 BGB mit dem Gebot anteiliger Verlusttragung gegeben sind. Unmittelbare Ansprüche zwischen den Trägerbetrieben lassen sich hierauf gleichwohl nicht stützen: Denn die Verlusttragungspflicht entsprach proportional der Beteiligung, was entsprechende Nachschußpflichten gar nicht erst entstehen läßt;[44] zusätzliche Subventionen aus gemeinsamen Finanzfonds waren dagegen – wie schon bei der einfachen Kooperation – verlorene Zuschüsse, die zwar den Wert der Fondsanteile aller Trägerbetriebe minderten, jedoch keine Rückzahlungspflicht begründen konnten.[45]

40 Vgl. Ziff. 3 Abs. 2 Satz 2 MSt/KE 1972, aaO (Fn. 1).

41 Ziff. 13 Abs. 1 MSt/KE 1972, aaO (Fn. 1); Arlt/Krauss, aaO (Fn. 5), § 16 LPG-Gesetz Anm. 4.

42 Anders freilich in Ziff. 56 Abs. 2 MSt/KE 1988, aaO (Fn. 2), das jedoch laut Ministerratsbeschluß, aaO (Fn. 2), für nichtrechtsfähige KE nicht – auch nicht entsprechend – galt. Seine Heranziehung zur Lückenschließung wäre deshalb systemwidrig. Die Anwendung der Abfindungsregelung dieses Musterstatuts kommt nur in dem atypischen Fall in Betracht – einen solchen hatte der BGH 1994 zu entscheiden –, daß eine nichtrechtsfähige KE sich als Organisationsgrundlage des Musterstatuts für rechtsfähige KE bedient, vgl. BGH ZIP 1994, 1523 = DtZ 1994, 404.

43 Vgl. Arlt, aaO (Fn. 31), S. 84; Dehne, AgrarR 1993, 165, 167 mit weiteren Nachweisen.

44 Ulmer, aaO (Fn. 29), § 735 BGB Rdn. 3 und § 733 BGB Rdn. 11.

45 Arlt/Krauss, aaO (Fn. 5), § 26 LPG-Gesetz Anm. 3.1.

2. *Beteiligung von Wirtschaftseinheiten mit unterschiedlichem Eigentumsstatus*

a) Nichtrechtsfähige Kooperative Einrichtungen mit Beteiligung von LPG und VEG

Werden unterschiedliche Formen des sozialistischen Eigentums – das Volkseigentum und das genossenschaftliche Eigentum – in einen nichtrechtsfähigen kooperativen Zusammenschluß eingebracht, stellt sich die Frage, ob bei seiner Auflösung Abfindungsansprüche bestehen, auf welche Rechtsgrundlage sie gestützt werden können und welchen Inhalt sie haben. Der BGH geht auch hier im Hinblick auf die von den Trägerbetrieben gemeinsam verfolgten Ziele von einem gesellschaftsähnlichen Beteiligungsverhältnis im Sinne der §§ 705 ff BGB aus.[46] Das erscheint auf den ersten Blick auch plausibel; denn die von den beteiligten LPG als Inhabern genossenschaftlichen Eigentums und von den Volkseigenen Gütern (VEG) als Trägern von Volkseigentum in die gemeinsamen Fonds eingebrachten Produktionsmittel wurden gemeinschaftliches Eigentum der Trägerbetriebe.[47] Damit scheinen auch die Anforderungen des § 718 Abs. 1 BGB an die Bildung eines Gesellschaftsvermögens, an dem die Trägerbetriebe gesamthänderisch beteiligt waren, erfüllt zu sein.

Unproblematisch ist die Annahme eines Gesamthandsvermögens jedenfalls dann, wenn ausschließlich LPG an einer Kooperativen Einrichtung beteiligt sind. Hier wird nur eine einzige Eigentumsform, nämlich die des genossenschaftlichen Eigentums, gemeinsames, und zwar genossenschaftliches Eigentum[48] der beteiligten Trägerbetriebe. Wie aber hat man sich eine gesamthänderische Beteiligung der Trägerbetriebe an den gemeinsamen Fonds in zwei verschiedenen Eigentumsformen vorzustellen?

Die Schwierigkeit besteht zunächst darin, daß beide Formen des sozialistischen Eigentums durch die Verfassung der DDR[49] und andere Gesetze[50] absolut geschützt und unantastbar waren. Dementsprechend durften die volkseigenen An-

46 Z.B. BGH, DStR 1997, 1055 m. Anm. Goette; BGH WM 1997, 881 = DStR 1997, 586 m. Anm. Goette; BGH ZIP 1994, 1523.

47 Vgl. Arlt/Krauss, aaO (Fn. 5), § 13 LPG-Gesetz Anm. 1; Dehne, AgrarR 1993, 165, 167 mit Nachweisen; Schweizer, AgrarR 1996, 209. Zwar bestimmt Ziff. 10 Abs. 2 MSt/KE 1972, aaO (Fn. 1), daß „die von den LPG und VEG bereitgestellten materiellen und finanziellen Mittel sozialistisches Eigentum der Kooperativen Einrichtung" wurden; diese Regelung bezog sich jedoch in erster Linie auf KE mit eigener Rechtspersönlichkeit, während für nichtrechtsfähige Kooperationsformen die MKV 1985, aaO (Fn. 9), vorrangig galt.

48 Nur diese Form von Eigentum konnte einer LPG nach §§ 22 ff LPG-Gesetz, § 18 Abs. 3 ZGB zustehen, vgl. Komm. z. Zivilgesetzbuch der Deutschen Demokratischen Republik vom 19. Juni 1975, hrsg. vom Ministerium der Justiz, 1983, § 18 Anm. 2 f, § 20 Anm. 1.

49 Art. 10 Abs. 2 Verf. DDR.

50 § 24 LPG-Gesetz; §§ 18 f, 33 ZGB; weitere Nachweise bei Arlt/Krauss, aaO (Fn. 5), § 24 LPG-Gesetz Anm. 1.

teile an den gemeinsamen Fonds mit dem genossenschaftlichen Eigentum nicht vermischt werden, sondern waren stets gesondert auszuweisen.[51] Das scheint den gesetzlich angeordneten Erwerb gemeinschaftlichen Eigentums an den Produktionsmitteln der Kooperativen Einrichtung durch die Trägerbetriebe von vornherein auszuschließen.

Allerdings besagt der Begriff des gemeinschaftlichen Eigentums für sich genommen noch nichts über die Art der Rechtsinhaberschaft. Denn es konnte nach §§ 34 ff ZGB sowohl Miteigentum als auch Gesamteigentum sein. Ersteres – das Miteigentum – ist anteiliges Eigentum mit grundsätzlich[52] freier Verfügbarkeit des Miteigentümers über seinen Anteil – entspricht also unserem Bruchteilseigentum im Sinne der §§ 741, 1008 ff BGB. Letzteres – das Gesamteigentum – steht nur allen Eigentümern gemeinsam zu, § 34 Abs. 2 i.V.m. § 42 Abs. 1 ZGB – entspricht somit unserem Gesamthandseigentum.

Worum handelt es sich hier? Daß jedenfalls Miteigentum auch in unterschiedlichen Berechtigungsformen bestehen kann, begegnet keinen konstruktiven Bedenken. Insofern konnten die Partnerbetriebe ihren jeweiligen Fondsanteil als Miteigentümer halten. Dem steht auch nicht entgegen, daß sie über die Fondsanteile nicht frei verfügen durften. Denn spezialgesetzliche Beschränkungen der freien Verfügbarkeit über Miteigentumsanteile waren ohne weiteres möglich.[53] Mit der Annahme von Miteigentum läßt sich daher das scheinbare Paradoxon vom Erwerb gemeinschaftlichen Eigentums bei unterschiedlichen Eigentumsformen auflösen.

Dagegen läßt sich eine gesamthänderische Beteiligung der Trägerbetriebe an den gemeinsamen Fonds nach meiner Auffassung nicht begründen. Sie setzte nämlich wegen der notwendigerweise gleichartigen Berechtigung aller Gesamthänder am Gesamthandsvermögen auch eine gleichartige Stellung in Bezug auf das Gesamthandseigentum voraus. Das ließe sich nur in zwei Fällen bejahen: entweder bei einheitlicher Eigentumsform oder bei einheitlicher Rechtsträgerschaft in Bezug auf beide Eigentumsformen. Keine dieser Lösungen erscheint mir jedoch mit der Dogmatik des sozialistischen Eigentums vereinbar:

(1) Die Umwandlung von Volkseigentum in genossenschaftliches Eigentum und umgekehrt scheidet aus. Beide sozialistischen Eigentumsformen waren als solche unantastbar;[54] ihre Umwandlung hätte einer gesetzlichen Grundlage bedurft, wie sich aus § 20 Abs. 1 und 3 a.F. ZGB schließen läßt,[55] zumindest aber eines ent-

51 § 26 Abs. 3 LPG-Gesetz; Ziff. 12 Abs. 1 MSt/KE 1972, aaO (Fn. 1); ähnlich auch Ziff. 10 Abs. 3 MSt/KE 1988, aaO (Fn. 2); vgl. dazu auch Arlt/Krauss, aaO (Fn. 5), § 26 Anm. 3.1; Arlt, aaO (Fn. 31), S. 134; Dehne, AgrarR 1993, 165, 167.

52 Mit der Einschränkung des § 37 Satz 2 ZGB, vgl. dazu Komm. z. ZGB, aaO (Fn. 48), § 37 Anm. 2; Göhring/Posch, Zivilrecht, Lehrbuch, Bd. I, 1981, S. 172.

53 Komm. z. ZGB, aaO (Fn. 48), Vorb. §§ 34 ff ZGB.

54 Vgl. oben bei Fn. 49 und 50 sowie BGH DStR 1997, 1055 mit Anm. Goette; Bommel/Wissmann, ZGR 1997, 206, 239 mit weiteren Nachweisen.

55 Siehe Komm. z. ZGB, aaO (Fn. 48), § 20 Anm. 3.1. und 3.2.

sprechenden politischen Vollzugsaktes. Die Einbringung in gemeinsame Fonds allein konnte sie nicht bewirken.

(2) Der Entstehung einer neuen Mischform „staatlich-genossenschaftliches Eigentum" steht der numerus clausus der sozialistischen Eigentumsformen in Verfassung und ZGB ebenso entgegen wie ihre Unantastbarkeit.[56]

(3) Eine Art gemeinsame gesamttreuhänderische Rechtsträgerschaft hinsichtlich beider Eigentumsformen wäre mit der Systematik des sozialistischen Eigentums gleichfalls unvereinbar. Denn Rechtsträgerschaft konnte nur an Volkseigentum, nicht aber an genossenschaftlichem Eigentum bestehen.[57] Insofern hätte zwar die LPG die gemeinsame Trägerschaft an Volkseigentum erwerben können,[58] nicht aber umgekehrt das VEG am genossenschaftlichen Eigentum.

Im Ergebnis haben wir es also bei einer Kooperativen Einrichtung unter Beteiligung verschiedener sozialistischer Eigentumsformen mit einem gesellschaftsähnlichen Zusammenschluß ohne Gesamthandsvermögen zu tun. Das schließt ihre Qualifikation als Gesellschaft bürgerlichen Rechts zwar nicht aus, da auch die Außengesellschaft nach herrschender gesellschaftsrechtlicher Lehre[59] nicht notwendig ein Gesamthandsvermögen bilden muß. Bei Austritt eines Trägerbetriebes oder bei Auflösung der Kooperativen Einrichtung passen dann aber nicht die gesellschaftsrechtlichen Auseinandersetzungsregeln der §§ 733 ff BGB, die nur das Gesamthandsvermögen betreffen. Der gegebenenfalls analog anwendbare § 732 BGB[60] bezieht sich nur auf zur Nutzung durch die Gesellschaft eingebrachte Gegenstände und kommt daher ebenfalls nicht als Grundlage für die Auseinandersetzung des Miteigentums an den gemeinsamen Fonds in Betracht. Sie könnten somit allenfalls nach dem Recht der Gemeinschaft, §§ 741 ff BGB, abgewickelt werden. Nach §§ 752 f BGB wären die gemeinsamen Fonds grundsätzlich in Natur oder durch Verkauf zu teilen. Da die Erträge der Kooperativen Einrichtung dem volkseigenen Trägerbetrieb anteilig gutzuschreiben waren, umfaßte der Auseinandersetzungsanspruch auch diesen Wertzuwachs. Richtigerweise hätte sich die Auseinandersetzung freilich in der Zeit bis zum 1. Juli 1990 nach dem kollisionsrechtlich vorrangig

56 Zu den unterschiedlichen Auffassungen über die Möglichkeit der Bildung von Mischeigentum innerhalb des sozialistischen Eigentums vgl. DEHNE, AgrarR 1993, 165, 167 mit weiteren Nachweisen.

57 Vgl. Komm. z. ZGB, aaO (Fn. 48), § 18 Anm. 2 u. 3.

58 § 19 Abs. 3 i.V.m. Abs. 1 ZGB; § 22 Abs. 1 LPG-Gesetz; § 2 Abs. 1 c) RTAO (Anordnung über die Rechtsträgerschaft an volkseigenen Grundstücken vom 7.6.1969, GBl. DDR II, S. 433); vgl. dazu ARLT/KRAUSS, aaO (Fn. 5), § 22 LPG-Gesetz Anm. 1.

59 ULMER, aaO (Fn. 29), § 705 BGB Rdn. 221 mit weiteren Nachweisen; a.A. K. SCHMIDT, Gesellschaftsrecht, 3. Aufl., 1997, S. 1632.

60 Vgl. hierzu ULMER, aaO (Fn. 29), § 732 BGB Rdn. 6 f.

berufenen Recht der DDR zu vollziehen, das in § 41 ZGB eine entsprechende Abwicklungsvorschrift erhält.[61]

b) Zusammentreffen beider Eigentumsformen in den aus der KAP entstandenen LPG (P)

Eines der derzeit umstrittensten Probleme bei der Abwicklung kooperativer Zusammenschlüsse in der Landwirtschaft mit Beteiligung unterschiedlicher Eigentumsformen ist die Entflechtung des Vermögens von LPG oder VEG, die in den siebziger Jahren im Zuge der Neuorganisation der Landwirtschaft entstanden sind. Damals wurden aus bestehenden LPG und VEG Betriebsteile ausgegliedert und zunächst in den sogenannten „Kooperativen Abteilungen Pflanzenproduktion" (KAP) – das waren nichtrechtsfähige Kooperative Einrichtungen – neu zusammengefaßt, und zwar lediglich als Zwischenstufe, bevor sie einige Jahre später in ihre endgültige rechtsfähige Form, nämlich die LPG (P) oder das VEG (P) – P steht für Pflanzenproduktion – umgewandelt wurden.[62] Formell endete die Kooperation der ehemaligen Trägerbetriebe der KAP mit der Entstehung der neuen juristischen Person und dem Übergang der bisher gemeinsamen Fonds auf die neue rechtsfähige Wirtschaftseinheit.[63]

Diesem Übergang der Produktionsmittel lagen teilweise rechtsgeschäftliche Übertragungsakte durch die bisherigen Rechtsträger der Kooperativen Einrichtungen zugrunde, teilweise blieb es bei der schlichten Zustimmung zu ihrer Weiternutzung durch die neuentstandene juristische Person. Unabhängig von der Art und Weise des Vermögensübergangs auf die neue rechtsfähige Wirtschaftseinheit war diese nunmehr formell Alleininhaberin des ihr zugeordneten ehemaligen KAP-Vermögens.[64] Volkseigene oder genossenschaftliche Fremdanteile an der LPG (P) oder dem VEG (P) waren jedoch in deren Büchern nach wie vor gesondert auszuweisen und erweitert zu reproduzieren, d.h. sie nahmen am Wertzuwachs teil.

Im Zuge der Umwandlung oder Abwicklung dieser bereits in den siebziger Jahren über die Zwischenstufe der KAP neugebildeten LPG (P) bzw. VEG (P) waren die Gerichte mehrfach mit der Frage befaßt, ob den ehemaligen Trägerbetrieben

61 Siehe hierzu Komm. z. ZGB, aaO (Fn. 48), § 41 Anm. 1 ff; dagegen nimmt der BGH WM 1997, 881 und DStR 1997, 1055 mit Anm. Goette, eine Regelungslücke an, die nach den §§ 730 ff BGB zu schließen sei; hierzu auch Bommel/Wissmann, ZGR 1997, 206, 242.

62 Zum ideologischen Hintergrund und den organisatorischen Abläufen der damaligen agrarischen Umstrukturierungen vgl. im einzelnen Dehne, AgrarR 1993, 165 ff mit Nachweisen; Hillmann, DB 1996, 1215, 1217; Schweizer, AgrarR 1996, 209 f; BGH WM 1994, 1895.

63 Siehe dazu Schweizer, AgrarR 1996, 209, 210 mit weiteren Nachweisen; Hillmann, DB 1996, 1215, 1217.

64 BGH WM 1997, 881; Dehne, AgrarR 1993, 165, 169; Schweizer, AgrarR 1996, 209, 210.

der früheren KAP auch heute noch Entflechtungsansprüche aus fortbestehender Beteiligung an den damals neu geschaffenen rechtsfähigen Wirtschaftseinheiten zustehen.

Das OLG Naumburg hat in zwei Entscheidungen[65] solche Ansprüche ehemaliger Volkseigener Güter – Träger von Volkseigentum – gegen die Rechtsnachfolger ehemaliger LPG (P) mit der Begründung abgelehnt, die Übertragung volkseigener Fondsmittel auf die LPG (P) im Zuge der Umwandlung der KAP sei endgültig erfolgt; ihr allein habe die wirtschaftliche Nutzung des volkseigenen Vermögens auf Dauer zustehen sollen, sie sei daher als wirtschaftliche Eigentümerin dieser Mittel anzusehen; Abfindungsansprüche der ehemaligen Träger des Volkseigentums seien daher ausgeschlossen.

Auch der BGH war mehrfach mit Abwicklungsstreitigkeiten ehemaliger Trägerbetriebe der späteren LPG (P) befaßt. In einer Entscheidung von 1994[66] hat der Landwirtschaftssenat – wie schon zuvor das Bezirksgericht Halle in einem anderen Verfahren[67] – Abfindungsansprüche ehemaliger Trägerbetriebe der KAP gegen die Neu-LPG (P) verneint. Allerdings waren in diesem Fall ausschließlich LPG an der Umstrukturierung beteiligt. Der BGH geht deshalb von einer bloßen organisatorischen Neuzuordnung des genossenschaftlichen Eigentums von den alten auf die neue LPG aus, die endgültig und unentgeltlich erfolgt sei. Ihre Abwicklung unterliege allein dem LwAnpG.

1997 hat dagegen der Zweite Senat[68] in den beiden Revisionsentscheidungen zu den genannten Berufungsurteilen des OLG Naumburg[69] Abfindungsansprüche eines ehemals Volkseigenen Gutes (VEG) gegen die aus der KAP hervorgegangene Neu-LPG (P) mit der Begründung bejaht, die gesellschaftsrechtliche Beteiligung des VEG an der ehemaligen KAP habe deren Umwandlung in die LPG (P) überdauert und sich an dieser fortgesetzt, da volkseigenes Vermögen nur zur Nutzung überlassen, nicht aber entschädigungslos auf nicht volkseigene Träger übertragen werden konnte. Dieser BGH-Rechtsprechung ist jedenfalls im Ergebnis zuzustimmen.

Die Beurteilung solcher Entflechtungsfälle hat von zwei rechtlichen Eckpfeilern auszugehen: einerseits die systembedingt notwendige Erhaltung beider Formen des sozialistischen Eigentums, andererseits die vermögensrechtliche Stellung

65 OLG Naumburg vom 22.6.1995 – 4 U 71/95; OLG Naumburg vom 25.7.1995 – 1 U 26/95; die Entscheidungen werden ausführlich besprochen von BOMMEL/WISSMANN, ZGR 1997, 206, 239 ff.

66 BGH WM 1994, 1895 = AgrarR 1994, 301 m. Anm. DEHNE S. 388; zustimmend HILLMANN, DB 1995, 1215, 1217 f; SCHWEIZER, AgrarR 1996, 209; BOMMEL/WISSMANN, ZGR 1997, 206, 237 ff.

67 BezG Halle vom 6.5.1992 – 2 S 217/91.

68 BGH WM 1997, 881 = DStR 1997, 586 m. Anm. GOETTE und BGH DStR 1997, 1055 mit Anm. GOETTE.

69 AaO (Fn. 65).

der ehemaligen Trägerbetriebe der KAP innerhalb der neu entstandenen juristischen Person LPG (P) oder VEG (P).

Unter dem ersten Aspekt ist für eine wirtschaftliche Betrachtung der Eigentumsverhältnisse unter Nutzungsgesichtspunkten kein Raum. Volkseigentum konnte einer LPG zwar zur dauerhaften Nutzung überlassen werden, sogar in ihre Rechtsträgerschaft übergehen;[70] es konnte aber nicht in genossenschaftliches Eigentum als der niedriger entwickelten Stufe sozialistischen Eigentums zurückgestuft werden. Es blieb auch bei der LPG notwendig Volkseigentum[71] und war deshalb bei Auflösung oder Umwandlung der LPG aus dem genossenschaftlichen Vermögen auszuscheiden. Fraglich ist im Einzelfall lediglich, bei wem die Rechtsträgerschaft des von der LPG genutzten Volkseigentums lag. War sie im Zuge der Umstrukturierung vom VEG auf die LPG übertragen worden – dazu bedurfte es eines förmlichen Übertragungsaktes[72] –, so ging die Trägerschaft von der LPG unmittelbar auf die Treuhandanstalt (jetzt: Bundesanstalt für vereinigungsbedingte Sonderaufgaben – BVS) über. Blieb das Volkseigentum dagegen in der Trägerschaft des VEG, steht der Rückübertragungsanspruch ihm bzw. seinem Rechtsnachfolger zu.[73]

Entsprechendes hat auch für den umgekehrten Fall zu gelten, daß ein genossenschaftlicher Anteil dem späteren VEG (P) einverleibt und in dessen Büchern gesondert ausgewiesen und erweitert reproduziert wurde. Auch hier fand allein aufgrund der dauerhaften Nutzung durch einen volkseigenen Betrieb keine Umwandlung genossenschaftlichen Eigentums in Volkseigentum statt; der ehemaligen LPG steht deshalb ein Rückgabeanspruch zu.

Beim zweiten Aspekt, der Art der vermögensrechtlichen Beteiligung der früheren Trägerbetriebe der KAP an den neugebildeten rechtsfähigen Wirtschaftseinheiten, kann ich unmittelbar an meine vorstehenden Ausführungen zur eigentumsrechtlichen Stellung innerhalb der KAP anknüpfen. War ausschließlich genossenschaftliches Eigentum beteiligt, wurde bei der KAP ein Gesamthandsvermögen gebildet, das später endgültig und entschädigungslos auf die neue LPG (P) als Allein-

70 Vgl. § 22 Abs. 1 LPG-Gesetz; § 19 Abs. 3 i.V.m. Abs. 1 ZGB; § 2 Abs. 1 c) RTAO, aaO (Fn. 58).

71 Vgl. Ziff. 33 Abs. 2 MSt/LPG (P) vom 28.7.1977, GBl. DDR, Sonderdruck Nr. 937 S. 2; BGH WM 1997, 881; BGH DStR 1997, 1055 mit Anm. Goette; Goette DStR 1997, 588; Bommel/Wissmann, ZGR 1997, 206, 240.

72 Dies geschah, soweit Grundstücke betroffen waren, nach den Vorschriften der RTAO, aaO (Fn. 58), und, soweit unbewegliche Grundmittel betroffen waren, nach der „Anordnung für die Übertragung volkseigener unbeweglicher Grundmittel an sozialistische Genossenschaften" (UbGrMAO) vom 11.10.1974, GBl. DDR I, S. 489, ber. GBl. DDR 1975 I, S. 344; siehe dazu auch OLG Naumburg vom 25.7.1995 – 1 U 26/95; Arlt, aaO (Fn. 31), S. 134.

73 Siehe dazu im einzelnen Dehne, AgrarR 1994, 11 f; Bommel/Wissmann, ZGR 1997, 206, 242.

eigentümerin überging.[74] Da auch das Arbeitskollektiv nunmehr allein der neuen LPG zugeordnet war, haben wir es mit einer bloßen Umstrukturierung innerhalb der genossenschaftlich betriebenen Landwirtschaft zu tun. Die Abwicklung dieser Neu-LPG hat deshalb ausschließlich nach den Vorschriften des LwAnpG zu erfolgen. Ansprüche ehemaliger Trägerbetriebe der KAP bestehen nicht mehr. Waren dagegen schon in der KAP verschiedene Eigentumsformen beteiligt, entstand schon bei dieser – wie ich dargelegt habe – kein Gesamthandsvermögen. Noch weniger läßt sich daher die Entstehung eines Gesamthandsvermögens beim Übergang der KAP zur LPG (P) oder zum VEG (P) begründen.

Soweit volkseigene Vermögenswerte in die Trägerschaft der LPG (P) übergingen, verlor das VEG überhaupt jegliche Mitberechtigung. Wurden dagegen die volkseigenen Anteile an den ehemaligen Fonds der KAP von der neuen LPG (P) lediglich faktisch genutzt, blieb das Miteigentum des VEG auch an dem Produktionsvermögen der LPG (P) in Form der Rechtsträgerschaft anteilig erhalten, mag die LPG (P) auch im Außenverhältnis als Alleininhaberin des ihr zur wirtschaftlichen Nutzung übertragenen Vermögens aufgetreten sein. Ob man die mit der fortbestehenden eigentumsrechtlichen Beteiligung verbundene schuldrechtliche Beziehung als gesellschaftsähnliches Verhältnis[75] oder als BGB-Innengesellschaft[76] qualifiziert, spielt für die Rückabwicklung im Ergebnis keine Rolle: Mangels Bildung eines Gesamthandsvermögens bei der LPG (P) ist der fortbestehenden Mitberechtigung des VEG am Vermögen der LPG (P) durch einen Teilungsanspruch nach §§ 752 f BGB bzw. nach § 41 ZGB Rechnung zu tragen.

Gleiches gilt schließlich auch umgekehrt bei fortbestehendem genossenschaftlichen Miteigentum an den in das Vermögen eines VEG (P) übergeführten gemeinsamen Fonds der ehemaligen KAP. Der als Trägerbetrieb an der KAP beteiligten LPG steht hier ein gemeinschaftsrechtlicher bzw. miteigentumsrechtlicher Rückübertragungsanspruch gegen das VEG (P) oder seinen Rechtsnachfolger zu.

74 BGH WM 1994, 1895; ebenso auch BGH DStR 1997, 1055 mit Anm. Goette; BGH ZIP 1997, 522 sowie BGH WM 1997, 883, bezüglich genossenschaftseigener Grundstücke; zustimmend Dehne, AgrarR 1994, 388; Bommel/Wissmann, ZGR 1997, 206, 237 ff; Hillmann, DB 1995, 1215, 1218; Schweizer, AgrarR 1996, 209, 210 f.

75 So der BGH in den Urteilen WM 1997, 881 = DStR 1997, 586 m. Anm. Goette und DStR 1997, 1055 mit Anm. Goette.

76 So z.B. Dehne, AgrarR 1993, 165, 169 f; dies., AgrarR 1994, 11 und 388 f; Bommel/Wissmann, ZGR 1997, 206, 242.

III. Rechtsfähige Kooperationsformen

1. Beteiligung von Wirtschaftseinheiten mit gleichem Eigentumsstatus

a) Die durch Ausgründung von KAP aus mehreren LPG neugebildete LPG (P)

Zur Auseinandersetzung von rechtsfähigen LPG (P), die über die Zwischenstufe der KAP ausschließlich mit genossenschaftlichem Vermögen gebildet wurde, habe ich alles Wesentliche bereits gesagt. Es gelten hier allein die Vorschriften des LwAnpG.

b) Die Auseinandersetzung rechtsfähiger Kooperativer Einrichtungen

Kooperative Einrichtungen nach § 13 LPG-Gesetz, die durch Registrierung beim Rat des Kreises Rechtsfähigkeit erlangt hatten,[77] besaßen ein Statut, das den nach § 7 Abs. 1 LPG-Gesetz rechtsverbindlichen Musterstatuten für Kooperative Einrichtungen von 1972[78] oder von 1988[79] entsprechen mußte. Beide Statute ließen das Ausscheiden des Kooperationspartners im volkswirtschaftlichen Interesse zu, freilich nur mit Zustimmung der Kooperativen Einrichtung selbst.[80] Eine Abfindungsregelung enthält dagegen nur die moderne Fassung von 1988.[81]

Da das erste LwAnpG vom 29.6.1990[82] die Fragen der Auflösung und Umwandlung rechtsfähiger Kooperativer Einrichtungen in §§ 23 ff im einzelnen regelte, ergeben sich Rechtsanwendungsprobleme im wesentlichen nur bei Auflösungs- oder Austrittsfällen, die vor dem Zeitpunkt seines Inkrafttretens lagen.

Im Zusammenhang mit solchen Fallgestaltungen hatten das OLG Rostock[83] und das OLG Dresden[84] jeweils die Austrittsanträge von Trägerbetrieben rechtsfähiger Kooperativer Einrichtungen für unwirksam erklärt, wenn sie ohne Beschlüsse der Vollversammlungen ihrer Mitglieder gestellt wurden. Da die jeweiligen Musterstatute der Trägerbetriebe, die einen solchen Vollversammlungsbeschluß über die Beteiligung an – und folglich auch über den Austritt aus – einer Kooperativen Einrichtung vorsahen, bis zur Währungs- und Wirtschaftsunion weitergalten, ist es zutreffend, daß auch deren Anforderungen eingehalten werden mußten.

77 Die Registrierungspflicht beruhte auf § 1 Abs. 2 der 1. DVO zum LPG-Gesetz vom 2.7.1982, GBl. DDR I, S. 453; vgl. Arlt/Krauss, aaO (Fn. 5), § 13 LPG-Gesetz Anm. 3.
78 MSt/KE 1972, aaO (Fn. 1).
79 MSt/KE 1988, aaO (Fn. 2).
80 Vgl. Ziff. 56 MSt/KE 1988, aaO (Fn. 2), und Ziff. 13 MSt/KE 1972, aaO (Fn. 1).
81 Ziff. 56 Abs. 2 und 3 MSt/KE 1988, aaO (Fn. 2).
82 GBl. DDR I, S. 642.
83 OLG Rostock AgrarR 1994, 313 = OLG NL 1994, 280.
84 OLG Dresden OLG-Rp. Dresden 1997, 205; beide Entscheidungen werden besprochen von Bommel/Wissmann, ZGR 1997, 206, 242 ff.

Dem OLG Dresden[85] ist gleichfalls darin zuzustimmen, daß die vom Musterstatut der Kooperativen Einrichtung geforderte Billigung des Austritts eines Trägerbetriebes durch den Rat der Kooperativen Einrichtung aus verfassungsrechtlichen Gründen nicht zu beanstanden war. Damit wurde den Trägerbetrieben zwar ein freies Austrittsrecht aus der Kooperativen Einrichtung, wie es das bundesdeutsche Gesellschaftsrecht prinzipiell gewährleistet, verweigert. An dieser Rechtslage änderten auch das erste LwAnpG vom 29.6.1990[86] und seine Novelle vom 3.7.1991[87] nichts. Denn beide Gesetze sahen lediglich die Umwandlung oder Auflösung der Kooperativen Einrichtung, aber kein einseitiges Austrittsrecht ihrer Mitglieder vor.[88] Auch wurde die Kooperative Einrichtung zum 1.7.1990 mit Auflösung der genossenschaftlichen Fonds nicht automatisch beendet, wie dies bei den nichtrechtsfähigen Kooperationsformen der Fall war. Denn die gemeinsamen Fonds waren der Kooperativen Einrichtung als juristischer Person unmittelbar zugeordnet.[89] Auch das Übergangsrecht trägt dieser vermögensrechtlichen Situation der rechtsfähigen Kooperativen Einrichtung dadurch Rechnung, daß es sie denselben Umwandlungs- und Auflösungsregeln unterstellt wie die LPG.[90]

Dennoch konnte die Versagung des Austrittsrechts nicht als verfassungswidrig bewertet werden. Denn den Trägerbetrieben stand seit Inkrafttreten des LwAnpG 1990 jederzeit die Möglichkeit offen, die Umwandlung oder Auflösung der Kooperativen Einrichtung zu betreiben und im Zusammenhang damit ihre Mitgliedschaft zu beenden, wie das OLG Dresden[91] mit Recht feststellt.

2. *Beteiligung von Wirtschaftseinheiten mit unterschiedlichem Eigentumsstatus*

a) Rechtsfähige Kooperative Einrichtungen mit Trägerbetrieben unterschiedlicher Eigentumsform

Da die Abwicklung rechtsfähiger Kooperativer Einrichtungen übergangsrechtlich im einzelnen geregelt ist, spielen die unterschiedlichen Eigentumsformen bei den Partnerbetrieben hier nur insofern eine Rolle, als es um die Rechtsträgerschaft des Volkseigentums geht. Ebenso wie schon bei den nichtrechtsfähigen Kooperativen Einrichtungen bleiben die an den rechtsfähigen Kooperativen Einrichtungen beteiligten VEG oder VEB grundsätzlich sozialistischer Eigentümer des der

85 OLG Dresden OLG-Rp. Dresden 1997, 205, vgl. Fn. 84.
86 GBl. DDR I, S. 642.
87 BGBl. I, S. 1418.
88 §§ 23 ff LwAnpG 1990; §§ 39 f i.V.m. §§ 23 f, 26–38 LwAnpG 1991.
89 So ausdrücklich Ziff. 10 Abs. 2 Satz 2 MSt/KE 1972, aaO (Fn. 1).
90 §§ 23 ff LwAnpG 1990; §§ 39 f i.V.m. §§ 23 f, 26–38 LwAnpG 1991.
91 OLG Dresden OLG-Rp. Dresden 1997, 205.

Kooperativen Einrichtung zur Nutzung überlassenen Volkseigentums[92] und können entsprechende Mitgliedschaftsrechte auch im Zuge der Umwandlung oder Auflösung geltend machen. Bei volkseigenen Grundstücken oder Grundmitteln, die unmittelbar in die Rechtsträgerschaft der Kooperativen Einrichtung überführt wurden,[93] stehen diese Ansprüche nicht den Rechtsnachfolgern der VEG oder VEB, sondern der Treuhandanstalt (BVS) unmittelbar zu.

b) Konsumgenossenschaftliche Beteiligung an volkseigenen Großhandelsbetrieben

Abschließend nur noch eine kurze Bemerkung zum jüngsten BGH-Urteil zu rechtsfähigen Kooperationsformen im nichtlandwirtschaftlichen Bereich. Der Zweite Senat hatte über das Schicksal ehemals konsumgenossenschaftlicher Beteiligungen an volkseigenen Großhandelsbetrieben zu entscheiden, die nach § 11 Abs. 1 THG zum 1.7.1990 in Kapitalgesellschaften umgewandelt worden waren.[94] Anders als das OLG Dresden in der Vorinstanz[95] ging der Zweite Senat vom Fortbestand der ursprünglichen genossenschaftlichen Beteiligungen auch an der jetzigen GmbH i.A. aus. Diese Genossenschaftsanteile an volkseigenen Betrieben waren zu DDR-Zeiten bei allen Um- und Neugliederungen des Großhandels stets respektiert worden.

Im Ergebnis halte ich die Entscheidung für richtig und in der Begründung für völlig überzeugend. Dafür hätte allein schon das vom BGH angeführte Argument genügt, daß es nicht in der Absicht des Einigungsgesetzgebers gelegen haben kann, genossenschaftliche Anteile an volkseigenen Betrieben, die selbst die DDR 40 Jahre lang nicht anzutasten gewagt hat, nachträglich zu enteignen. Allerdings vermisse ich eine aus der Systematik des TreuhandG gewonnene Begründung für die vom BGH mit Recht angenommene Mitgesellschafterstellung der früheren Genossenschaften in der neuentstandenen GmbH i.A. Lassen Sie mich diese Petitesse nachtragen:

§ 11 Abs. 1 THG, der die Umwandlung aller in § 1 Abs. 4 THG genannten Wirtschaftseinheiten in Kapitalgesellschaften anordnet, ist nach meiner Auffassung – entgegen dem BGH – durchaus wörtlich und vollkommen ernst zu nehmen. Denn dem Privatisierungsauftrag des THG steht ein zweites Prinzip an der Seite,

92 So ausdrücklich Ziff. 10 Abs. 3 MSt/KE 1988, aaO (Fn. 2), wo es heißt: „Die Anteile der Trägerbetriebe an den Fonds der Kooperativen Einrichtung ... bleiben Eigentum der beteiligten LPG bzw. bei Mitwirkung von VEG/VEB Volkseigentum."

93 Gem. Ziff. 12 Abs. 2 MSt/KE 1972, aaO (Fn. 1), konnte die rechtsfähige KE selbst Trägerin volkseigener Grundstücke sein; davon geht auch § 2 Abs. 1 c), Abs. 2 RTAO, aaO (Fn. 58), sowie § 1 Satz 2 UbGrMAO, aaO (Fn. 72), aus.

94 BGH ZIP 1997, 656.

95 OLG Dresden vom 15.1.1996 – 2 U 1208/95; siehe dazu auch BOMMEL/WISSMANN, ZGR 1997, 206, 245 f.

das das Berufungsgericht[96] zutreffend in das Schlagwort faßt „Umwandlung vor Zerschlagung“. Es steht in der Präambel des THG als zweiter Programmsatz gleichberechtigt neben dem Privatisierungsauftrag. Dieses zweite Ziel des THG, nämlich die „Wettbewerbsfähigkeit möglichst vieler Unternehmen wiederherzustellen“, wird durch das Umwandlungsgebot des § 11 Abs. 1 THG verwirklicht.

Mit der Auslegung anzusetzen ist deshalb richtigerweise bei § 1 Abs. 4 THG, der zu weitgehend und zu undifferenziert der Treuhandanstalt die alleinige Inhaberschaft sämtlicher Anteile an den Kapitalgesellschaften zuweist, die durch Umwandlung aller im Register der volkseigenen Wirtschaft eingetragenen Betriebe entstanden sind. Da der Gesetzgeber dabei den Sonderfall genossenschaftlicher Beteiligung an volkseigenen Betrieben nicht bedacht hat, ist § 1 Abs. 4 THG im Wege der teleologischen Reduktion einzuschränken. Maßstab hierfür ist das in der Präambel und in § 1 Abs. 1 THG niedergelegte Ziel des THG, ausschließlich volkseigenes Vermögen zu privatisieren. Der zu weite Wortlaut des § 1 Abs. 4 THG ist deshalb restriktiv so zu interpretieren, daß die Treuhandanstalt Inhaberin der Anteile der gem. § 11 Abs. 1 THG oder sonst durch Umwandlung entstandenen Kapitalgesellschaften nur insoweit wird, als es sich dabei tatsächlich um volkseigenes Vermögen gehandelt hat. So im Ergebnis mit Recht auch der BGH.[97]

IV. Fazit

Meinem Bemühen, einheitliche Grundsätze für die Abwicklung kooperativer Zusammenschlüsse zu erkennen oder zu entwickeln, war kein Erfolg beschieden. Die Regelungslage im Recht der DDR und im Übergangsrecht ist dafür zu lückenhaft und zu heterogen. Offene Fragen lassen sich letztlich nur für den Einzelfall durch vorsichtige Analogiebildung innerhalb des Altrechts oder gegebenenfalls durch behutsame Heranziehung von Regelungen des bundesdeutschen Gesellschaftsrechts lösen. Diese Vorschriften sind sorgfältig darauf zu überprüfen, ob sie wirklich eine vergleichbare Regelungssituation betreffen und ob die Folgen ihrer Anwendung den Bedingungen des sozialistischen Wirtschafts- und Eigentumssystems und seinen ideologischen Grundlagen ebenso Rechnung tragen wie den Vorstellungen und Zielen des Einigungsgesetzgebers und – soweit es sich um Altrecht handelt – den verfassungsrechtlichen Grundlagen einer freiheitlichen Wirtschaftsordnung. Den zuständigen Senaten des Bundesgerichtshofs ist diese Umsicht – wie ich meine – in hohem Maße zu bescheinigen.

96 OLG Dresden vom 15.1.1996 – 2 U 1208/95.
97 BGH ZIP 1997, 656.

Bericht über die Diskussion

von

Wiss. Mitarbeiter Thomas Asmus, Dresden

I. Probleme des intertemporalen Rechts

1. Anwendung der Vorschriften über die BGB-Bruchteilsgemeinschaft

Auf Zustimmung stieß die These, bei Beteiligung unterschiedlicher sozialistischer Eigentumsformen entstehe gemeinschaftliches Eigentum der an der Kooperativen Einrichtung beteiligten Trägerbetriebe. Ansprüche aus dem gemeinschaftlichen Eigentum seien für die Zeit nach dem Beitritt gemäß Art. 232 § 9 EGBGB ohne weiteres nach den §§ 741 ff BGB zu beurteilen.

Für vor dem Beitrittszeitpunkt geltend gemachte Ansprüche wurde der Vorschlag begrüßt, die §§ 34 ff ZGB entsprechend anzuwenden. Zwar hätten, so *Maskow*, die Regelungen des ZGB über gemeinschaftliches Eigentum nach Auffassung des DDR-Gesetzgebers auf Kooperative Einrichtungen, also auf Zusammenschlüsse sozialistischer Eigentumsformen, grundsätzlich keine Anwendung finden sollen, da sie lediglich für privates Miteigentum gedacht waren. Demgegenüber seien in der Rechtsliteratur der DDR auch gegenteilige Auffassungen vertreten worden. Zudem sei dem ZGB außerhalb dieser konkreten Frage Auffangfunktion auch für wirtschaftsrechtliche Sachverhalte zugesprochen worden. Deshalb solle vor dem Stichtag eine jedenfalls analoge Anwendung der ZGB-Vorschriften in Erwägung gezogen werden.

2. Anwendung der Vorschriften über die BGB-Gesellschaft

Einig waren sich die Diskussionsteilnehmer auch darin, daß mit den Kooperativen Einrichtungen gesellschaftsähnliche Zusammenschlüsse der beteiligten Trägerbetriebe entstanden waren. Ebenso erkannte man die Zweckmäßigkeit der neueren Rechtsprechung des Bundesgerichtshofes[1] an, der auf Kooperative Einrichtungen die Vorschriften über die BGB-Gesellschaft entsprechend anwendet und insbesondere den „Entflechtungsanspruch" den §§ 705 ff BGB entnimmt.

1 Vgl. BGH ZIP 1994, 1523, 1526 f = WM 1994, 1925, 1928 f = DStR 1994, 1543, 1545 m. Anm. Goette = DtZ 1994, 404, 406; und BGH WM 1997, 881, 883 = DStR 1997, 586 f, 588 m. Anm. Goette.

Gleichwohl bleibe das Problem der von *Stein* angemahnten dogmatischen Begründung aus dem intertemporalen Recht, da Art. 232 §§ 1 ff EGBGB die Anwendung der §§ 705 ff BGB gerade nicht regele, folglich bei wörtlichem Verständnis auf entsprechende Beteiligungsverhältnisse auch nach dem Beitritt gemäß Art. 232 § 1 EGBGB, Art. 3 Einigungsvertrag ausschließlich das Recht der DDR anzuwenden sei.

Zur Begründung der Rechtsprechung legte *Goette* dar, daß die entsprechende Anwendung der Vorschriften über die BGB-Gesellschaft nicht auf der Prämisse einer Gleichsetzung mit den Kooperativen Einrichtungen fuße, sondern sich rechtsfolgenteleologisch anbiete, weil in Ermangelung adäquater Regelungsalternativen in bundesdeutschem wie im Recht der DDR allein diese Vorschriften eine interessengerechte Abwicklung ermöglichten.

Demgegenüber unternahm es *Maskow*, eine Lösung aus dem intertemporalen Recht abzuleiten. Art. 232 §§ 2 ff EGBGB erkläre die Anwendung der BGB-Vorschriften auf gewisse Dauerschuldverhältnisse, Art. 231 § 2 EGBGB darüber hinaus die bürgerlichen Vereinsvorschriften nach dem Beitritt für anwendbar. Diesen Regelungen könne als Prinzip des EGBGB entnommen werden, daß auf Dauerschuldverhältnisse und insbesondere Verbände nach dem Beitritt grundsätzlich bundesdeutsches Recht anzuwenden sei. Die Anerkennung dieses Prinzips eröffne wiederum der Erwägung Raum, eine Anwendung der Vorschriften über die BGB-Gesellschaft auf die gesellschaftsähnlichen Kooperativen Einrichtungen in Analogie zu diesen Übergangsregelungen des EGBGB zu begründen. Freilich sei damit nicht geklärt, wie man die Fälle der Auflösung und Entflechtung behandeln solle, die zeitlich vor dem Beitritt lägen.

II. Genossenschaftliche Gesellschaftsanteile an umgewandelten Treuhandunternehmen

1. Keine Benachteiligung genossenschaftlicher Gesellschaftsanteile

Weitgehend Einigkeit bestand darüber, daß Großhandelsgesellschaften auch bei Beteiligung von Konsumgenossenschaften nach dem THG umzuwandeln waren, wie es der BGH in seiner neuesten Rechtsprechung vertritt.[2] Zu diesem Verfahren gäbe es trotz dogmatischer Einwände keine Alternative.

Zum Urteil des Zweiten Senates stellte *Goette* klar, daß die Einräumung eines vollwertigen genossenschaftlichen Anteils an den nach THG entstandenen Nachfolgeunternehmen der Großhandelsgesellschaften keinesfalls im Wege einer Rückabwicklung nach dem Vermögensgesetz wegen hoheitlicher Enteignung der Ge-

2 Vgl. BGH ZIP 1997, 656, 658 f = WM 1997, 724, 726 f = DStR 1997, 750, 753 m. Anm. GOETTE = DtZ 1997, 201, 203.

nossenschaften erfolgen solle. Zwar sei der Gesellschaftsanteil der Konsumgenossenschaften an den Großhandelsgesellschaften inhaltlich weitgehend entwertet gewesen. Nichts anderes habe aber für die volkseigenen Gesellschaftsanteile gegolten. Entscheidungsbefugnisse seien vielmehr nur von staatlichen Stellen, von den örtlichen Leitungen bis zu den ministeriellen Instanzen, wahrgenommen worden. Deshalb könne man Rechtsträger volkseigener wie auch Inhaber genossenschaftlicher Gesellschaftsanteile als gleich unberechtigt betrachten. Da die Umwandlung volkseigener Gesellschaftsanteile in vollwertige Gesellschaftsanteile keinen Bedenken unterliege, müsse gleiches für die genossenschaftlichen Anteile gelten. Denn es sei nicht zu rechtfertigen, warum die THA vollwertige Gesellschaftsanteile solle erworben haben, die Genossenschaften hingegen nicht.

Hiergegen gab *Maskow* entsprechend der These *Piefkes* zu bedenken, daß die Gründung von Großhandelsgesellschaften realiter auch dem politischen Zweck gedient habe, die unerwünschten genossenschaftlichen Großhandelsbetriebe auszuschalten, indem man sie der Leitung der volkseigenen Großhandelskontore unterstellte. Deren Direktoren hätten durchaus in weiten Bereichen die Geschäfte geleitet, ohne ständiger staatlicher Einflußnahme zu unterliegen. Jedenfalls sei, so betonte *Piefke*, die Repräsentanz volkseigener Anteile erheblich größer gewesen als die der Genossenschaften. Freilich müsse allein dieser Umstand nicht zwingend zur Annahme einer Enteignung führen.

2. *Keine Begünstigung genossenschaftlicher Beteiligungen*

Ausgehend von der Prämisse, daß einerseits genossenschaftliche Gesellschaftsanteile an den Großhandelsgesellschaften beständig waren, andererseits diese Gesellschaften nach dem THG umgewandelt wurden, wies *Bayer* auf das Folgeproblem der genossenschaftlichen Begünstigung durch den Erwerb nach § 11 Abs. 2 THG hin. Seien an einer Kooperativen Einrichtung ausschließlich Genossenschaften beteiligt gewesen, so habe lediglich Miteigentum an den eingebrachten Grund- und Umlaufmitteln entstehen können. Sei eine nichtrechtsfähige KAP unter Zusammenführung von genossenschaftlichem und Volkseigentum in eine LPG überführt worden, so blieben ebenso, je nach Rechtsträgerschaft in bezug auf das Volkseigentum, der THA oder dem Rechtsnachfolger des beteiligten, in Volkseigentum stehenden Rechtsträgers lediglich Ansprüche aus dem durch Einbringung des Volkseigentums entstehenden gemeinschaftlichen Eigentum. Eine andere Beurteilung ergebe sich nach der neuen Rechtsprechung des Bundesgerichtshofes nur, wenn eine Genossenschaft an einer Großhandelsgesellschaft beteiligt gewesen sei, die gemäß § 11 Abs. 1 THG umgewandelt wurde. Denn durch den gesetzlichen Eigentumserwerb des Nachfolgeunternehmens nach § 11 Abs. 2 THG würde über die nach Auffassung des Bundesgerichtshofes durch die Umwandlung nicht untergehende Beteiligung der Genossenschaft auch diese wirtschaftlich begünstigt. Gleiches müßte für die genossenschaftliche Beteiligung an VEG gelten, die aus den KAP hervorgegangen sind. Für diese ausnahmsweise Begünstigung gäbe es allerdings keinen vernünftigen Grund.

Hierzu schlug *Piefke* vor, Wertungswidersprüche könnten durch eine spätere Bestimmung des genossenschaftlichen Geschäftsanteils beseitigt werden. So könne in der Liquidation des Nachfolgeunternehmens erwogen werden, ein Wahlrecht der Genossenschaft dahingehend anzuerkennen, entweder allein den vollwertigen Geschäftsanteil zu realisieren oder, wenn sie aus dem Miteigentum resultierende Ansprüche am Grundeigentum geltend mache, den Geschäftsanteil entsprechend herabzusetzen. Eine Begünstigung entfiele dann durch eine Anpassung in der Bewertung des genossenschaftlichen Geschäftsanteils. Auf welchem Weg eine Anpassung außerhalb der Liquidation, etwa bei Veräußerung der Gesellschaftsanteile zu erreichen wäre, konnte hingegen nicht mehr geklärt werden.

Teilnehmerliste

Thomas Asmus, Dresden
Prof. Dr. Hartmut Badestein, Berlin
Prof. Dr. Walter Bayer, Jena
Carsten Bluhm, Frankfurt/Oder
Dr. Enno Bommel, Karlsruhe
Corinna Burg, Halle/Saale
Dr. Bettina Dick, Dresden
Dr. Wolfgang Farke, Brandenburg/Havel
Lars Freytag, Heidelberg
Prof. Dr. Wulf Goette, Karlsruhe
Prof. Dr. Dr. Stefan Grundmann, Halle/Saale
Prof. Dr. Horst Hagen, Karlsruhe
Dr. Wilhelm Happ, Hamburg
Monika Henrich, Düsseldorf
Prof. Dr. Hartwig Henze, Karlsruhe
Reinhard Hillmann, Oldenburg
Prof. Dr. Heribert Hirte, Jena
Marie-Elisabeth Höhne, Berlin
Randi Hoffmann, Jena
Prof. Dr. Peter Hommelhoff, Heidelberg
Prof. Dr. Dr. Dres. h. c. Klaus J. Hopt, Hamburg
Prof. Dr. Peter M. Huber, Jena
Dr. Michael Klein, Karlsruhe
Prof. Dr. Detlef Kleindiek, Bielefeld
Prof. Dr. Michael Kort, Dresden
Dr. Kurzwelly, Karlsruhe
Prof. Dr. Sigurd Littbarski, Frankfurt/Oder
Fritz Lohlein, Brandenburg/Havel
Prof. Dr. Dietrich Maskow, Berlin
Dieter Miosge, Naumburg
Dr. Hans-Werner Neye, Bonn
Miriam Parmentier, Heidelberg
Udo Pfeifer, Jena
Gunther Piefke, Dresden
Prof. Dr. Klemens Pleyer, Köln
Volker Röhricht, Karlsruhe
Hansjörg Schaal, Berlin
Thomas Schmitz-Riol, Jena
Dr. Torsten Schöne, Münster
Dr. Christian Schubel, Heidelberg
Hans-Detlef Schwarz, Koblenz
Dr. Dieter Schweizer, Bonn
Dr. Wolfgang Spoerr, Berlin
Prof. Dr. Ursula Stein, Dresden
Prof. Dr. Arndt Teichmann, Mainz
Hans-Jürgen Wende, Brandenburg/Havel
Dr. Joachim Wenzel, Karlsruhe
Dr. Martin Winter, Mannheim
Dr. Guido Wißmann, Karlsruhe
Dr. Andreas Witte, Hamburg

Entscheidungsregister

Das Register enthält Entscheidungen der ordentlichen Gerichte zur Umstrukturierung ehemaliger DDR-Wirtschaftseinheiten

I. Bundesgerichtshof

Datum	AktZ	BGHZ	AgrarR	DtZ	NJ	VIZ	Sonstige
1991							
29.05.	VIII ZR 71/90			91, 342			ZIP 91, 960
16.12.	II ZR 58/91	116, 359					WM 92, 264 ZIP 92, 237
1992							
23.01.	BLw 1/92	117, 101	92, 77		92, 152	92, 235	WM 92, 591 ZIP 92, 207
14.10.	VIII ZR 91/91	120, 10				93, 72	NJW 93, 259 WM 92, 2144 ZIP, 92, 1787
22.10.	IX ZR 159/92	120, 61	93, 82				WM 93, 36 ZIP 92, 1785
	BLw 3/92		93, 23				WM 93, 439
04.12.	BLw 19/92	120, 352	93, 87			93, 205	WM 93, 709
	BLw 20/92	120, 349	93, 85	93, 213	93, 176	93, 159	ZIP 93, 298
	BLw 23/92	120, 361	93, 89			93, 207	WM 93, 466 ZIP 93, 390
	BLw 26/92		93, 88	93, 120	93, 224	93, 207	ZIP 93, 238
	BLw 37/92	120, 358	93, 218		93, 316	93, 251	WM 93, 464 ZIP 93, 302
1993							
21.01.	BLw 45/92			93, 150	93, 225		WM 93, 1110 ZIP 93, 389
21.04.	BLw 46/92		93, 189	93, 283			WM 93, 1386 ZIP 93, 871
	BLw 59/92		93, 190	93, 246			WM 93, 1397
24.05.	II ZR 36/92						DStR 93, 1109 NJW 93, 2101 WM 93, 1412 ZIP 93, 1160
09.06.	BLw 18/93	123, 23	93, 349				WM 93, 1420 ZIP 93, 1116
	BLw 34/93					93, 454	WM 93, 1760
	BLw 63/92	122, 396					
	BLw 66/92				93, 556	93, 548	
26.10.	XI ZR 222/92	124, 1			94, 122	94, 74	WM 93, 2240 ZIP 93, 1909
24.11.	BLw 8/93	124, 210	94, 160	94, 107		94, 244	WM 94, 255
	BLw 19/93	124, 192	94, 124	94, 110		94, 190	WM 94, 257
	BLw 32/93		94, 159				WM 94, 311

Datum	AktZ	BGHZ	AgrarR	DtZ	NJ	VIZ	Sonstige
	BLw 35/93		94, 156				WM 94, 477
	BLw 37/93	124, 204		94, 109		94, 188	WM 94, 313
	BLw 39/93		94, 156				WM 94, 260
	BLw 57/92	124, 199	94, 158	94, 112	94, 173	94, 243	WM 94, 262 ZIP 94, 234
	BLw 63/93		94, 162			94, 133	WM 94, 263
1994							
09.02.	XII ZR 206/92			94, 280			
21.02.	BLw 79/93		94, 197			94, 353	
22.02.	BLw 89/93		94, 200			94, 416	WM 94, 1083
	BLw 98/93	125, 166	94, 226	94, 211			WM 94, 1253 ZIP 94, 1227
20.06.	II ZR 103/93			94, 404			DStR 94, 1543 WM 94, 1925 ZIP 94, 1523
01.07.	BLw 7/94		94, 299			95, 37	
	BLw 17/94	126, 335	94, 300	94, 349			
	BLw 37/94		95, 26				
	BLw 95/93		94, 303	94, 374	95, 33		
	BLw 100/93		94, 297			94, 608	WM 94, 1897
	BLw103/93		94, 365			94, 102	WM 94, 1765
	BLw 105/93		95, 23				
	BLw 110/93		94, 298			94, 478	WM 94, 1766
	LwZR 10/93		94, 301				WM 94, 1895
04.07.	II ZR 197/93	126, 340					DB 94, 1666 WM 94, 1473 ZIP 94, 1216
04.11.	BLw 1/94	127, 320			95, 258	95, 173	WM 95, 167 ZIP 94, 1981
	BLw 33/94		95, 28	95, 206		95, 237	
	BLw 43/94			96, 60			
	BLw 47/94	127, 327	95, 25	95, 48			WM 95, 538
	LwZR 11/93	127, 297	95, 15				
	LwZR 12/93	127, 285	95, 15				
02.12.	V ZR 23/94					95, 298	WM 95, 434 ZIP 95, 422
19.12.	II ZR 174/93						WM 95, 432 ZIP 95, 322
1995							
20.02.	II ZR 143/93	129, 30					DStR 95, 1033 ZIP 95, 591
24.02.	V ZR 288/93		95, 243		95, 586	95, 461	ZIP 95, 1454
02.03.	LwZB 9/94		95, 240			95, 416	ZIP 95, 873
28.04.	BLw 9/94	129, 276	95, 237	95, 283		95, 601	WM 95, 1153 ZIP 95, 1127
	BLw 39/94	129, 267	95, 305	95, 281			ZIP 95, 1124
	LwZR 9/94		95, 205				
22.05.	II ZR 50/94						DStR 95, 1034
21.09.	II ZR 236/94				96, 257	96, 282	DStR 96, 715 WM 96, 300
16.11.	BLw 27/95		96, 125				

Datum	AktZ	BGHZ	AgrarR	DtZ	NJ	VIZ	Sonstige
08.12.	BLw 28/95	131, 260	96, 51	96, 115		96, 278	WM 96, 740 ZIP 96, 346
	BLw 32/95		96, 53			96, 280	WM 96, 743 ZIP 96, 525
	BLw 33/95	131, 268	96, 53	96, 116		96, 281	WM 96, 744 ZIP 96, 393
	LwZR 3/95		96, 55				WM 96, 748
1996							
25.01.	V ZR 198/95		96, 122				WM 96, 735
05.02.	II ZR 293/93		96, 197			96, 347	WM 96, 1198
26.02.	II ZR 77/95	132, 84	96, 195				DStR 96, 1211 WM 96, 718 ZIP 96, 674
	II ZR 101/95				96, 529	96, 405	DStR 96, 1335 WM 96, 1180
	II ZR 40/95			96, 178			DStR 96, 594 WM 96, 818 ZIP 96, 707
29.02.	BLw 51/95		96, 198			96, 407	WM 96, 1197
03.05.	BLw 54/95	132, 353	96, 291	96, 239		96, 580	WM 96, 1221 ZIP 96, 1146
03.06.	II ZR 217/95						DStR 96, 1741 WM 96, 1776 ZIP 96, 1682
18.06.	XI ZR 260/94			96, 315			WM 96, 1393 ZIP 96, 1358
24.06.	II ZR 229/95					97, 119	WM 96, 2056
02.07.	IX ZR 157/95		97, 53	96, 313			WM 96, 1681 ZIP 96, 1762
29.11.	LwZR 8/95	134, 170	97, 129	97, 118	97, 249		WM 97, 238
	BLw 13/96		97, 132			97, 178	ZIP 97, 298
	BLw 30/96		97, 153		97, 252	97, 249	
06.12.	V ZR 177/95		97, 246			97, 299	
16.12.	II ZR 60/96						DStR 97, 294
1997							
20.01.	II ZR 192/95		97, 314			97, 300	DStR 97, 588
17.02.	II ZR 25/96			97, 201			DStR 97, 750 WM 97, 724 ZIP 97, 656
21.04.	II ZR 221/95					97, 548	
25.04.	LwZR 14/96			97, 291	97, 487	97, 605	WM 97, 1865

II. Oberlandesgerichte

1. KG Berlin

Datum	AktZ	AgrarR	DtZ	NJ	VIZ	Sonstige
1992						
19.10.	2 U 1631/92				93, 113	

Datum	AktZ	AgrarR	DtZ	NJ	VIZ	Sonstige
1993						
06.04.	1 W 1590/92				93, 457	ZIP 93, 872

2. Brandenburg

Datum	AktZ	AgrarR	DtZ	NJ	VIZ	Sonstige
1995						
16.03.	5 U 89/94				96, 175	
21.03.	2 U 13/93	96, 125		93, 593	95, 542	
29.03.	8 Wx 144/94	95, 333				ZIP 95, 1457
11.07.	2 U 13/95				95, 676	
17.08.	5 U 38/95				96 101	
24.08.	8 Wx 126/94	96, 367				
1996						
25.03.	8 Wx 114/95	96, 334				
04.04.	5 W 99/95	96, 335				

3. Bremen

Datum	AktZ	AgrarR	DtZ	NJ	VIZ	Sonstige
1993						
04.03.	2 U 72/92					ZIP 93, 1418

4. Celle

Datum	AktZ	AgrarR	DtZ	NJ	VIZ	Sonstige
1995						
03.05.	3 U 215/94	96, 88				
06.09.	20 U 65/94				96, 95	

5. Dresden

Datum	AktZ	AgrarR	DtZ	NJ	VIZ	Sonstige
1993						
14.04.	5 U 69/93			93, 560		
1994						
09.03.	6 U 1044/93				94, 427	
07.07.	5 U 245/94			94, 579		
27.12.	2 U 1349/94					ZIP 95, 783
1995						
26.04.	12 U 670/94					ZIP 96, 1701
1996						
25.04.	7 U 226/96					ZIP 96, 1190

6. Köln

Datum	AktZ	AgrarR	DtZ	NJ	VIZ	Sonstige
1992						
24.03.	2 Wx 6/92			92, 264		

7. Naumburg

Datum	AktZ	AgrarR	DtZ	NJ	VIZ	Sonstige
1993						
13.09.	4 W 123/93		95, 148			
1996						
14.03.	5 W 153/95	96, 292				

8. Rostock

Datum	AktZ	AgrarR	DtZ	NJ	VIZ	Sonstige
1994						
14.03.	4 W 50/93	94, 237				ZIP 94, 1062
16.06.	1 U 138/93	94, 313				
1995						
26.09.	4 W 22/95	96, 28				

III. Bezirksgerichte

1. Cottbus

Datum	AktZ	AgrarR	DtZ	NJ	VIZ	Sonstige
1992						
01.09.	4 T 141/92	93, 25			93, 30	ZIP 92, 1503

2. Erfurt

Datum	AktZ	AgrarR	DtZ	NJ	VIZ	Sonstige
1992						
22.06.	2 T 19/92				93, 28	
04.11.	ZS W 13/92			93, 229	93, 120	
1993						
22.03.	W 23/92	93, 192			93, 514	

3. Dresden

Datum	AktZ	AgrarR	DtZ	NJ	VIZ	Sonstige
1991						
05.07.	3 T 1/91		91, 409		91, 78	WM 92, 144 ZIP 91, 1390

4. Magdeburg

Datum	AktZ	AgrarR	DtZ	NJ	VIZ	Sonstige
1992						
04.11.	2 S 36/92			93, 178	93, 164	WM 93, 593 ZIP 92, 1800

5. Neubrandenburg

Datum	AktZ	AgrarR	DtZ	NJ	VIZ	Sonstige
1992						
22.04.	2 T 7/92			92, 362		

IV. Landgerichte

1. Berlin

Datum	AktZ	AgrarR	DtZ	NJ	VIZ	Sonstige
1991						
02.01.	99.O.205/90		91, 303			WM 91, 762 ZIP 91, 407
31.01.	98.T.3/91					ZIP 91, 251
22.02.	98 T 6/91					WM 91, 894 ZIP 91, 470
06.12.	98 T 78/91				92, 292	ZIP 92, 141
1995						
21.11.	36/84.O.290/94				96, 232	

2. Dresden

Datum	AktZ	AgrarR	DtZ	NJ	VIZ	Sonstige
1995						
02.06.	47 O 961/94					ZIP 95, 1556
13.12.	13 O 3686/94					ZIP 96, 526

3. Halle

Datum	AktZ	AgrarR	DtZ	NJ	VIZ	Sonstige
1995						
21.09.	10 O 206/94					ZIP 96, 432

4. Potsdam

Datum	AktZ	AgrarR	DtZ	NJ	VIZ	Sonstige
1996						
25.04.	31 O 440/95					ZIP 96, 810

V. Amts- und Kreisgerichte

1. AG Charlottenburg

Datum	AktZ	AgrarR	DtZ	NJ	VIZ	Sonstige
1992						
10.03.	92 HRB 34745					ZIP 92, 520

2. KrG Erfurt

Datum	AktZ	AgrarR	DtZ	NJ	VIZ	Sonstige
1991						
29.07.	4 Ca 789/91				91, 71	DStR 92, 121 ZIP 91, 1233

3. KrG Leipzig-Stadt

Datum	AktZ	AgrarR	DtZ	NJ	VIZ	Sonstige
1991						
25.07.	II K 107/91				91, 110	

4. Schwerin

Datum	AktZ	AgrarR	DtZ	NJ	VIZ	Sonstige
1992						
23.09.	16 Lw 96/92	93, 23		93, 135		

Sachregister